교회음악
알아가기

―― 개정증보판 ――

교회음악 알아가기

김태중 지음

예솔

ⓒ 김태중, 2022

이 책의 저작권은 저자에게 있습니다.

Thanks to,

제게 있어 교회음악의 유일한 스승이신 남영철 선생님, 출판에 용기를 주신 홍준철 선생님, 초판을 허락해주셨던 도서출판 시스티나 이호중 대표님, 개정증보판을 내주신 예솔의 김재선 대표님, 그리고 책을 쓰는 동안 언제 끝나냐며 4년간의 그 지루함을 함께 해 준 처 오틸리아와 두 딸 글라라, 스콜라스티카에게 감사의 마음을 전합니다.

머리말(초판)

본서本書는 교회음악에 대한 시기적 혹은 지리적, 종파적 범위를 제한하는 측면이 있다. 그리하여 여기서 말하는 교회란 예수를 그리스도라고 믿는 교회를 말하며 서방교회에서 전개된 전례를 위한 음악을 중심으로 구성하였다. 좁은 의미로 전례음악이라고 정의하기도 하는데, 여기서는 「교회음악」으로 지칭한다.

교회 설립 이후, 모든 교회음악의 원천은 유대교에서부터 내려온 시편기도를 포함하여 미사와 성무일도를 위해 만들어진 성가들이다. 전례를 위한 음악들이 발전하면서 전례와 음악은 떼려야 뗄 수 없는 관계가 형성되고 결국 음악을 통한 전례가 보편적인 교회 전례의 모습이 되었다. 하지만 이러한 전례용 음악이 작곡가의 창작력과 상상력을 중시하게 되면서 공연용으로 옮겨갔고 현재 널리 알려지고 공연되는 교회음악들의 원형을 확인하고자 해당 전례와 그 전례에서 부르는 그레고리오 성가를 거의 모든 장에서 소개했다. 또한, 전례를 이해해야 교회음악을 제대로 거행할 수 있다는 《제2차 바티칸 공의회(1962-1965)》 정신에 따라 그 실질적 예시를 최대한 자세히 담으려 노력했다. 예시 대부분은 전례력, 미사, 성무일도 이 세 가지를 연결해 통상문과 해당 전례에서 쓰인 고유문 등을 위한 음악을 소개하는 형식이다. 그리고 과거 《트리엔트 공의회(1545-1563)》, 《제2차 바티칸 공의회》에 따른 교황(청) 문헌들을 통해 개혁되는 전례를 교회음악과 대응하여 그 변화를 보여주고자 했다.

> *[전례 헌장] 116. 그레고리오 성가와 다성 음악*
>
> *교회는 그레고리오 성가를 로마 전례의 고유한 성가로 인식하고, 따라서 다른 조건들이 같다면, 전례 행위 안에서 첫 자리를 부여한다. 다른 종류의 성음악, 특히 다성 음악도, 제30항의 규범에 따라, 전례 행위의 정신에 부합한다면, 거룩한 예식의 거행에서 결코 배제되지 않는다.*

교회는 전례 쇄신의 하나로 모국어를 전례 언어로 사용할 수 있도록 《제2차 바티칸 공의회(1962-65)》 「전례 헌장 36항 전례 언어」에서 사도좌의 승인 또는 추인의 조건으로 공식 허가되었다. 여기에 더하여 「전례 헌장 116항 그레고리오 성가와 다성 음악」과 「로마 미사 경본 총지침 41항」에 따라 그레고리오 성가를 전례 행위 안에서 **첫 자리**로 부여하기 위해 2008년 수정된 『로마 미사 경본Missale Romanum』(제3표준판 2008수정) 내 통상문과 고유 기도문의 해당 자리에 이 성가를 배치함으로 전례음악으로서 독보적인 자리를 차지하는 그레고리오 성가의 위상을 복원하였다. 2017년, 한국 교회는 수정판(2008)의 한국어판을 내면서 라틴어 4선보 그레고리오 성가를 우리말로 번역하고 5선보로 편집해 실어 라틴어판과 같이 첫 자리라는 명분은 가졌지만 실행 의지는 의문이다. 최소한 각 교구의 주교좌 성당에서는 분명, 이 거룩한 미사가 거행되어야 한다.

[전례 헌장] 115. 음악 교육

신학교, 남녀 수도자들의 수련원과 신학원, 또 다른 가톨릭 학교들과 교육 기관들에서는 음악 교육과 실습을 중시하여야 한다. 참으로 이러한 교육을 추진하려면, 성음악을 가르치도록 임명된 교사들을 힘껏 양성하여야 한다. 그 밖에 적절하다면, 성음악 고등 교육 기관의 설립도 권장되어야 한다. 그리고 교회음악가, 성가대원, 특히 어린이들에게 진정한 전례 교육을 실시하여야 한다.

그렇다면 이 거룩한 미사를 거행하기 위해 반드시 가져야 하는 소양은 무엇일까? 「전례 헌장 115항 음악 교육」에서는 음악 교육뿐 아니라 합당한 '**전례**'를 가르치라고 적시했고, 이어서 '**성가대원 특히 어린이들에게 진정한 전례 교육을 실시하여야 한다.**'고 함께 명시하고 있다. 따라서 교회는 교회음악가와 성가대원 특히 어린이들의 전례 소양을 키워 그 책임과 역할을 넓힐 수 있도록 공의회 정신을 충실히 반영하여 교회음악을 통한 전례를 확대해야 한다.

『교회음악 알아가기』라는 제목으로 부록까지 개인 블로그에 60여개의 꼭지를 연재하면서 독자들에게 바랐던 점은 "어느 시대 어떤 작곡가가 무엇을 작곡했나?"라는 관점이 아니라 "그 음악의 원형은 무엇이고 어떤 전례에 쓰이는가? 그 전례의 구조와 의미는 무엇인가?"에 관심을 가져주는 것이었다. 이유는 단순하다. 전례의 이해가 높다라면 교회음악이 정말 쉽게 다가오지만, 그 반대라면 몇 배의 힘을 더 들여야 하기 때문이다.

사실 그리스도교는 교회음악 덕분에 지금의 교세를 넓혔다고 해도 지나치지 않다. 과거 기보법이 발달하지 않았을 중세 때는 선교를 위해 전례와 교리를 담당하는 사제와 함께 선교지에서 성가를 가르칠 교회 성악가Cantor가 동행했다. 심지어 이미 포교가 된 지역에서 로마 성가를 배우기 위해 로마 교황청으로 교회 성악가를 지역으로 파견해 달라는 요청이 있을 정도였다. 그만큼 바늘 가는데 실 가듯, 모든 교회 전례는 음악으로 구성되었다. 이는 그리스도의 신비체이며 하느님 백성인 교회가 드리는 전례를 더욱 성화롭게 하는 가장 강력하고 확실한 전통적인 도구임을 증거한다. 모쪼록 『교회음악 알아가기』가 이 도구의 〈사용 설명서〉로서 부족하나마 도움 되기를 바란다.

2019년 4월 22일, 주님 부활 대축일에
Die 22 aprilis MMXIX, DOMINICA PASCHÆ IN RESURRECTIONE DOMINI

개정증보판 추가 내용·수정

개정증보판에 추가한 내용은 다음과 같다.

04. 전례주년과 전례력 內 고유 전례력(Calendarium Proprium)
15. 신경(Credo) 탄생 이야기
20. 초 행렬 예식 노래 : 주님 봉헌 축일
21. 재를 머리에 얹는 예식 노래 : 재의 수요일
23. 파스카 성삼일 內 주님 부활 대축일 낮 미사, 부활 감사송 I (PRÆFATIO PASCHALIS I)
    - 파스카의 신비(De mysterio paschali)
32. Ego sum panis vivus
42. Ascendit Deus : 주님 승천 대축일 낮 미사 복음 환호송, 봉헌송
44. Ecce virgo : 대림 제4주일, 주님 탄생 예고 대축일 영성체송
54. 복되신 동정녀의 저녁기도 內 '聖女 바르바라 축일 저녁기도'
56. 오라토리오(Oratorio)와 칸타타(Cantata)
✠ 주님의 기도는 왜 미사곡에 포함되지 않았을까?
✠ 세계 공통 성가책이 있을까?
✠ 동방 박사, 그들은 무슨 박사일까?
✠ 聖女 바르바라는 누구일까?

수정 내용은 일일이 열거할 수는 없으나 기본적으로 오타나 번역, 내용상 오류 부분을 바로 잡았고 주석을 충실히 추가했으며 초판에 설명이 부족했던 부분은 좀 더 친절하게 고쳐 썼다.

2022년 6월 5일, 성령 강림 대축일에
Die 5 iunii MMXXII, DOMINICA PENTECOSTES, Sollemnitas

추천글(초판)

어느 날 이 책의 저자인 김태중 선생님의 전화를 받았다. 블로그에 연재했던 교회음악 이야기들을 모아 출판을 계획하고 있다는 것이었다. 이미 블로그를 통해서 그가 올린 교회음악에 관한 글들에 관심을 가지고 있었던바, 책으로 출판되면 많은 분들에게 큰 도움이 되리라는 확신이 들었다. 원고를 가지고 여기저기 출판사와 의논을 했는데 책의 내용이 너무 전문적이고 수익성이 없고 또한 저자가 음악을 전공하지도 않았다는 이유로 출판을 거절당했다는 안타까운 이야기를 듣고 반드시 세상에 빛을 봐야할 글이라 여겨 도서출판 시스띠나에서 출판을 하기로 결심을 하였다.

이 책은 저자가 오랫동안 성가대 단원으로 활동하면서 평소 의문이 들고 궁금해 했던 전례음악에 관한 것들을 공인된 교회문서들과 자료들을 하나하나 살펴보고 연구한 결과이다. 그 내용이 놀라운데 교회음악에 가장 기본이 되는 용어들을 정리하고 충분한 예를 통해 누구나 쉽게 이해할 수 있게 했으며, 각 주제별로 해당 전례와 그 전례에 쓰인 교회음악 및 발전의 역사를 사실에 입각해 기술하고 있다. 이는 평신도인 저자가 자신의 궁금증을 풀어갔던 길을 그대로 담아내었기 때문으로 생각한다.

이러한 책의 내용을 보더라도 이 책은 교회음악을 공부하는 모든 분들께 가뭄의 단비와 같은 역할을 할 것이며, 일선 본당의 성가대 지휘자, 반주자 및 성가대원들께서도 필독할만한 가치가 충분하다고 본다.

지피지기면 백전백승라는 말이 있듯이 전례를 알아야 전례 안에서 더욱더 능동적으로 전례에 참여할 수 있고, 음악이 전례를 넘어서는 오류를 범하지 않을 것이다. 전례음악은 전례의 여종이어야 한다는 말씀을 항상 명심하면서 오랜 시간동안 그 수많은 자료들을 공부하시고 정리하셔서 이렇게 훌륭한 글을 완성해주신 김태중 선생님께 깊은 감사를 드리면서 이 책이 교회음악에 관심이 있으시거나 갈증을 느끼고 계신 분들게 조금이나마 도움이 되길 바란다.

도서출판 시스띠나 대표
이호중 라파엘

감사의 글(초판)

김태중은 전공이 교통공학과, 전자공학이다. 직업으로, 또 그의 전공으로는 음악과는 상당히 멀어 보인다. 하지만 그의 삶은 언제나 음악과 함께 있었다. 맑은 음색의 테너(음정이 조금 불안한 면도 있지만)였던 그는 천주교 명동성당 로고스합창단에서 18년, 합창단 음악이있는마을에서 14년 동안 단원으로 활동한 경력의 소유자다. 그는 전공보다는 합창음악에 스스로를 쏟아 부었다. 음악에 관한 한 못 말리는 광신자 수준이다. 자신의 신앙인 하느님만큼이나 음악을 사랑하고, 음악으로 숨을 쉬고 있는 사람으로 정의될 정도다. 이 음악의 덕후(오타쿠) 김태중은 전문가 뺨을 치고도 남을 정도의 내공을 가지고 있다는 것은 익히 알던 바이다.

그런 사전 지식이 있었음에도 불구하고 〈교회음악 알아가기〉 원고를 받아 읽으면서 드는 첫 느낌은 '헐~!' 이었다. 음악으로 밥숟가락 드는 사람도 감히 엄두가 나지 않는 분량과 깊이는 그저 감탄, 놀라움, 자괴감들이 종합된 탄식인 '헐~!'만을 외칠 뿐이었다.

〈교회음악 알아가기〉는 라틴어 가사로 만들어진 Mass, Requiem, Antiphona, Responsorium, Tractus, Canticus, 성무일과를 비롯한 전 분야가 종합되어 있으며 자세한 배경과 예전속의 용도, 해설과 번역, 원전인 Gregorian Chant 뉴움 악보, 같은 가사로 쓴 작곡가 목록까지 망라되어 있다. Requiem의 경우 작곡자별로 선택한 가사까지 표로 볼 수 있도록 집요하게 작업하였다. 이 책 한 권이면 라틴어 가사로 만든 곡들과 예전의 모든 정보를 쉽게 접근할 수 있다. 집대성이란 표현은 이럴 때 쓰라고 만든 말일 것이다.

윤이상과 나눈 대화를 편집하여 〈상처입은 용〉을 펴낸 루이제 린저나, 오자와 세이지와의 대화를 〈오자와 세이지씨와 음악을 이야기하다〉라는 책으로 낸 무라카미 하루키처럼 김태중 역시 같은 과의 사람이며 수준 또한 동일한 반열에 든다. 이들은 음악을 전공하지 않았을 뿐이지 음악연구자로서는 전문가 그 이상이다.

빼어난 정보 검색력과 이를 다시 종합하고 분류하는 탁월성 가지고 있는 김태중은 새로운 길을 내고 모든 것을 통하게 하는 교통공학적, 전자공학적 내공으로 이 책을 쓴 것 같다는 생각이다. 희귀 작품과 자료를 찾아내는 신출귀몰도 그렇지만, 집중력 있는 연구와 학술적 무게감으로 이 책을 관통했다는 점에서도 경이롭다.

우리는 저자에게 감사를 해야만 할 것 같다. 국내에서 이만한 역작을 만들어 낼 수 있는 덕후 인재가 있다는 것에 말이다. 이 책은 물론 천주교 음악이 중심을 이루는 것이기는 하지만 개신교 음악 역시 이를 모체로 변형된 형태를 만들어 갔으니 원전에 대하여 아는 것은 현재의 깊이를 더욱 성숙시킬 수 있는 발판임은 자명한 사실이다. 많은 개신교 교단이 단순화된 예배를 반성하고 예전의 개혁에 목말라하느니만큼 〈교회음악 알아가기〉가 그 자양분이 될 것임에 틀림이 없어 보인다. 또한 Mass, Requiem, 라틴어를 기반으로 한 합창곡을 연구하고 지휘하는 합창지휘자와 단원들까지 이 책은 필독서가 될 것이다.

깊은 영성으로 보물을 끌어 올린 저자에게 축하를 드리며 또한 감사를 전한다.

홍준철

(전) 성공회대학교 대우교수, 한국예술종합학교 출강,
합창단 음악이있는마을, 한국북소리합창단 지휘자,
〈합창 지휘자를 위하여〉와 〈합창단원을 위하여〉, 〈음악은 사랑입니다〉 저자.

현 퇴촌하여 텃밭 일구고 글 농사를 짓고 있음.

차례

1. 안티포나, Antiphona ··· 15
+ 가, 나, 다해는 어떻게 정할까? ··· 18
2. 레스폰소리움, Responsorium ··· 19
+ 불가타 성경이란 무엇일까? ··· 22
3. 연송과 찬가 (Tractus & Canticus) ··· 23
4. 전례주년과 전례력 ·· 32
5. 미사 중 고유문과 통상문 ··· 36
6. 성무일도 (Officium Divinum) ··· 45
+ 시편 번호 표기법 ··· 53
7. 성무일도 중 복음 찬가 (Canticum Evangelicum) ···························· 54
8. 마니피캇, Magnificat ·· 58
9. 복되신 동정 마리아의 마침 안티폰 (Antiphonæ finalis B.M.V.) ······ 70
10. Veni, Veni, Emmanuel : 대림 시기 찬미가 ···································· 80
+ Euouae란? ··· 85
11. 떼네브레, Tenebræ ·· 86
+ 사순 시기는 40일일까? ··· 91
12. 예레미아의 애가 (Lamentationes Ieremiæ prophetæ) ··················· 92
13. Te Deum (聖 암브로시오의 사은謝恩 찬미가) ································ 96
+ 라틴 이름에 관한 상식 ··· 101
14. 대영광송 (Groria in excelsis Deo) ·· 102
+ 『Kyriale』에 수록된 미사곡 ··· 105
15. 신경(Credo) 탄생 이야기 ·· 106
16. 부속가 (Sequentia) ·· 112
17. 고통의 성모 (Stabat Mater) ·· 121
18. 聖 토마스 아퀴나스의 성체 찬미가 ··· 125
19. Veni Sancte Spiritus & Veni Creator Spiritus : 성령 강림 대축일 부속가와 찬미가 ······· 138
20. 초 행렬 예식 노래 : 주님 봉헌 축일 ·· 142
21. 재를 머리에 얹는 예식 노래 : 재의 수요일 ·································· 145

22. 예루살렘 입성 기념 예식 노래 : 주님 수난 성지 주일 ·· 148
23. 파스카 성삼일 (Sacrum Triduum Paschale) ··· 155
24. 聖 그레고리오 대교황과 그레고리오 성가는 관련이 있다? ··· 174
25. Requiem은 미사곡일까? (1) ·· 180
✚ 장례 미사를 드릴 수 없는 날이 있다. ·· 185
26. Requiem은 미사곡일까? (2) ·· 186
✚ 장례 미사에서 사제의 제의색은 무엇일까? ··· 190
27. Requiem은 미사곡일까? (3) ·· 191
28. 입당 노래, 봉헌 노래, 영성체 노래, 파견 노래 ·· 195
29. Cantus firmus, Parody & Paraphrase Mass ··· 196
✚ 세계 공통 성가책이 있을까? ·· 198
30. Ave verum corpus ··· 199
31. O magnum mysterium ··· 200
✚ 트리엔트는 어디 있을까? ·· 201
32. Ego sum panis vivus ·· 202
33. O sacrum convivium ··· 203
34. 주님의 기도 (Pater noster) ·· 204
✚ 주님의 기도는 왜 미사곡에 포함되지 않았을까? ··· 208
35. 성인 호칭 기도 (Litania omnium Sanctorum) ··· 209
36. 복되신 동정 마리아 (대)축일·기념일들과 성모송 (Ave Maria) ···································· 214
✚ 교회 전례 중 성음악을 위한 악기 사용 지침 ··· 219
37. Vexilla Regis : 성주간, 십자가 현양 축일 저녁기도 찬미가 ·· 220
38. Asperges me & Vidi aquam : 성수 예식 따름 노래 (Antiphona) ······························· 222
✚ 동방 박사, 그들은 무슨 박사일까? ··· 224
39. Sicut cervus desiderat : 파스카 성야 찬가, 죽은 이를 위한 미사 연송 ·························· 225
40. Improperium exspectavit : 주님 수난 성지 주일, 예수 성심 대축일 봉헌송 ··················· 229
41. Viri Galilæi : 주님 승천 대축일 낮 미사 입당송, 봉헌송, 아침기도 제1시편 후렴 ············ 231
42. Ascendit Deus : 주님 승천 대축일 낮 미사 복음 환호송, 봉헌송 ································· 235
43. Rorate cæli : 대림 제4주일, 대림 시기 성모 공통 미사 입당송 ··································· 237
44. Ecce virgo : 대림 제4주일, 주님 탄생 예고 대축일 미사 영성체송 ······························· 241
45. Hodie Christus natus est & Puer natus est nobis : 주님 성탄 대축일 안티폰 ············· 242

✚ 크리스마스 이브는 성탄절 전날일까? ··· 244
46. 1월 7일 크리스마스 이야기 ·· 245
✚ 로마 가톨릭과 동방 정교회는 왜 분열하게 되었을까? ·· 248
47. Miserere : 시편 51(50) ·· 249
48. De profundis : 시편 130(129) ··· 253
49. Jubilate Deo : 시편 66(65), 100(99) ··· 256
50. Cantate Domino canticum novum : 시편 96(95), 98(97), 149 ··· 263
51. Laudate Dominum : 시편 117(116), 135(134), 147(146-147), 148, 150 ··· 269
52. Kyrie(Κύριε)가 없는 미사곡이 있다. ·· 274
53. 십자가의 길(Via Crucis) S.53, Franz Liszt ··· 279
54. 복되신 동정녀의 저녁기도 SV 206, Claudio Monteverdi ·· 282
✚ 성녀 바르바라는 누구일까? ·· 292
55. 십자가 위의 일곱 말씀 Hob. XX, Joseph Haydn ··· 293
56. 오라토리오(Oratorio)와 칸타타(Cantata) ··· 295
57. 교회음악의 계승과 발전 ·· 301

▍ 공통 참고문헌 ··· 309
▍ 참고문헌 ··· 310
▍ 찾아보기 ··· 316
▍ INDEX ·· 320
▍ 주석 ·· 322

교회음악 알아가기

예수를 그리스도라 믿는 교회의 음악에 관한 이야기입니다. 이 이야기는 교회 전례에서 시작되었으며 그 전통은 지금까지 이어져 오고 있습니다. 논어의 위정편에는 溫故而知新이란 구절이 있는데 '옛것을 익히고 그것을 미루어 새것을 이해한다.'라는 뜻입니다. 이 成語의 뜻대로 교회음악의 원형과 그 쓰임을 살펴보고 그 내용을 익힘으로써 지금 우리가 듣고 부르는 음악을 이해하는 데 도움 되기를 희망합니다.

일러두기

- 모든 장章을 독립적으로 볼 수 있도록 참조할 장을 글 중간중간에 표시했다. 그러나 먼저 1~6장까지를 정독한다면 다른 장들을 순서 없이 보는 데 도움이 될 것이다.
- 약어는 다음과 같이 정했다. 단, 같은 장에서 반복될 때 제한적으로 사용한다.
  #01 제2차 바티칸 공의회 : 바티칸 II
  #02 바티칸 II 문헌 中 거룩한 전례에 관한 헌장 : 전례 헌장
  #03 거룩한 전례의 음악에 관한 훈령「성음악」(Musicam Sacram) : 성음악 훈령
  #04 로마 미사 성가집 Graduale Romanum : G.R.
  #05 단순 미사 성가집 Graduale Simplex : G.S.
  #06 로마 미사 경본 Missale Romanum : M.R.
  #07 Beatae Mariae Virginis (복되신 동정 마리아의) : B.M.V.
- 우리말 외 언어는 라틴어를 우선한다. 다만, 필요에 의해 라틴어와 함께 다른 언어를 쓸 때는 해당 언어명 첫 글자를 괄호 안에 함께 표기한다. 예: Vater unser(독)
- 라틴어의 우리말 번역은 『성경(2005)』, 『로마 미사 경본(2017)』, 『미사 독서(2017)』, 『복음집(2017)』, 『성무일도 I-IV(1990-1991)』를 우선한다.
- 미주와 각주의 번호 서식은 각각 [#]와 #)로 구분한다.
- 다음은 책을 보는데 도움이 될 만한 웹사이트와 온라인에서 내려받기 가능한 문서들이다. URL이 너무 길 경우, G* 검색창에 쓸 키워드KWD로 안내한다.
  #01 교황청 홈페이지 Nova Vulgata : KWD Nova Vulgata Bibilorum Sacrorum Edito
  #02 불가타역-영어(Duray-Rheims) 번역 성경 : http://vulgate.org
  #03 Vulgata Clementina : http://vulsearch.sourceforge.net/html
  #04 Psalterium Romanum : http://www.liberpsalmorum.info
  #05 [PNG file] 그레고리오 성가 네우마 4선보 : https://gregobase.selapa.net
  #06 [PDF file] Graduale Romanum 1961 1974, Graduale Simplex, Liber Usualis, Kyriale : https://musicasacra.com
  #07 [PDF file] 라틴어 로마 미사 경본(제3표준판 2002) : KWD Latin Missal 2002 PDF
  #08 [전자책] 로마 미사 경본(제3표준판 2008수정) | 한국천주교주교회의 : http://missale.cbck.or.kr
  #09 [전자책] 매일미사 | 한국천주교주교회의 : http://missa.cbck.or.kr
  #10 [전자책] 한국 천주교 성음악 지침 | 주교회의 전례위원회 : http://www.cbck.or.kr
  #11 [전자책] 성음악 훈령 | 가톨릭 교회의 가르침 52호(2015) | 한국천주교주교회의 : http://www.cbck.or.kr
  #12 [전자책] 라틴어-영어 번역 성무일도 : http://www.universalis.com
  #13 성경, 성무일도, 제2차 바티칸 공의회 문헌 : http://www.catholic.or.kr
  #14 《바티칸 II》이전 라틴어 성무일도 및 매일미사 : http://www.divinumofficium.com

01 안티포나, Antiphona

> Antiphona (라)
> Antiphon (영)
> 교창交唱
> 후렴後斂
> 따름 노래

교회 전례를 알아야 교회음악을 이해할 수 있다는 사실은 수천 번 되뇌어도 모자라지 않다. 그래서 교회 전례를 따라가다 보면 자주 접하는 용어 중 하나인 안티포나Antiphona를 『교회음악 알아가기』의 첫 주제로 다루어 본다.

고대 유대인들은 성경을 봉독하는 전후에 반드시 시편을 불렀고, 그 전통은 그리스도교에 고스란히 전해져 현재까지 시편을 노래하며 기도하는 것은 전혀 변하지 않았다. 차이는 '누가 어떤 형식으로 노래하느냐'인데, 처음에는 시편을 사람들이 두 편으로 나누어 교대로 암송했다. 왜 암송했을까? 당연하게도 누구나 성경책을 가질 수 없었다. 책이 얼마나 귀하던 시절이던가? 이때 두 편을 나누는 것은 남자와 여자(혹은 소년)로 구분했다. 이렇게 두 편으로 나누어 시편을 노래하는 교창 형태를 'Antiphona'라고 했다. Antiphona는 'anti(대립)'와 그리스어가 어원인 'phɔnia(소리)'의 합성어다. 어원상 '서로 마주 하여 소리 내다.'라는 뜻이다. 그런데 세월이 지나면서 양편으로 나누어 암송하는 방식에 문제가 생겼다. 초기 교회의 교우들은 소공동체 안에서 자신들이 외우던 시편에 익숙했으나, 새로운 교우들이 늘어나면서 이 시편들을 못 외우는 교우가 늘어난 것이다. 당연한 것이 시편은 150장까지 상당한 양이다. 그리고 매일 같은 구절을 암송하는 것이 아니라 매일 바뀐다. 물론 언젠가는 다시 같은 내용으로 돌아온다.

여기서, 잠깐 칸토레스Cantores 이야기를 하자. 위에서 언급한 시편기도 암송도 교우수가 늘어나면서 문제가 생겼듯이 미사를 드릴 때도 그랬다. 그냥 옹기종기 모여서 미사를 드릴 때는 전혀 문제가 없었는데 많은 대중 앞에서는 말하는 성량 정도로 내용 전달이 불가능했다. 그래서 당시에도 대중들에게 이야기할 때 쓰던 웅변창을 도입했다. 톤을 올리고 말마디에 강조하는 것이다. 이러한 창법을 악첸투스Accentus라고 했다. 엑센트를 넣었다는 것이다. 이는 미사 중 사제의 낭송과 그에 대한 교우들의 응답에서 찾을 수 있다. 그리고 미사 중 시편을 교우들이 모두 외울 수가 없어 교창이 불가능해짐에 따라 시편창의 형식이 변하여 전문 소리꾼, 즉 성가대 혹은 독창자가 필요하게 되었다. 그들을 칸토레스라고 불렀는데 이들을 양성하는 학교에서 음악과 전례 교육을 받고 '노래하는 자'의 지위에 해당하는 품품을 받아 성직자의 일원이 되었다. 이들이 담당한 입당송, 자비송, 층계송(現 화답송), 봉헌송, 영성체송 등을 콘첸투스Concentus라고 불렀다.[1] 칸토레스의 등장에는 또 다른 시대적 상황이 있었다. 4c 경 교회의 공식 성가인 시편창이 아닌 이교도들에 의한 비성경적 찬미가들의 유입을 막기 위해 교회의 임명을 받은 칸토레스가 아니면 교회에서 성가를 부르지 못하도록 라오디게아Laodicea 종교 회의(c.363-364)에서 제도화한 것이다.[2] 이후 7-8c를 지나면서 칸토레스의 비중이 점점 늘어나 악첸투스의 회중 부분도 칸토레스가 맡게 되어 회중

은 배제된 미사가 되었고, 결국 미사에 함께하는 것이 아니라 침묵 중에 구경하는 수준에 이른다.

이렇게 긴 설명이 필요했던 건, 안티포나의 변화를 이야기하려고 했기 때문이다. 앞서 언급했 듯이 전 교우가 무조건 외울 수 없는 상황에서 찾은 방법은 칸토레스Cantores가 시편을 노래하면 그 시편의 짧은 중요 구절을 하나 뽑아 교우들이 간간이 되풀이하는 것이다. 이것이 점점 교우들의 역할이 줄면서 현재의 성무일도에서와 같이 교우들은 시편기도 직전과 그 끝에만 '뽑힌' 구절을 노래하기에 이르렀다. 이렇게 교대로 노래한다는 형식의 의미는 사라진 채 뽑힌 구절을 안티포나Antiphona라고 부르게 되었고 이를 우리말로 '후렴'이라고 번역한다. 또한, 세월이 흐르면서 안티포나는 반드시 시편에서만 뽑지 않고 다른 성경 구절에서도 뽑아 쓰기 시작했다. 이러한 시편기도는 성무일도 중 매 시간경의 찬미가와 함께 중심이 되는 기도로 발전하였다.

■ 안티포나의 분류

안티포나는 그 쓰임에 따른 이름과 형식이 다양한데 지금까지 설명한 (1) 시편기도의 후렴과 (2) 미사 중 입당송과 영성체송, (3) '따름 노래'로 번역되는 특별한 행렬 혹은 예식용 안티포나, 마지막으로 (4) 후렴이 없고 교송 형태도 아니지만 안티포나로 이름 붙여진 (1), (2)와 다른 형식으로 구분할 수 있다. 이는 후렴의 여부와 부르는 전례에 따라 편의상 분류한 것이다.

(1) 앞서 설명한 짧은 뽑힌 구절을 후렴으로 '간간이 되풀이'하는 형식을 현재 성무일도의 초대송 중 시편기도 95(94)에서 확인할 수 있다.

① **후렴** ▷ 1-2절 ▷ **후렴** ▷ 3-5절 ▷ ... ▷ 10-11절 ▷ **후렴** ▷ 영광송 ▷ **후렴**

이렇게 '간간이 되풀이'하는 형식에서 아래 ②와 같이 본문의 시작 직전과 끝에만 후렴을 노래하는 더 간소화된 형식이 나타났고 현재 성무일도에서 시편기도와 찬가, 그리고 7장에서 다룰 복음 찬가의 형식이다.

② **후렴** ▷ 시편, 찬가, 복음 찬가 ▷ 영광송 ▷ **후렴**

(2) 미사에서는 입당송Introitus, 영성체송Communio을 안티포나라고 하는데 (1)-② 형식과 동일했으나 현재는 그 형식에서 안티포나Antiphona 즉, 후렴만 남고 나머지는 모두 제외되었다. 입당송과 영성체송과 같은 안티포나는 행렬 중 교우들이 부르는 노래이기 때문에 선율이 단순하고 노래가 쉬우며 다음 장에 소개할 레스폰소리움Responsorium에 비해 짧다. 어렵고 길면 일반 교우들은 외우기 어려울 뿐 아니라 행렬 중 노래하기가 힘들기 때문이다. 『로마 미사 경본Missale Romanum』(제3표준판)[3]에 이것들이 안티포나라는 흔적이 확인되는데 입당송과 영성체송을 각각 Ant. ad introitum(입당송 후렴)과 Ant. ad communionem(영성체송 후렴)이라고 명하는데서 알 수 있다. 봉헌송Offertorium도 안티포나에서 출발했지만, 발전 과정에 차이가 있어 다른 설명[1])이 필요하다.

---

1) 본서本書 5장 內 '주요 전례문의 해설' 14항

먼저 입당송을 부르는 형식이다.

① **입당송 후렴** ▷ ② 시편 구절(V) ▷ ③ 영광송 ▷ ④ **입당송 후렴**

《트리엔트 공의회(1545-1563)》의 전례 쇄신 결의에 따라 M.R.을 1570년 교황 聖 비오 5세 *St. Pius PP. V*(재위 1566 -72)가 반포하여 전 유럽의 미사 양식을 통일하면서 《제2차 바티칸 공의회(1962-65)》 전례 개혁 전까지 입당송 후렴Ant. ad introitum을 ① 시작과 ④ 끝에 하고 중간에 ② 시편 구절과 ③ 영광송을 바쳤다. 여기서 시편 구절은 당일 입당송 후렴과 짝을 이루는 고유 시편 구절이다. 현재는 《바티칸 II》 이후 개정된 새로운 M.R.에 따라 본문은 더욱 축소되어 ②, ③,④는 없어지고 ①만 남게 되었다. 정리하면 《바티칸 II》 이전에는 ①~④까지 전체를 입당송 Introitus이라고 했고, 이때 ①은 입당송 후렴Ant. ad introitum이라 한다. 지금은 ①만 남았지만, 한국어판 M.R.에서는 입당송 후렴이 아닌 입당송이라고 번역한다. 그리고 시편 구절(V)이 제외됐기에 후렴의 형식적 기능은 사라졌지만, 입당 행렬에 동반한 노래라는 쓰임의 개념으로 안티포나의 역할을 하고 있다. 예는 41장과 43장에서 자세히 다룬다.

(3) 라틴어판 M.R.에서 Antiphona를 단독으로 쓰는 경우가 있는데 한국어판 M.R.(2017)에서 따름 노래라고 번역한다. 이는 미사 전 혹은 중에 특별한 행렬을 동반한 예식 때 부른다. 그래서 따름 노래는 형식적 분류라기보다 쓰이는 전례에 따른 이름 붙임으로 이해하는 게 맞다. 로마 가톨릭 교회에서 따름 노래를 부르는 예식은 아래와 같다.

① 주님 봉헌 축일 미사 전 초 행렬 [20장 참조]
② 재의 수요일 미사 중 재를 머리에 얹는 예식 [21장 참조]
③ 주님 성지 주일 미사 전 예루살렘 입성 기념 행렬 [22장 참조]
④ 주님 만찬 미사 중 발 씻김 예식 [23장 참조]
⑤ 성수 예식 때 사제가 성수를 뿌리는 동안 [38장 참조]
⑥ 장례 예식 중 고별식 마지막에 성당 밖으로 관을 운구하는 동안 [25장 참조]

(4) 안티포나는 그 기원이 어디까지나 시편기도다. 그런데 (1), (2)의 형태도 아니고 시편 내용은 전혀 없으며, 후렴도 아닌 어떤 범주에도 속하지 않는 상당한 길이와 정교함을 가진 독립적인 찬미가를 안티포나라고 이름 붙이는 경우가 있는데 성무일도 끝기도 후 부르는 복되신 동정 마리아의 마침 안티폰이 그 예다. 통상 성모 찬송가라 부르며 모두 네 곡이 있다. [9장 참조]

① Alma Redemptóris Mater (구세주의 존귀하신 어머니)
② Ave Regína cælórum (하늘의 여왕이여)
③ Regína cæli (하늘의 모후님)
④ Salve Regína (모후이시여)

■ **성무일도 中 시편기도의 예**

소개하는 예의 형식은 ⑴-②이다. 나머지 예는 앞서 참조하라는 장에서 확인한다.

먼저 ⑴-②의 예로 성모 승천 대축일 저녁기도 중 시편기도 1이다. 아래 후렴Antiphona을 회중이 노래하고 〈시편 122(121)〉을 정해진 이가 낭송하거나 각 절의 * 전후를 교송한 후 영광송을 바친 다음 처음 했던 같은 후렴을 반복하면 시편기도 하나가 끝난다. 저녁기도 중에는 서로 다른 시편기도를 두 번 한다.

시편기도 1

후렴 마리아 하늘에 올림을 받으셨으니, 천사들이 기뻐하며 주를 찬미하는도다.

시편 122(121)

1 주님의 집에 가자 할 제 *
   나는 몹시 기뻤노라.
2 예루살렘아 네 성문에 우리 발은 이미 서 있노라 *
3 너 예루살렘은 그 짜임새 멋지게 이룩된 도성.
4 지파들이 주님의 지파들이 저기 올라가도다 *
   이스라엘 법을 따라 주님의 이름을 찬양하러.
5 저기에는 재판하는 자리가 있고 *
   다윗 가문 옥좌가 놓여 있도다.
6 예루살렘 위하여 평화를 빌어 주라 *
   "너를 사랑하는 이들에게 평화 있기를,"
7 너의 성 그 안에 평화가 있기를 *
   너의 궁 그 안에 평화가 있기를.
8 내 형제 벗들 위하여 말하노라 *
   "평화가 너와 함께 있기를"
9 우리 주 하느님의 집을 위하여 *
   너의 모든 행복을 나는 비노라.

영광송 (Gloria Patri)

후렴 마리아 하늘에 올림을 받으셨으니, 천사들이 기뻐하며 주를 찬미하는도다.

✚ *가, 나, 다 해는 어떻게 정할까?*

로마 가톨릭 교회는 각 연도를 가.나.다 해로 표기하는데 – 로마자 A,B,C – 그리스도 시대 첫해(AD 1)를 가해, 2년은 나해, 3년은 다해의 3년 주기가 기준이다. 이를 쉽게 계산하는 방법이 있는데 연도의 모든 숫자를 더한 후 3으로 나누고 나머지 값이 1이면 가해, 2면 나해, 0이면 다해이다. 예로 2019년은 2+1+9=12, 3으로 나눈 나머지 값은 0. 그러므로 다해가 된다. 여기서 '해'는 전례주년과 연동되기 때문에 항상 세속력 기준 전해에 시작하는 대림 시기는 그다음 해의 '가.나.다'를 적용한다.

02 레스폰소리움, Responsorium

Responsorium (라)	Graduale (라)
Responsory (영)	Gradual (영)
대창對唱, 응송應誦	층계송層階誦
Psalmus Responsorius (라)	Versus (라)
Responsorial Psalm (영)	Versicle (영)
화답송和答誦	계응시구繼應詩句

1장 안티포나Antiphona에 이어 레스폰소리움Responsorium에 대해 알아보자. 레스폰소리움을 설명함에 있어 안티포나와의 비교가 필수적이므로 1장을 반드시 숙독한다.

■ **레스폰소리움의 형식**

초기 교회에서부터 독창자Cantor가 시편 구절Versus psalmus 하나를 노래하면 회중이 짧은 후렴 Responsum으로 응답했다. 후렴 선택은 해당 시편 구절들 중에서 발췌한다. 이 후렴을 잘 기억할 수 있도록 독창자가 회중이 잘 들리게 처음 한 번 노래해 주고(R_c) 회중 전체가 그걸 바로 기억해서 매 시편 구절(V)의 후렴(R)을 형성한다. 시편 구절은 독창자가 부른다. 이 형식을 도해해 보면 다음과 같다.

R_c - R - V_1 - R - V_2 - R ... V_n - R

여기서,
- n은 시편 구절의 개수다. 하나의 시편 구절(V)에 포함된 절은 하나 이상일 수 있다.
- 시편 구절은 시편에서 뽑지 않는 경우도 있다.
- 한국어판 『로마 미사 경본』과 『미사 독서』에서는 V와 후렴(R, Ant.)을 각각 기호 ○, ◎로 표기한다.

이러한 형식으로 노래하는 전례는 첫째, (1) **미사 중 독서 후 화답송**이다. 과거 화답송을 '층계송Graduale'이라 불렀는데 이는 복음 봉독과 차이를 두기 위해 독서대ambo로 올라가는 층계gradus에 서서 독창자가 시편 구절을 노래했음에 유래한다. 《제2차 바티칸 공의회(1962-65)》 이전까지 층계송은 시편 구절이 하나였는데 《바티칸 II》 이후 개정된 『미사 독서Lectionarium(1970-1972)』[4]에서는 시편 구절을 복수로 늘렸고, 명칭은 Graduale에서 Psalmus Responsorius(화답 시편)로 변경했다. 한국 천주교에서도 '층계송'을 제1독서에 대한 대창對唱의 뜻을 가진 '응답송'으로 변경하였고, 현재는 일방적 응답을 넘어 하느님과 대화의 측면이 강조되면서 '화답송'으로 재변경하게 된다. 대한 성공회는 지금도 '층계 성가'라 부르며 노래로 한다.

두 번째는 (2) **성무일도의 아침·저녁·끝기도 중 성경소구 후 응송**이다. 위 형식에서 시편 구절(V)를 하나만 쓴 형식이며 후렴 R이 온전한 후렴이고 R*은 R의 뒤 반 소절이다.

R - V - R* - 영광송 - R

세 번째는 (3) **성무일도의 독서기도 중 독서 후 응송**으로 (2) 형식을 더 간단히 노래하는 경우다. 미사에서는 이 형식을 아주 특별한 예식 때 쓰는데, 재의 수요일 미사에서 머리에 재를 얹는 예식 중 따름 노래 끝에 부르는 Emendémus in méliu와 [21장 참조] 주님 수난 성지 주일 미사 전 성지 행렬이 성당 안으로 들어올 때 부르는 Ingrediénte Dómino가 있다. [22장 참조]

R - V - R*

네 번째는 (4) **미사 중 복음 환호송**이다. 여기서, 후렴 R은 알렐루야 혹은 사순 시기 동안 쓰는 【세 환호송】 중 하나다. 알렐루야는 재의 수요일부터 주님 수난 성금요일까지를 제외하고 모든 시기에 노래한다. 그리고 알렐루야를 노래하지 않는 시기에는 『미사 독서』에 제시된 **복음 전 노래**를 한다. 여기서 **복음 전 노래**란 R을 【세 환호송】 중 하나로 쓰는 노래를 말한다. [本書 p. 24 참조]

R - V - R

끝으로 성경에서 뽑은 간단한 기도 문구로 첫 반 소절은 주례자나 선창자가 노래하고 나머지 반 소절은 회중이 응답하는 형식이다. 따라서 후렴을 가지고 반복하는 형식이 아니다. 이러한 짧은 시편 구절(V+R)은 (5) **성무일도의 독서기도 중 세 번째 시편기도 후 계응시구**와, **소시간경의 성경소구에 이어** 하는 응송이 대표적이다. 여기서 '계응繼應'은 '이어서 응답한다'라는 뜻이다.

V - R

이렇듯 형식상 안티포나와 레스폰소리움은 세월이 지나면서 구분이 모호해지기 시작했다. 사실 둘의 노래하는 방법이 독창자와 회중의 주고 받음이라는 기본 형식에서 별 차이가 없게 되었고 **후렴**이라는 같은 역할을 하게 되었다. 또한 계응시구처럼 후렴이 없더라도 교창Antiphona 형식이기도 하면서 응답Responsorium 형식인 경우도 있다. 이러한 이유로 다니엘 솔느에 신부는 『Le chant gregorien』에서 안티포나와 레스폰소리움의 형식상 구분은 의미가 없고 둘 다 '후렴을 가진 시편 창법' 혹은 '후렴이 없는 시편 창법'이라는 해석을 적용하는 것이 합리적인 정의라고 주장했다.[5]

■ **동적 성가와 정적 성가**[6]

앞서 살펴본 그 '모호함'을 노래의 형식으로 구분 짓기 어려워 전례의 형태로 구분하고자 하는 시각이 있는데 1장에서 설명했듯이 안티포나를 행렬이나 전례 중 움직이는 행위와 함께 불렀기에 동적 성가라고 한다. 반면에 미사 중 독서 후 화답송과 복음 전 알렐루야는 움직이며 부르는 시편창이 아니다. 화답송은 독서를 듣고 그 가르침과 교훈을 정리하고 음미하도록 자리에 앉아 잠시 묵상 후 독서 내용과 어울리는 시편을 선택해서 부르는 노래이고, 알렐루야는 주님의 말씀에 대한 예를 표하기 위해 서서 부른다. 이렇게 노래하는 모습 때문에 독서 후 레스폰소리움과 복음 전 알렐루야를 정적 성가라고 한다. 이러한 움직임이 있고 없고의 차이가 음악적 특징에 나타나는데 안티포나는 선율이 단순하고 노래가 쉬우며 레스폰소리움에 비해 짧다. 어렵고 길면 일반 교우들은 외우기 어려울 뿐 아니라 행렬 중 노래하기가 힘들기 때문이다. 반면에 레스폰소리움은 움직임이 없는 가운데 부르는 노래이기에 독창자Cantor가 시편 구절(V)들을 꽤 어렵고 멋지게 *ad lib.* 했다. 7-8c에 이르러서는 짧은 후렴(R)마저 성가대가 맡게 되었고, 잘 훈련된 그들은 노래 전체에 선율적 장식음을 과감하게 넣고 많은 기교들을 포함시켰다.

■ **화답송과 응송, 계응시구의 예**

예로 소개하는 전례일은 주님 공현 대축일이며 (1) 미사 중 독서 후 화답송과 (3) 성무일도 중 독서 후 응송, (5) 성무일도의 독서기도 중 시편기도[3] 후 계응시구를 확인해 본다. 특정일을 예로 소개하는 이유는 모두가 고유문이기 때문이다.

(1)의 예를 보자. 먼저 미사 중 화답송이다. 여기서 R_c는 독창자의 선창이고 R은 교우들의 제창이다.

화답송 시편 72(71),1-2.7-8.10-11.12-13 (R. 11 참조)

R_c R. 주님, 세상 모든 민족들이 당신을 경배하리이다.
V_1 하느님, 당신의 공정을 임금에게, 당신의 정의를 임금의 아들에게 베푸소서. 그가 당신 백성을 정의로, 가련한 이들을 공정으로 다스리게 하소서. R.
V_2 저 달이 다할 그때까지, 정의와 큰 평화가 그의 시대에 꽃피게 하소서. 그가 바다에서 바다까지, 강에서 땅끝까지 다스리게 하소서. R.
V_3 타르시스와 섬나라 임금들이 예물을 가져오고, 세바와 스바의 임금들이 조공을 바치게 하소서. 모든 임금들이 그에게 경배하고, 모든 민족들이 그를 섬기게 하소서. R.
V_4 그는 하소연하는 불쌍한 이를, 도와줄 사람 없는 가련한 이를 구원하나이다. 약한 이, 불쌍한 이에게 동정을 베풀고, 불쌍한 이들의 목숨을 살려 주나이다. R.

(3)의 예로 성무일도의 독서기도 중 제1독서 〈이사 60,1-22〉에 따른 응송이다. 여기서 R 과 R* 의 차이는 아래 예에서 보는 바와 같이 R에 * 표시가 있는 뒤 반소절만, 시편 구절(V)의 뒤 후렴(R*)으로 노래한다.

응송

R. 예루살렘아, 너의 빛이 왔으니, 일어나서 빛을 활짝 비추어라. * 주님의 영광이 네 위에 떠올랐도다.
V. 민족들이 너의 빛을 보고 모여들며 제왕들이 솟아오르는 너의 광채에 끌려오리라.
R*. 주님의 영광이 네 위에 떠올랐도다.

(5) 마지막으로 성무일도의 독서기도 중 시편기도[3] 후 계응시구이다.

계응시구

V. 하늘은 주의 정의를 두루 알리고,
R. 만백성은 그 영광을 우러러보도다.

■ 성무일도 中 응송 형식

지금까지 살펴본 바대로 성무일도 중 각 시간경마다 응송의 형식이 조금씩 다르다. 이를 정리해보면 다음과 같다.

독서기도	아침·저녁·끝기도	소시간경	독서기도
독서 후 응송	성경소구 후 응송	시편기도[3] 후 계응시구	
R-V-R*	R-V-R*-영광송-R	V-R	

+ **불가타 성경이란 무엇일까?**

성경 원작은 구약성경의 경우 히브리어 필사본으로, 신약성경은 그리스어로 쓰였다. 로마 가톨릭 교회는 서로마제국의 공용어인 라틴어 번역본이 필요했다. 당시 몇몇 번역본이 있었으나 인정받지는 못했다. 그리하여 382년 교황 다마소 1세가 성경학자 聖 히에로니무스(예로니모)(c.342~c.347-420)에게 번역본 출간을 명한다. 이에 그는 히브리어 필사본 구약성경을 그리스어로 번역한 『70인역』을 저본底本으로 라틴어로 번역했으나 『70인역』에 문제가 있다고 판단하여 히브리어 구약성경을 라틴어로 다시 번역했다. 여기에 원작 그리스어 신약성경까지 라틴어로 405년에 완역하고 두 신·구약 성경을 대중, 서민의 뜻을 가진 『Vulgata』로 명명하였다. 당시 로마에서 몇몇 귀족 계층은 고전 라틴어에 가까운 말을 사용했으나, 대다수 서민들은 로망스어군[7]으로 분화하기 직전 단계의 구어체 라틴어를 사용했다. 이는 성경 번역을 상류층이 아닌 대다수 서민들이 사용하는 라틴어를 기준으로 하였다는 뜻이다.

1546년 《트리엔트 공의회》에서 불가타 성경이 여러 라틴어 성경 중 공신력이 있다고 선언하고, 가톨릭 교회의 표준 라틴어 성경의 개정을 요구했다. 1592년 마침내 『Vulgata Clementina』가 초판 되고, 오류 수정 등을 거쳐 1598년 개정2판으로 완성했다. 현재 사용하는 불가타역은 1979년 개정한 『새 대중 라틴 말 성경(Nova Vulgata)』이다.

03 연송과 찬가 (Tractus & Canticus)

Tractus (라)	Canticus (라)
Tract (영)	Canticle (영)
연송連頌	찬가讚歌

연송Tractus과 **찬가**Canticus는 미사 노래로 후렴이 없는 형식이라는 점에서 동일하다. 단지 이름을 다르게 붙인 것은 사용하는 가사의 출처와 쓰이는 전례의 차이로 이해하면 쉽다. 앞으로 이 점을 주목하며 살펴본다.

■ 연송과 찬가의 형식

노래하는 형식에 있어서 연송과 찬가는 안티포나와 레스폰소리움과 분명한 차이가 있는데 중간에 후렴과 같은 반복이 없으며 응송도 딸리지 않은 채 해당 시편 혹은 찬가를 처음부터 끝까지 한 번의 중단 없이 연달아 부른다. 목소리를 드러내기 위한 길고 기교적인 멜리스마들과 단순한 선율 윤곽의 즉흥적 장식으로 보이는 패시지를 소화하기 위해 잘 훈련된 독창자가 불렀는데 후에는 성가대가 맡기도 했다. 쉽게 말해서 노래 자체가 회중이 부르기 어렵다는 것이다. 원래 독창자가 부르는 노래다 보니 회중의 노래 수준은 고려 대상이 아니었다.

아래 형식론적 도해를 보면서 〈안티포나와 레스폰소리움〉과 〈연송과 찬가〉의 형식 차이를 정확히 이해하자.

〈안티포나, 레스폰소리움〉

후렴 - V_1 - 후렴 - V_2 - 후렴 - ... - V_n - 후렴

〈연송, 찬가〉

V_1 - V_2 - V_3 ... - V_n

■ 미사 中 연송

연송은 로마 가톨릭 교회에서 가장 오래된 미사의 한 부분으로 층계송 다음에 불렀던 복음 환호송이다.[8] 입당송, 영성체송과 같이 고유문으로 전례주년에 따라 바뀌는 노래이며, 가사는 대부분 시편에서 발췌한다. 연송은 부르는 시기가 정해져 있었는데 《제2차 바티칸 공의회(1962-65)》 전례 개혁 이전까지 알렐루야를 그 축제적 성격 때문에 부르지 않는 사순 시기Quadragesima였다. 또한, 참회 시기의 시작으로 보았던 사순절 준비 기간인 부활 70일 전부터 재의 수요일 전 기간 중 재의 수요일 직전 주일인 퀸콰제시마Quinquagesima, 부활 70일 전인 셉뚜아제시마Septuagesima, 퀸콰제시마와 셉뚜아제시마 사이 주일인 섹싸제시마Sexagesima의 미사에서도 연송을 불렀다.[9] 이 3일간의 연송은 앞서 소개한 날 순서로 Jubiláte Deo, De profúndis, Commovísti 였다.[10]

《바티칸 II》에서는 이런 준비 기간이 참회 시기를 준비하는데 필요하지 않다고 판단하여 삭제하였고 現 『로마 미사 경본Missale Romanum』(제3표준판 2008수정)의 지침은

재의 수요일부터 파스카 성야 전까지 『미사 독서Lectionarium』에서 제시한 **복음 전 노래**를 한다. 또는 『로마 미사 성가집Graduale Romanum』[11] 혹은 『단순 미사 성가집Graduale Simplex』[12]에 있는 다른 시편이나 연송을 노래할 수 있다.2) 경우에 따라 복음 전 노래 앞뒤에 알렐루야 대신 『미사 독서 목록Ordo Lectionum Missæ』(제2 표준판 1981)에서 제시한 여덟 환호송(223항) 중 하나를 덧붙여 사용할 수 있다.3) 한국어판 M.R.에는 아래 【세 환호송】4)이 제시되어 있으며 편의상 일주일씩 돌아가며 쓰도록 『미사 독서』에 구성되어 있지만 셋 중 어느 것을 사용해도 무방하다.

◎ 그리스도님, 찬미와 영광 받으소서.
◎ 말씀이신 그리스도님, 찬미받으소서.
◎ 길이요 진리요 생명이신 그리스도님, 찬미받으소서.

《바티칸 II》 이전에 부르던 연송은 이후 복음 전 노래로 대체되었는데 《바티칸 II》에서 미사 중 교우들의 능동적 참여5)가 매우 중요한 이슈였기에 교우들이 배제된 채 독창자 혹은 성가대가 긴 시간 독점적으로 부르는 연송은 공의회 정신에 맞지 않았고, 더욱이 한국 교구 미사에서 연송은 G.R.에 있는 라틴어 노래를 불러야 하는 현실적 어려움으로 사실상 제외되었다.

예로 G.R.(1974)에 수록된 재의 수요일, 연송을 소개한다. *Ps. 103(102), 10 et 78 , 8 et 9*

右 계속

---

2) 로마 미사 경본 총지침 (62항 ㄴ)
3) 미사 독서 목록 지침 91항
4) 로마 미사 경본(한국어판) | 미사 통상문 13항
5) 전례 헌장 30항 참조

현재 사용 중인 『미사 독서Ⅰ』에 실린 재의 수요일 복음 환호송(복음 전 노래)은 다음과 같다.

복음 환호송 (복음 전 노래)   시편 95(94),7.8

(◎ 그리스도님, 찬미와 영광 받으소서.)

○ 오늘 너희는 주님 목소리에 귀를 기울여라. 너희 마음을 무디게 하지 마라.

(◎ 그리스도님, 찬미와 영광 받으소서.)

여기서 회중이 다 함께 부르는 후렴 부분(◎)인 환호송에 괄호의 뜻은 앞서 제시한 【세 환호송】 중 어느 것을 불러도 무방하다는 것이다.

연송을 부르는 또 다른 미사는 '죽은 이를 위한 미사'다. 이때 역시 알렐루야를 부르지 않는 사순 시기에 연송을 부를 수 있으며 『로마 미사 성가집 *Graduale Romanum*(1974)』에 네 곡이 제시되어 있다. 모두 8선법이며 다음에 설명할 파스카 성야 중 독서 후 찬가의 멜로디와 같은 부류에 속한다. 여기서 (3), (4)의 악보는 생략한다. 필요하다면 아래 곡명과 함께 표기한 G.R.(1974)의 쪽에서 확인한다.

(1) Absolve Dómine   *p. 672*

(2) De profundis   *Ps. 130(129), 1. 2. 3. 4   p. 673*

(3) Qui seminant in lacrimis
     Ps. 126(125), 5. 6   p. 465

(4) Sicut cervus desiderat
     Ps. 42(41), 2. 3. 4   p. 190

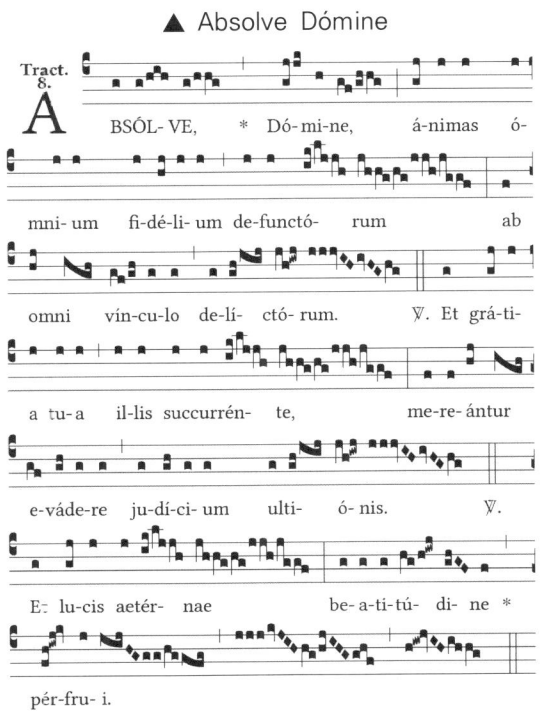

▲ Absolve Dómine

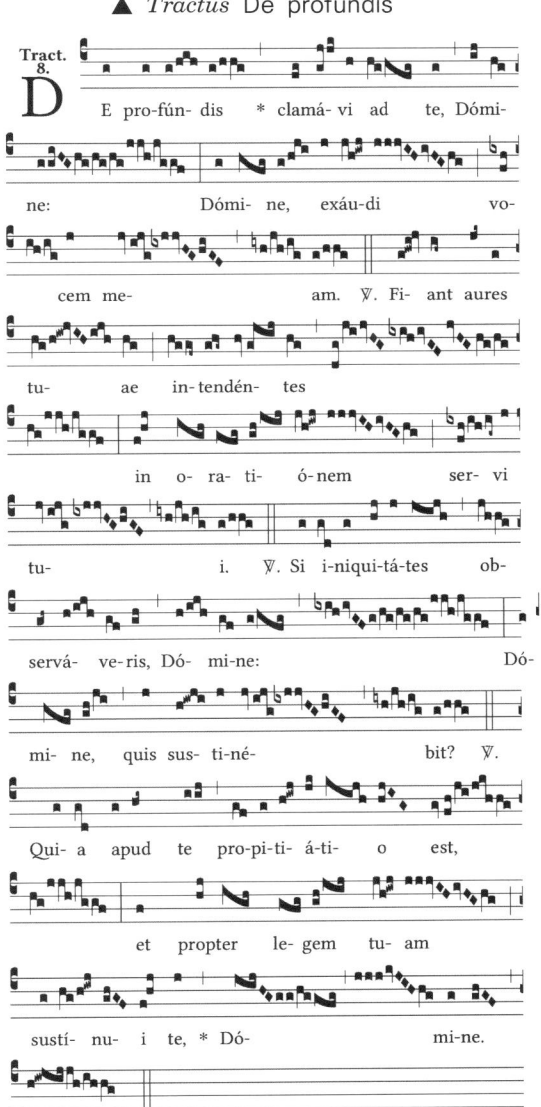

▲ *Tractus* De profundis

그렇다면 사순 시기가 아닐 때 '죽은 이를 위한 미사' 중 복음 환호송으로 알렐루야를 부를까? '부른다'가 정답이다. 이렇게 분명히 확인하는 이유는 모든 레퀴엠 미사곡에서 알렐루야가 아닌 오직 연송만을 작곡하여 알렐루야를 부르지 않는 것으로 오해할 수 있는데 사실은 이렇다. 《바티칸 II》 이전, G.R.(1961)에 알렐루야는 없고 연송 한 곡, Absolve Domine만 수록되어 있으나 《바티칸 II》 이후 개정된 G.R.(1974)의 '죽은 이를 위한 미사' 편에 복음 환호송으로 알렐루야가 아래와 같이 다섯 곡이 제시되어 있다. 즉, 연송만 부르던 전례가 바뀐 것이다. 소개하는 악보는 *Alleluia* De profundis이며 *Tractus* De profundis와 같은 시편이나 선택된 절과 선법이 다르다. 나머지 악보는 생략한다. 필요하다면 아래 곡명과 함께 표기한 G.R.(1974)의 쪽에서 확인한다.

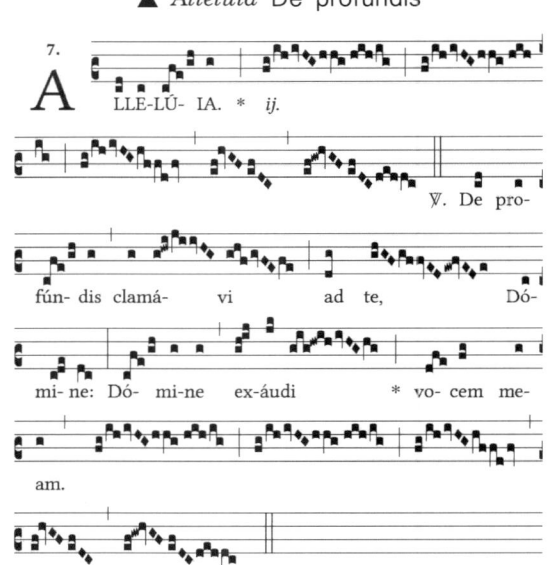
▲ *Alleluia* De profundis

(1) De profundis   *Ps. 130(129), 1.2   p. 367*
(2) In exitu   *Ps. 114(113), 1   p. 348*
(3) Lætatus sum   *Ps. 121(120), 1   p. 19*
(4) Requiem æternam   *p. 671*
(5) Ego vos elegi de mundo   *Io. 15, 16   p. 429*
 : 사제와 수도자를 위한 미사용

現 『미사 독서 IV』에는 '죽은 이를 위한 미사'를 위한 19가지 복음과 짝을 이루는 복음 환호송이 실려 있는데, 그중 4번째와 11번째를 소개한다. 둘은 동일하다.

복음 환호송   마태 25,34 참조
(◎ 알렐루야)
 ○ 주님께서 말씀하신다. 내 아버지께 복을 받은 이들아
   와서, 세상 창조 때부터 너희를 위하여 준비된 나라를 차지하여라.
(◎ 알렐루야)

여기서 회중이 다 함께 부르는 후렴 부분(◎)인 알렐루야에 괄호가 있는 것은 사순 시기에 알렐루야를 대신하는 【세 환호송】 가운데 하나를 할 수 있다는 뜻이다.

■ **파스카 성야 中 독서 후 찬가**

찬가는 기본적으로 신·구약 성경에 등장하는 저명한 인물이 하느님께 감사, 찬양하는 서정시나 노래를 일컫는다. 찬가는 성무일도의 아침과 저녁기도에서 시편기도와 함께 빠지지 않고 불리며, 복음 말씀에 기초한 복음 찬가도 성무일도에서 노래한다. [7장 참조] 여기서는 연중 교회 전례의 정점인 파스카 성야에서 부르는 말씀 전례 중 독서 후 찬가들을 살펴본다.

찬가는 독서와 짝을 이루었기에 독서의 수가 달라졌던 《바티칸 II》 전후 (1) 1961년과 (2) 1974년판 G.R.을 비교하지 않을 수 없다. 또한, 찬가는 연송의 운명과 마찬가지로 《바티칸 II》 이후 현재 (3) 화답송에 자리를 내어준다. 이 세 단계를 차례로 확인해 본다.

(1) 『로마 미사 성가집 Graduale Romanum(1961)』

독서 Lectiones[13]	독서 후 찬가 Cantica post Lectiones
1독서 : 창세 1,1-31과 2,1-2	찬가 없음
2독서 : 탈출 14,24-31과 15,1	Cantemus Domino 탈출 15,1.2
3독서 : 이사 4,2-6	Vinea facta est 이사 5,1.2
4독서 : 신명 31,22-30	Attende cælum 신명 32,1-4
세례수를 세례대로 옮기는 행렬 중	Sicut cervus desiderat 시편 42(41),2.3.4
서간 (Epistola) : 콜로 3,1-4	Confitemini Domino 시편 118(117),1 과 Laudate Dominum 시편 117(116),1-2

이 당시 시편 외 성경적 찬가는 Cantemus, Vinea, Attende 셋이며 독서 후 찬가가 아닌 나머지 두 시편창은 G.R.(1961)에 따르면 Sicut cervus는 악보에 Cant.로 적혀 있어 이 전례에서는 행렬 중 부르는 '찬가'이고, Laudate Dóminum은 미사 중 서간 봉독 후 복음 환호송으로 부르는 '찬가'다. G.R.(1961)에서 독서 후 찬가가 아니었던 두 노래를 소개하는 이유는 《바티칸 II》 이후 미사가 개정되어 독서가 일곱 개로 늘어나면서 G.R.(1974)에 두 노래(Sicut cervus, Laudate Dóminum)를 독서 후 찬가로 채택했기 때문이다.

(2) 『로마 미사 성가집 Graduale Romanum(1974)』

독서 Lectiones[14]	독서 후 찬가 Cantica post Lectiones
제1독서 : 창세 1,1-2,2 또는 1,1.26-31ㄱ	Jubilate Domino 시편 100(99),2-3
제2독서 : 창세 22,1-18 또는 22,1-2.9ㄱ.10-13.15-18	Qui confidunt 시편 125(124),1.2
제3독서 : 탈출 14,15-15,1	Cantemus Domino 탈출 15,1.2
제4독서 : 이사 54,5-14	Laudate Dominum 시편 117(116),1-2
제5독서 : 이사 55,1-11	Vinea facta est 이사 5,1.2
제6독서 : 바룩 3,9-15.32-4,4	Attende cælum 신명 32,1-4
제7독서 : 에제 36,16-17ㄱ.18-28	Sicut cervus desiderat 시편 42(41),2.3.4
서간 (Epistola) : 로마 6,3-11	Confitemini Domino 시편 118(117),1

《바티칸 II》이후 전례 개혁에 따라 독서의 수가 일곱 개로 늘면서 시편으로 된 연송이 찬가로 들어오게 된다. 실제로 1, 2, 4 독서 후 찬가들은 그레고리오 성가 악보에 'Tract.'라고 적혀 있다. 그리고 G.R.(1974)의 '파스카 성야Vigilia Paschalis'편 말씀 전례에서 이 일곱 노래를 'CANTICA POST LECTIONES', 즉, '독서 후 찬가들'이라 명하고 있어 파스카 성야에서 독서 후 부르는 연송 형식의 시편은 이 전례에서 만큼은 '찬가'다. 즉, 찬가와 연송은 쓰이는 전례에 따른 구분일 뿐이고 형식은 같기에 G.R.(1974)의 색인에서도 둘은 같은 항목에 묶여있다.

다음은 7독서 후 찬가 악보다. 마지막에 서간 후 부르는 Confitémini Dómino도 함께 소개한다.

AD VIGILIAM PASCHALEM
IN NOCTE SANCTA

AD LITURGIAM VERBI

CANTICA POST LECTIONES

▲ 제1독서 후 Jubilate Dómino

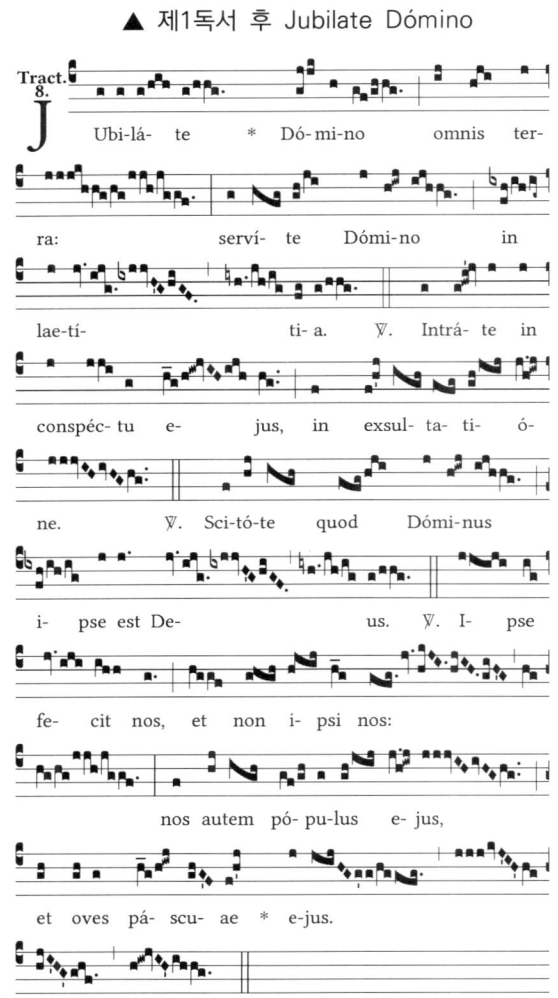

▲ 제2독서 후 Qui confícunt

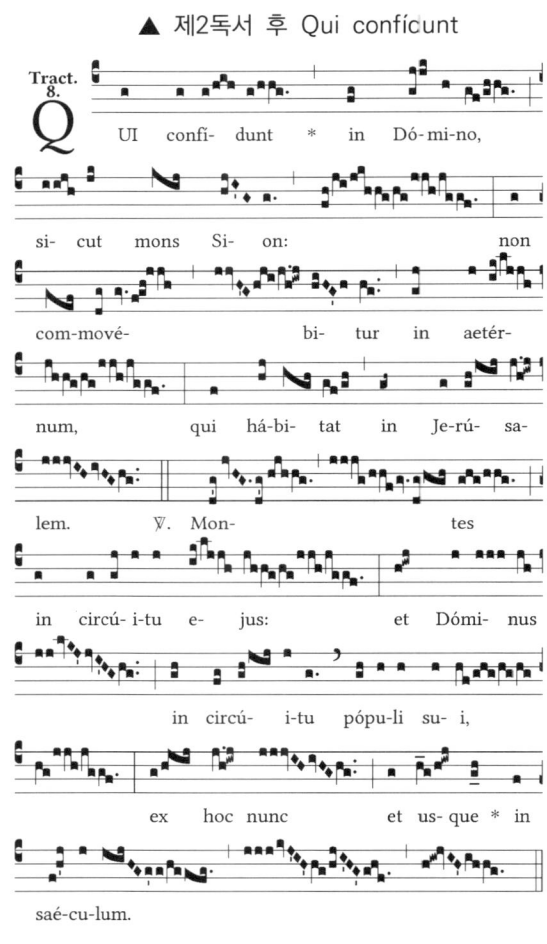

▲ 제3독서 후 Cantémus Dómino

▲ 제4독서 후 Laudáte Dóminum

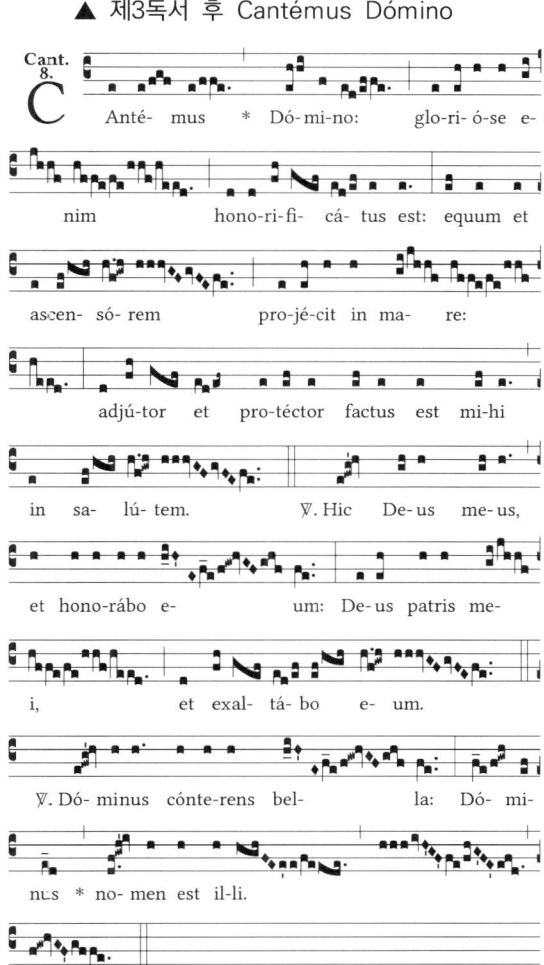

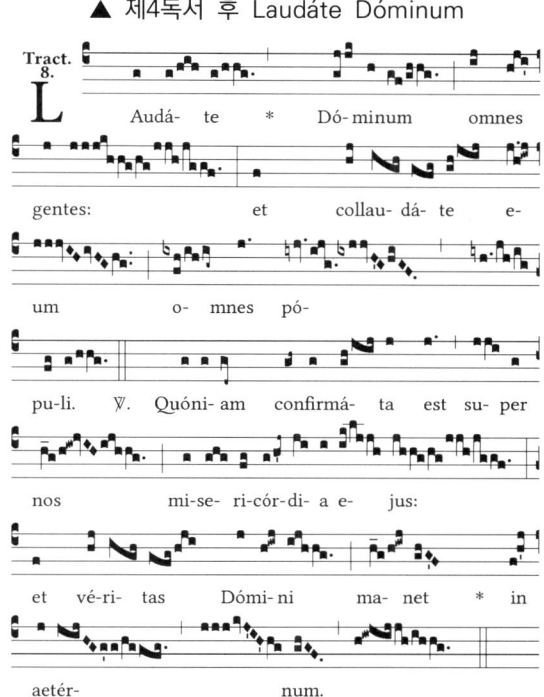

▲ 제5독서 후 Vinea fácta est

▲ 로마 미사 성가집 *Graduale Romanum*

▲ 제6독서 후 Atténde cælum

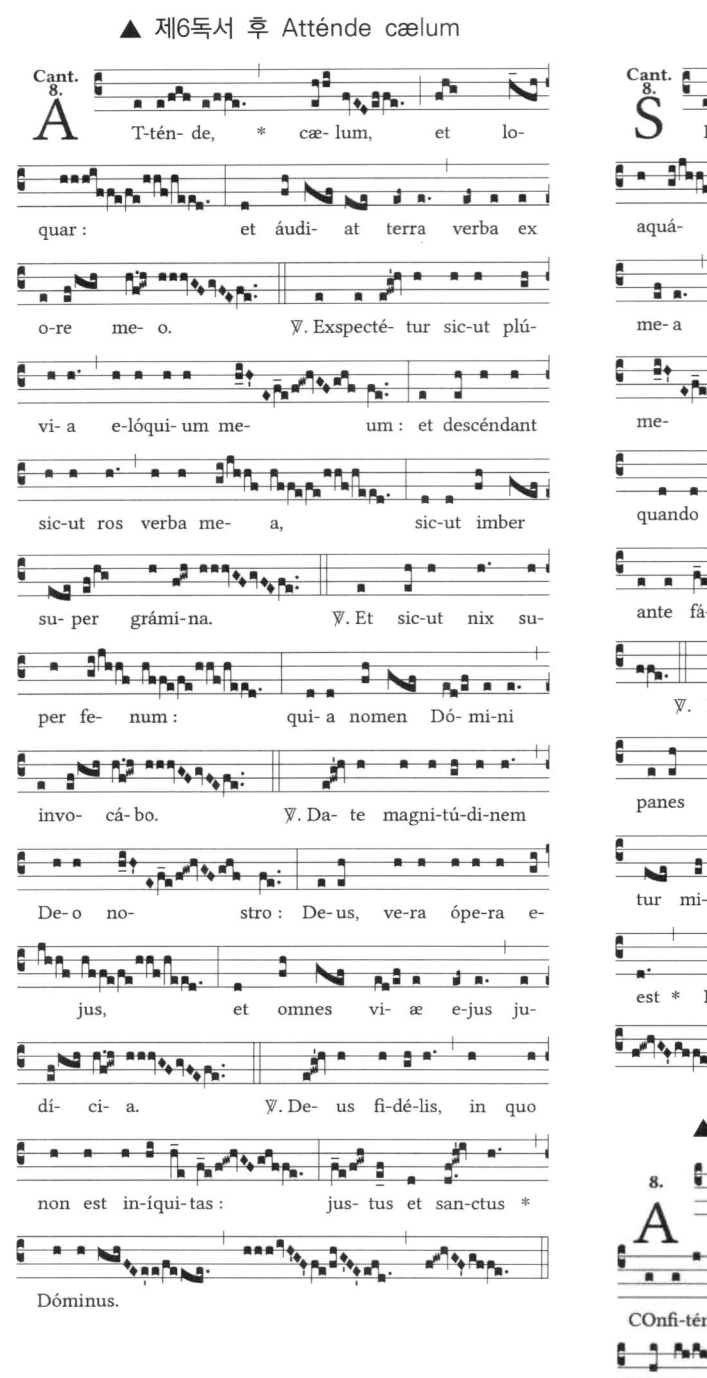

▲ 제7독서 후 Sicut cervus

▲ 서간 후 Confitémini Dómino

위 찬가들의 악보를 유심히 비교해 보았다면 눈치를 챘을 텐데 멜로디가 모두 같다. 모두 8선법으로 되어 있으며 세 개의 낭송음(솔,시,도)과 도입부, 중간부, 종지부의 형식을 가진 시편창적 구조를 분명하게 보여준다. 이런 멜로디는 다른 가사에도 적용될 수 있는 것으로, 소위 '멜로디 양식Melody-Type'[15] 혹은 유절 형식이라고 부른다.

(3) 『미사 독서 Lectionarium(1970-1972)』

《바티칸 II》 이후 발행된 『미사 독서 Lectionarium』는 연송 형식으로 부르는 찬가를 제외했고 대신 화답송으로 변경했는데, 『미사 독서 목록 Ordo Lectionum Missæ』(제2표준판 1981)에서도 파스카 성야 말씀 전례는 변경 없이 지금까지 유지하고 있다. 그리고 화답송으로 변경하면서 이전에 시편이면서 찬가로 불렸던 것을 찬가의 정의에 맞게 3, 5 독서 후 화답송인 〈탈출 15장〉과 〈이사 12장〉만을 찬가로 명명했다. G.R.(1974)의 독서 후 찬가와 비교해보면 채택한 성경과 장은 동일하며 다만 G.R.의 찬가보다 화답송은 구조상 더 많은 시편 구절을 채택하기 때문에 양적인 차이를 보인다.

독서 Lectio	화답송 Psalmus Responsorius
제1독서 : 창세 1,1-2,2 또는 1,1.26-31ㄱ	시편 104(103),1-2ㄱ.5-6.10과 12.13-14ㄴ.24와 35ㄷ(◎ 30 참조) 또는 시편 33(32),4-5.6-7.12-13.20과 22(◎ 5ㄴ 참조)
제2독서 : 창세 22,1-18 또는 22,1-2.9ㄱ.10-13.15-18	시편 16(15),5와 8.9-10.11(◎ 1)
제3독서 : 탈출 14,15-15,1ㄱ	**찬가 : 탈출 15,1ㄷㄹㅁ-2.3-4.5-6.17-18(◎ 1ㄷㄹ)**
제4독서 : 이사 54,5-14	시편 30(29),2와 4.5-6.11-12ㄱ과 13ㄴ(◎ 2ㄱㄴ 참조)
제5독서 : 이사 55,1-11	**찬가 : 이사 12,2-3.4ㄴㄷㄹ.5-6(◎ 3)**
제6독서 : 바룩 3,9-15.32-4,4	시편 19(18),8.9.10.11(◎ 요한 6,68ㄷ)
제7독서 : 에제 36,16-17ㄱ.18-28	시편 42(41),3.5ㄱㄴㄷㄹ; 43(42),3.4(◎ 42[41],2) 또는 시편 51(50),12-13.14-15.18-19(◎ 12ㄱ)
서간 (Epistola) : 로마 6,3-11	시편 118(117),1-2.16-17.22-23(◎ 알렐루야 × 3)

중대한 사목적 이유가 있다면 구약 성경 독서 수를 줄일 수 있으나, 일곱 독서 중 적어도 구약 성경, 곧 율법서나 예언서에서 뽑은 세 독서를 읽고 각각 그에 따른 화답송을 노래해야 한다. 일곱 개 독서 중 율법서는 창세기와 탈출기가 해당되며, 예언서는 이사야서, 바룩서, 에제키엘서다. 여기서 제3독서인 〈탈출 14,15-15,1ㄱ〉과 그에 따른 찬가는 결코 생략할 수 없다.[6] 필요하다면 화답송 전문은 『미사 독서 I』 혹은 한국천주교중앙협의회 매일미사(missa.cbck.or.kr)의 파스카 성야 전례일에서 확인할 수 있다.

---

6) 로마 미사 경본 | 파스카 성삼일 | 파스카 성야 21항

04 전례주년과 전례력

교회음악은 교회 전례에서 시작했으며 교회 전례는 전례주년과 전례력에 따른다. 따라서 이를 이해해야 전례를 위한 음악, 즉, 교회음악을 시작할 수 있다. 『로마 미사 경본 *Missale Romanum*』(제3표준판 2008수정) 중 《전례주년과 전례력에 관한 일반 규범》에 자세한 내용이 수록되어 있으며, 여기서는 가장 기본적인 개념 정리, 교회 달력 보는 법을 살펴본다.

모든 전례일은 미사와 성무일도를 통해 성화된다. 따라서 매일의 미사와 성무일도가 교회에서 행해지며 이를 한 해의 흐름 안에서 그리스도의 생애를 투영하고 교회는 그 안에서 실현된 하느님의 구원 역사와 업적을 시기별로 기념하고 재현하는 것이다. 또한, 성인들의 천상 탄일도 기억한다.[7] 이를 전례주년이라 하는데 이것의 두 축을 이루는 것은 주님 부활 대축일과 주님 성탄 대축일이며, 주님 성탄 대축일은 12월25일로 고정이지만 주님 부활 대축일은 춘분 이후 만월滿月 다음에 오는 첫 주일이기 때문에 태양력

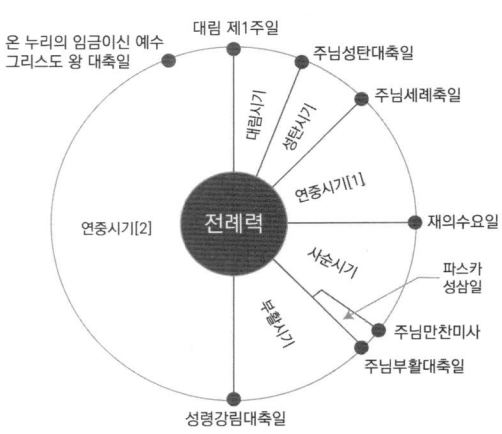

의 날짜가 매년 바뀌는 이동 축일이다. 이 두 중심 대축일을 기준으로 전례 시기들이 다음과 같이 정해진다. 그 순서와 각 시기가 시작하고 끝나는 전례일은 다음과 같다.

대림 시기 → 성탄 시기 → 연중 시기[1] → 사순 시기 → 파스카 성삼일 → 부활 시기 → 연중 시기[2]

- 대림 시기 : 대림 제1주일 ~ 주님 성탄 대축일 제1저녁기도 전
- 성탄 시기 : 주님 성탄 대축일 제1저녁기도 ~ 주님 공현 대축일 ~ 주님 세례 축일
- 연중 시기[1] : 주님 세례 축일 다음 날 ~ 재의 수요일 전날
- 사순 시기 : 재의 수요일 ~ 주님 만찬 미사 직전
- 성주간 : 주님 수난 성지 주일 ~ 주님 부활 대축일 제1저녁기도 전
- 파스카 성삼일 : 성목요일 주님 만찬 미사 ~ 주님 부활 대축일 저녁기도
- 부활 시기 : 파스카 성야 ~ 성령 강림 대축일(주님 부활 대축일을 포함한 50일간)
- 연중 시기[2] : 성령 강림 대축일 다음 날 ~ 온 누리의 임금이신 우리 주 예수 그리스도 왕 대축일 주간 토요일 낮(대림 제1주일 제1저녁기도 전)

여기서 '제1저녁기도'에 대해 짧게 설명하면, 교회의 전례일 중 주일과 대축일의 거행은 이미 그 전날 저녁에 시작한다.[8] 그 이유는 6장에서 자세히 다루기로 한다. 일단 여기서는 '**주일과 대축일 전날 저녁에 드리는 저녁기도가 제1저녁기도이고 이때부터 주일과 대축일의 시작이다**' 라는 것까지만 알고 넘어간다.

---

7) 전례주년과 전례력에 관한 일반 규범 1항
8) 전례주년과 전례력에 관한 일반 규범 3항

로마 가톨릭 교회의 보편 전례력상 이동 축일은 다음과 같다. 아래 순서는 날짜순이며 이동 축일이기 때문에 해마다 날짜가 바뀔 뿐 순서가 뒤바뀌지는 않는다. 여기서 보편 전례력은 전 세계 로마 가톨릭 교회가 공유하는 전례력으로 특별한 예외 규정이 없다면 그대로 따라야 한다.

1. 대림 제1주일
2. 예수, 마리아, 요셉의 성가정 축일
3. 주님 공현 대축일
4. 주님 세례 축일
5. 재의 수요일
6. 주님 수난 성지 주일
7. 주님 부활 대축일
8. 주님 승천 대축일
9. 성령 강림 대축일
10. 지극히 거룩하신 삼위일체 대축일
11. 지극히 거룩하신 그리스도의 성체 성혈 대축일
12. 지극히 거룩하신 예수 성심 대축일
13. 온 누리의 임금이신 우리 주 예수 그리스도 왕 대축일

여기서,
1. 12월25일 직전 일요일에 대림 제4주일이 오도록 역산하여 대림 제1주일을 정한다.
2. 성탄 팔일 축제 內 주일
3. 보편 교회력에서는 1월 6일로 이동 축일이 아니지만, 의무 축일로 지내지 않는 지역에서는 1월 2일과 8일 사이의 주일로 축일을 지낸다.(한국 천주교는 여기에 해당)
4. ㉮ 3.이 1월 6일인 경우 : 3. 이후 첫 일요일, ㉯ 만약 1월 7,8일이 해당되는 일요일인 경우, 그다음 날 월요일로 정한다. ㉰ 3.이 주일인 경우 : 3.의 주간이 생략되지 않는 이상 3. 다음 주일에 주님 세례 축일을 지낸다. ㉱ 3.의 주간이 생략된다면 3. 다음 월요일에 주님 세례 축일을 지낸다.
5. 성토요일부터 주일을 제외한 40일 전날로 사순 시기의 첫날이다.
6. 주님 부활 대축일 1주 전 주일
7. 춘분이 지나고 만월이 되면서 맞이하는 첫 주일. 여기서, **춘분과 만월일의 기준은 로마**다.
8. 부활 제6주간 목요일에 의무 축일로 지내지 않는 곳에서는 부활 제7주일에 지낸다.
9. 주님 부활 대축일 후 50일째(부활 대축일 포함) 되는 날이다.
10. 성령 강림 대축일 다음 주일
11. 삼위일체 대축일 다음 목요일에 의무 축일로 지내지 않는 곳에서는 삼위일체 대축일 다음 주일에 지낸다.
12. 지극히 거룩하신 그리스도의 성체 성혈 대축일 다음 금요일
13. 연중 시기[2]의 마지막 주일(지극히 거룩하신 그리스도의 성체 성혈 대축일 전 주일)

전례주년에서 확인했듯이 새해 첫날의 국제 표준이 1월 1일인 것과 달리 로마 가톨릭 교회의 한 해는 **대림 제1주일**로 시작해 다음 해 **온 누리의 임금이신 우리 주 예수 그리스도왕 대축일 주간 토요일**에 끝난다. 그래서 현재 국제 표준 달력과 비교하면 약 1개월 정도 앞선다.

전례력은 한 해의 전례 거행을 정한 교회 달력을 말한다. 매해 날짜가 고정되지 않는 전례주년의 시기별 이동 축일과 연중 주일이 기록된 전례력을 시기력Temporale이라고 한다. 그리고 이러한 전례의 고유 시기와 더불어 교회 안에서 공경을 받는 성인들의 축일과 기념일을 일컫는 성인력Sanctorale이 전례력에 포함된다. 이 성인력은 날짜가 지정되어 있으며 『로마 미사 경본』과 『성무일도』에 성인별 고유문Proprium de Sanctis이 날짜 순서대로 실려 있다.

전례력을 구성하는 시기력과 성인력에 대한 이해를 돕고자 다음 전례력을 예시한다. 2019년 9월 13~15일의 전례력이다.

날짜	시기력 Temporale	성인력 Sanctorale
13(금)	한가위, 음력 8/15 (한국 고유 전례력)	성 요한 크리소스토모 주교학자 기념일 (Ⅲ-10)
14(토)		성 십자가 현양 축일 (Ⅲ-7)
15(일)	연중 제24주일 (Ⅱ-6)	고통의 성모 마리아 기념일 (Ⅲ-10)

기념하는 성인이 매일 있는 것은 아니며 「전례일의 등급과 순위 표」[9]에 따른 해당일의 시기력과 성인력의 등급과 순위에 따라 미사를 정한다. 예로 위 표 금요일의 경우, 시기력상 '한국 고유 전례력'이고 성인력은 '보편 전례력의 의무 기념일(Ⅲ 등급 10위)'이다. 이때 '한가위'를 고유 전례력으로 지정한 한국 교구는 한가위 미사를 드릴 수 있다. 15일은 '성탄·연중 시기의 주일(Ⅱ 등급 6순위)'이 순위상 '보편 전례력의 의무 기념일'보다 우선함으로 고통의 성모 마리아 기념일 미사가 아닌 주일 미사를 드린다. 만약 15일이 연중 평일(Ⅲ 등급 13위)이라면 기념일 미사를 드린다.

전례주년의 이동 축일은 매해 동일한 날짜에 고정할 수가 없다는 것을 2019~2021년까지 주님 부활 대축일의 예로 확인해 보자. 앞서 언급한 이동 축일들 중 5번~12번이 주님 부활 대축일 날짜에 따라 정해지기 때문에 전례력을 구성하는데 매우 중요한 축일이다. 주님 부활 대축일을 정하는 기준은 춘분 이후 만월일 다음 주일인데 여기서 만월은 한국의 음력 15일을 의미하는 것이 아니라 로마에서 만월이 되는 날이다. 그래서 한국의 음력 16일이 로마가 만월인 달도 있는데 아래 표에서 보듯이 2020, 2021년이 그런 해다. 특별한 예로 2021년 춘분 이후 한국의 음력 15일은 3.27(토)이고 이를 기준으로 하면 주님 부활 대축일은 3.28(일)이지만, 이달은 한국의 음력 15일이 로마 기준 만월일이 아니고 실제 만월 일시는 한국보다 하루가 늦은 【로마기준시간(GMT+1) 3.28(일) 19:48:08】이므로 로마 가톨릭 교회의 주님 부활 대축일은 그다음 주일인 4.4(일)이 된다.

연도	춘분(로마 기준)	한국의 음력 15일	만월일(로마 기준)	주님 부활 대축일
2019	3.20	4.19(금)	4.19(금)	4.21
2020	3.20	4. 7(화)	4. 8(수)	4.12
2021	3.20	3.27(토)	3.28(일)	4. 4

---

9) 전례주년과 전례력에 관한 일반 규범 59항

■ 고유 전례력 (Calendarium Proprium)

고유 전례력이란 어떤 지역 교회나 수도 가족이 사용하는 전례력으로 개별 교회와 수도 가족은 그들과 밀접한 관계가 있는 명절이나 성인들을 특별히 기념하기 위한 고유 전례일을 둘 수 있는데 관할 권위가 작성하여 사도좌 승인을 받아야 한다. 이러한 고유 전례력에는 고유 대축일과 축일, 기념일들을 넣어 만들 수 있는데 되도록 보편 주기와 조화를 이루도록 조정하여 날짜를 정한다.10) 물론 전례주년 안에서 구원의 신비를 밝히고 기념하는 전례 시기나 주기, 대축일, 축일은 온전하게 보존하고 마땅히 고유 거행들 보다 앞세워야 한다.11)

한국의 고유 전례력과 고유 거행은 다음과 같다. 여기서, 5.29, 6.25는 보편 전례력에 비어 있다.

전례일	비고
(음) 1.1 설	기원 미사. 사순 시기 주일이나 재의 수요일과 겹치면 사순시기 그날의 미사 전례문
5.29 복자 윤지충 바오로와 동료 순교자들	선택 기념일
6.25 민족의 화해와 일치를 위한 미사	기원 미사
9.20 성 김대건 안드레아 사제와 성 정하상 바오로와 동료 순교자들 대축일	보편 전례력의 기념일을 한국에서 대축일로 지냄
(음) 8.15 한가위	기원 미사. 한국 순교자들 대축일과 겹치면 대축일 미사 전례문
12.8 한국 교회의 수호자, 원죄 없이 잉태되신 복되신 동정 마리아 대축일	

5.29 선택 기념일은 이날이 평일이라면 기념일 미사를 지낼 수 있다. 물론 의무가 아니므로 안 지내도 관계없다.

음력 설과 한가위, 6.25는 기원 미사로 구분하는데 기원 미사란 여러 가지 상황이나 필요에 따라 다양한 환경에서 사용할 수 있는 미사를 말한다.12) 단, 보편 전례력의 대축일, 대림 사순 부활 시기의 주일, 부활 팔일 축제, 위령의 날, 재의 수요일, 성주간 평일에는 드릴 수 없다.13)

9.20 대축일은 다른 나라에서는 기념일로 지내지만, 한국에서만큼은 대축일로 지낸다. 이날이 평일에 오면 신자들의 사목적 선익을 위하여 연중 시기 주일로 옮겨 지낼 수 있다. 이를 '경축 이동'이라 하며 '전례일의 등급과 순위 표'에서 연중 시기 주일보다 등급이 높은 경우만 해당한다.14) 예로 2019년 9.20은 금요일인데 경축 이동일은 연중 제25주일 9.22이다.

12.8 대축일은 한국 교회의 주보 성인이 '원죄 없이 잉태되신 동정 마리아'이기 때문에 특별히 전례일 이름 앞에 '한국 교회의 수호자'라고 쓰고 있다.

한국 고유 전례력의 기원 미사들은 다른 나라(언어)의 M.R.에는 없지만, 한국 주교회의가 마련하여 추인받은 미사 고유문을 한국어판에 수록하여 해당 미사에서 사용하고 있다.

---

10) 전례주년과 전례력에 관한 일반 규범 49항 참조
11) 전례주년과 전례력에 관한 일반 규범 50항 ㄱ)
12) 여러 상황이나 필요에 따라 드리는 기원 미사와 기도 1항 참조
13) 여러 상황이나 필요에 따라 드리는 기원 미사와 기도 2항 참조
14) 전례주년과 전례력에 관한 일반 규범 58항

05 미사 중 고유문과 통상문

> "
> 《성음악 훈령 27항, 한국 천주교 성음악 지침 44항 참조》
>
> "주일과 축일미사에, 교우들과 함께 드리는 성찬례를 위해서는
> 되도록이면 노래로 미사(Missa in cantu)를 하는 것이 바람직하며,
> 하루에 여러 번도 가능하다"
> "

고유문Proprium은 그리스도교 전례에서 미사 고유문과 성무일도 고유문을 한꺼번에 일컫는 말로, 매일의 전례력에 따라 그 내용이 바뀌는 기도문과 전례문을 가리킨다. 그러한 이유에서 고유문은 해당 전례와 전례 시기의 특별한 성격과 고유한 특징을 드러낸다.

■ 본문의 관점에서 미사 고유문

미사의 고유문은 아래와 같이 크게 3가지로 구별한다.

(1) 전례 시기 고유 (Proprium de Tempore) : 전례주년에 따라서 바뀌는 본문이다.
(2) 성인 고유 (Proprium de Sanctis) : 성인의 (대)축일·기념일에 따라서 변경되는 본문이다.
(3) 특히 '성인 공통'은 성인의 성격에 따라 분류되어 여러 성인의 (대)축일·기념일에 적용할 수 있도록 마련되어 있지만 미사 통상문에 속하지 않기에 고유문으로 분류해야 한다.

미사에서 고유문들은 아래와 같다.

- 입당송 (Introitus)
* *본기도 (Collecta)*
* *독서 (Lectio I)*
- 화답송 (Psalmus Responsorius)
* *제2독서 (Lectio II)*
- 부속가 (Sequentia)
- 복음 환호송 (Acclamatio ante lectionem Evangelii)
* *복음 (Evangelium)*
- 봉헌송 (Offertorium)
* *예물 기도 (Oratio super oblata)*
* *감사송 (Præfatio)*
- 영성체송 (Communio)
* *영성체 후 기도 (Post communio)*

여기서, **기울임체*는 낭송 부분이다.

■ 노래의 관점에서 미사 고유문

9c 초까지 그레고리오 성가 고유문이 통상문보다 먼저 작곡되어 상당한 완성 단계에 다다랐는데 이러한 고유문은 전례력에 맞춰서 부르기 때문에 실제로 연중 한두 번 부르는 게 전부였다. 이에 반해 항상 같은 전례문인 미사 통상문은 10c 이후 작곡이 활발히 이루어졌다. 물론 고유문은 10c 이후에도 작곡되었는데 새로운 축일이나 기념일, 시기 등이 전례력에 추가되면 해당 미사나 성무일도에서 부를 고유한 찬미가 혹은 전례곡이 필요했기 때문이다. 이때는 가사를 성경, 특히 시편에서 발췌하여 곡을 만들었다.

미사의 고유문 가운데 성가대에게 맡겨진 부분은 다음과 같다. 여기서 봉헌송은 현재 미사에서 선택사항이다. 본장本章 '주요 전례문의 해설' 14항을 참조한다.

♪ 입당송 (Introitus)
♪ 부속가 (Sequentia)
♪ 봉헌송 (Offertorium)
♪ 영성체송 (Communio)

선창자나 시편 담당자가 주도적으로 부르는 고유문은 다음과 같다. 여기서 연송은 현재 미사에서 선택사항이다. [3장 참조]

♪ 화답송 (Psalmus Responsorius)
♪ 알렐루야 (Alleluia)
♪ 연송 (Tractus)

통상문Ordinarium은 일반적으로 미사에서 쓰는 통상문을 말한다. 미사 통상문은 로마 전례 미사를 거행할 때 간략한 지시나 규범과 더불어 고정된 기도문과 노래에 대한 일련의 양식 전문이다. 흔히 미사곡이라 지칭되는 것은 바로 이 부분을 가지고 작곡한 것이다. 그레고리오 성가의 전성기(10-12c)를 지나 르네상스 다성 음악polyphony 시대로 오면서 어떤 미사든 적용할 수 있는 미사 통상문으로 작곡하는 것이 일반화되었다. 미사 통상문은 임의로 수정할 수 없으므로 전례력에 따라 변하는 미사 고유문과는 뚜렷하게 차이점이 있다.

■ 노래의 관점에서 미사 통상문

다음 본문을 성가대 또는 사제와 회중이 파트를 나눠서 교대로 부르거나 낭송한다.

♫ 자비송 (Kyrie)
♫ 대영광송 (Gloria)
♫ 신경 (Credo)
♫ 거룩하시도다 (Sanctus) & 찬미받으소서 (Benedictus)
♫ 하느님의 어린양 (Agnus Dei)

미사는 음악적 관점에서 노래로 하는 미사Missa in cantu와 낭송 미사Missa lecta로 구분할 수 있으며, 이는 사제가 미사 전례문에서 아래 제1단계를 노래로 하느냐 하지 않느냐에 따라 구분된다.15) 노래로 하는 미사를 드릴 때 노래의 우선순위를 『거룩한 전례의 음악에 관한 훈령「성음악」(1967)』 29~31항과 이를 기초로 작성된 『한국 천주교 성음악 지침(개정판 2017)』 46항에서 다음과 같이 세 단계로 정리했다. 제1단계는 반드시 노래로 해야 하며, 여기에 2, 3단계를 순차적으로 적용한다.

[제 ❶ 단계]

(1) 시작 예식에서 사제의 인사(주께서 여러분과 함께)와 교우들의 응답(또한 사제의 영과 함께), 사제의 기도(기도합시다.)

(2) 말씀 전례에서 복음 전 대화와 환호(주님께서 여러분과 함께,... 주님, 영광받으소서. 주님의 말씀입니다. 그리스도님, 찬미합니다.)

(3) 성찬 전례에서 예물 기도, 대화(주님께서 여러분과 함께,...마땅하고 옳은 일입니다.)와 "거룩하시도다"를 포함한 감사송, 감사 기도 끝의 마침 영광송(그리스도를 통하여...모든 영예와 영광을 영원히 받으소서.) 권고와 후속 기도를 포함한 주님의 기도, 평화의 인사, 영성체 후 기도

(4) 마침 예식에서 파견(성음악 훈령 29항 참조)

[제 ❷ 단계]

(1) 자비송, 대영광송, 하느님의 어린양

(2) 신경

(3) 보편지향기도(성음악 훈령 30항 참조)

[제 ❸ 단계]

(1) 입당송, 영성체송

(2) 화답송

(3) 복음 환호송(알렐루야와 복음 전 노래)

(4) 적절하다면, 독서와 복음(성음악 훈령 31항 참조)

제3단계의 입당송과 영성체송은 우리가 미사 때 부르는 입당 노래와 영성체 노래가 아니라 『로마 미사 경본』에 매 미사마다 고유문으로 수록되어 있다. 입당, 영성체 노래를 부르는 미사는 '낭송 미사'이며 위 각 단계에 없는 봉헌, 파견 노래 역시 '낭송 미사'에서 부를 수 있다.16)

다음 쪽에서 지금까지의 설명을 표로 정리했다. 좌측 단계 항목은 '노래로 하는 미사'의 단계와 순번을 의미한다. 낭송 부분에서 * 표시가 있는 전례문은 고유문에 해당되며 나머지는 통상문이다. 단계에 ✓ 표시가 있는 봉헌송의 경우 『성음악 훈령』에는 제3단계 네 번째로 포함되어 있지만 現『로마 미사 경본』에 봉헌송이 제외되어 『한국 천주교 성음악 지침』의 단계에 언급이 없다.

---

15) 한국 천주교 성음악 지침 45항 참조
16) 성음악 훈령 36항 참조

단계	낭송 부분	노래 관점 고유문	노래 관점 통상문
시작예식 Ritus Intiales			
❸-(1)		1. 입당송 Introitus	
❶-(1)	2. 사제의 인사와 교우들의 응답		
❷-(1)			3. 자비송 Kyrie
❷-(1)			4. 대영광송 Gloria
❶-(1)	5. 본기도 * Collecta		
말씀의 전례 Liturgia Verbi			
❸-(4)	6. 독서1(구약) * Lectio Prima		
❸-(2)		7. 화답송 Psalmus Responsorius	
❸-(4)	8. 독서2(서간) * Lectio Secunda		
❸-(3)		9. 부속가 Sequentia	
❸-(3)		10. 복음 환호송 Acclamatio ante lectionem Evangelii	
❸-(4)	11. 복음 * Evangelium		
❷-(2)			12. 신경 Credo
❷-(3)	13. 보편지향기도 Oratio universalis		
성찬의 전례 Liturgia Eucharistica			
✓		14. 봉헌송 Offertorium	
❶-(3)	15. 예물기도 * Oratio super oblata		
❶-(3)	16. 감사송 * Præfatio		
❶-(3)			17. 거룩하시도다 Sanctus
❶-(3)			18. 찬미받으소서 Benedictus
❶-(3)	19. 신앙의 신비 Mysterium fidei		
❶-(3)	20. 마침 영광송 Doxologia finalis		
❶-(3)	21. 주님의 기도 Oratio Dominica		
❷-(1)			22. 하느님의 어린양 Agnus Dei
❸-(1)		23. 영성체송 Communio	
❶-(3)	24. 영성체 후 기도 * Post communio		
마침예식 Ritus Conclusionis			
❶-(4)	25. 강복 Benedictio		
❶-(4)	26. 파견 Ite Missa est		

■ 주요 전례문의 해설

1. 입당송(Introitus) : 주례 사제가 제대로 행렬할 때, 혹은 행렬이 없더라도 이 노래는 미사 거행을 시작하고, 함께 모인 이들의 일치를 굳게 하며, 전례 시기와 축제의 신비로 그들의 마음을 이끌고, 그들을 사제와 봉사자들의 행렬에 참여시키는 목적을 지닌다.[17] 특히 그날 전례의 본질적 신비를 드러내는데, 대림, 성탄, 사순, 부활 시기에는 해당 전례의 고유한 의미를, 연중 시기에는 구원 신비에 대한 일반적 의미를 나타낸다.

한국 교구들은 입당 또는 시작 노래로 아래에서 하나를 선택할 수 있다.[18]

ㄱ) 『로마 미사 경본Missale Romanum』에 나오는 입당송이나 『로마 미사 성가집Graduale Romanum』의 노래를 부를 수 있다. 같은 가사에 달리 작곡된 곡을 쓸 수도 있다.

ㄴ) 『단순 미사 성가집Graduale Simplex』에 나오는 전례 시기 입당송과 시편을 쓸 수 있다.

ㄷ) 한국 주교회의가 승인한 본문으로서, 거룩한 예식이나 전례 시기나 그날의 특성에 맞는 노래를 부를 수 있다.

3. 자비송(Kyrie) : 자비송은 교우들이 주님께 환호하며 그분의 자비를 간청하는 노래로 교우들과 성가대 또는 교우들과 선창자가 한 부분씩 맡아 교대로 바친다.[19] "주님(그리스도님), 자비를 베푸소서"는 코이네 그리스어[16] "Κύριε(Χριστὲ) ἐλέησον, 로마자 전사轉寫 : Kyrie(Christe) eleison"의 우리말 번역이다. 동방교회의 코이네 그리스어 전례문이나 기도문이 서방교회에서 전해져 라틴어로 번역되어 쓰는 경우가 있지만, 자비송은 코이네 그리스어 그대로 받아들였다. [52장 참조]

4. 대영광송(Gloria) : 미사의 시작 예식에서 참회 예식 뒤에 삼위일체를 찬양하는 고대 찬미가다. 예수 탄생에 대한 축제의 기쁨〈루카 2,13-14〉을 노래하기에 평일 미사, 성탄을 기다리는 대림 시기와 주님의 수난을 묵상하며 참회하는 사순 시기의 성주간 수요일까지를 제외한 성주간 목요일, 파스카 성삼일, 주일, 축일, 대축일, 부활 팔일 축제[17] 기간과 지역 교회에서 성대하게 지내는 특별한 미사에 바친다. 시작은 사제 또는 필요에 따라 선창자나 성가대가 하지만, 그다음 본문은 모두 함께 노래하거나 교우들과 성가대가 교송하거나 또는 성가대만 노래한다. 노래하지 않을 경우는 모두 함께 혹은 교대로 낭송한다.[20] [14장 참조]

5. 본기도(Collecta) : 본기도는 해당 미사의 독서와 복음, 강론과 연관된 가장 중심이 되는 기도이며 해당 전례일의 성격을 표현하는 고유문이다. 그래서 M.R.에 주일과 주요 축일 미사마다 다르게 수록되어 있다. 교회의 오랜 전통에 따라 이 기도는 주로 하느님 아버지께 그리스도를 통하여 성령 안에서 바친다.

사제는 장엄한 기도의 자세로 양팔을 벌려 "기도합시다"로 시작하며, 기도 끝에 삼위일체를 나타내는 다음 세 가지 긴 맺음말 중 하나로 마친다.[21]

---

17) 로마 미사 경본 총지침 47항
18) 로마 미사 경본 총지침(한국어판) 48항
19) 로마 미사 경본 총지침 52항
20) 로마 미사 경본 총지침 53항
21) 로마 미사 경본 총지침 54항

- 성부께 바칠 때: 성부와 성령과 함께 천주로서 영원히 살아 계시며 다스리시는 성자 우리 주 예수 그리스도를 통하여 비나이다.
- 성부께 바치지만 기도 끝에 성자에 대한 말이 있을 때: 성자께서는 성부와 성자와 함께 천주로서 영원히 살아 계시며 다스리시나이다.
- 성자께 바칠 때: 주님께서는 성부와 성령과 함께 천주로서 영원히 살아 계시며 다스리시나이다.

이어 교우들은 이 청원에 함께 참여하고 "아멘"으로 환호하여, 이 기도를 자신의 기도로 삼는다.

6. 제1독서 (Lectio Prima) : 평소에는 시편을 제외한 구약, 부활 시기에는 사도행전을 봉독한다. 제1독서는 그날 복음의 주제와 일치하는 성경 본문이 배정됨으로써 교우들이 복음의 내용을 더 잘 이해하도록 배려하면서 신약이 구약의 완성이라는 점을 드러내고 있다. 그래서 복음과 제1독서의 주제가 항상 연결되어 있다. 주일과 축일은 가.나.다 3년 주기로 배정된 성경 독서를 봉독한다. 평일은 연중 시기에만 2년 주기(홀수해, 짝수해)로 배정하고 나머지는 한 해 주기다.[22]

7. 화답송 (Psalmus Responsorius) : 미사 중 제1독서 후 응답으로 시편으로 구성된 시편창이다. 화답송은 그 독서 내용에 어울려야 하며 『미사 독서』에 제1독서의 배정 원칙에 따라 후렴과 시편 본문이 실려 있다. 화답송은 말씀을 들려주신 하느님께 올리는 찬미, 감사, 결심, 고백, 청원 등 다양하게 나타난다. 부르는 방법은 먼저 교회에서 권장하는 교송으로 시편 담당자 혹은 선창자가 시편 구절을 맡고, 회중은 후렴으로 화답한다. 또 다른 방법은 화답송 전체를 시편 담당자나 선창자만 부르는 독송과 다 함께 부르는 합송이 있다. 화답송은 노래로 하는 것이 원칙이고,[23] 적어도 교우들이 맡는 후렴 부분은 노래로 바치게 되어 있다. 『미사 독서』에 지정된 시편 대신 『로마 미사 성가집』에서 고른 화답송이나 『단순 미사 성가집』에서 고른 화답송 또는 알렐루야 시편을 그 성가집들에 제시된 대로 부를 수도 있다.[24]

8. 제2독서 (Lectio Secunda) : 신약의 서간이나 요한 묵시록에 나오는 본문이며 주일과 주요 축일에만 포함된다. 독서를 선택할 때 제1독서 및 복음과 주제의 조화를 이루도록 한다. 독서 배정 원칙은 평일을 제외하고 제1독서와 같다.

9. 부속가 (Sequentia) : 주님 부활 대축일, 성령 강림 대축일, 지극히 거룩하신 그리스도의 성체 성혈 대축일, 고통의 성모 마리아 기념일, 이렇게 4일만 해당하는데 주님 부활과 성령 강림 대축일은 필수이고 나머지는 자유로이 할 수 있다. [16장 참조]

10. 복음 환호송 (Acclamatio ante lectionem Evangelii) : 복음 바로 앞에 오는 독서가 끝나면 전례 시기에 따라 예식 규정대로 **알렐루야**나 **복음 전 노래**를 부른다. 이러한 환호는 그 자체로 하나의 예식 또는 전례 행위가 된다.[25] 복음 환호송의 내용으로는 그리스도를 찬양하는 짤막한 성경 구절이나, 축일 혹은 그날 전례의 특성을 대변하는 성경의 경구를 쓴다.[18]

---

22) 미사 독서 목록 지침 66항 (2)와 69항 (4)
23) 미사 독서 목록 지침 20항
24) 로마 미사 경본 총지침 61항
25) 로마 미사 경본 총지침 62항

ㄱ) 알렐루야는 사순시기 시작부터 파스카 성야 전까지를 제외하고는 모든 시기에 노래한다. 이때 따라오는 구절은 『미사 독서』나 『미사 성가집』(G.R. 혹은 G.S.)에서 가져온다.

ㄴ) 알렐루야가 주님의 부활을 기뻐하며 외치는 환호이기에 주님의 수난을 묵상하는 사순 시기에서 파스카 성야 전까지는 『미사 독서』에 제시한 복음 전 노래를 한다. 또는, 『미사 성가집』에 있는 다른 시편이나 연송을 노래할 수 있다. [3장 참조]

복음 환호송은 모두 일어서서 하고 성가대 또는 선창자가 인도하며 필요에 따라 반복할 수 있다. 따라오는 구절은 성가대나 선창자가 노래한다.

11. 복음 (Evangelium) : 말씀의 전례를 마감하는 주님의 말씀으로 복음을 낭송할 때는 경의를 가지고 모두 서서 듣는다. 미사 전례에 사용하는 성경 말씀을 골고루 듣고 읽을 수 있도록 주일과 축일의 경우, 가.나.다 3년 주기로 가해에는 마태오 복음서, 나해에는 마르코 복음서, 다해에는 루카 복음서를 읽도록 구성한다. 요한 복음서는 사순 시기와 부활 시기, 연중 제2주일과 나해 연중 제17-21주일에 봉독한다. 대림, 성탄, 사순, 부활 시기의 주일에는 그 전례 시기와 조화를 이루는 복음을 배정한다.[19]

노래로 하는 복음 선포를 위해 대화와 복음을 노래하는 세 곡조(전통 곡조-선택 곡조-고전 곡조)가 『미사 성가 목록』[20], 『단순 미사 성가집』[21], 『로마 미사 경본』[22]과 같은 전례서에 다련되어 있다. 한편 수난기를 노래하는 곡조는 『우리 주 예수 그리스도의 수난기』[23]가 있다.[26]

12. 신경 (Credo) : 신경信經의 내용을 살펴보면 그리스도교인들이 반드시 의심 없이 믿어야 하는 교리doctrine와 신조creed를 요약하고 있다. 이 기도문을 바침으로써 결국 나의 믿음의 신조를 고백하고 그리스도인임을 증거한다. 이런 목적 외에 처음에는 《니케아 공의회(325)》에서 삼위일체를 인정하지 않았던 아리우스파를 이단으로 확정하기 위해 만들어졌다. [15장 참조] 이후 《콘스탄티노폴리스 공의회(381)》에서 '니케아 - 콘스탄티노폴리스 신경'으로 개정되어 지금에 이르고 있으며, 주일, 대축일, 지역 교회에서 성대히 지내는 특별한 미사 때에도 노래하거나 낭송하지만[27] 평일 미사, 파스카 성야에서는 제외된다. 니케아 - 콘스탄티노폴리스 신경을 바치는데 대신, 특히 사순 시기와 부활 시기에는 이른바 '사도 신경' 곧 로마 교회의 세례 신경을 바칠 수 있다.[28] '사도 신경'은 세례성사와 연관되어 발전하였고 세례성사를 위해 여러 기회에 이용되었다. 오늘날 세례성사에서는 사도 신경의 교의에 기반을 두고 질문 형태로 만든 사도 신경을 이용한다.[24]

14. 봉헌송 (Offertorium) : 4c 말부터 봉헌송은 예물 준비 행렬에 동반하여 교송 형식으로 불렸는데 시간이 지나면서 여러 절의 시편 구절들이 안티포나 사이에 삽입되어 후렴이 있는 시편창 형식으로 옮겨갔다. 또한 입당송, 영성체송과 달리 세련된 멜로디와 끝부분에 긴 멜리스마를 동반하면서 어려운 음악적 기술이 필요하도록 발전하였고 결국 일반 교우들이 아닌 훈련된 성가대와 독창자가 부르게 된다. 그러나 이 삽입된 시편 구절들은 오래 지속되지 못했다. 화폐의 등장으로 봉헌 행렬이 현저히 줄어 길게 노래할 이유가 없어지자 11c 이후로 점차 사라져 봉헌송이라 불리는 후렴만 남게 되었다.[25] 現 M.R.에서 봉헌송은 제외되었으나

---

26) 복음집 | 서문 | Ⅲ 노래로 하는 복음 선포 中 복음을 노래로 선포하는 곡조
27) 로마 미사 경본 총지침 68항
28) 로마 미사 경본 | 미사 통상문 19항

대신, 예물을 가져오는 행렬을 하는 동안 **봉헌 노래**를 부른다. 이 노래는 적어도 예물을 제대 위에 차려 놓을 때까지 계속한다. 노래하는 방식은 입당 노래의 규범을 따르며 예물 행렬이 없는 경우에도 예물 준비 예식 동안 노래를 부를 수 있다.29)

15. 예물기도(Oratio super oblata) : 예물이 제대 위에 차려지면 사제는 교우들에게 함께 기도하자고 초대하고 예물 기도를 바친다. 이로써 예물 준비가 끝나고 뒤이어 감사 기도로 이어진다. 이 기도는 "**우리 주 그리스도를 통하여 비나이다**"라는 짧은 맺음말로 끝난다. 그러나 마지막에 성자에 대한 말이 있을 때는, "**성자께서는 영원히 살아계시며 다스리시나이다.**"라고 맺는다. 교우들은 이 청원에 함께 참여하고 "**아멘**"으로 환호하여, 이 기도를 자신의 기도로 삼는다.30)

16. 감사송(Præfatio) : 감사 기도의 서문으로 중요 주제는 하느님을 찬미하고 감사드리는 것이다. "**주님께서 여러분과 함께**"로 시작하는 감사송은 하느님을 찬미하고 거행하는 신비에 대해 특별히 감사하는 기도를 바치면서 항상 중재자이신 그리스도를 언급하며 천사들과 함께 주님의 영광을 찬미한다는 말로 끝난다. 現 M.R.에는 전례 시기, 축일 그리고 특수 전례 거행에 따른 고유 감사송이 50개가 수록되어 있다.31) 노래로 하는 미사에서 감사송으로 시작해 마침 영광송으로 끝나는 감사 기도 가운데 악보가 제시되어 있는 부분을 노래로 바치는 것은 매우 바람직하다.32) 여기서 악보가 제시되어 있는 부분은 ⑴ 감사송(주님께서 여러분과 함께… 마땅하고 옳은 일입니다.), ⑵ 거룩하시도다, ⑶ 기념 환호(신앙의 신비여), ⑷ 마침 영광송(그리스도를 통하여… 아멘)이다.33)

17. 거룩하시도다(Sanctus) : 공동체가 감사의 마음으로 하느님께 영광과 찬미를 드리는 환호송이다. 감사 기도의 한 부분으로 교우 모두와 사제가 함께 바친다.34) 《제2차 바티칸 공의회 (1962-65)》 전에는 Sanctus를 성체 축성 이전에, Benedictus는 후에 나누어 불렀으나, 《바티칸 II》 이후 현재는 합쳐져서 성체 축성 이전에 노래하거나 낭송한다.[26]

18. 찬미받으소서(Benedictus) : 예수님께서 예루살렘에 입성하실 때 많은 사람들이 "**다윗의 자손께 호산나! 주님의 이름으로 오시는 분은 복되시어라. 지극히 높은 곳에 호산나!**" 〈마태 21,9〉라고 환영하는 노래다. 미사 통상문에는 다음과 같이 윤문潤文하여 부른다. "**주님의 이름으로 오시는 분, 찬미받으소서. 높은 데서 호산나!**"

21. 주님의 기도(Oratio Dominica) : 미사 중 사제의 감사 기도 직후 영성체 예식으로 초대하는 시작 기도이며 영성체를 준비하는 기도다. 이 기도는 ⑴ 사제의 초대, ⑵ 다 같이 주님의 기도, ⑶ 사제의 후속 기도, ⑷ 신자들의 영광의 환호로 구성되며35), [34장 참조]

노래로 하는 미사Missa in cantu에서는 반드시 이 모두를 노래로 해야 한다.36)

---

29) 로마 미사 경본 총지침 74항
30) 로마 미사 경본 총지침 77항
31) 로마 미사 경본 | 미사 통상문 33-82항
32) 로마 미사 경본 총지침 147항
33) 로마 미사 경본 | 미사 통상문 31항, 91항, 98항
34) 로마 미사 경본 총지침 79항 ㄴ) 참조
35) 로마 미사 경본 총지침 81항 참조
36) 성음악 훈령 29항, 한국 천주교 성음악 지침 46항 참조

22. 하느님의 어린양 (Agnus Dei) : 미사 중에 빵을 쪼갤 때 주례자나 성가대가 교우들과 화답하는 형식으로 노래하는 호칭 기도 형식에 기원한다. 하느님의 어린양은 우리에게 예수께서 새 계약의 어린양이심을 상기시키고 쪼개진 빵을 나누는 성체성사를 통해 새로운 파스카를 기념한다.[27]

23. 영성체송 (Communio) : 영성체 행렬에 동반하는 노래로서, 영성체하는 이들의 영적인 일치를 드러내고, 마음의 기쁨을 표시하며, 행렬의 공동체 특성을 더욱더 밝혀 준다. 사제가 성체를 모실 때 시작하며 신자들에게 성체를 나누어 주는 동안 계속 부른다. 영성체 후 찬가[28]가 있다면 적절한 때에 마친다.37) 한국 교구들에서는 **영성체 노래**로 아래에서 하나를 선택할 수 있다.38)

ㄱ) 『로마 미사 성가집』의 영성체송을 시편과 함께, 또는 없이 부를 수 있다.
ㄴ) 『단순 미사 성가집』에 나오는 전례 시기 영성체송과 시편을 쓸 수 있다.
ㄷ) 한국 주교회의가 승인한 알맞은 전례 노래를 부를 수 있다.

24. 영성체 후 기도 (Post communio) : 하느님 백성의 기도를 완결하고 영성체 예식을 모두 마치기 위하여 사제는 영성체 후 기도를 바친다. 이 기도에서는 방금 거행한 신비가 좋은 결실을 가져오도록 간청한다.39)

25. 강복 (Benedictio) : 교회는 '잘 준비된 교우들에게 생활의 거의 모든 사건이 그리스도의 **수난과 부활의 파스카 신비에서 흘러나오는 하느님의 은총을 통하여 성화되도록**'40) 끊임없이 간구하고 있다. 강복은 이처럼 교회의 간구의 힘으로 하느님의 은총을 얻는 수단이며, 이는 교회가 제정한 것이다.[29] 강복은 성직자가 오른손으로 십자가 표시를 그으며 다음과 같이 기도함으로써 이루어진다. "**전능하신 천주, 성부와 † 성자와 성령께서는 여기 모인 모든 이에게 강복하소서.**" 여기에 모두 "**아멘**" 하고 응답한다.41)

26. 파견 (Ite Missa est) : 미사 끝에 교우들에게 사제가 하는 파견의 말로 "**미사가 끝났으니 가서 복음을 전합시다.**"라고 한다. 이에 교우들은 파견에 대한 동의로써 "**하느님 감사합니다.**"라고 응답한다.42) Missa라는 명칭은 '보내다' 혹은 '파견하다'라는 뜻을 지닌 라틴어 동사 'mitto'의 2인칭 현재 직설법 수동태 'mittere(너는 보내어진다)'가 어원이다. 이는 본래 옛 로마인들이 회의를 마치고 사용하던 말로 '가시오' 또는 '해산'이란 뜻으로 사용되던 것이 4c 이후로 모임 자체, 곧 성찬례를 가리키는 말로 사용되었다. 5c부터는 미사가 'missio(선교)'와도 관련되므로 '파견'이란 뜻으로도 해석되었다.[30]

끝으로 **파견 노래**를 부를 수 있다. 미사 전례를 통하여 받은 하느님의 은총을 기뻐하며 바치는 감사의 노래, 사도직과 봉사에 관한 주제나 전례 시기와 해당 성월에 적합한 노래, 그 축일의 신비를 반영하는 노래를 부르고, 필요하다면 이를 기념하는 공동체의 노래를 부를 수 있다.43)

---

37) 로마 미사 경본 총지침 86항
38) 로마 미사 경본 총지침(한국어판) 87항
39) 로마 미사 경본 총지침 89항
40) 전례 헌장 61항 참조
41) 로마 미사 경본 총지침 167항
42) 로마 미사 경본 총지침 168항
43) 한국 천주교 성음악 지침 65항

06. 성무일도 (Officium Divinum)

Officium Divinum (라)
Divine Office (영)
성무일도聖務日禱

Liturgia Horarum (라)
Liturgy of the Hours (영)
시간전례時間典禮

Breviarium Romanum (라)
Roman Breviary (영)
성무일도서

▲ 소성무일도(개정판, 1991)

성무일도란 하루 중 일정한 시간에 바치는 일상의 기도이며, 라틴어 'Officium Divinum'은 직역하면 '거룩한 직무'이다. 이 기도가 거룩한 직무 혹은 의무가 되는 것은 그것이 하느님께 드리는 전례이기 때문이다. 이에 사제, 부제, 성무일도를 바칠 의무가 있는 수도자들은 이 특별한 기도를 날마다 수행해야 한다. 성무일도는 날마다 바쳐야 하는 '의무적인 기도'라는 측면을 강조한 용어이고, 《제2차 바티칸 공의회 (1962-65)》 이후 시간의 성화라는 의미로 시간전례(Liturgia Horarum)라는 용어를 쓴다.

교회는 꼭 의무자뿐 아니라 교우들에게도 이 기도를 적극 권장하고 있다.[44]

성무일도는 전례이기 때문에 각 시간경에 따른 기도 절차와 내용이 순서대로 매일 정해져 있다. 그리고 단지 낭송으로 모든 기도를 하는 것이 아니라 많은 부분을 노래, 즉, 그레고리오 성가로 할 수 있다. 본서本書에서 소개하는 아래 여러 장에서 확인할 수 있듯이 성무일도 중 부르는 그레고리오 성가들은 교회음악의 보고寶庫이다. 그러므로 교회음악을 논할 때 성무일도를 빼놓고는 담론談論 자체가 불가능하다.

7. 성무일도 중 복음 찬가
8. 마니피캇, Magnificat
9. 복되신 동정 마리아의 마침 안티폰
10. Veni Veni Emmanuel : 대림 시기 찬미가
11. 떼네브레, Tenebræ (현재 제외됨)
12. 예레미야의 애가 (현재 제외됨)
13. Te Deum (聖 암브로시우스의 사은 찬미가)
19. Veni Creator Spiritus : 성령 강림 대축일 저녁기도 찬미가
31. O magnum mysterium : 주님 성탄 대축일 새벽기도 제2녹턴 4독서 후 응송(현재 제외됨)
33. O sacrum convivium : 그리스도의 성체 성혈 대축일 저녁기도 마니피캇 후렴
41. Viri Galilæi : 주님 승천 대축일 아침기도 제1시편 후렴
45. Hodie Christus natus est : 주님 성탄 대축일 저녁기도 마니피캇 후렴
54. 복되신 동정녀의 저녁기도 SV 206, Claudio Monteverdi

---

44) 전례 헌장 100항 참조

성무일도는 몇 번의 중대한 변경이 이루어졌는데 현재는 《바티칸 II》의 결의에 따라 1970년 교황 바오로 6세Paulus PP. VI(재위 1963-78)에 의해 반포된 교황령[31], 『찬미의 노래(Laudis Canticum)』를 따른다. 이후 1985년부터 『새 대중 라틴 말 성경(Nova Vulgata)』 본문으로 대치된 제2표준판을 사용하고 있다. 그전까지는 1960년 반포된 교황 요한 23세Ioannes PP. XXIII(재위 1958-63)의 자의교서自意敎書Motu proprio[32], 『정비된 법규(Rubricarum Instructum)』에 의해 교황청 예부성성禮部聖省[33]에서 반포한 교령[34], 『전례 법규(Codex rubricarum)』를 따랐다.

예부터 유대인은 특정 시간에 기도하는 전통이 있는데 초대 그리스도 교회도 이러한 전통을 이어받아 교우들은 일정한 시간을 정하여 공적인 공동 기도를 하였다. 공동으로 바친 이 기도는 점차 일정한 시간의 주기로써 확실한 형태를 취해 성무일도가 되었다. 이를 시간경이라 하는데 이 중 1, 3, 6, 9시경이라는 소시간경을 먼저 이해하고자 한다. 일단 읽는 법은 기수로 읽는다. 즉, '일, 삼, 육, 구'이며 각 시간차는 3시간인데 일시경은 오전 6시, 삼시경은 오전 9시, 육시경은 정오, 구시경은 오후 3시다. 특별히 마르코 복음서는 다음과 같이 특정 시간을 언급하며 그리스도의 십자가형을 서술하고 있다.

- 삼시경(오전 9시)에 예수께서 십자가에 못 박히신다. 〈마르 15,25〉
- 육시경(정오)에 어둠이 온 땅에 덮여 오후 세 시까지 계속된다. 〈마르 15,33〉
- 구시경(오후 3시)에 예수께서 숨을 거두신다. 〈마르 15,34-37〉

또 다른 기도 시간의 언급은 다음의 사도행전 말씀에서 찾는다.

- 삼시경 : 지금은 아침 아홉 시입니다. 그러니 이 사람들은 여러분이 생각하듯이 취하지 않았습니다. 〈사도 2,15〉
- 육시경 : 이튿날 길을 가던 그들이 그 도시 가까이 이르렀을 즈음, 베드로는 기도하러 옥상에 올라갔다. 때는 정오쯤이었다. 〈사도 10,9〉
- 구시경 : 베드로와 요한이 오후 세 시 기도 시간에 성전으로 올라가는데, 〈사도 3,1〉
- 끝기도 : 자정 무렵에 바오로와 실라스는 하느님께 찬미가를 부르며 기도하고, 〈사도 16,25〉

『Codex rubricarum』과 『Laudis Canticum』에서 제시한 성무일도의 구조를 살펴볼 텐데 기도의 양이 가장 차이가 나는 새벽기도를 먼저 이해하고자 한다. 아래 표는 『Codex rubricarum』에 따른 I급 전례일의 새벽기도 중 시편기도와 독서기도가 II급 이하 전례일의 독서기도의 수[1-3]보다 3배[1-9] 많고 구조 역시 3개의 녹턴으로 구분됨을 보여준다. 현재는 급수와 관계없이 동일한 기도의 수를 가지고 있다. 다음 쪽에서 새벽기도/독서기도 표 좌우를 확인해 본다.

I급 전례일			I급 전례일 외
제1녹턴	제2녹턴	제3녹턴	녹턴 구분 없음
시편기도 [1-3]	시편기도 [4-6]	시편기도 [7-9]	시편기도 [1-9]
독서기도 / 응송 [1-3]	독서기도 / 응송 [4-6]	독서기도 / 응송 [7-9]	독서기도 / 응송 [1-3]

『Codex rubricarum』 1960	『Laudis Canticum』 1970 제2표준판, 1985
새벽 기도, Matutinum (Ⅰ급 전례일 외)	초대송, Invitatorium 독서기도, Officium lectionis
도입구절 초대송 시편기도 95(94) 찬미가 시편기도 [1-9] 계응시구 주님의 기도 독서기도/응송 [1-3] (사은 찬미가) 마침기도	도입구절 초대송 시편기도 95(94) (이하 독서기도) 찬미가 시편기도 [1-3] 계응시구 독서기도/응송 [1-2] (사은 찬미가) 마침기도
아침기도 Laudes	
도입구절 시편기도 [1-3] ( )의 찬가 * [4] 시편기도 [5] 성경소구 찬미가 즈카르야의 노래 마침기도 * 찬가의 ( )는 성경 인물로 매일 바뀜	도입구절 찬미가 시편기도 [1], 찬가 [2], 시편기도 [3] 성경소구/응송 즈카르야의 노래 청원기도 주님의 기도 마침기도 파견 (사제 혹은 부제가 있는 경우)
일시경 Prima	
	폐지됨
삼·육·구시경 Terita·Sextia·Nova	
도입구절 찬미가 시편기도 [1-3] 응송 마침기도	도입구절 찬미가 시편기도 [1-3] 성경소구/응송 마침기도
저녁기도 Vesperæ	
도입구절 시편기도 [1-5] 성경소구 찬미가 성모의 노래 마침기도	도입구절 찬미가 시편기도 [1-2], 찬가 [3] 성경소구/응송 성모의 노래 (청원기도부터 아침기도와 동일)
끝기도 Completorium	
성경소구 양심성찰 주님의 기도 도입구절 시편기도 [1-3] 찬미가 응송 시므온의 노래 마침기도 성모 찬송가	도입구절 양심성찰 찬미가 시편기도 [1] 혹은 [1-2] ** 성경소구/응송 시므온의 노래 마침기도 성모 찬송가 ** 제1저녁기도 후 끝기도에 [2]가 추가됨

『Laudis Canticum』에 따른 개정 내용을 살펴보면, 시편의 분배, 기도문 등 구조가 일부 개편, 수정, 시편 횟수 줄임 등을 확인할 수 있다. 새벽기도Matutinum라는 시간경명은 쓰지 않고 내용은 그대로 '초대송'과 '독서기도'로 나누었다. 그리고 소시간경 중 일시경은 폐지되었다.[45] 모든 시간경을 현대인들이 소화하기 어렵다는 현실적인 상황을 반영하여 소성무일도를 제시했는데 이는 위 표에서 독서기도와 소시간경 중 삼시경과 구시경을 제외한 것으로 더 간편하게 성무일도에 참여할 수 있도록 배려한 것이다. 개정판은 시편, 독서의 수를 줄였고 일시경의 폐지와 소성무일도의 도입 등으로 기도 횟수를 줄였지만, 위 표에서 보듯이 기본적인 구조와 중요 기도는 유지했다. 또한 《바티칸 II》에서 성무일도 개정의 규범을 정하면서 '**아침기도와 저녁기도는 보편 교회의 존귀한 전통에 따라, 매일 성무일도의 두 축으로서 주요 시간경으로 여겨져야 하고 또 그렇게 거행되어야 한다.**'[46]고 명문화하여 두 기도의 중요성을 강조하였다.

■ **성무일도 중 주요 기도들**

▶ **도입구절 (시작기도)**

성무일도는 하루의 첫 기도인 초대송에서 입술에 십자 성호를 그으며[47] 다음과 같이 시작한다.

시편 51(50),17

V. Dómine, ✝ lábia mea apéries.
R. Et os meum annuntiábit laudem tuam.
✝ 주여, 내 입시울을 열어 주소서.
◎ 내 입이 당신 찬미를 전하오리다.

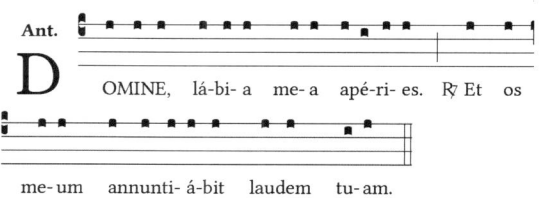

초대송 외 시간경들은 이마와 가슴, 양어깨로 십자 성호를 그으며[48] 다음과 같이 시작한다.

시편 70(69),2

V. Deus, ✝ in adjutórium meum inténde.
R. Dómine, ad adjuvándum me festína.
✝ 하느님, 날 구하소서.
◎ 주님, 어서 오사 나를 도우소서.
Gloria Patri (영광송)
Allelúia

사순 시기에는 알렐루야를 생략한다. 아침기도에서 시작기도를 초대송으로 한 경우에는 위의 시작 기도를 모두 생략한다.[49]

---

45) 전례 헌장 89항 라)
46) 전례 헌장 89항 가)
47) 성무일도에 관한 총지침 266항 3)
48) 성무일도에 관한 총지침 266항 1)

▶ 찬미가

초대송을 제외한 위 시작기도 후 매 시간경에 '찬미가'를 부른다. 찬미가는 실제로 각 시간경과 축일의 성격을 성무일도의 다른 부분보다 더욱 잘 특징지음과 동시에 기도를 바치는 이의 마음을 경건하게 한다. 이 찬미가들의 효율성은 문학적 아름다움으로 더욱 커진다. 찬미가는 교회가 만든 성무일도의 중추적인 시적詩的 요소다. 각 시간경의 찬미가들은 시기별, 요일별로 여러 찬미가가 규칙을 가지고 로테이션하는데 필요하다면 『성무일도Ⅰ-Ⅳ』에서 확인한다.

▶ 시편기도

찬미가 다음 시편이 이어지는데 아침기도에서는 구약에서 취한 한 개의 찬가, 그리고 저녁기도에서는 사도들의 서간이나 묵시록에서 취한 한 개의 찬가를 함께 바친다.50) 시편과 찬가는 시작과 끝에 고유한 후렴Antiphona을 한다. 각 시간경의 시편들과 후렴은 시기별, 요일별로 여러 시편, 후렴들이 규칙을 가지고 로테이션하는데 찬미가와 마찬가지로 『성무일도Ⅰ-Ⅳ』에서 확인한다. 시편기도, 찬가를 드리는 순서는 다음과 같다.

후렴 ▷ 시편, 찬가 ▷ 영광송 ▷ **후렴**

초대송의 시편기도는 도입구절 직후 시편 95(94)를 바치는데 위와 같이 간소화되기 이전 형식으로 본다. 이런 형식은 성무일도 중에서 초대송의 시편기도가 유일하다.

후렴 ▷ 1-2절 ▷ **후렴** ▷ 3-5절 ▷ ... ▷ 10-11절 ▷ **후렴** ▷ 영광송 ▷ **후렴**

초대송 후렴은 시기별로 다르며 『소성무일도』, pp. 797-798에서 확인할 수 있다. 시편기도가 끝난 다음에는 성경소구(짧은 독서)나 긴 독서를 하는데 전례일, 전례 시기 또는 축일의 성격을 고려하여 선택되어 있다. 따라서 성경소구는 매일의 시편기도에 따라 변한다.

▶ 독서기도

성무일도 개정 전까지 밤중기도 혹은 새벽기도라 칭했던 말씀 기도로 다른 시간경과의 차이는 시편기도 후 두 개의 독서를 포함하고 있다는 것이다. 제1독서는 성경에서 발췌하며 제2독서는 교부들이나 교회 저술가들의 저서에서 취한 것이거나 전기물이다.51) 시편기도와 독서 사이에는 계응시구를, 매 독서 후에는 고유한 응송을 바치는데 그 형식은 2장을 참조한다. 본래 초기 그리스도인들이 한밤중에 기도하던 데에서 유래하였다. 그들은 성당에 모여 공적인 아침기도인 찬미경을 바치는 새벽까지 시편을 노래하다가 두 시간경이 하나로 합쳐져서 밤이나 이른 아침 시간에 함께 바쳤다. 소성무일도의 도입으로 독서 기도는 선택 기도가 되었.

공동으로 바칠 경우, 밤중에 하는 하느님의 찬미로서 보존되어야 하지만 하루 중 어떤 시간에나 바칠 수 있으며, 또한 전날 저녁의 저녁기도 후에 바칠 수도 있다.52)

---

49) 성무일도에 관한 총지침 41항
50) 성무일도에 관한 총지침 136, 137항 참조
51) 성무일도에 관한 총지침 159항

▶ 복음 찬가

찬가Canticus는 성경에서 발췌된 하느님을 찬양하는 노래이며 특별히 복음서에서 발췌된 찬가를 '복음 찬가Canticum Evangelicum'라고 칭한다. 각 시간경에 따른 복음 찬가는 다음과 같다. [7장 참조] 여기서 가장 많이 알려진 찬가는 '성모의 노래Magnificat'로 8장에서 따로 살펴본다. 복음 찬가는 시편기도와 같이 고유한 후렴Antiphona이 함께 하며 기도 순서는 동일하다.

(1) 아침기도 때 즈카르야의 노래 (Canticum Zachariæ), Benedictus
(2) 저녁기도 때 성모의 노래 (Canticum Beatæ Mariæ Virginis), Magnificat
(3) 끝기도 때 시메온의 노래 (Canticum Simeonis), Nunc dimittis

▶ 사은 찬미가 (Te Deum)

사순시기가 아닌 주일, 대축일과 축일, 성탄 및 부활 팔일 축제 기간에는 독서기도 중 제2독서에 따른 응송 후 '사은 찬미가Te Deum'를 바친다.[53] 또한, 교회에서 성대하게 지내는 특별한 날 행사나 미사에서 노래한다. [13장 참조]

▶ 끝기도 중 시편기도

끝기도는 하루의 마지막 기도이다. 끝기도의 시편기도는 한 번 혹은 두 번 바치는데 주일과 대축일 제1저녁기도 후에는 〈시편 4와 134(133)〉을 바치고, 제2저녁기도 후와 파스카 성삼일에는 〈시편 91(90)〉을 바친다.[54] 부활 팔일 축제 내에는 주일 끝기도 중 어느 하나를 택해도 좋다. 그 외의 날들에는 성무일도 시편집에서 해당 요일의 시편을 그날 후렴과 함께 바친다.

▶ 성모 찬송가

끝기도를 마치고 '성모 찬송가'를 부르면 일과가 마무리된다. 공식 명칭은 '복되신 동정 마리아의 마침 안티폰'이다. 성모 찬송가는 아래와 같이 네 곡이 있으며 《바티칸 II》 이전까지 전례주년 기간별로 부르는 시기가 정해져 있었다. 전례 개혁 이후 현재는 아래 성모 찬송가 넷 중에 하나를 선택할 수 있지만 부활 시기에는 항상 Regína cǽli를 바친다. 또한, 성무일도에 나오는 것 외에 주교회의가 승인한 다른 성가도 할 수 있다. 더 자세한 내용은 9장에서 다루도록 한다.

- Alma Redemptóris Mater : 대림 제1주일 제1저녁기도 ~ 주님 봉헌 축일(2.2) 저녁기도
- Ave Regína cælórum : 주님 봉헌 축일 끝기도(2.2) ~ 사순 시기 성주간 수요일 끝기도
- Regína cǽli : 주님 부활 대축일 끝기도 ~ 성령 강림 대축일 후 금요일 끝기도 【부활 시기】
- Salve Regína : 삼위일체 대축일 제1저녁기도 ~ 대림 제1주일 전 금요일 끝기도 【연중 시기】

---

52) 성무일도에 관한 총지침 57, 59항 참조
53) 성무일도에 관한 총지침 68항
54) 성무일도에 관한 총지침 88항

■ 소성무일도의 목차와 기도 순서 예

성무일도는 매일 똑같이 반복되는 통상문과 전례일 혹은 시기마다 바뀌는 고유문들이 있는데 이를 중복하지 않도록 책으로 엮기 위해 다음과 같은 목차로 구성한다.

- 전례 시기 고유 기도
- 연중 시기에 지내는 주님의 대축일
- 통상문
- 통상 4주간으로 분류된 시편집
  (연중 시기 중심, 찬미가 포함)
- 끝기도
- 보충 시편기도
- 성인 고유 기도
- 공통 기도
- 위령 성무일도

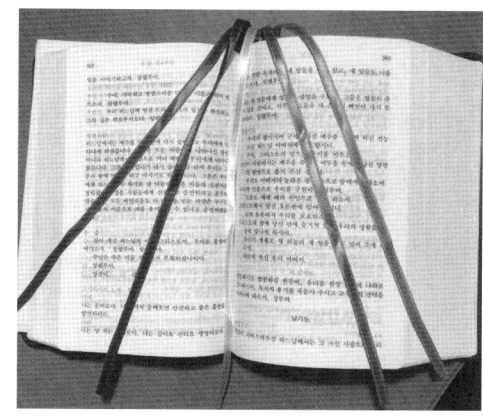

▲ 소성무일도 갈피끈

성무일도의 목차는 전례력(시기력과 성인력)에 따라 구성되어 있기 때문에 전례력을 이해 못하면 성무일도는 불가능하다. 성무일도는 1월1일, 1월2일... 이렇게 날짜 순서로 되어 있지 않기 때문이다. 예로 〈연중 제18주일 제1저녁기도〉과 〈주님 부활 대축일 저녁기도〉를 『소성무일도』로 살펴보자. 기도 순서와 페이지 순서가 달라서 때로는 앞뒤로 복잡하게 움직여야 한다. 특히 연중 시기는 다른 시기에 비해 더 복잡하다. 그래서 위 사진과 같이 성무일도서는 갈피끈이 여럿임을 볼 수 있다.

저녁기도 순서	연중 제18주일 제1저녁기도	주님 부활 대축일 저녁기도
시작기도	통상문 저녁기도 *p. 807* 혹은 시편집 제2주간 주일 *p. 931*	통상문 저녁기도 *p. 807*
찬미가	시편집 제2주간 주일 *p. 931*	전례 시기 고유기도 *p. 143*
시편기도 [1,2], 찬가 [3]	시편집 제2주간 주일 *pp. 933-936*	전례 시기 고유기도 *pp. 144-146*
성경소구/응송	시편집 제2주간 주일 *p. 936*	전례 시기 고유기도 *p. 146*
성모의 노래	통상문 저녁기도 *p. 809*	통상문 저녁기도 *p. 809*
성모의 노래 후렴	전례 시기 고유기도 *p. 715*	전례 시기 고유기도 *p. 146*
청원기도	시편집 제2주간 주일 *p. 936*	전례 시기 고유기도 *p. 147*
마침기도	전례 시기 고유기도 *p. 715*	전례 시기 고유기도 *p. 148*
파견	통상문 저녁기도 *p. 809*	통상문 저녁기도 *p. 809*

■ **제1저녁기도, 제1저녁기도 후 끝기도**[55]

과거 유대인들은 날짜 변경 기준을 해가 지면 하루가 끝나고 다음 날의 시작이었다. 지금에서나 0시 개념이 있지만 하루의 시작을 어떻게 정하느냐의 표준은 당시 '해지면'이었다. '해지면'이 어떻게 교회 전례에 받아들여졌는지 보자. 출애굽 전날 밤 죽음의 사자가 애굽 장자들을 죽일 때 어린 양의 피를 문설주에 바른 이스라엘 백성의 집은 지나침으로써 이스라엘 백성의 성공적인 탈출을 기념해서 유래된 파스카(유월절, 과월절)를 그리스도께서 십자가 죽음에서 부활로 넘어가는 것이 새로운 파스카 사건으로 생각하며, 이를 기념하여 빵을 떼어 나누고 기도하는 일에 전념하였다. 〈사도 2,42〉 결국 교회는 그리스도의 파스카를 기념하기 위해 세워졌고 빵을 떼어 나누는 일, 즉 미사를 봉헌하게 된다. 이렇게 매주 말씀을 듣고 빵을 나누는 주일 미사는 신앙의 구심점이 되었고 특히 유대인들의 파스카 축제일 근처에 오는 주일에 더 크고 장엄하게 거행한 것이 부활절이었다. 예전에는 세례성사나 견진성사를 현 날짜 변경 기준으로 부활절 전날 토요일 저녁에 하고 부활절 아침 미사에서 영성체를 하기 위해 긴 밤을 보내며 하느님의 자녀로 다시 태어남을 기뻐했다. 이렇게 해가 진 토요일 저녁을 부활절이 시작되는 **파스카 성야**Vigilia Paschalis라고 부른다.

이러한 파스카 신비를 기념하는 전통은 부활절만이 아니라 모든 주일과 대축일 미사에도 해당된다. 이에 주일과 대축일의 거행은 이미 그 전날 저녁에 시작한다.[56] 따라서 이를 성무일도에 반영하여 주일·대축일의 **제1저녁기도**와 **제1후끝기도**는 실제 주일·대축일 전날 저녁에 드리며, 토요일 저녁에 드리는 미사가 주일의 첫 미사로 합당하다. 그래서 지금은 '토요 특전特典 미사'라는 명칭은 쓰지 않고, '토요일에 드리는 주일 미사'라고 한다. 한국 천주 교회는 주일과 의무 축일[35] 전날 오후 4시부터 주일과 의무 축일의 미사를 집전할 수 있도록 하고 있다.[57] 여기서 추가로 확인할 내용은 '토요일에 드리는 평일 미사'는 따로 있어 주일 미사와 구분된다.

주일과 대축일의 전날 성무일도는 아래 표에서 보듯이 저녁기도와 끝기도가 없다. 저녁기도, 끝기도를 생략한 것이 아니고, 주일과 대축일의 제1저녁기도와 제1후끝기도로 넘어간다.

▶ **주일과 대축일 전날 : 순서에 저녁기도와 끝기도가 없음을 확인한다.**

순서	시간경명	시간
1	초대송	이른 아침
2	독서기도	이 순서가 아닌 경우, 아무 때나
3	아침기도	이른 아침
4	삼시경	09시
5	육시경(낮기도)	12시
6	구시경	15시

---

55) 이하 '제1후끝기도'라 한다.
56) 전례주년과 전례력에 관한 일반 규범 3항
57) 한국 천주교 사목 지침서 74조 1항

▶ 주일과 대축일 : 순서 1,2를 확인한다.

순서	시간경명	시간
1	제1저녁기도	주일/대축일 전날 저녁
2	제1후끝기도	
3	초대송	주일/대축일 이른 아침
4	독서기도	이 순서가 아닌 경우 아무 때나
5	아침기도	주일/대축일 이른 아침
6	삼시경	09시
7	육시경(낮기도)	12시
8	구시경	15시
9	저녁기도 *	해지기 직전
10	제2후끝기도	취침 전

* 순서 9는 '제2저녁기도'라고 하는 것이 명확하나 평일과 용어 통일을 위해 통상 '저녁기도'라고 한다.

■ 맺음말

우리에게 익숙한 교회음악들은 사실 미사 중 전례문과 성무일도를 노래하는 그레고리오 성가에서 출발한 것들이 대부분이다. 이러한 미사와 성무일도는 그리스도교 전례의 완성체이고 모든 전례는 전례력에 종속되어 있다. 따라서 교회음악을 이해하는데 전례력에 따른 미사와 성무일도가 그 시작이 되어야 함은 이론의 여지가 없다. 7장부터 본격적으로 이를 확인하는 여정을 시작한다.

+ *시편 번호 표기법*

한국어판(2017) 『미사 독서』(미사 독서 목록, 제2표준판, 1981)의 시편 번호 표기는 교황청 새 대중 라틴 말 성경 위원회가 펴낸 「시편집」(Liber Psalmorum, 1969)에 따라 #(*)로 한다.[58] 여기서 괄호 앞 숫자 #은 『히브리어 성경(마소라 본문)』의 번호이며, 그 옆 괄호 안 숫자 *은 그리스어 성경 『70인역』[36]의 시편 번호다. 가장 최근 개정된 『Liber Psalmonum (1969)』은 마소라 본문을 저본底本으로 삼았기 때문에 # 번호로 정리되었고, 이전 성경 『Vulgata Clementina』[37]는 * 번호를 썼기에 과거 사용하던 *을 괄호 번호로 병기하여 혼란을 막고자 했다. 우리말 『성경(2005)』은 *은 제외하고 #만 표기하고 우리글 『성무일도 I-IV(1990-1991)』는 *(#)로 표기한다. 우측 표를 통해 두 저본底本 간 번호 차이를 확인한다.

* 그리스어 「70인역」	# 히브리어 성경 마소라 본문 기준
1-8	1-8
9	9,10
10-112	11-113
113	114,115
114,115	116
116-145	117-146
146,147	147
148-150	148-150

58) 미사 독서 목록 지침 119항 각주 123) 참조

07 성무일도 중 복음 찬가 (Canticum Evangelicum)

성경에는 하느님을 찬양하는 노래가 여러 곳에 삽입되어 있다. 시편이 아닌 신·구약 성경의 저명한 인물들에 의해 쓰인 노래를 라틴어로 Canticus라고 하는데 '찬가' 혹은 '노래'라고 번역한다. 찬가는 '작은 찬가'와 '큰 찬가'로 구분하기도 하는데 성무일도(시간전례)에서는 작은 찬가들이 아침기도에서 두 시편기도 사이에 나오며 저녁기도에서는 두 시편기도 뒤에 나온다. 아침기도에는 교황 聖 비오 5세 *St. Pius PP. V*(재위 1566-72)가 성무일도에 삽입한 일련의 구약성경 찬가들 외에 다른 많은 찬가들이 첨가되었다. 저녁기도에는 새로운 것이 추가되었는데, 신약성경의 서간들과 요한 묵시록에 나오는 일련의 찬가들이다. 그리하여 네 주간으로 구성된 시편집의 각 주간에는 고유한 찬가가 있다.[38] 여기서 소개하는 '큰 찬가'는 신약성경의 루카 복음에서 나타난 찬가로 이를 '복음 찬가Canticum Evangelicum'라고 한다. 아래 [ ]안 별칭은 해당 찬가의 성경 구절 첫 단어incipit로 각 복음 찬가의 곡명으로 부른다.

시간경	찬가명	별칭	출처
아침기도	(1) 즈카르야의 노래 (Canticum Zachariæ)	[Benedictus]	루카 1,68-79
저녁기도	(2) 성모의 노래 (Canticum Beatæ Mariæ Virginis)	[Magnificat]	루카 1,46-55
끝기도	(3) 시메온의 노래 (Canticum Simeonis)	[Nunc dimittis]	루카 2,29-32

성무일도 중에는 아침·저녁기도의 복음 찬가 앞뒤로 고유한 후렴Antiphona을 노래한다. 그러나 끝기도의 후렴(p. 57)만은 예외로 매일 똑같은 통상문이다. 그리고 성무일도를 공동 거행 중에는 찬가를 시작할 때 모든 이가 십자 성호를 긋는다.59) 기도 순서는 다음과 같다.

후렴 ▷ 복음 찬가 ▷ 영광송 ▷ 후렴

(1) 아침기도 중 즈카르야의 노래

즈카르야가 누구인지 살펴보면, 세례자 요한의 아버지이자 사제이다. 어느 날 가브리엘 천사가 나타나 아내 엘리사벳이 아들을 낳을 것이라 하지만⟨1,13⟩ 믿지 않아 벙어리가 되고⟨1,20⟩ 그 후 아들이 태어나⟨1,57⟩ 이름 요한을 글 쓰는 판에 쓰자 혀가 풀려 말을 하게 되었다.⟨1,63⟩ 그때 기쁨과 감사의 노래를 하게 되는데 이것이 곧 '즈카르야의 노래'다. 약 9c 경부터 성무일도에 포함되었는데 아침기도 중 노래한다. 그리고 이 찬가는 '성모의 노래'와 같은 대우를 받는 매우 비중 있는 찬가다. 찬가의 첫 구절 "Benedictus Dominus Deus Israel (주여, 이스라엘의 하느님 찬미받으소서)"의 첫 단어incipit를 따서 Benedictus라고 부른다. 미사 통상문 중 Sanctus에 이어지는 Benedictus와 전혀 다르기에 Benedictus를 볼 때 내용과 쓰이는 전례를 확인해야 한다.

---

59) 성무일도에 관한 총지침 266항 2) 참조

Benedictus의 불가타역과 한국 천주교 『성무일도』 본문이다.

『Vulgata Clementina』	한국 천주교 『성무일도』
68 **Benedictus** Dominus Deus Israel; quia visitavit et fecit redemptionem plebi suæ	68 주여 이스라엘의 하느님 찬미받으소서. * 주는 당신 백성을 찾아 속량하시고,
69 Et erexit cornu salutis nobis, in domo David pueri sui,	69 당신 종 다윗 가문에서 * 능하신 구세주를 우리에게 일으키시어,
70 sicut locutus est per os sanctorum, qui a sæculo sunt, prophetarum eius,	70 당신의 거룩한 예언자들의 입으로 * 예부터 말씀하신 대로,
71 salutem ex inimicis nostris, et de manu omnium, qui oderunt nos;	71 우리 원수들에게서 또 우리를 미워하는 사람들 손에서 * 우리를 구원하시리이다.
72 ad faciendam misericordiam cum patribus nostris, et memorari testamenti sui sancti,	72 우리 조상들에게 자비를 베푸시고 * 거룩한 당신 계약을 아니 잊으시려,
73 iusiurandum, quod iuravit ad Abraham patrem nostrum, daturum se nobis,	73 우리에게 주시기로 * 우리 조상 아브라함에게 맹세하신 대로,
74 ut sine timore, de manu nostrorum liberati, serviamus illi	74 우리 원수들 손에서 구원하시어 * 어전에서 겁 없이,
75 in sanctitate et iustitia coram ipso omnibus diebus nostris.	75 성덕과 의덕으로 우리 모든 날에 * 주를 섬기게 하심이로다.
76 Et tu, puer, propheta Altissimi vocaberis: præibis enim ante faciem Domini parare vias eius,	76 아기야 너 지존하신 이의 예언자 되리니 * 주의 선구자로 주의 길을 닦아,
77 ad dandam scientiam salutis plebi eius in remissionem peccatorum eorum,	77 죄 사함의 구원을 * 주의 백성에게 알리리라.
78 per viscera misericordiæ Dei nostri, in quibus visitabit nos oriens ex alto,	78 이는 우리 하느님이 자비를 베푸심이라 * 떠오르는 태양이 높은 데서 우리를 찾아오게 하시고,
79 illuminare his, qui in tenebris et in umbra mortis sedent, ad dirigendos pedes nostros in viam pacis.	79 어둠과 죽음의 그늘 밑에 앉아 있는 이들을 비추시며 * 우리의 발을 평화의 길로 인도하시리라.
V. Gloria Patri, et Filio, et Spiritui Sancto. R. Sicut erat in principio, et nunc, et semper, et in sæcula sæculorum. Amen	† 영광이 성부와 성자와 성령께 ◎ 처음과 같이 이제와 항상 영원히 아멘

(2) 저녁기도 중 성모의 노래

마리아가 친척 엘리사벳을 방문했을 때, 주님의 어머니로서의 축하 인사를 받고 읊은 찬가의 첫머리가 라틴어로 "Magnificat anima mea Dominum(내 영혼이 주님을 찬송하며)"으로 시작하기 때문에 그 첫 단어incipit를 따서 Magnificat이라고 부른다. 실제 공식 명칭은 '복되신 동정 마리아의 찬가(Canticum Beatæ Mariæ Virginis)'이고 통상 '마리아의 노래' 혹은 '성모의 노래'라고 부른다. 이 노래는 본래 동방교회의 노래였으나 聖 베네딕토St. Benedictus(480-547) 시대부터 서방교회 성무일도 중 저녁기도의 찬가로 도입되었다. 그리고 장엄 예식의 저녁기도 때는 특별한 후렴Antiphona과 함께 제대 분향을 하며 이 노래를 불러 Magnificat의 중요성이 강조되었다. 동방교회에서는 큰 축일을 제외하고 매일 아침기도 때 불린다. Magnificat의 좀 더 자세한 설명은 8장에서 확인한다.

Magnificat의 불가타역과 한국 천주교 『성무일도』 본문이다.

『Vulgata Clementina』	한국 천주교 『성무일도』
46 **Magnificat** anima mea Dominum;	46 내 영혼이 주님을 찬송하며 *
47 Et exultavit spiritus meus in Deo salutari meo,	47 내 마음이 나의 구원자 하느님 안에서 기뻐 뛰니
48 Quia respexit humilitatem ancillæ suæ; ecce enim ex hoc beatam me dicent omnes generationes.	48 당신 종의 비천함을 돌보셨음이로다 * 이제로부터 과연 만세가 나를 복되다 일컬으리니,
49 Quia fecit mihi magna qui potens est, et sanctum nomen ejus,	49 능하신 분이 큰일을 내게 하셨음이요 * 그 이름은 "거룩하신 분"이시로다.
50 Et misericordia ejus a progenie in progenies timentibus eum.	50 그 인자하심은 세세 대대로 * 당신을 두리는 이들에게 미치시리라.
51 Fecit potentiam brachio suo; Dispersit superbos mente cordis sui.	51 당신 팔의 큰 힘을 떨쳐 보이시어 * 마음이 교만한 자들을 흩으셨도다.
52 Deposuit potentes de sede, et exaltavit humiles.	52 권세 있는 자를 자리에서 내치시고 * 미천한 이를 끌어 올리셨도다.
53 Esurientes implevit bonis, et divites dimisit inanes.	53 주리는 이를 은혜로 채워 주시고 * 부요한 자를 빈손으로 보내셨도다.
54 Suscepit Israel, puerum suum, recordatus misericordiæ suæ,	54 자비하심을 아니 잊으시어 * 당신 종 이스라엘을 도우셨으니,
55 sicut locutus est ad patres nostros, Abraham et semeni ejus in sæcula	55 이미 아브라함과 그 후손을 위하여 * 영원히 우리 조상들에게 언약하신 바로다.
V. Gloria Patri, et Filio, et Spiritui Sancto. R. Sicut erat in principio, et nunc, et semper, et in sæcula sæculorum. Amen	† 영광이 성부와 성자와 성령께 ◎ 처음과 같이 이제와 항상 영원히 아멘

(3) 끝기도 중 시메온의 노래

먼저 시메온이 누구인지 살펴보면, 예루살렘에 거주하던 사람으로, 올바르고 경건하게 살았으며 그리스도가 오심으로 이스라엘이 위로받을 때를 기다리고 있었다.〈루카 2,25〉그러던 중 성령에 이끌려 성전으로 갔다가 아기 예수를 보고 아기를 두 팔에 받아 안고 하느님을 찬미하였는데 그 찬가가 바로 '시메온의 노래'다. 4c부터 하루의 마지막 성무일도인 끝기도에 삽입되었다. 시메온의 노래는 불가타역〈루카 2,29〉의 라틴어 첫 두 단어incipit를 따서 Nunc dimittis라고도 부른다.

Nunc dimittis의 불가타역과 한국 천주교 『성무일도』 본문이다.

『Vulgata Clementina』	한국 천주교 『성무일도』
29 **Nunc dimittis** servum tuum, Domine, secundum verbum tuum in pace:	29 주여 말씀하신 대로 * 이제는 주의 종을 평안히 떠나가게 하소서
30 Quia viderunt oculi mei salutare tuum	30 이미 내 눈으로 보았나이다.
31 Quod parasti ante faciem omnium populorum:	31 만민 앞에 마련하신 주의 구원을 *
32 Lumen ad revelationem gentium, et gloriam plebis tuæ Israel.	32 이교 백성들에게는 계시의 빛이시요 + 주의 백성 이스라엘에게는 * 영광이 되시는 구원을 보았나이다.
V. Gloria Patri, et Filio, et Spiritui Sancto. R. Sicut erat in principio, et nunc, et semper, et in sæcula sæculorum. Amen	† 영광이 성부와 성자와 성령께 ◎ 처음과 같이 이제와 항상 영원히 아멘

시메온의 노래 후렴Antiphona은 통상문으로 연중 매일 같아서 노래를 부르거나 녹음할 때 함께 부르는 경향이 있다. 후렴은 다음과 같다.

Ant. Salva nos, * Dómine, vigilántes,
　　 custódi nos dormiéntes; ut vigilémus
　　 cum Christo, et requiescámus in pace.

후렴 낮 동안 우리를 활기 있게 하신 주여, 그리스도와 함께 있으리니, 자는 동안도 지켜 주시어 편히 쉬게 하소서.

08 마니피캇, Magnificat

- Canticum Beatæ Mariæ Virginis : 공식 명칭
- Canticum B.M.V. : 공식 명칭의 약칭
- 복되신 동정 마리아의 찬가 : 공식 명칭 번역
- 성모(마리아)의 노래 : 공식 명칭 번역의 별칭
- Magnificat, 마니피캇 : 공식 명칭의 별칭
- ΘεοτόκοςTheotokos : 정교회 명칭

Magnificat은 7장에서 소개한 성무일도 저녁기도 중 바치는 복음 찬가 중 하나다. 찬가는 성경 말씀을 그대로 가사로 부르는 노래를 일컫는다. 따라서 이 노래도 성경에서 발췌한 것임을 알 수 있다. 참고로 찬미가Hymnus는 비성경적 가사의 노래로 찬가와 구분됨을 이해하자. Magnificat으로 선택된 성경 말씀은 〈루카 1,46-55〉이다. 불가타역과 한국 천주교 성무일도 본문은 7장에서 확인한다. 이 내용을 이해하기 위해 46절 이전 상황을 보면, 예수를 잉태한 마리아가 '즈카르야의 노래'의 주인공 즈카르야의 처이자 장차 세례자 요한의 어머니가 될 친척 엘리사벳을 방문한다. 이때,

> *41 엘리사벳은 성령으로 가득 차 42 큰 소리로 외쳤다. "당신은 여인들 가운데에서 가장 복되시며 당신 태중의 아기도 복되십니다. 43 내 주님의 어머니께서 저에게 오시다니 어찌 된 일입니까? 44 보십시오, 당신의 인사말 소리가 제 귀에 들리자 저의 태 안에서 아기가 즐거워 뛰놀았습니다. 45 행복하십니다, 주님께서 하신 말씀이 이루어지리라고 믿으신 분!"*

이라는 인사를 엘리사벳으로부터 받는다. 이후 마리아는 엘리사벳의 찬송을 듣고 화답하는데 이것이 바로 마리아의 노래, Magnificat이다. 실제 공식 명칭은 '복되신 동정 마리아의 찬가'이고 '테오토코스Θεοτόκος'는 정교회의 그리스어 명칭이다. 라틴어로는 'Dei Genetrix'라고 쓰며 뜻은 '하느님의 어머니', 즉 마리아를 뜻한다.

마리아의 노래는 내용과 구조에 있어서 구약의 한나의 노래 〈1사무 2,1-10〉를 떠오르게 하는데 다음 쪽에 있는 두 노래를 비교해 보면 유사하다는 것을 알 수 있다. 그 이유는 도두 구약의 율법서, 예언서, 성문서에서 영향받은 것이기 때문이다. 따라서 마리아의 노래는 구약의 하느님께서 율법으로, 예언자들을 통해, 성문화된 약속하신 바를 이루시는 구원의 역사 안에 마리아 자신을 도구로 써 주는 것에 대해 감사를 드리며 부른 노래다.

다음 '한나의 노래'와 '마리아의 노래'는 한국 천주교 『성경』 본문이다.

한나의 노래	마리아의 노래
1. 한나가 이렇게 기도하였다. "제 마음이 주님 안에서 기뻐 뛰고 제 이마가 주님 안에서 높이 들립니다. 제 입이 원수들을 비웃으니 제가 당신의 구원을 기뻐하기 때문입니다.	46. 그러자 마리아가 말하였다. "내 영혼이 주님을 찬송하고
2. 주님처럼 거룩하신 분이 없습니다. 당신 말고는 아무도 없습니다. 저희 하느님 같은 반석은 없습니다.	47. 내 마음이 나의 구원자 하느님 안에서 기뻐 뛰니
3. 너희는 교만한 말을 늘어놓지 말고 거만한 말을 너희 입 밖에 내지 마라. 주님은 정녕 모든 것을 아시는 하느님이시며 사람의 행실을 저울질하시는 분이시다.	48. 그분께서 당신 종의 비천함을 굽어보셨기 때문입니다. 이제부터 과연 모든 세대가 나를 행복하다 하리니
4. 용사들의 활은 부러지고 비틀거리는 이들은 힘으로 허리를 동여맨다.	49. 전능하신 분께서 나에게 큰일을 하셨기 때문입니다. 그분의 이름은 거룩하고
5. 배부른 자들은 양식을 얻으려 품을 팔고 배고픈 이들은 다시는 일할 필요가 없다. 아이 못낳던 여자는 일곱을 낳고 아들 많은 여자는 홀로 시들어 간다.	50. 그분의 자비는 대대로 당신을 경외하는 이들에게 미칩니다.
6. 주님은 죽이기도 살리기도 하시는 분, 저승에 내리기도 올리기도 하신다.	51. 그분께서는 당신 팔로 권능을 떨치시어 마음속 생각이 교만한 자들을 흩으셨습니다.
7. 주님은 가난하게도 가멸게도 하시는 분, 낮추기도 높이기도 하신다.	52. 통치자들을 왕좌에서 끌어내리시고 비천한 이들을 들어 높이셨으며
8. 가난한 이를 먼지에서 일으키시고 궁핍한 이를 거름 더미에서 일으키시어 귀인들과 한자리에 앉히시며 영광스러운 자리를 차지하게 하신다. 땅의 기둥들은 주님의 것이고 그분께서 세상을 그 위에 세우셨기 때문이다.	53. 굶주린 이들을 좋은 것으로 배불리시고 부유한 자들을 빈손으로 내치셨습니다.
9. 주님께서는 당신께 충실한 이들의 발걸음은 지켜 주시지만 악한 자들은 어둠 속에서 멸망하리라. 사람이 제힘으로는 강해질 수 없기 때문이다.	54. 당신의 자비를 기억하시어 당신 종 이스라엘을 거두어 주셨으니
10. 주님이신 그분께 맞서는 자들은 깨어진다. 그분께서는 하늘에서 그들에게 천둥으로 호령하신다. 주님께서는 땅끝까지 심판하시고 당신 임금에게 힘을 주시며 기름부음 받은 이의 뿔을 높이신다."	55. 우리 조상들에게 말씀하신 대로 그 자비가 아브라함과 그 후손에게 영원히 미칠 것입니다."

성무일도의 저녁기도 중 Magnificat 다음에는 반드시 영광송을 바치고 시작과 끝에는 후렴을 붙인다. 이뿐 아니라 성무일도 시편기도에도 마찬가지다. 이렇게 교회에서 하는 거의 모든 기도는 영광송이 따라온다. 그리하여 음악에서도 영광송을 마지막에 함께 작곡하는 것이 일반적이다. 만약 영광송이 없는 작품이라면 그것이 더 이상하다. 단, 성무일도 형식처럼 후렴까지 앞뒤로 붙여 작곡하지는 않는다. 후렴은 고유문이기에 정해진 가사로 쓰기가 불가능하기 때문이다.

𝄞 음악

Magnificat은 하늘의 별만큼이나 작품이 많은데 중요한 설명이 가능한 한 곡의 그레고리오 성가를 포함한 세 작곡가의 작품을 다음 순서로 소개한다.

1. Gregorian Chant
2. Giovanni Pierluigi da Palestrina
3. Johann Sebastian Bach
4. John Rutter

1. Gregorian Chant

조key의 개념 이전에 교회 선법mode이 있었는데 이에 대한 설명을 여기서 자세히 다루기 어려워 쉽게 개념만 파악하면, 선법은 8가지가 있고, 선법별로 ⑴ 온음과 반음의 위치가 다르고 ⑵ 음역의 위치와 범위가 다르며 ⑶ 멜로디 진행 음이 다르고 ⑷ 노래가 끝나는 음이 다르다.

마니피캇 그레고리오 성가는 선법별로 각각 단순, 장엄곡조로 나뉘어 총 16곡이 있다. 통상 단순곡조는 평일에, 장엄곡조는 주일·대축일에 부른다. 그중 8선법 악보를 소개한다. 필요하다면 『Liber Usualis(1961)』[39] pp. 207-218에서 모두를 확인할 수 있다. 각 절의 앞 숫자는 〈루카 1,46-55〉의 절과 대응한다. 예를 들면 47절은 악보상 숫자 2와 대응한다. 11, 12는 영광송이다. 그리고 멜로디 양식Melody-Type(유절 형식)으로 같은 멜로디에 가사(절)만 바꿔가며 노래한다.

Tone 8. G, G*, c.

Mediant of 1 accent.　　　Endings of 1 accent with 2 preparatory syllables.

1. Magní- ficat * ánima mé-a Dóminum.　or : Dóminum.　or : mé-a

Dóminum. 2. Et exsultávit spí-ritus mé- us * in Dé-o sa-lutári mé- o.
or : G*, or : c, as above. And so for all the verses.

3. Quia respéxit humilitátem ancíllae súae : * ecce enim ex hoc beátam me dícent ómnes generatiónes.
4. Quia fécit míhi mágna qui pótens est : * et sánctum nómen éjus.
5. Et misericórdia éjus a progénie in progénies * timéntibus éum.
6. Fécit poténtiam in bráchio súo : * dispérsit supérbos ménte córdis súi.
7. Depósuit poténtes de séde, * et exaltávit húmiles.
8. Esuriéntes implévit bónis : * et dívites dimísit inánes.
9. Suscépit Israel púerum súum, * recordátus misericórdiae súae.
10. Sicut locútus est ad pátres nóstros, * Abraham et sémini éjus in saécula.
11. Glória Pátri, et Fílio, * et Spirítui Sáncto.
12. Sicut érat in princípio, et nunc, et sémper, * et in saécula saeculórum. Amen.

▲ 8선법, 단순 곡조

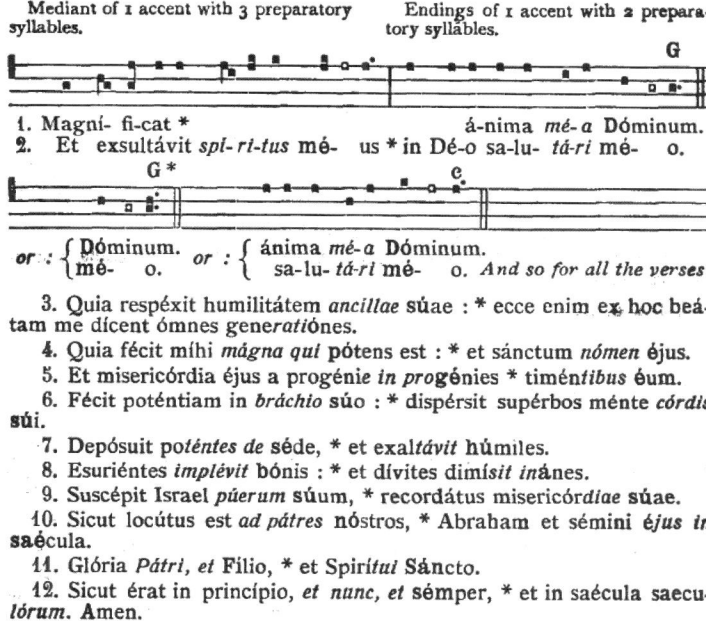

▲ 8선법, 장엄 곡조

르네상스 다성 음악 시대가 열리면서 14c 후반부터 꾸준히 작곡되어 왔고 현존하는 작품은 대략 15c 초반의 것들부터이며 르네상스 시대 내내 거의 모든 작곡가들이 이 찬가를 작곡했다. 그중 몇몇은 여러 곡을 썼는데 예로 Lassus는 102곡, Palestrina는 35곡, Morales는 16곡, Victoria는 18곡을 썼다. 당시의 작곡 기법상 여러 곡을 쓸 수 있는 환경이었는데, 이는 교회선법에 근거한다.

다작이 가능했던 것은 선법 당 한 곡씩 모두 8곡을 한 세트로 작곡했기 때문이다. 여기에 네 가지 방법이 곱해진다. 위의 그레고리오 성가 마니피캇을 이용하는데 첫 번째 방법은 홀수절은 해당 선법의 그레고리오 성가를 그대로 쓰고 짝수절은 다성 음악으로 작곡한다. 두 번째 방법은 첫 번째 방법의 반대로 한다. 세 번째 방법은 첫 번째 방법과 동일하나, 단지 1절에 대해서는 곡 시작 단어 'Magnificat'만 8선법에 따라 그레고리오 선율로 선창하고 'anima mea Dominum.~' 이하 1절 끝까지 다성 음악으로 작곡한다. 네 번째 방법은 그레고리오 성가는 쓰지 않고 모두 다성 음악으로 작곡한다. 그래서 네 가지 방법을 모두 쓰면 이론상 32곡이 된다. 여기서 다성 음악 작곡은 대체로 해당 선법의 그레고리오 성가를 정선율로 차용하여 작곡하거나 모테트 기법 등을 사용한다.

2. Giovanni Pierluigi da Palestrina (c.1525-1594)

Palestrina는 앞서 언급했듯이 35곡을 작곡했는데 8선법과 위에서 소개한 네 가지 방법을 모두 사용하였다. 작품들은 총 3권으로 출판(1591)되었는데 제3권은 부록곡 셋을 포함하고 있다. 여기서 '다성 음악polyphony'이라 함은 Palestrina가 작곡한 부분을 말한다.

▶ 8선법 마니피캇 - 제1권

첫 번째 8곡(1~8 선법) : 짝수절 - 그레고리오 성가, 홀수절 - 다성 음악

아래 예시 악보는 1선법 홀수절인 1절 시작 부분과 그레고리오 성가로 부르는 짝수절이다.

▲ 마니피캇 제1권 1선법 홀수절 중 1절 시작 부분

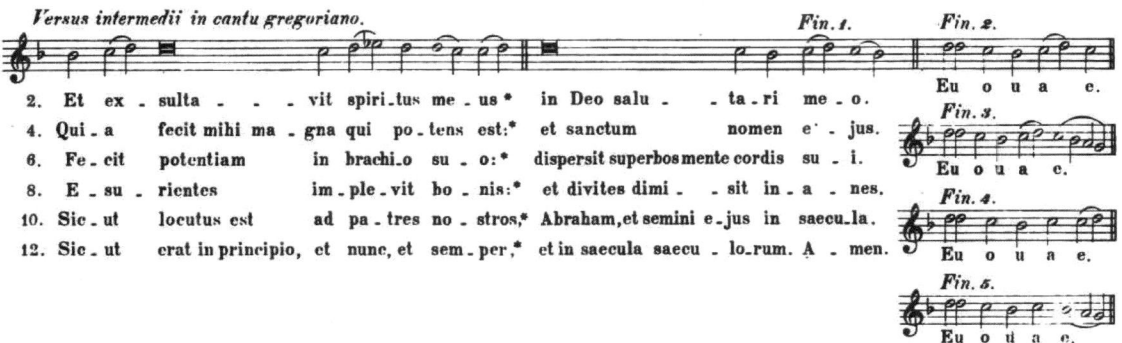

▲ 마니피캇 제1권 1선법 짝수절 그레고리오 성가

두 번째 8곡(1~8 선법) : 홀수절 - 그레고리오 성가, 짝수절 - 다성 음악, 8곡

아래 예시 악보는 위와 반대의 경우를 보여준다.

▲ 마니피캇 제1권 8선법 짝수절 중 1절 시작 부분

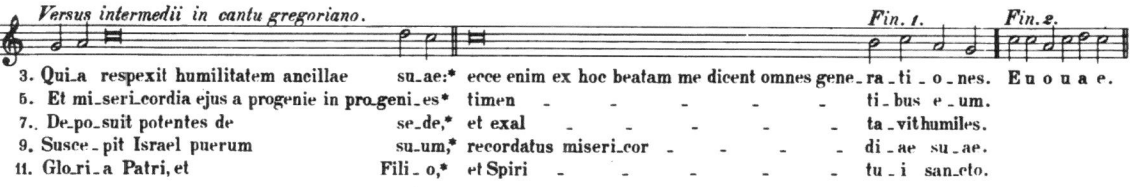

▲ 마니피캇 제1권 8선법 홀수절 그레고리오 성가

▶ 8선법 마니피캇 - 제2권

8곡(1~8 선법) : 홀수절 - 그레고리오 성가, 짝수절 - 다성 음악

형식은 제1권과 동일하므로 예시 악보는 생략한다.

▶ 8선법 마니피캇 - 제3권

8곡(1~8 선법) : 1절을 제외한 홀수절 - 그레고리오 성가, 1절을 포함한 짝수절 - 다성 음악

아래 예시 악보는 곡 시작 단어 'Magnificat'만 선법에 따라 그레고리오 선율로 선창하고 'anima mea Dominum.~' 이하 1절 끝까지 다성 음악으로 작곡하는 예다. 여기서 짝수절로 부르는 그레고리오 성가는 각 선법에 맞게 부른다. 아래 곡은 1선법이므로 위에서 예시한 제1권 1선법 홀수절 그레고리오 성가를 부른다. 3권에는 이 홀수절 악보가 없으므로 반드시 1권을 봐야 한다.

▲ 마니피캇 제3권 1선법 1절 시작 부분

▶ 부록 (3곡)

1선법 : 홀·짝 모두 다성 음악으로 작곡
4선법 : 홀수절 - 그레고리오 성가, 짝수절 - 다성 음악
6선법 : 홀수절 - 그레고리오 성가, 짝수절 - 다성 음악

지금까지 설명을 표로 정리하면 다음과 같으며 1~3권과 부록까지 합치면 총 35곡이 된다.

제1권(1~8선법), 8곡	
홀수절	짝수절
polyphony	Gregorian

제1권(1~8선법), 8곡	
홀수절	짝수절
Gregorian	polyphony

제2권(1~8선법), 8곡	
홀수절	짝수절
Gregorian	polyphony

제3권(1~8선법), 8곡	
1절 제외 홀수절	1절 포함 짝수절
Gregorian	polyphony

부록(1선법)	
홀수절	짝수절
polyphony	polyphony

부록(4선법)	
홀수절	짝수절
Gregorian	polyphony

부록(6선법)	
홀수절	짝수절
Gregorian	polyphony

악보를 볼 때 35곡 중 몇 권의 몇 선법인지 확인하려면 다음 라틴어 정도는 알아야 한다.

Magnificat octo tonum - Liber primus   : 8선법 마니피캇 - 제1권
Magnificat octo tonum - Liber secundus : 8선법 마니피캇 - 제2권
Magnificat octo tonum - Liber tertius : 8선법 마니피캇 - 제3권

Primi toni	1선법	Quinti toni	5선법
Secundi toni	2선법	Sexti toni	6선법
Tertii toni	3선법	Septimi toni	7선법
Quarti toni	4선법	Octavi toni	8선법

제1권은 8선법 셋트가 둘인데 셋트 번호가 따로 부여되어 있지 않다. 따라서 그레고리오 성가가 짝수인지 홀수인지 확인하여 구분한다. 2권과 3권은 1절이 그레고리오 성가인지 폴리포니인지로 구분한다.

3. Johann Sebastian Bach (1685-1750)

바로크 시대는 이미 선법에서 조성의 시대로 넘어왔고 그레고리오 성가와는 관계없이 자유롭게 작곡을 하기 시작한다. Bach 역시 연주 형식은 독창과 합창, 기악과 성악이 주고받는 콘체르타토 concertato 양식과 가사의 일부를 반복해서 부르는 형식 등을 잘 보여주었다. 이러한 형식은 과거 Gabrieli와 Monteverdi가 활동하던 베네치아 악파의 특징이기도 했다.

Bach는 가사로 라틴어를 썼다. 그는 독실한 루터교인이었고 당시 독일은 독일어 가사가 보편화되어 있었다. 그리고 Magnificat 역시 독일어 곡이 17c 중반에 있었기에 — 대표적으로 Schütz 작품이 있다. — Bach는 다름의 확장을 추구했다고 볼 수 있다. 작품은 두 가지 버전(BWV 243a, BWV 243)이 있는데 10년의 차이가 있다.

먼저 《E♭장조, BWV 243a》이다. 이 버전은 '크리스마스 버전'이라고도 부르는데 처음 연주된 때가 바흐가 라히프치히Leipzig 聖 토마스 교회 음악장kantor으로 부임한 그해 1723년 성탄절 저녁기도였기 때문이다. 이 작품은 〈루카 1,46-55〉 외에 네 곡의 크리스마스 찬미가들을 곡 중간 중간에 끼워 넣었다. 아라비아 숫자로 곡 순서를 표기하는 성경 부분과 구분하기 위해 이 네 곡은 알파벳 A, B, C, D로 표기했다.

A. Vom Himmel hoch (저 높은 곳 하늘에서), 독일어
  ▷▶ Martin Luther 作 찬미가
B. Freut euch und jubiliert (경건한 마음으로 기뻐하세), 독일어
  ▷▶ Sethus Calvisius 作 시구詩句
C. Gloria in excelsis Deo (하늘 높은 곳에서는 하느님께 영광), 라틴어
  ▷▶ 〈루카 2,14〉
D. Virga Jesse Floruit (이사이의 나무가 번성하리니), 라틴어
  ▷▶ 중세 크리스마스 찬미가의 일부

구분	원문	번역
A	Vom Himmel hoch, da komm ich her. Ich bring' euch gute neue Mär, Der guten Mär bring ich so viel, Davon ich singn und sagen will.	모든 이들을 위한 기쁜 소식을 가지고 천상에서 이 땅에 내려왔네. 내가 가져온 기쁜 소식 지금 내가 말하고 노래할 것이다.
B	Freut euch und jubilirt, Zu Bethlehem gefunden wird Das herzeliebe Jesulein, Das soll euer Freud und Wonne sein.	경건한 마음으로 지금 베들레헴으로 가서 당신의 평화와 즐거움을 주는 새로 태어난 아름답고 거룩한 아이를 찾아라.
C	Gloria in excelsis Deo; et in terra pax homínibus bona voluntas.	하늘 높은 곳에는 하느님께 영광; 땅에서는 주님께서 사랑하시는 사람들에게 평화
D	Virga Jesse floruit, Emanuel noster apparuit, Induit carnem Hominis, Fit puer delectabilis. Alleluja.	이사이의 나무가 번성하고 우리의 임마누엘이 인간의 모습으로 오시어 사랑스런 아이가 되었네. 알렐루야.

다음은 《D 장조, BWV 243》이다. 이 버전을 '방문 버전'이라고도 부르는데 초연 날과 연관이 있다. BWV 243은 1733년 7월 2일에 연주되었다. 그날은 '복되신 동정 마리아 방문 축일'(현재 5월31일)로 〈루카 1,36-56〉의 말씀, 마리아가 엘리사벳을 방문했을 때 나타난 일련의 상황들을 기념하는 축일이었다. 따라서 이 축일에 Magnificat을 노래하는 것은 시기적으로 매우 적절하다. 그런데 10년 전 최초 버전(BWV 243a)에는 네 곡(A,B,C,D)의 크리스마스 찬미가들이 포함되어 있었다. 그러나 Bach는 성탄 시기가 아닐 때 이 곡들이 어울리지 않아 '방문 버전'에서 제외했다. 그리고 조key를 E♭장조에서 D 장조로 바꾸고 몇몇 곡의 기악 편성도 변화를 주었다.

크리스마스 버전(BWV 243a)과 방문 버전(BWV 243)을 아래 표를 통해 비교해 본다.

No & 시작 어구/절 번호	성부 편성 *	BWV 243a 악기/조(key) **	BWV 243 악기/조(key)
1. Magnificat 1,46	SSATB	tutti / E♭	tutti / D
2. Et exsultavit 1,47	s2	2Vl Va Bc / E♭	2Vl Va Bc / D
A. Vom Himmel hoch	SATB	a capella / E♭	【제외】
3. Quia respexit 1,48	s1	Ob Bc / c	Oa Bc / b
4. Omnes generationes 1,48	SSATB	2Ob 2Vl Va Bc / g	2Fl 2Oa 2Vi Va Bc / f#
5. Quia fecit 1,49	b	Bc / B♭	Bc / A
B. Freut euch und jubiliert	SSAT	Bc / B♭	【제외】
6. Et misericordia 1,50	a t	2Vl Va Bc / f	2Fl 2Vl Va Bc / e
7. Fecit potentiam 1,51	SSATB	tutti / E♭	tutti / D
C. Gloria in excelsis Deo	SSATB	Vl Bc / E♭	【제외】
8. Deposuit potentes 1,52	t	2Vl Va Bc / g	2Vl Bc / f#
9. Esurientes 1,53	a	2Fl Bc / F	2Fl Bc / E
D. Virga Jesse floruit	s1 b	Bc / F	【제외】
10. Suscepit Israel 1,54	s1 s2 a	Tr Bc / c	2Ob Bc / b
11. Sicut locutus est 1,55	SSATB	Bc / E♭	Bc / D
12. Gloria Patri	SSATB	tutti / E♭	tutti / D

여기서,

* 대문자는 합창, 소문자는 solo (s1 : soprano 1, s2 : soprano 2, a : alto, t : tenor, b : bass)
** 대문자는 장조, 소문자는 단조

Vl : violin   Ti : timpani
Va : viola   Ob : oboe
Bc : basso continuo   Fl : recorder (Flauto dolce)
Tr : trumpet   Oa : oboe d'amore

4. John Rutter (b.1945~)

Rutter의 작품은 Bach의 그것과 구성에 있어서 많이 닮았는데, Rutter는 실제로 Bach 작품 구성을 모방했다고 밝히고 있다. 곡의 전체 구성을 다음 표로 확인해 본다.

No. & 시작 어구	노래 편성	가사 출처
1. Magnificat anima mea	SATB	루카 1,46-48
2. Of a Rose, a lovely Rose	SATB	15c 영국 古詩 (작자 미상)
3. Quia fecit mihi magna	SATB	루카 1,49 + **Sanctus**
4. Et misericordia	s + SATB	루카 1,50
5. Fecit potentiam	SATB	루카 1,51-52
6. Esurientes	s + SATB	루카 1,53-55
7. Gloria Patri	s + SATB	**Sancta Maria**를 곡 중간에 배치

여기서,

s : soprano solo

총 일곱 곡으로 구성되어 있으며 Bach, Magnificat (BWV 243a)의 영향으로 곡 중간에 복음 말씀이 아닌 가사로 쓴 곡이 포함되어 있는데, 위 표에서 **밑줄 친 굵은 글씨**가 그것이다. 앞으로 이 세 곡(2,3,7)의 내용과 구조 등을 설명한다.

두 번째 곡 Of a Rose, a lovely Rose는 작자 미상의 영국 고시古詩로 크리스마스 찬미가다. 이 시는 예수를 성모님으로부터 피어난 장미로 이미지화한다. 성모님이 다섯 가지를 가진 장미 덤불로 묘사되는데, 그 가지들은 ⑴ 가브리엘 천사가 마리아에게 잉태를 알려주는 장면, ⑵ 동방박사들을 이끈 베들레헴의 별, ⑶ 3인의 동박 박사, ⑷ 악마의 힘이 떨어지는 장면, ⑸ 마지막 천국까지다. 이러한 내용을 담아 총 8절로 구성되어 있으며 곡명을 포함한 짧은 구절을 후렴(R)으로 부른다. 혼성 4부(SATB)이고 다음 가사 중 R이 후렴을 부르는 위치다. (역자 : 이선옥)

(R)
Of a rose, a lovely rose,
Of a Rose is all my song.

1. Hearken to me both old and young,
   How this Rose began to spring;
   A fairer rose to mine liking
   In all this world ne know I none.
   R.

2. Five branches of that rose there been,
   The which be both fair and sheen;
   The rose is called Mary, heaven's queen.
   Out of her bosom a blossom sprang.

3. The first branch was of great honour:
   That blest Marie should bear the flow'r;
   There came an angel from heaven's tower
   To break the devil's bond.

4. The second branch was great of might,
   That sprang upon Christmas night;
   The star shone over Bethlem bright,
   That man should see it both day and night.
   R.

5. The third branch did spring and spread;
   Three kinges then the branch gan led
   Unto Our Lady in her child-bed;
   Into Bethlem that branch sprang right.

6. The fourth branch it sprang to hell,
   The devil's power for to fell:
   That no soul therein should dwell,
   The branch so blessedfully sprang.

7. The fifth branch it was so sweet,
   It sprang to heav'n, both crop and root,
   Therein to dwell and be our *bote:
   So blessedly it sprang.
   R.

8. Pray we to her with great honour,
   She that bare the blessed flow'r,
   To be our help and our succour,
   And shield us from the fiendes bond.

여기서, *bote=salvation(구원), 15c 영국 영어

(후렴)
한 송이 장미, 내 사랑스런 장미
내 모든 노래는 한 송이 장미에 관한 것이니

늙은이든 젊은이든 내게 귀 기울여라.
이 장미가 어떻게 피어나기 시작했는지;
내 마음에 드는 더 예쁜 장미는
온 세상에 없는 듯.

후렴

그 장미에 다섯 가지가 있었으니,
아름답고 윤기 있는 가지들;
천국의 여왕, 마리아라 불리는 장미.
그녀의 가슴에서 한 송이 꽃이 피어났어라.

첫째 가지는 매우 고결한 것;
그 복되신 마리아는 꽃을 지녔으리라.
천국의 탑에서 한 천사가 내려왔느니.
악마의 굴레를 부수기 위하여.

아주 힘센 둘째 가지,
그것은 크리스마스 날 밤에 솟아났어라;
베들레헴 불빛 머리 위에서 별이 빛났으니,
사람들은 밤이나 낮이나 그 별을 보았으리라.

후렴

셋째 가지가 솟아나 퍼져 나갔으니;
그때 그 가지는 아기 침대에 있는
성모 마리아에게로; 때맞춰 가지가 뻗어난
베들레헴으로 세 왕을 인도하기 시작하였네.

넷째 가지는 지옥으로 뻗어났으니,
악마의 힘을 쓰러뜨리기 위함이라.
그 가지가 너무 축복 가득 찼기에
그 안에는 어떤 영혼도 살 수 없었으리라.

다섯째 가지는 너무나 달콤하여,
작물과 뿌리가 그 안에서 살며 구원될 수
있도록 천국으로 솟아났으니,
너무나 복되게 솟아났음이라.

후렴

공경하며 기도하노라,
축복의 꽃을 품은 그녀에게,
우리를 돕고 구제하기 위하여,
그리고 친구의 굴레에서 벗어나도록.

세 번째 곡은 〈루카 1,49〉이다. 여기에 미사 통상문 Sanctus를 이어 붙여 작곡했다. 49절과 Sanctus의 연결이 내용상 매우 자연스럽다. 이 Sanctus는 『Kyriale』[60] 18개 미사곡 중 9번째 미사곡의 Sanctus로 성모 마리아 관련 대축일·축일 미사곡 'Missa cum Jubilo'의 것이다. 그레고리오 성가 단선율을 소프라노와 테너가 교송한 후 Hosanna 이하는 두 파트가 함께 부른다.

1,49 Quia fecit mihi magna qui potens est, et sanctum nomen ejus,
  전능하신 분께서 나에게 큰일을 하셨기 때문입니다. 그분의 이름은 거룩하고

Sanctus, Sanctus, Sanctus.	거룩하시도다. 거룩하시도다. 거룩하시도다.
Dóminus, Deus Sábaoth.	온 누리의 주 하느님
Pleni sunt cæli et terra glória tua.	하늘과 땅에 가득 찬 그 영광
Hosánna in excélsis.	높은 데서 호산나

마지막 곡 Gloria Patri (영광송)의 계繼(V)와 응應(R) 사이에 Sancta Maria[40]를 배치했다. 소프라노 솔로곡이다.

V. Glória Patri, et Fílio, et Spirítui Sancto.
  영광이 성부와 성자와 성령께

Sancta Maria, succurre miseris,	성모 마리아는 불쌍한 사람들의 도움이 되시고
iuva pusillanimes,	약한 마음을 가진 사람들에게 힘을 주시고
refove flebiles:	울고 있는 자들에게 위로를 주신다.
ora pro populo,	사람들을 위해 기도하소서.
intervene pro clero,	성직자들을 도우소서.
intercede pro devote femineo sexu:	주께 헌신하는 여인들을 위해 탄원하소서.
sentiant omnes tuum iuvamen,	모두가 당신의 도움을 느끼게 하소서.
quicumque tuum sanctum implorant auxilium.	당신의 성스러운 도움을 바라는 누구든지.
Alleluia.	알렐루야.

R. Sicut erat in princípio, et nunc, et semper, et in sǽcula sæculórum. Amen.
  처음과 같이 이제와 항상 영원히 아멘

■ 맺음말

Magnificat은 사실 앞으로 태어날 예수 그리스도에 관한 이야기가 아니다. 성모님의 이야기는 더욱이 아니다. 하느님, 구약의 하느님께서 약속하신 말씀들을 다시 한번 상기시키면서 그 믿음을 고백하는 찬가다. 마리아는 이 기도로써 하느님의 구원 사업에 절대적 인물로 확인된다. 단지 예수를 낳으신 어머니라는 단순 조력자가 아닌, 우리가 모두 본받아야 할 모범적 신앙의 모습으로 말이다. 그래서 우리는 이에 대한 본받음의 방법으로 성모님과 함께 Magnificat을 노래하며 약속한 말씀을 기억하는 것이다.

---

60) 본서本書 p. 105 참조

09 복되신 동정 마리아의 마침 안티폰 (Antiphonæ finalis B.M.V.)

> Beatæ : 복되신 (beatus의 속격 단수형; 여성)
> Mariæ : 마리아의 (Maria의 속격 단수형; 여성)
> Virginis : 처녀의 (virgo의 속격 단수형; 여성)

복되신 동정 마리아의 마침 안티폰(Antiphonæ finalis B.M.V.)은 공식 명칭이며 짧게 '성모 찬송가'라고도 부른다. 여기서 B.M.V.는 라틴어 'Beatæ Mariæ Virginis(복되신 동정 마리아의)'의 줄임 말로 속격에 해당한다.

네 개의 마리아 안티폰의 완성 시기는 조금씩 차이가 있으나, 대략 9-12c 정도로 추정되며 기도문의 저자는 불분명하다. 시토 수도회Ordre cistercien(프) 혹은 클뤼니 수도원Abbaye de Cluny(프)에서 12c 전후로 불린 기록이 있다.[41] 현재 성모 찬송가는 네 곡이 전해지고 있고, 이 기도는 성무일도의 끝기도를 마치고 부르며 이 기도로 하루 일과가 끝난다. 끝기도 순서는 다음과 같다.

> 시작기도
> 양심성찰
> 찬미가
> 시편기도
> 성경소구/응송
> 시메온의 노래
> 마침기도
> **성모 찬송가**

아래의 성모 찬송가, 네 곡은 《제2차 바티칸 공의회(1962-65)》 이전까지 전례주년 기간별로 부르는 곡이 정해져 있었다. 파스카 성삼일 목금토에는 성모 찬송가를 생략했다. 성모 찬송가에 이은 마무리 기도가 있었는데 ― 현재는 제외되었다. ― 이는 어떤 성모 찬송가를 하느냐에 따라 달라진다. 이 역시 소개한다.

기간별 성모 찬송가	전례주년 기간[42]	전례주년 시기 구분
(1) Alma Redemptóris Mater 구세주의 존귀하신 어머니	대림 제1주일 제1저녁기도 ~ 주님 봉헌 축일(2.2) 저녁기도	대림 시기 & 성탄 시기
(2) Ave Regína cælórum 하늘의 여왕이여	주님 봉헌 축일(2.2) 끝기도 ~ 재의 수요일 ~ 성주간 수요일 끝기도	연중 시기[1] : 주님 세례 축일 다음 날 ~ 재의 수요일 전날 사순 시기
(3) Regína cæli 하늘의 모후님	주님 부활 대축일 끝기도 ~ 성령 강림 대축일 후 금요일 끝기도	부활 시기
(4) Salve Regína 모후이시여	삼위일체 대축일 제1저녁기도 ~대림 제1주일 전 금요일 끝기도	연중 시기[2]

《바티칸 II》에 따른 전례 개혁 이후, 성모 찬송가 넷 중의 하나를 선택할 수 있지만, 부활 시기에는 항상 Regina cæli를 바친다. 또한, 성무일도에 나오는 것 외에 주교회의가 승인한 다른 성가도 할 수 있다.[61] 그리고 마무리 기도는 제외되었다.

네 개의 성모 찬송가의 라틴어 번역, 그레고리오 성가 악보 그리고 이 성모 찬송가로 작곡된 주요 작품들을 소개한다. 그레고리오 성가는, 가사는 같아도 평일과 주일·대축일 노래가 다르다. 평일 노래가 장엄 곡조인 주일·대축일의 것보다 좀 더 단순하여 부르기 쉽다.

(1) Alma Redemptóris Mater

Alma Redemptóris Mater,
구세주의 존귀하신 어머니,
quæ pérvia cæli Porta manes, et stella maris,
영원으로 트인 하늘의 문, 바다의 별이여,
succúrre cadénti, Súrgere qui curat, pópulo:
넘어지는 백성 도와 일으켜 세우소서.
tu quæ genuísti, Natúra miránte, tuum sanctum Genitórem,
당신의 창조자 주님 낳으시니, 온 누리 놀라나이다.
Virgo prius ac postérius, Gabriélis ab ore Sumens illud Ave,
가브리엘의 인사 받으신 그 후도 전과 같이 동정이신 이여,
peccatórum miserére.
죄인을 어여삐 보소서. _여기까지 성모 찬송가

▲ 평일 (단순 곡조)

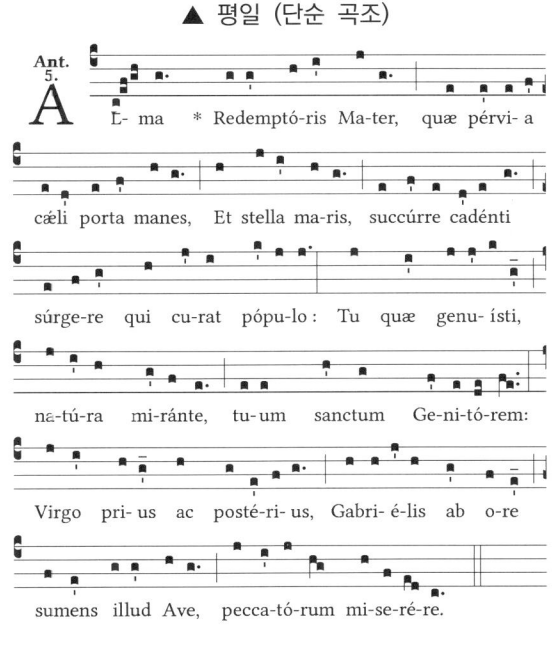

▲ 주일과 대축일 (장엄 곡조)

---

61) 성무일도에 관한 총지침 92항

(이하 12.23까지 마무리 기도)

V. Angelus Domini nuntiavit Mariæ.
주의 천사가 마리아께 아뢰니

R. Et concépit de Spiritu Sancto.
성령으로 잉태하시도다.

Orémus
Gratiam tuam, quǽsumus, Domine, méntibus nostris infunde: ut, qui, Angelo nuntiante, Christi Filii tui incarnationem cognovimus; per passionem eius et crucem, ad resurrectionis gloriam perducamur. Per eumdem Christum Dominum nostrum. Amen.

기도합시다.
천주여, 이미 천사의 아룀으로 성자 그리스도 사람이 되셨음을 아셨으니 그의 고난과 십자가로 부활의 영광에 이르는 은총을 우리 마음에 내리소서. 우리 주 그리스도의 이름으로 비나이다. 아멘

V. Divínum auxílium ✚ maneat semper nobíscum.
천주는 항상 우리를 도우소서.

R. Et cum fratribus nostris absentibus. Amen
또한 여기 없는 우리 형제들도 도우소서. 아멘

(이하 12.24 이후 마무리 기도)

V. Post partum, Virgo, inviolata permansísti.
예수를 낳으신 그 후도 동정이시니

R. Dei Génetrix, intercéde pro nobis.
천주의 성모여 우리를 위하여 빌어주소서.

Orémus.
Deus, qui salutis ætérnæ, beatæ Maríæ virginitate fæcunda, humáno géneri prǽmia præstitísti: tríbue, quǽsumus; ut ipsam pro nobis intercédere sentiamus, per quam meruimus auctórem vitæ suscípere, Dominum nostrum Iesum Christum Fílium tuum. Amen.

기도합시다.
복되신 동정 마리아를 성자의 어머니로 삼으시어 영원한 구원의 은혜를 인류에게 베푸신 천주여 비오니, 생명의 근원이신 우리 주 예수 그리스도를 우리에게 낳아 주신 성모의 전구를 들어 허락하소서. 아멘

V. Divínum auxílium ✚ maneat semper nobíscum.
천주는 항상 우리를 도우소서.

R. Et cum fratribus nostris absentibus. Amen.
또한 여기 없는 우리 형제들도 도우소서. 아멘

(2) Ave Regína cælórum

Ave, Regína cælórum,
하늘의 여왕이여,
Ave, Dómina Angelórum:
천사들의 모후여,
Salve, radix, salve, porta
이새의 뿌리여,
Ex qua mundo lux est orta:
세상에 빛을 낳으신 문이시여,
Gaude, Virgo gloriósa, Super omnes speciósa,
기뻐하십시오. 모든 이들 위에 영화로운 동정녀여,
Vale, o valde decóra,
오 아름다우신 분이여,
Et pro nobis Christum exóra.
우리를 위해 그리스도께 빌어주소서.   _여기까지 성모 찬송가

▲ 평일 (단순 곡조)

▲ 주일과 대축일 (장엄 곡조)

(마무리 기도)

V. Dignáre me laudáre te, Virgo sacráta.
　　거룩하신 동정녀여, 삼가 당신을 찬미하오니
R. Da mihi virtútem contra hostes tuos.
　　원수들을 물리칠 힘을 주소서.

Orémus.
Concéde, miséricors Deus, fragilitati nostræ præsídium; ut, qui sanctæ Dei Genitrícis memoriam agimus; intercessionis eíus auxílio, a nostris iniquitatibus resurgamus. Per eúmdem Christum Dominum nostrum. Amen.

기도합시다.
자비하신 천주여, 나약한 우리를 보호하시어,
천주의 성모를 기념하는 우리로 하여금 성모의 전구를 힘입어
우리 죄악에서 다시 일어나게 하소서.
우리 주 그리스도의 이름으로 비나이다. 아멘

V. Divínum auxílium ✠ maneat semper nobíscum.
   천주는 항상 우리를 도우소서.
R. Et cum fratribus nostris absentibus. Amen.
   또한 여기 없는 우리 형제들도 도우소서. 아멘

(3) Regína cǽli

Regína cǽli, lætáre, allelúia;
하늘의 모후님, 기뻐하소서, 알렐루야
Quia quem meruísti portáre, allelúia,
태중에 모시던 아드님이, 알렐루야
Resurréxit, sicut dixit, allelúia:
말씀하신 대로 부활하셨도다, 알렐루야
Ora pro nobis Deum, allelúia.
저희를 위하여 하느님께 빌어 주소서,
알렐루야.   _여기까지 성모 찬송가

▲ 평일 (단순 곡조)   ▲ 주일과 대축일 (장엄 곡조)

(마무리 기도)

V. Gaude et lætare, Virgo María, allelúia.
동정마리아여, 기뻐하시며 즐기소서, 알렐루야

R. Quia surréxit Dominus vere, allelúia.
주 참으로 부활하셨도다. 알렐루야

Orémus.
Deus, qui per resurrectiónem Fílii tui, Domini nostri Iesu Christi, mundum lætificare dignáaus es: præsta, quǽsumus; ut, per eíus Genitrícem Vírginem Maríam, perpétuæ capiámus gaudia vitæ. Per eúmdem Christum Dominum nostrum. Amen.

기도합시다.
천주여, 성자 우리 주 예수 그리스도의 부활로 온 세상을 기쁘게 하셨으니,
그 모친 동정 마리아의 도우심으로 영생의 즐거움을 얻게 하소서.
우리 주 그리스도의 이름으로 비나이다. 아멘   _여기까지 부활삼종기도

V. Divínum auxílium ✚ maneat semper nobíscum.
천주는 항상 우리를 도우소서.

R. Et cum fratribus nostris absentibus. Amen.
또한 여기 없는 우리 형제들도 도우소서. 아멘

(4) Salve Regína

Salve Regína, mater misericórdiæ;
모후이시며 사랑이 넘친 어머니,
vita, dulcédo et spes nóstra, salve.
우리의 생명, 기쁨, 희망이시여,
Ad te clamámus éxsules fílii Hevæ.
당신 우러러 하와의 그 자손들이
Ad te suspirámus geméntes et flentes
in hac lacrimárum valle.
슬픔의 골짜기에서 눈물을 흘리며 애원하나이다.
E a ergo, advocáta nostra,
illos tuos misericórdes óculos ad nos convérte.
우리들의 보호자 성모여,
불쌍한 우리, 인자로운 눈으로 굽어보소서.
Et Iesum, benedíctum fructum ventris tui,
nobis post hoc exsílium osténde.
귀양살이 끝날 그때
당신의 아드님 우리 주 예수를 뵙게 하소서.
O clemens, O pia, O dulcis Virgo Maria.
너그러우시고, 자애로우시며,
오! 아름다우신 동정 마리아.   _여기까지 성모 찬송가

▲ 평일 (단순 곡조)

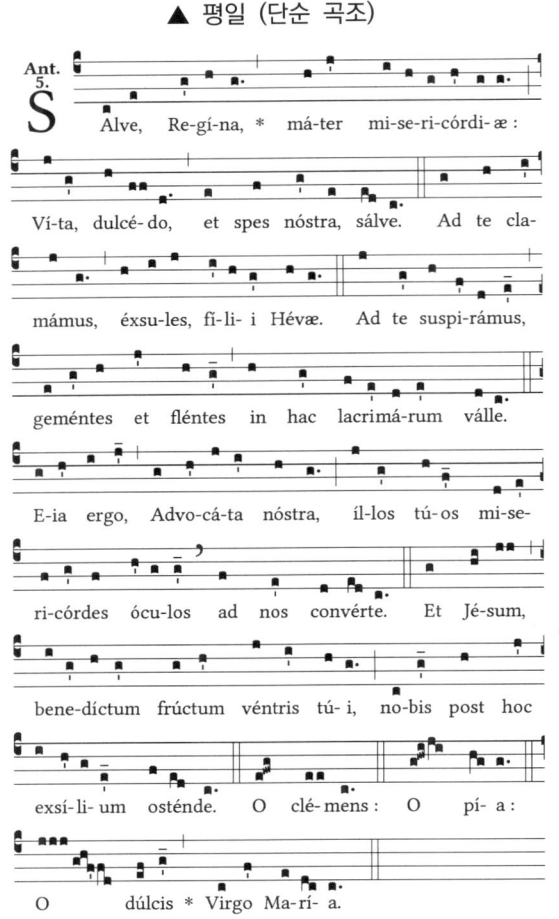

▲ 주일과 대축일 (장엄 곡조)

(마무리 기도)

V. Ora pro nobis, sancta Dei Génetrix.
  천주의 성모여, 우리를 위하여 빌으시어
R. Ut digni efficiamur promissionibus Christi.
  그리스도의 언약하신 바를 얻게 하소서.

Orémus.
Omnípotens sempitérne Deus, qui gloriosæ Vírginis Matris Maríæ corpus et animam, ut dignum Fílii tui habitaculum éffici mererétur, Spíritu Sancto cooperánte, præparasti: da, ut, cuius commemoratione lætamur, eius pia intercessione, ab instantibus malis et a morte perpétua liberémur. Per eumdem Christum Dominum nostrum. Amen.

기도합시다.
전능하시고 영원하신 천주여, 당신은 성령의 협력으로 영화로운 동정녀 성모 마리아의 육신과 영혼을 성자의 마땅한 거처로 마련하셨나이다. 비오니 성모를 기념하며 기뻐하는 우리가 그의 자애로운 전구를 힘입어 현세의 악과 영원한 죽음을 받지 않게 하소서. 우리 주 그리스도를 통하여 비나이다. 아멘

V. Divínum auxílium ✛ maneat semper nobíscum.
　천주는 항상 우리를 도우소서.
R. Et cum fratribus nostris absentibus. Amen.
　또한 여기 없는 우리 형제들도 도우소서. 아멘

주요 작곡가

(1) Alma Redemptóris Mater

- Guillaume Dufay (c.1397-1474)
- Gregor Aichinger (c.1565-1628)
  ‣ à 3 SST
  ‣ à 4 SATB
  ‣ à 4 SSTB
- Felice Anerio (c.1560-1614)
  ‣ à 3 SST
  ‣ à 4 (Ⅰ) SATB
  ‣ à 4 (Ⅱ) SATB
- William Byrd (c.1539/40 or 1543-1623)
- Marc-Antoine Charpentier (1643-1704)
- Josquin des Prez (c.1450~55-1521)
- Francisco Guerrero (1528-1599)

- Orlande da Lassus / Lasso (1532/30-94)
  ‣ à 5 SSATB
  ‣ à 6 (1582) SSATTB
  ‣ à 6 (1604) SSATTB
  ‣ à 8 SATB×2
- Johannes Ockeghem (1410/25-1497)
- Giovanni Pierluigi da Palestrina (c.1525-94)
  ‣ Collegio Romano library　SATB×2
  ‣ Capella Giulia library　SATB×2
  ‣ à 4 voci pari SSSA or TTBB
- Tomas Luis de Victoria (c.1548-1611)
  ‣ à 5 SATTB
  ‣ à 8 SATB×2
- Charles Gounod (1818-1893)

(2) Ave Regína cælórum

- Gregor Aichinger (c.1565-1628)
  ‣ à 3 SST
  ‣ à 4 (Ⅰ) SATB
  ‣ à 4 (Ⅱ) SATB
- Felice Anerio (c.1560-1614)
  ‣ à 4 (Ⅰ) SATB
  ‣ à 4 (Ⅱ) SATB
- William Byrd (c.1539/40 or 1543-1623)
- Marc-Antoine Charpentier (1643-1704)
  ‣ H 19 SMBar & bc.
  ‣ H 22 arr. SATB a Capp.
  ‣ H 45 à 4 voix & 2 dessus de vln.
- Guillaume Dufay (c.1397-1474)
  ‣ à 3 STT, STB or ATB
  ‣ à 4 SATB

- Carlo Gesualdo (c.1560-1613)
- Francisco Guerrero (1528-1599)
- Orlande da Lassus / Lasso (1532/30-94)
  ‣ à 3 STB
  ‣ à 4 SATB
  ‣ à 5 SSATB
  ‣ à 6 SSATTB
- Cristóbal de Morales (c.1500-1553)
- Giovanni Pierluigi da Palestrina (c.1525-94)
  ‣ à 4 SSSA
  ‣ à 5 SATTB
- Tomas Luis de Victoria (c.1548-1611)
  ‣ à 5 SAATB
  ‣ à 8 SATB×2
- Andrea Gabrieli (1532/33-1585)

(3) **Regína cæli**

- Heinrich Isaac (c.1450-1517)
  - à 4 STTB, SATB & ATTB
  - à 5 SSATB
- Josquin des Prez (c.1450~55-1521)
- Francisco Guerrero (1528-1599)
  - à 4 SATB
  - à 8 SSAATTBB
- Orlande da Lassus / Lasso (1532/30-94)
  - à 4 SATB
  - à 5 SATTB
  - à 6 SSATBB
- Cristóbal de Morales (c.1500-1553)
  - à 4 SATB
  - à 6 SSAATB
- Giovanni Gabrieli (c.1554/57-1612)
- Gregor Aichinger (c.1565-1628)
  - à 3 SST
  - à 4 SATB
- Felice Anerio (c.1560-1614)
- Giovanni Pierluigi da Palestrina (c.1525-94)
- Tomas Luis de Victoria (c.1548-1611)
  - à 5 SATTB
  - à 8 SSAT.SATB
- Marc-Antoine Charpentier (1643-1704)
  - H 31 T solo
  - H 32 SS soli
  - H 46 SATB
- Antonio Lotti (1667-1740)
- John Michael Haydn (1732-1809)
- Wolfgang Amadeus Mozart (1756-1791)
  - KV 108
  - KV 127
  - KV 276
- Charles Gounod (1818-1893)
- Franz Xaver Witt (1834-1888)
- Johannes Brahms (1833-1897)

(4) **Salve Regína**

- Gregor Aichinger (c.1565-1628)
  - à 3 SST
  - à 4 SATB
  - à 4 (II) SATB
- Felice Anerio (c.1560-1614)
  - à 4 SATB
  - à 4 (II) SATB
- William Byrd (c.1539/40 or 1543-1623)
  - à 5 AATTB
  - à 4 ATTB
- Marc-Antoine Charpentier (1643-1704)
  - à 3 TTB & bc
  - à 11 SATB×2 + ATB
- Guillaume Dufay (c.1397-1474)
- Francisco Guerrero (1528-1599)
  - à 4 SATB, à 4 (II) SATB
- Orlande de Lassus / Lasso (1532/30-94)
  - à 4 SATB
  - à 4 in 2 SATB
  - à 5 SSATB
  - à 6 (1582) SSATTB
  - à 6 (1604) SSATTB
  - à 8 SSAB.ATTB
- Claudio Monteverdi (1567세례-1643)
  - (1625) T
  - (1641) - (I) TT
  - (1641) - (II) TT or SS
  - (1641) - (III) ATB
- Cristóbal de Morales (c.1500-1553)
  - à 4 SATB
  - à 5 SAATB

(다음 쪽 계속)

- George Frideric Handel
  - Sop. solo, organ & strings
- Johann Adolph Hasse (1699-1783)
- Johann Michael Haydn (1732-1809)
  - in A, MH 634
  - in B flat, MH 31
  - in C, MH 29
  - in C, MH 34
  - in D, MH 30
  - in D, MH 33
  - in G, MH 32
- Johannes Ockeghem (1410/25-1497)
- Josquin des Prez (c.1450~55-1521)
  - à 4 SATB
  - à 5 SATTB
- Tomas Luis de Victoria (c.1548-1611)
  - à 5 (1576) SATTB
  - à 5 (1583) SATTB
  - à 6 SSAATB
  - à 8 SSAB.SATB
- Giovanni Pierluigi da Palestrina (c.1525-94)
  - à 4 (1604) TTBB or SATB
  - à 5 (1584) SATTB
  - à 6 MS, St. Maria in Vallicella
  - à 8 MS, Capella Giulia
  - à 12 (choir III 분실)
- Giovanni Battista Pergolesi (1710-1736)
- Gioachino Rossini (1792-1868)
- Franz Peter Schubert (1797-1828)
  - D 379 SATB & organ
  - D 386 SATB a cappella
  - D 811 TTBB a cappella
- Felix Mendelssohn (1809-1847)
- Josef Rheinberger (1839-1901)
  - Hymnen Op. 107 SATB
  - WoO 54 No. 1 SATB
- Francis Poulenc (1899-1963)
  - à 4 SATB
- Franz Liszt (1811-1886)
  - à 4 SATB

위 네 곡의 성모 찬송가 그레고리오 성가와 짧은 모테트들을 기초로 parody된 미사곡이 다수 작곡되었는데 대표 작곡가들은 다음과 같다.

곡명	작곡가
Missa Alma Redemptóris Mater	Victoria, Palestrina
Missa Ave Regína cælórum	Dufay, Victoria, Palestrina
Missa Regína cæli	Palestrina, Cardoso
Missa Salve Regína	Victoria, Palestrina

10 Veni, Veni, Emmanuel : 대림 시기 찬미가

veni : 오라 (venio의 명령법 현재 미완료 능동 2인칭 단수)

> "보아라, 동정녀가 잉태하여 아들을 낳으리니 그 이름을
> 임마누엘이라고 하리라." 하신 말씀이다. 임마누엘은 번역하면
> '하느님께서 우리와 함께 계시다.'는 뜻이다. 〈마태 1,23〉

Veni, Veni, Emmanuel(오소서, 오소서, 임마누엘이여)은 대림 시기 찬미가로 가사는 5절까지 있다. 이 다섯 절의 가사는 원래 O Antiphons(영)라는 일곱 개의 특별한 '마니피캣 후렴Ant. ad Magnificatum'들 중 다섯이 원형이다.

■ O Antiphons

O Antiphons가 특별한 이유는 《대림 시기 II》[43]에 해당하는 12월17일부터 23일까지 7일간의 성무일도 저녁기도 중에 바치는 복음 찬가 '성모의 노래Magnificat'의 후렴이기 때문이다. 이 7일간 일곱 개의 서로 다른 후렴들은 모두가 O 라는 감탄사로 시작하기 때문에 O Antiphons라고 부른다. ('The Great Os'라고도 한다.) 이 후렴들은 '오실 구세주'를 기다리는 대림 시기를 마무리하며 기대감이 극대화되는 축제적인 분위기를 표현한다. 각각의 후렴들은 두 부분으로 나누어 볼 수 있는데 7가지 성경에 표현된 구세주의 표상을 O로 시작하여 부르는 첫째 부분과, **오시어/오소서(Veni)**로 시작하면서 우리를 가르치고 도와달라는 간절함을 나타내는 둘째 부분으로 구성된다.

날짜별 후렴은 『로마 성무일도Breviarium Romanum』와 한국 천주교 『성무일도』 번역이다. 그레고리오 성가는 모두 2선법으로 멜로디는 같다. 악보 끝에 Euouae는 이장의 끝에서 다룬다.

▶ 12월 17일 : O Sapiéntia (오 지혜여)

O Sapiéntia, quæ ex ore Altíssimi prodiísti, attíngens a fine usque ad finem, fórtiter suavitérque dispónens ómnia: veni ad docéndum nos viam prudéntiæ.

오 지혜, 지극히 높으신 이의 말씀이여, 끝에서 끝까지 미치시며, 권능과 자애로 모든 것을 다스리시는 이여,
오시어, 우리에게 현명한 도를 가르쳐 주소서.

▶ 12월 18일 : O Adonái (오 주여) ※

O Adonái et Dux domus Israel, qui Móysi in igne flammæ rubi apparúisti, et ei in Sina legem dedísti: **veni** ad rediméndum nos in brácchio exténto.

오 주여, 이스라엘 집안을 다스리시는 이여, 타는 가시덤불 속에서 모세에게 나타나셨고, 시나이 산에서 그에게 당신 법을 주셨으니, **오소서**, 팔을 펴시어 우리를 구원하소서.

▶ 12월 19일 : O Radix Iesse (오 이새의 뿌리여) ※

O Radix Iesse qui stas in signum populórum, super quem continébunt reges os suum, quem gentes deprecabúntur: **veni** ad liberándum nos, iam noli tardáre.

오, 이새의 뿌리여, 만민의 표징이 되셨나이다. 주 앞에 임금들이 잠잠하고, 백성들은 간구하오리니, 더디 마옵시고 어서 **오시어**, 우리를 구하소서.

▶ 12월 20일 : O Clavis David (오 다윗의 열쇠여) ※

O Clavis David et sceptrum domus Israel; qui áperis, et nemo claudit; claudis, et nemo áperit: **veni**, et educ vinctum de domo cárceris, sedéntem in ténebris, et umbra mortis.

오 다윗의 열쇠여, 이스라엘 집안의 홀이시여, 주께서 여시면 닫지 못하고, 닫으시면 아무도 열지 못하오니, **오시어**, 어둠과 죽음의 그늘에 앉아 있는 자를 그 결박에서 풀어 주소서.

▶ 12월 21일 : O Oriens (오 동녘에) ※

O Oriens splendor lucis ætérnæ, et sol iustítiæ: **veni**, et illúmina sedéntes in ténebris, et umbra mortis.

오 동녘에 떠오르는 영원한 빛, 찬란한 광채, 정의의 태양이시여, **오시어**, 어둠과 그늘 밑에 앉아 있는 이들을 비추어 주소서.

▶ 12월 22일 : O Rex Géntium (오 만민의 임금이시여)

O Rex géntium, et desiderátus eárum, lapísque anguláris, qui facis útraque unum: **veni**, et salva hóminem, quem de limo formásti.

오 만민의 임금이시여, 모든 이가 갈망하는 이여, 두 벽을 맞붙이는 모퉁이의 돌이시니, **오시어**, 흙으로 몸소 만드신 인간을 구하소서.

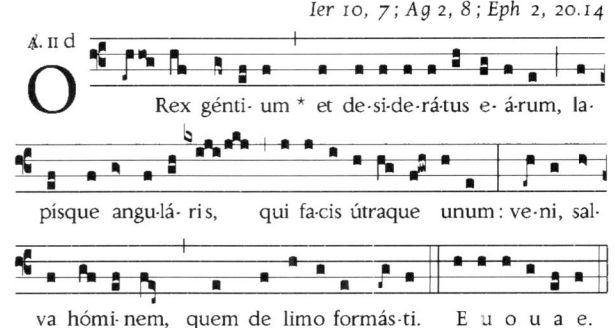

▶ 12월 23일 : O Emmánuel (오 임마누엘이여) ※

O Emmánuel, Rex et légifer noster, exspectátio géntium, et Salvátor eárum: **veni** ad salvándum nos, Dómine, Deus noster.

오 임마누엘이여, 우리의 임금이시요, 입법자시며 만민이 갈망하는 이요 구속자시니, **오시어**, 우리를 구원하소서. 우리 주 천주여.

이 마니피캇 후렴들은 다음의 순서에 따라 7일간 매일 바꿔가며 부른다.

Ant[day] ▷ Magnificat ▷ 영광송 ▷ Ant[day]

여기서,
day : 17일 ~ 23일, 예로 Ant[23일]은 'O Emmánuel'이다.

흥미로운 사실은 각 안티폰의 첫 단어가 구세주의 일곱 개의 표상을 나타내는데 단어의 첫 알파벳만 취해서 날짜의 역순으로 나열하면 안티폰들의 전체 주제를 뜻하는 어떤 의미 있는 문구가 나타난다.

  12월 23일 : **E**mmanuel
  12월 22일 : **R**ex
  12월 21일 : **O**riens
  12월 20일 : **C**lavis
  12월 19일 : **R**edix
  12월 18일 : **A**donai
  12월 17일 : **S**apientia

라틴어 'ERO CRAS'는 '내일 내가 여기 있을 것이다.'라는 뜻이다. 이는 대림 시기 동안 '오실 주님'을 맞이할 준비를 하는 동시에 구약에서 말하고 있는 진정한 메시아임을 확인하는 것이다.

■ **Veni, Veni, Emmanuel**

이 성가는 교회에서 구세주 오심을 기다리며 대림 시기에 가장 많이 불리는 대림 시기 찬미가다. 이 곡은 가사와 멜로디가 각각 나눠서 발전, 전승되었는데 라틴어 가사는 1710년 독일에서 처음 출판되었고, 반면에 영어권에서 가장 익숙한 선율은 15c 프랑스에서 그 원형을 찾을 수 있다.

▶ 가사

위 일곱 개의 안티폰들 곡명 뒤에 ※ 표시가 있는 것이 Veni, Veni, Emmanuel의 1~5절의 기초가 되었다. 현재 불리는 '오소서 임마누엘'은 다섯 곡의 O Antiphons와 비교해서 가사의 운율을 맞추려 의역하여 바꿔 쓴paraphrase 것들을 많이 포함되는데 라틴어와 영어 버전이 있다. 여기서는 라틴어 버전을 다루도록 한다.

라틴어 버전은 1710년 퀼른에서 출판된 『*Psalteriolum Cantionum Catholicarum*, 제7판』에 수록되어 있고, 이것이 현존하는 가장 오래된 기록이다. 이 성가책에 수록된 다섯 곡은 위에서 언급한(※ 표시) 곡에 대응한다. 그런데 순서는 O Antiphons와 다르다. 그럼 ※ 표시가 없는 두 곡, O Sapiéntia와 O Rex Géntium에 대응해 의역하여 바꿔 쓴 가사가 있을까? 결론부터 말하면 있다. 저자와 작시된 날짜는 모르지만 1878년 당시 유행하던 '세실리아 운동'의 영향으로 독일 가톨릭 신부, 요셉 헤르만 모어*Joseph Hermann Mohr* (1834-96)가 출간한 『거룩한 노래들(*Cantiones Sacræ*)』에 기존 다섯 곡과 함께 O antiphons의 순서대로 수록되었다.

Veni, Veni, Emmanuel의 1-7절 라틴어 가사와 번역은 다음과 같다. 4행의 한 곡 사이에 2행의 후렴을 부른다. 일반적으로 1-5절이 노래로 선택되며 그보다 적을 수 있다.

『Psalteriolum Cantionum Catholicarum』 (제7판 1710)	
(R) Gaude, gaude, Emmanuel nascetur pro te, Israel.	(후렴) 기뻐하라, 기뻐하라 임마누엘 그대를 위해 곧 오시리라 임마누엘
Veni, veni, Emmanuel! Captivum solve Israel! Qui gemit in exilio, Privatus Dei Filio. [7] R.	오소서, 오소서, 임마누엘 또한 포로된 이스라엘을 해방시키소서 외로운 유배 생활에서 탄식하며 주님의 아들의 오심을 기다리나이다. 후렴
Veni o Jesse virgula! Ex hostis tuos ungula, De specu tuos tartari Educ, et antro barathri. [3] R.	오소서 오 이새의 뿌리여 당신 백성을 원수의 발톱에서 자유케 하소서 지옥의 심연에서 당신 백성을 구하시고, 무덤을 이기고 승리케 하소서. 후렴
Veni, veni, o oriens! Solare nos adveniens, Noctis depelle nebulas, Dirasque noctis tenebras. [5] R.	오소서, 오소서, 오 새벽빛이여 주의 강림으로 우리가 기뻐하게 하소서 밤의 어두운 구름을 흩으시고 죽음의 어두운 그림자도 물러나게 하소서 후렴
Veni clavis Davidica! Regna reclude cœlica, Fac iter Tutum superum, Et claude vias Inferum. [4] R.	오소서 다윗의 열쇠여 하늘의 왕국을 여소서. 저 위로 가는 길을 안전하게 하시고 불행한 일을 없게 하소서 후렴
Veni, veni Adonai! Qui populo in Sinai Legem dedisti vertice, In maiestate gloriæ. [2] R.	오소서 오소서 나의 주님 시나이의 백성들을 위해서 옛적 주께서는 법을 우리에게 영광과 경외함 가운데 주셨나이다. 후렴
『Cantiones Sacræ』(1878)에 추가된 두 절	
Veni, O Sapientia, Quæ hic disponis omnia, Veni, viam prudentiæ Ut doceas et gloriæ. [1]	오소서 지혜여, 여기 있는 모든 이에게 당신 지혜를 주소서 우리에게 지혜의 길을 보여주시고, 당신 영광으로 나아갈 길을 가르쳐 주소서.
Veni, veni, Rex Gentium, Veni, Redemptor omnium, Ut salves tuos famulos Peccati sibi conscios. [6]	오소서, 오소서, 만민의 임금이시여 오소서, 만민의 구세주 우리의 죄를 알고 있는 당신 종들을 구하소서

여기서,

[#]은 O Antiphons의 날짜 순서임

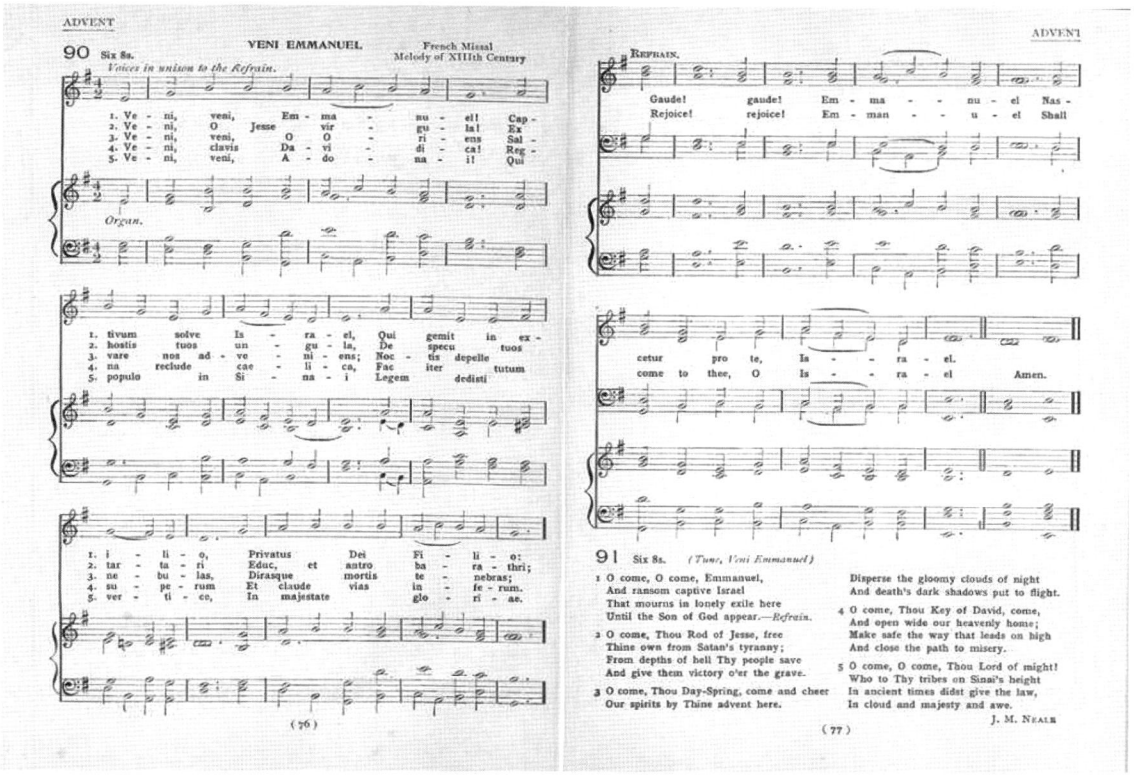

▲ 『Hymns Ancient and Modern(1861) 수록 악보』

▶ 멜로디

우리에게 매우 익숙한 Veni, Emmanuel 멜로디는 1851년 영국의 토마스 헬모어*Thomas Helmore* (1811-90)가 편집한 『*Hymnal Noted*』라는 성가책에 성공회 신부, 존 메이슨 닐*John Mason Neale* (1818-66)의 영어 번역 가사를 붙여 수록했다. 이때 그는 이 선율에 대해 '**리스본 국립도서관에 소장된 프랑스 미사 경본에서**'라고만 적었는데 사실 그 근거 자료를 제시하지는 못했다. 이 미스테리는 영국의 음악학자 메리 베리*Mary Berry* (1917-2008)에 의해 1966년 밝혀지는데 프랑스 국립탁물관에서 이 멜로디를 포함한 15c 수사본이 발견되었고 이 수사본은 장례 때 부르는 행렬곡들로 구성되어 있었다. 결국, 리스본이 아닌 파리, 그리고 미사가 아닌 장례 행렬로 밝혀졌지만, 발견된 수사본보다 더 앞선 자료가 존재할 수 있다. 아직 발견되지 않았을 뿐.

+ *Euouae*란?

그레고리오 성가 악보 끝부분에는 종종 'Euouae'라는 모음으로만 된 단어가 보이는데, 이는 영광송의 마지막 구문인 "In sæcula sæculorum. Amen." 중에서 "seculorum Amen"(영원히, 아멘)의 어조의 연속을 기록하기 위해 모음만 뽑아 만든 연상기호다. 시편을 그레고리오 성가로 부를 때 그 끝에 항상 영광송이 이어지는데, 9-11c 경 가사 위에 네우마를 기입할 때에 위의 단어를 다 적는 불편함을 줄이기 위해 'Euouae'라고 적는 습관에서 비롯됐다. 영광송은 선법별로 8가지가 있고 본 노래의 선법에 맞춰 같은 선법의 영광송을 부른다. 선법별 영광송은 『로마 미사 성가집*Graduale Romanum*(1974)』, *pp. 822-824*에서 확인할 수 있다. 이 단어는 기네스북에 영어 단어 중 모음으로 된 가장 긴 단어로 등재되어 있다.

11 떼네브레, Tenebræ

> psalmus (라), psalm (영) : 시편
> antiphona (라), antiphon (영) : 후렴
> lectio (라), lesson (영) : 독서
> responsorium (라), responsory (영) : 응송
> lamentatio (라), lamentation (영) : 애가
> matutinum (라), matins (영) : 밤중기도, 새벽기도
> laudes (라), lauds (영) : 찬미경, 아침기도

떼네브레Tenebræ의 글자 그대로의 뜻은 '어둠, 그림자'이고 이는 정의의 태양이신 주님과 유다 백성의 영적인 암흑을 상징적으로 암시한다. 이러한 어둠은 1955년까지 성주간 목금토에 드리는 성무일도 중 밤중기도Matutinum와 찬미경Laudes에서 표현되었다. 원래 당일 새벽기도Matutinum와 아침기도Laudes로 바치는 것을 성주간 목금토 만큼은 해지면 다음 날이라는 전통에 따라 전날 밤에 행했다. 이 기도는 1955년 이후 큰 변화가 생긴다. 로마 가톨릭 교회는 1955년 이전까지 주님의 수난과 부활을 분리해서 기념했는데 1955년 교황 요한 23세Joannes PP. XXIII (재위 1958-63)에 의해 반포된 『우리의 이 시대와 함께(*Cum Nostra Hac ætate*)』에 따라 성주간 목금토와 부활까지 연결된 파스카 성삼일 전례를 확정하면서 기도 시간을 전날 밤에서 원래 자리인 당일 새벽과 아침으로 옮기고 수난의 성삼일 전례 예식의 중심이 떼네브레에서 낮과 밤에 행하는 파스카 성삼일 전례로 이동한다. 결국, 새벽기도와 아침기도는 떼네브레 형식을 벗어 일상적인 성무일도가 되었고, 1960년에 개정된 성무일도 규정인 『전례 법규(*Codex rubricarum*)』에서 떼네브레는 언급조차 되지 않고 사라지게 된다. 현재 이 떼네브레 예식은 사라졌지만 성무일도 중 새벽기도와 아침기도가 없어진 것은 아니며, 시편과 독서의 수 등이 줄어들었다. 그리고 새벽기도는 현재 독서기도로 명칭이 변경되었다. [6장 참조]

■ 떼네브레의 구조

밤중기도(새벽기도)는 3개의 녹턴Nocturnum으로 구분되는데 — 녹턴은 밤이라는 뜻, 떼네브레에서는 전날 밤이다. — 각각의 녹턴별로 3개의 시편, 3개의 독서가 있다. 시편마다 후렴Antiphona을 앞뒤로 하고, 독서 후에는 응송Responsorium을 한다. 순서는 【시편과 후렴】을 짝을 이뤄 3번을 하고 주님의 기도Pater Noster를 낮은 목소리로 바친다. 이어서 【독서와 응송】도 하나로 묶어서 3번을 연달아 봉독한다. 이렇게 녹턴 하나가 구성되고 이런 녹턴을 3번 한다. 각각의 시편과 독서는 정해진 후렴과 응송이 1:1로 매칭되어 있다. [6장 참조]

찬미경(아침기도)은 4개의 시편과 하나의 '옛 계약의 찬가'로 구성되어 있다. 여기서 계약이란 성경에 기록된 하느님과의 계약을 뜻하며 목요일은 '모세', 금요일은 '하바쿡', 토요일은 '히즈키야'와의 계약 내용을 찬가로 바친다. 그 이후 일련의 기도들은 다음 표에서 확인한다. 1911년 교황령, 『하느님의 영감으로(*Divino afflatu*)』[44]에 의한 성무일도 개정에 따른 떼네브레의 구조다.

구 분	聖 목요일 (실제 수요일 밤)	聖 금요일 (실제 목요일 밤)	聖 토요일 (실제 금요일 밤)	초끄기 순 서
밤중기도, matutinum					

제1녹턴 ('예레미아의 애가' 독서 말씀)

구 분	聖 목요일	聖 금요일	聖 토요일	초끄기
안티포나 시　편	Zelus domus tuæ 69(68)	Astitérunt reges terræ 2	In pace 4	1
안티포나 시　편	Avertántur retrórsum 70(69)	Divisérunt sibi 22(21)	Habitábit in tabernáculo 15(14)	2
안티포나 시　편	Deus meus 71(70)	Insurrexérunt in me 69(68)	Caro mea 16(15)	3
계응시구	Avertántur retrórsum	Divisérunt sibi	In pace in idípsum	

주님의 기도 (낮은 목소리로)

제1독서 응　송	애가 1,1-5 In monte Oliveti	애가 2,8-11 Omnes amici mei	애가 3,22-30 Sicut ovis	
제2독서 응　송	애가 1,6-9 Tristis est anima mea	애가 2,12-15 Velum templi	애가 4,1-6 Jerusalem surge	
제3독서 응　송	애가 1,10-14 Ecce vidimus	애가 3,1-9 Vinea mea	애가 5,1-11 Plange quasi virgo	

제2녹턴 ('聖 아우구스티노의 시편 주해' 독서 말씀)

안티포나 시　편	Liberávit Dóminus 72(71)	Vim faciébant 38(37)	Elevámini 24(23)	4
안티포나 시　편	Cogitavérunt ímpii 73(72)	Confundántur 39(38)	Credo vidére 27(26)	5
안티포나 시　편	Exsúrge, Dómine 74(73)	Alieni insurrexérunt 53(52)	Dómine, abstraxísti 30(29)	6
계응시구	Deus meus, éripe me	Insurrexérunt in me	Tu autem	

주님의 기도 (낮은 목소리로)

제4독서 응　송	시편 55(54) 주해 Amicus meus	시편 64(63) 주해 Tamquam ad latronem	시편 64(63) 주해 Recessit pator noster	
제5독서 응　송	시편 55(54) 주해 Judas mercátor péssimus	시편 64(63) 주해 Tenebræ factæ sunt	시편 64(63) 주해 Ovos omnes	
제6독서 응　송	시편 55(54) 주해 Unus ex discipulis	시편 64(63) 주해 Animam meam dilectam	시편 64(63) 주해 Ecce Quomodo	

제3녹턴 ('신약의 서간' 독서 말씀)

안티포나 시　편	Dixi iníquis 75(74)	Ab insurgéntibus 59(58)	Deus ádjuvat me 54(53)	7
안티포나 시　편	Terra trémuit 76(75)	Longe fecísti 88(87)	In pace factus est 76(75)	8
안티포나 시　편	In die tribulatiónis 77(76)	Captábunt 94(93)	Factus sum 88(87)	9
계응시구	Exsúrge, Dómine	Locúti sunt advérsum me	In pace factus est	

주님의 기도 (낮은 목소리로)

제7독서 응 송	1코린 11,17-22 Eram quasi agnus innocens	히브 4,11-15 Tradidérunt me	히브 9,11-14 Astiterunt reges terræ	10
제8독서 응 송	1코린 11,23-26 Una hora	히브 4,16-5,3 Jesum trádidit	히브 9,15-18 Aestimatus sum	11
제9독서 응 송	1코린 11,27-34 Seniores populi	히브 5,4-10 Caligavérunt óculi mei	히브 9,19-22 Sepulto Domino	12

구 분	聖 목요일	聖 금요일	聖 토요일	
찬미경, Laudes				
안티포나 시 편	Justifíceris, Dómine 51(50)	Proprio Fílio 51(50)	O mors 51(50)	10
안티포나 시 편	Dóminus tamquam ovis 90(89)	Anxiátus est 143(142)	Plangent eum 92(91)	11
안티포나 시 편	Contrítum est cor meum 36(35)	Ait latro ad latrónem 85(84)	Atténdite univérsi pópuli 64(63)	12
안티포나 옛 계약의 찬가	Exhortátus es ≪모세의 찬가≫ 탈출기 15,1-18	Cum conturbáta fúerit ≪하바쿡의 찬가≫ 하바쿡서 3,2-19	A porta ínferi érue ≪히즈키야의 찬가≫ 이사야서 38,10-20	13
안티포나 시 편	Oblátus est 147상(146-147)[62]	Meménto mei 147하(146-147)[63]	O vos omnes 150	14
안티포나	Tráditor autem	Posuérunt	Mulíeres sedéntes	15 *
즈카르야의 노래 〈루카 1,68-79〉				
Christus factus est 〈필리 2,8-9〉				
주님의 기도 (낮은 목소리로)				
시편 51(50) **				
마침기도	Réspice, quæsumus			

* 마지막 초는 제대 뒤로 켠채로 옮김
** 1955년 『우리의 이 시대와 함께(*Cum Nostra Hac ætate*)』에 따른 성주간 전례 개정 때 제외됨.

---

62) 시편 147,1-11
63) 시편 147,12-20

■ 시편기도와 초 끄기

떼네브레의 독특한 의식인 초 끄기에 관해 설명하면 기도를 바치는 동안 사도들이 그리스도를 버리고 달아난 것을 묘사하기 위해 시편을 하나씩 낭송할 때마다 미리 켜놓은 15개의 초(사진 참조)를 양쪽 끝을 시작으로 번갈아 하나씩 끄는데 시편 뒤 후렴인 안티포나를 하기 전에 꺼야 한다. 3일간 떼네브레 기도 중 매일 같은 의식을 치른다. 정리를 해보면, 밤중기도에서는 하루에 9번의 시편기도가 있고 새벽기도 다음 기도인 찬미경의 시편은 하루에 4번인데 '옛 계약의 찬가' 한 번까지 더하면 모두 14번이 된다.

▲ 떼네브레 초, 촛대는 좌우 대칭 삼각형 모양을 취함

밤중기도 中 시편기도 9번 + 찬미경 中 (시편기도 4번 + 옛 계약의 찬가 1번) = 14번

초는 위 사진과 같이 밤중기도 전 15개를 켜두고 시작하므로 시편기도를 다 마치면 1개가 남는다. 남은 하나는 꺼지지 않는 그리스도의 빛을 의미하며 아침기도 중 '즈카르야의 노래Benedictus'를 부르는 동안 켠 채로 제단 뒤에 감추었는데 그리스도께서 무덤에 묻히신 것을 상징한다.

🎵 떼네브레 음악

떼네브레 음악은 알려진 작곡가들 외에도 우리가 모르는 수많은 이들이 곡을 썼을 것이다. 왜냐하면 파스카 성삼일에 일어났던 사건들이 그리스도교 탄생과 존재 기반이기 때문이다. 그래서 옛 유럽의 작곡가라면 이 시기의 전례곡을 작곡하는데 전심을 다했다. 그리하여 떼네브레는 다른 어떤 전례와 비교할 수 없는 교회음악의 가장 높은 정점을 표현했다.

음악은 크게 두 가지 형태로 나뉘는데,
(1) 새벽기도 제1녹턴 중 예레미야의 애가Lamentationes 9개 독서Lectiones로 곡을 쓰는 경우,
(2) 다른 하나는 새벽 기도 1, 2, 3 녹턴 중 독서 후 응송Responsorium으로 곡을 쓰는 경우다.

■ 제1녹턴 독서 : 예레미야의 애가 [12장 참조]

애가에 대해 간략히 설명하면 구약의 성문서로 기원전 587년 바빌로니아에 의한 예루살렘의 파괴와 남유다의 멸망을 슬퍼하는 노래다. 그리스어 성경 『70인역』의 전통에 따라 유다인들은 애가의 저자를 예레미아 예언자의 작품으로 간주하였기 때문에 '예레미야의 애가'라고도 한다. 총 5장으로 구성되어 있으며 떼네브레 중 제1녹턴 독서로, 각 장의 일부를 발췌하여 가톨릭의 전통적인 전례 속에서 그레고리오 성가로 노래한다. 예레미야의 애가의 유명한 작곡가는 르네상스 시대에 Tallis, Lassus, Victoria, Palestrina와 바로크 시대 Zelenka 등이 있다.

■ 독서 후 응송

응송Responsorium은 Gesualdo와 Victoria 작품이 대표적이다.

Tomas Luis de Victoria(c.1548-1611)는 애가와 응송을 모두 작곡했다. 다만 떼네브레 중 제1녹턴 독서 후 응송은 작곡하지 않고, 제2, 3녹턴의 것들만 작곡했다.

제1녹턴 응송은 작곡 안함
제2녹턴 응송 9곡
제3녹턴 응송 9곡

Carlo Gesualdo(c.1560-1613)는 응송 27곡과, 떼네브레 중 찬미경에 드리는 '즈카르야의 노래(Benedictus)', 'Miserere'도 함께 작곡했다.

제1녹턴 응송 9곡
제2녹턴 응송 9곡
제3녹턴 응송 9곡
즈카르야의 노래(Benedictus)
Miserere, 〈시편 51(50)〉

■ Christus factus est (그리스도께서 순종하셨다)

다음은 '즈카르야의 노래'에 이어서 부르는 청원 기도로 〈필리 2,8-9〉의 말씀이다.

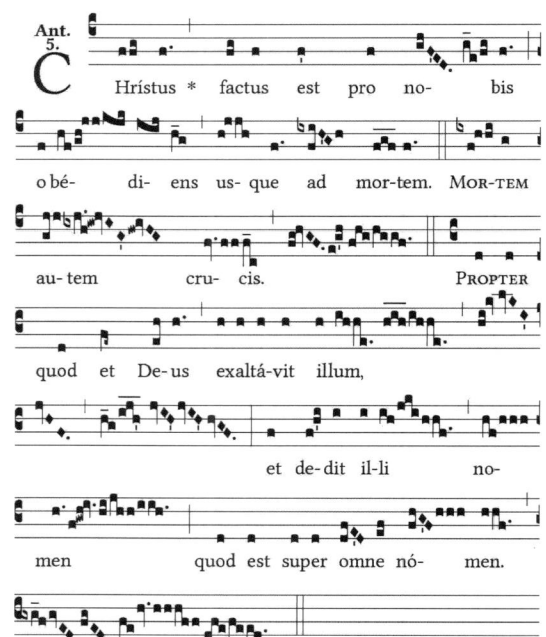

Christus factus est pro nobis obédiens usque ad mortem, mortem autem crucis. Propter quod et Deus exaltávit illum et dedit illi nomen, quod est super omne nómen.

당신 자신을 낮추시어 죽음에 이르기까지, 십자가 죽음에 이르기까지 순종하셨습니다. 그러므로 하느님께서도 그분을 드높이 올리시고 모든 이름 위에 뛰어난 이름을 그분께 주셨습니다.

그레고리오 성가와 더불어 Felice Anerio(c.1560-1614)와 Anton Bruckner(1824-1894)의 곡이 가장 많이 알려져 있다.

■ **시편 51(50)**

아침기도 첫 번째 시편이고 마침기도 직전에 부르는 마지막 시편이다. Miserere라는 곡명으로 더 많이 알려져 있다. [47장 참조]

■ **마침기도 : Réspice, quǽsumus**

Réspice, quǽsumus, Dómine, super hanc famíliam tuam, pro qua Dóminus noster Iesus Christus non dubitávit mánibus tradi nocéntium, et crucis subíre torméntum :
주여, 우리 주 예수 그리스도는 당신을 원수의 손에 내맡기시고 십자가의 고난을 겪으시는 것을 주저하지 않으셨으니, 당신 가족인 우리를 굽어보소서 :

Qui tecum vivit et regnat in unitáte Spíritus Sancti Deus per omnia sǽcula sæculorum. Amen.
성자께서는 성부와 성령과 함께 천주로서 영원히 살아계시며 다스리시나이다. ◎ 아멘.

낮기도(소시간경)에서는 다음과 같이 줄여서 기도한다.

Qui vivit et regnat in sǽcula sæculorum. Amen.
성자께서는 영원히 살아계시며 다스리시나이다. ◎ 아멘.

✛ **사순 시기는 40일일까?**

사순四旬의 글자 그대로의 뜻은 40이며 사순 시기의 첫날인 재의 수요일부터 주님 부활 전까지 40일을 의미한다. 그러나 그 기간의 날짜를 세어보면 40일이 아니라 46일이다. 여기서 6일은 뭘까? 그것은 기간 내 여섯 번의 주일이다. 모든 주일은 파스카 신비를 체험하고 경축하는 미사를 드리는 날이므로 사순 시기 내 주일은 제외한 것이다. 그런데 현재 사순 시기의 시작일과 마침일은 1955년 교황 비오 12세에 의한 성주간 전례 개정 이후 성삼일의 본뜻이 되살아나면서 기존 사순 시기에서 파스카 성삼일이 제외되어 재의 수요일부터 성목요일 주님 만찬 미사 전까지로 정해졌다. 그래서 이 기간 중 주일을 제외한 일수는 40일이 아니라 38일이 된다. 그렇다고 40일을 맞추기 위해 사순 시기 시작일을 재의 수요일 이틀 전인 월요일로 옮기지는 않았다. 이런 면에서 오늘날의 사순 시기는 글자 그대로의 40일로 받아들이기보다 영성적으로 받아들일 필요가 있고 주님 부활을 맞이하기 위한 정화와 준비의 기간을 뜻한다고 이해해야 한다.

12 예레미야의 애가 (Lamentationes Ieremiæ prophetæ)

애가哀歌는 구약성경에 포함되어 있는 5장으로 구성된 아주 짧은 경전이다. 사순 시기를 지내며 특히 성주간 목금토 전례에 쓰였던 르네상스 시대 음악가들이 가장 공을 들인 교회 음악들 중 애가가 포함되며 그 작품들이 가장 순수하고 절제된 슬픔을 노래하고 있어 진정한 고수들은 사순 시기나 특히 성주간 내에 이 곡을 공연해 보길 소망한다.

애가에 대해 짧게 설명하면 BC 587-586에 바빌론의 정복자 느부갓네살(BC 605-562)이 예루살렘을 불태우고 성전을 파괴한 후 바빌론으로 유배를 가는 굴욕적 사건을 기록한 것인데 BC 538년 유대인들이 유배에서 다시 돌아와 이를 기억하며 통곡 속에 단식하며 불렀던 노래다. 지금도 유대인들은 예루살렘 통곡의 벽에서 금요일마다 애가를 노래한다. 저자에 대한 논란은 많으나 그리스어 성경인 『70인역』의 전통에 따라 유대인들은 애가의 저자를 예레미야 예언자라고 간주했기 때문에 예레미야의 애가라고도 한다. 히브리어 성경은 애가의 서명書名을 '어떻게'라고 쓴다. 사람이 죽었을 때 "세상에 어떻게 이런 일이~"라고 하는 탄식과 슬픔의 표현에서 유래되었다.

각 장의 첫머리에는 노래의 주제가 쓰여 있으며 그것이 시 전체의 기조를 이룬다.

1장은 예루살렘의 파괴로 인한 비참함의 묘사와 예레미야의 탄식과 애가이다.

2장은 예루살렘의 참상과 거짓 예언자의 잘못된 예언에 대한 탄식과 백성들에 대한 하느님의 진노에 대해 나타내고 있다.

3장은 유일하게 화자가 1인칭 단수이며 곤궁한 처지로서 백성들을 향하여 회개를 권유하고 있다. 그리고 백성을 위하여 하느님의 자비를 구하고 있다.

4장은 다시금 예루살렘의 비참한 현실에 대한 탄식과 함께 환난의 원인인 거짓 예언자와 제사장, 이스라엘의 죄악을 기술하고 있고 마지막으로 위로와 하느님에 대한 소망이 나타난다.

5장은 비참한 유다 백성의 처지를 하느님께 탄원하고 하느님께 애타게 부르짖어 회개의 기도에 응답해주실 것을 간구하고 있다.

이와 같은 유대인들의 슬픈 역사를 로마 가톨릭 교회에서 전례에 도입했는데 그 이유는 무엇일까?

그것은 교회가 바빌론 유배시대와 그 이후 시대의 유대인들처럼 뉘우치는 사람들의 고통을 애가를 통해 표현할 수가 있다고 보았기 때문이다. 하여 애가는 하느님의 불가역적인 구원 의지에 대한 믿음의 열매요, 자비로운 하느님의 용서에 대한 끊임없는 신뢰를 불러일으키는 노래라고 믿는다.[45]

그러면 애가를 부르는 전례는 무엇일까? 지금은 없어진 '떼네브레Tenebræ'라는 성주간 목금토 3일간 행했던 성무일도 중 밤중기도Matutinum에서 찾을 수 있다. [11장 참조] 그 밤중기도 제1녹턴의 독서인 애가의 장·절과 그에 따른 응송은 다음과 같다.

聖 목요일	聖 금요일	聖 토요일
제1독서와 응송		
㉠ 애가 1,1-5 ㉣	㉡ 애가 2,8-11 ㉣	㉡ 애가 3,22-30 ㉣
In monte Oliveti	Omnes amici mei	Sicut ovis
제2독서와 응송		
애가 1,6-9 ㉣	애가 2,12-15 ㉣	애가 4,1-6 ㉣
Tristis est anima mea	Velum templi	Jerusalem surge
제3독서와 응송		
애가 1,10-14 ㉣	애가 3,1-9 ㉣	㉢ 애가 5,1-11 ㉣
Ecce vidimus	Vinea mea	Plange quasi virgo

애가를 노래할 때 해당 성경 앞뒤로 짧은 문장을 더해 부르는데 성경에는 없는 내용이다. 그것을 위 표에서 ㉠,㉡,㉢,㉣로 부르는 위치를 표시했고 해당 문구는 다음과 같다.

㉠ Incipit Lamentatio Jeremiæ Prophetæ (예레미아 예언자의 애가 시작)

㉡ De Lamentatione Jeremiæ Prophetæ (예레미아 예언자의 애가에서)

㉢ Incipit Oratio Jeremiæ Prophetæ (예레미아 예언자의 기도 시작)

㉣ Jerusalem, Jerusalem, convertere ad Dominum Deum tuum (예루살렘아, 예루살렘아, 너의 주 하느님께 돌아오너라)

애가는 히브리어로 써진 책이다. 당시의 산문체 시풍詩風 중 흥미로운 것은 문두文頭에 시작하는 글자를 히브리어 문자 순서대로 시작하는 형식이다. 쉽게 한글 자음으로 설명하면 시를 쓸 때 첫 문장의 첫 단어 앞에 'ㄱ'이라고 먼저 쓰고 시작한다. 두 번째 문장의 첫 단어 앞에는 'ㄴ'이라고 먼저 쓰고 시작한다. 이렇게 순서대로 각 문장의 글머리를 22개의 히브리어 문자로 문장 앞에 순서대로 썼다. 히브리어 둔자를 앞 4개만 소리나는 대로 로마자로 써보면, ALEPH(א), BETH(ב), GHIMEL(ג), DALETH(ד)이다.(괄호 안 문자는 히브리어) 라틴어 성경 애가 역시 히브리어 애가와 마찬가지로 로마자가 각 절의 문두에 순서대로 표기되어 있다. 결국, 각 절의 순서를 표기한 것으로 이해하면 된다.

예로 라틴어 성경 애가 1장 1-4절까지의 일부분을 살펴보자.

1 ALEPH. Quomodo sedet sola civitas plena populo!

2 BETH. Plorans plorat in nocte, et lacrimæ eius in maxillis eius

3 GHIMEL. Migravit Iudas præ afflictione et multitudine servitutis

4 DALETH. Viæ Sion lugent, eo quod non sint qui veniant ad solemnitatem

애가는 이런 규칙으로 1-4장까지 써졌고 5장은 제외된다. 따라서 애가의 라틴어 그레고리오 성가나 작곡된 작품들의 가사에 뜻이 없는 말머리인 로마자로 전사轉寫된 히브리어 문자도 곡 중 포함된다. 예로 아래 애가 1장 그레고리오 성가 악보를 보면 처음에 "Incipit Lamentátio Ieremíæ Prophétæ"라고 시작하고, 'ALEPH'를 노래한 후 첫 번째 절이 시작된다. 그다음 절은 'BETH', 세 번째 절의 시작은 'GHIMEL'이다.

▲ 애가 1장 1~3절 그레고리오 성가

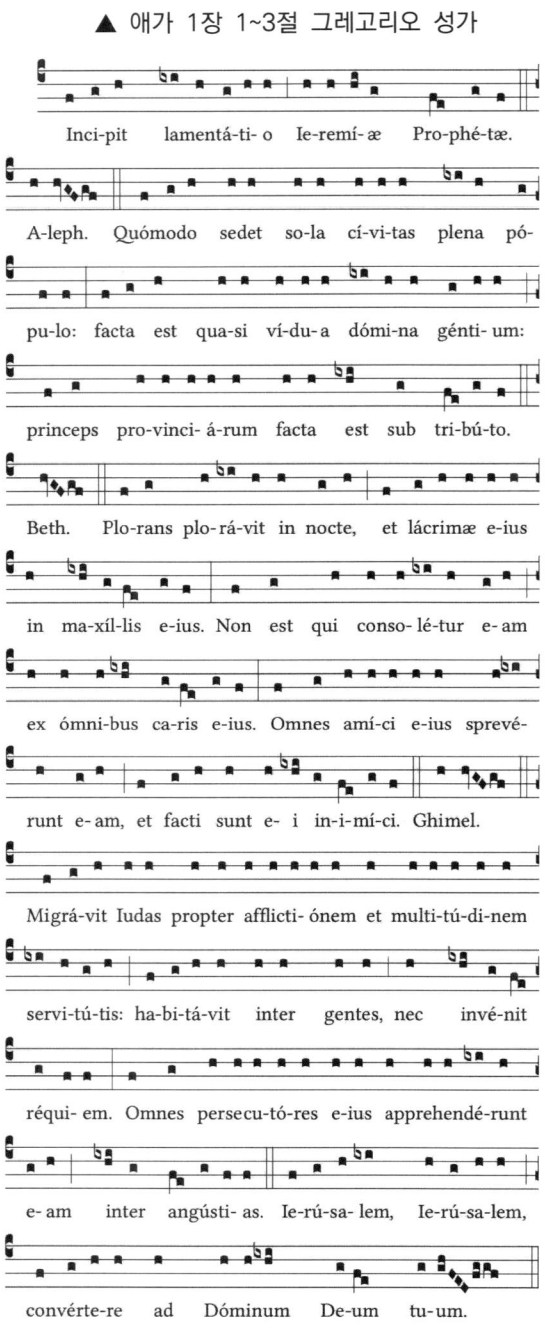

이런 말머리 쓰기는 우리말 성경에는 반영되지 않아 말머리 없이 바로 본문부터 시작한다.

🎼 주요 작곡가

Tallis, Lassus, Palestrina, Victoria, Zelenka 등의 작품들이 대표적이다. 성주간 독서들 중 애가로 작곡한 작품들은 단언컨대 교회음악의 보물들로 보기에 충분하다. 르네상스 시대 이후 성주간 전례음악을 작곡한다는 것은 자신의 모든 역량을 발휘하여 일생 최고의 작품을 쓴다는 의미였기 때문이다. 작곡가들은 대부분 떼네브레에서 그레고리오 성가로 노래하는 애가의 장·절을 가사로 곡을 썼다. 작곡할 때 생략되는 절이 있을 수 있는데 각 독서의 장과 시작하는 절은 반드시 지켰다. 특이하게도 영국의 Thomas Tallis(c.1505-85) 작품은 조금 다른데 마지막에 따로 설명한다.

(1) Palestrina(c.1525-94)와 (2) Victoria(c.1548-1611) 작품의 9개 독서(제1녹턴)로 선택된 애가의 장·절을 (3) 떼네브레의 그것과 비교해 살펴보자. Palestrina는 애가 9개 독서 노래로 4 set를 작곡했고 각각을 제1~4권으로 부른다. 아래의 장·절은 제3권의 그것이다.

3일간 9번의 독서(제1녹턴)	(1) Palestrina	(2) Victoria	(3) Tenebræ
1. Feria V in Cena Domini, lectio I	1,1-2	1,1-2	1,1-5
2. Feria V in Cena Domini, lectio II	1,6-8	1,6	1,6-9
3. Feria V in Cena Domini, lectio III	1,10-12	1,10-11	1,10-14
4. Feria VI in Parasceve, lectio I	2,8-9	2,8	2,8-11
5. Feria VI in Parasceve, lectio II	2,12-14	2,12a.13a	2,12-15
6. Feria VI in Parasceve, lectio III	3,1-4	3,1-2	3,1-9
7. Sabbato Sancto, lectio I	3,22-25	3,22.27	3,22-30
8. Sabbato Sancto, lectio II	4,1-3	4,1-2	4,1-6
9. Sabbato Sancto, lectio III	5,1-8	5,1-5	5,1-11

여기서,
Feria : 평일 - 유대력에서는 안식일 다음 날인 일요일이 주중 첫 번째 평일임
Cena Domini : 주님 만찬
Parasceve : 안식일 준비일
Sabbato Sancto : 거룩한 안식일
Lectio : 독서

앞서 Tallis의 작품이 좀 특이하다고 했는데, 세부 구성에서 차이가 있다. 일단 독서의 경우, 완작完作은 위 표에서 보듯이 9곡이나 2~9번까지 독서를 제외하고 聖 목요일 제1독서〈1,1-5〉를 둘로 나누어 작곡했다. 독서 앞뒤로 붙이는 짧은 문장 ㉠, ㉣은 아래 1번에 규칙대로 사용했다. ㉡은 독서가 둘로 나뉘지면서 규칙대로 붙일 수 없었지만, 아래 2번과 같이 시작 노래로 붙였다.

1. Feria V in Cena Domini, Lamentatio Ieremiæ I ㉠ 〈1,1-2〉 ㉣
2. Feria V in Cena Domini, Lamentatio Ieremiæ II ㉡ 〈1,3-5〉 ㉣

13 Te Deum (聖 암브로시오의 사은謝恩 찬미가)

> "
>
> 《로마 미사 경본 총지침 39항》
>
> - 노래의 중요성 -
>
> 바오로 사도는 주님께서 다시 오심을 기다리면서 한자리에 모이는 그리스도 신자들에게 시편과 찬미가와 영가를 함께 노래하라고 권고한다. 〈콜로 3,16 참조〉 노래는 마음의 기쁨을 드러내는 표지이기 때문이다. 〈사도 2,46-47 참조〉 그러므로 아우구스티노 성인도 바로 "사랑하는 사람은 노래를 부른다."고 말했으며, 이미 옛 격언에도 "노래를 잘 부르는 사람이 두 배로 기도한다."는 말이 있다.
>
> "

성경적 내용을 노래하는 찬가Canticus와 구별되는 찬미가Hymnus는 비성경적 가사를 다룸으로 구분한다. 찬미가는 문체에 따라 산문체와 운문체 찬미가가 있는데 산문체 찬미가는 로마 가톨릭 교회에서 대부분 사라지고 여기서 소개하는 **사은謝恩 찬미가**Te Deum와 다음 장의 **대영광송**Gloria이 대표적이다. 운문체의 경우, 성무일도 중 각 시간경에서 바치는 찬미가가 운문체의 일종이다. 그럼 다음의 질문과 답으로 Te Deum의 궁금증을 하나씩 해결해 보자.

1. Te Deum 은 무슨 뜻인가?
2. Te Deum 의 기원/지은이는 누구인가?
3. Te Deum 은 교회 전례 중 언제 부르는가?
4. Te Deum 의 내용은 무엇인가?
5. Te Deum 을 작곡한 주요 작곡가들은?

1. Te Deum 은 무슨 뜻인가?

| te : 당신을 (tu의 대격 단수형)   Deum : 하느님을 (Deus의 대격 단수형; 남성)

Te Deum은 찬미가 시작 절, 'Te Deum laudamus, te Dominum confitemur (찬미하나이다. 우리 천주여, 주님이신 당신을 찬미하나이다)' 의 첫 두 단어incipit에서 유래한다.

2. Te Deum 의 기원, 지은 이는 누구인가?

밀라노 주교, 聖 암브로시우스St. Ambrosius (c.340-397)로부터 히포Hippo[46] 사람 聖 아우구스티누스St. Augustinus Hipponensis (354-430)가 세례를 받을 때 암브로시우스가 즉흥적으로 지었다고 전해져 왔으나, 이후 푸아티에Poitiers의 주교, 聖 힐라리우스(힐라리오)Hilarius (c.310-c.367)의 것으로 추측하기도 했고, 현재는 레메시아나Remesiana의 주교 聖 니체타스Nicetas (333-414)의 작품으로 간주하는 것이 대체로 일치된 학자들의 의견이다.[47] 그러나 처음부터 이 찬미가의 기원을 전통적으로 암브로시우스(암브로시오)라고 여겼기에 지금까지 찬미가의 이름을 '聖 암브로시오의 사은 찬미가'라고 부르고 있다.

이 찬미가는 당시 직면한 두 가지 현실적 요청에 응답하기 위해서 지어졌다고 본다. 2-3c를 지나면서 그리스도교 교세가 커지자 생긴 큰 문제가 있었는데 예수의 신성에 대한 서로의 견해 차였다. 즉, 예수의 신성과 인성에 대한 주장이 엇갈렸고 이로 인해 교파들이 나뉘게 되는데 정통파라고 주장했던 삼위일체파에 대항한 가장 큰 교파가 삼위는 일체가 아닌 독립적인 존재로 성자는 성부에 종속된다고 주장한 아리우스파Arianism[48]였고 그 둘은 치열한 경쟁 중이었다. 이러한 배경으로 아리우스파에 대항하여 정통 삼위일체 신앙을 수호하기 위한 교의적 동기가 분명 작용했다. 두 번째로 찬미가를 신앙교육의 탁월한 수단으로 인식하고 전례 안에서 활용하려는 의도가 분명하다.

여기서 짧게 聖 암브로시우스(암브로시오)에 대해 살펴보면, 서방교회의 교부이자 교회 학자다. 니케아 정통파의 입장에 서서 교회의 권위와 자유를 수호하는데 노력하여 신앙·전례 활동의 실천 등에 큰 공을 남겼다. ― 여기서 니케아 정통파란 《니케아 공의회(325)》를 통해 승리한 삼위일체파를 말한다. ― 그리고 서방교회 음악의 기초를 다진 분으로 당시는 동방교회의 성가가 훨씬 더 발전되어 있었다. 이를 도입하고 일반 교우들이 부르기 쉽게 간소화하여 보급해 성가의 대중화에 노력하신 분이 바로 암브로시우스 성인이다. 지금도 밀라노는 로마 교황청에서 공인한 별도의 전례와 이를 행하는 성가들이 남아 있다. 이 성가들은 암브로시오 성가Ambrosian Chant라고 부르며 지금까지 《밀라노 전례》에서 사용되고 있다.

Te Deum에 관련된 인물 중 초기 서방교회가 낳은 또 한 명의 위대한 철학자이자 사상가로 교부 **聖 아우구스티누스(아우구스티노)**가 있다. 앞서 설명한 대로 聖 암브로시우스에게 386년 부활절에 세례를 받았는데 사실 그는 젊은 시절 방탕한 생활을 했으며 수사학과 철학 교사로 밀라노에 있다가 암브로시우스의 강론을 듣고 크게 감동하여 그를 따르기로 했다고 한다. 또 다른 설은 그가 밀라노의 한 정원에서 "**집어 읽으라!**"는 어린아이의 노랫소리를 듣고서 〈로마 13,13〉[64]을 읽고 회심回心을 하게 되었다는 것이다. 이후 고향 북아프리카로 돌아와 수도 생활을 시작하고 391년 사제 서품을 받은 후 396년에 히포Hippo의 주교가 되어 본격적인 활동에 들어가 학자로서 교회 지도자로서 큰 업적을 남긴다.

3. Te Deum은 교회 전례 중 언제 부르는가?

이 찬미가를 부르는 전례는 **성무일도**다. 주일과 특정한 날, 독서기도 중 제2독서에 따른 응송 후 바로 이어서 부른다. 여기서 특정한 날은 대축일과 축일, 성탄 및 부활 팔일 축제 기간이다. 단 사순 시기 내 주일은 제외한다. 또한, 교회에서 성대하게 지내는 특별한 날 행사나 미사에 노래로 부를 수 있다.

---

64) 대낮에 행동하듯이, 품위 있게 살아갑시다. 흥청대는 술잔치와 만취, 음탕과 방탕, 다툼과 시기 속에 살지 맙시다.

4. Te Deum 의 내용은 무엇인가?

본래 이 찬미가는 그리스어로 써진 찬미가를 라틴어로 번역한 것이 아니라 처음부터 라틴어로 작시 되었다. 즉, 동방교회에서 전해진 것이 아니라 처음부터 서방교회에서 만들어진 찬미가라는 뜻이다. 본문은 세 개의 연(聯)으로 된 산문시로 첫 번째 연은 "주님이신 당신을 찬미하나이다."라는 주제를 나타내고 있다. 그래서 우리는 이 노래를 찬미의 노래라고 부르는 것이다. 내용상 세 개의 연으로 확연히 구별되며 하느님, 삼위일체 그리고 그리스도를 호칭한다.

첫 번째 연(1~5절까지)은 (1) 하느님께 대한 흠숭 행위

두 번째 연(6~13절까지)은 (2) 삼위일체 안에서의 신앙 행위

세 번째 연(14~29절까지)은 (3) 그리스도께 대한 탄원으로 마친다.

세 번째 연의 22절 "주여 당신 백성을 구원하시고"부터 마지막까지는 생략할 수 있다.

라틴어 본문과 한국 천주교 『성무일도』 번역이다.

[첫 번째 연]

1. Te Deum laudámus: * te Dóminum confitémur.
   찬미하나이다. 우리 천주여 * 주님이신 당신을 찬미하나이다.
2. Te ætérnum Patrem * omnis terra venerátur.
   영원하신 아버지를 * 온 세상이 삼가 받들어 모시나이다.
3. Tibi omnes Angeli, * tibi Cæli, et univérsæ Potestátes:
   모든 천사 하늘들과 그 모든 능한 이들 +
4. Tibi Chérubim et Séraphim * incessábili voce proclámant:
   케루빔과 세라핌이 * 끊임없이 목청을 높이어 노래 부르오니,
5. Sanctus, Sanctus, Sanctus * Dóminus Deus Sábaoth.
   거룩하셔라 거룩하셔라 * 온 누리의 주 천주 거룩도 하시어라.

[두 번째 연]

6. Pleni sunt cæli et terra * maiestátis glóriæ tuæ.
   엄위로운 당신의 영광 * 하늘과 땅에 가득도 하시어라.
7. Te gloriósus * Apostolórum chorus,
   영광에 빛나는 사도들의 대열 *
8. Te Prophetárum * laudábilis númerus,
   그 보람 뛰어나신 선지자의 대열,
9. Te Mártyrum candidátus * laudat exércitus.
   눈부시게 무리진 순교자들이 * 아버지를 높이 기려 받드나이다.
10. Te per orbem terrárum * sancta confitétur Ecclésia,
    땅에서는 어디서나 거룩한 교회가
11. Patrem * imménsæ maiestátis
    그 엄위 한량없는 아버지를,

12. Venerándum tuum verum * et únicum Fílium;
    뫼셔야 할 친아드님 당신 외아드님을 *
13. Sanctum quoque * Paráclitum Spíritum.
    아울러 위로자 성령을 찬미하나이다.

[세 번째 연]

14. Tu Rex glóriæ, * Christe.
    영광의 임금이신 그리스도여,
15. Tu Patris * sempitérnus es Fílius.
    당신은 아버지의 영원하신 아드님,
16. Tu, ad liberándum susceptúrus hóminem: * non horruísti Vírginis uterum.
    인간을 구하시려 몸소 인간이 되시고자 * 동정녀의 품안을 꺼리지 않으셨나이다.
17. Tu, devícto mortis acúleo, * aperuísti credéntibus regna cælórum.
    죽음의 가시를 쳐버리시고 * 믿는 이들에게 천국을 열어 주셨나이다.
18. Tu ad déxteram Dei sedes, * in glória Patris.
    지금은 천주의 오른편 아버지의 영광 안에 계시어도 *
19. Iudex créderis * esse ventúrus.
    심판하러 오시리라 우리는 믿나이다.
20. Te ergo quæsumus, tuis fámulis súbveni, * quos pretióso sánguine redemísti.
    보배로운 피로써 구속받은 당신 종들 * 우리를 구하시기 비옵나니,
21. Ætérna fac cum Sanctis tuis * in glória numerári.
    우리도 성인들과 한몫에 끼어 * 영원토록 영광을 누리게 하소서.

[22절 이후는 주로 시편 구절로 후대에 추가됨]

22. Salvum fac pópulum tuum, Dómine, * et bénedic hereditáti tuæ.
    주여 당신 백성을 구원하시고 * 당신의 기업을 강복하소서.
23. Et rege eos, * et extólle illos usque in ætérnum.
    그 백성 당신이 다스리시고 * 영원까지 그들을 이끌어 주소서.
24. Per síngulos dies * benedícimus te.
    나날이 주님을 기리는 우리 *
25. Et laudámus nomen tuum in sæculum, * et in sæculum sæculi.
    세세 대대 당신 이름 기리오리다.
26. Dignáre, Dómine, die isto * sine peccáto nos custodíre.
    비오니 주여 우리를 지키시어 * 이날에 죄 없도록 하여 주소서.
27. Miserére nostri, Dómine, * miserére nostri.
    우리를 불쌍히 여겨 주소서 * 주여 우리를 불쌍히 여기소서.
28. Fiat misericórdia tua, Dómine, super nos, * quemádmodum sperávimus in te.
    주여 당신 자비를 우리에게 내리시어 * 당신께 바란 대로 되게 하소서.
29. In te, Dómine, sperávi: * non confúndar in ætérnum.
    주여 우리 당신께 바랐사오니 * 영원토록 부끄럼이 없으리이다.

Hymn. 3.

TE Deum laudámus: * te Dóminum confitémur. Te ætérnum Patrem omnis terra venerátur.

Tibi omnes Ángeli, tibi Cæli et univérsæ potestátes: Tibi Chérubim et Séraphim incessábili voce proclámant: Sanctus: Sanctus: Sanctus Dóminus Deus Sábaoth. Pleni sunt cæli et terra majestátis glóriæ tuæ. Te gloriósus Apostolórum chorus: Te Prophetárum laudábilis númerus: Te Mártyrum candidátus laudat exércitus. Te per orbem terrárum sancta confitétur Ecclésia: Patrem imménsæ majestátis: Venerándum tuum verum, et únicum Fílium: Sanctum quoque Paráclitum Spíritum.

Tu Rex glóriæ, Christe. Tu Patris sempitérnus es Fílius. Tu ad liberándum susceptúrus hóminem, non horruísti Vírginis úterum.

Tu devícto mortis acúleo, aperuísti credéntibus regna cælórum. Tu ad déxteram Dei sedes, in glória Patris. Judex créderis esse ventúrus.

All kneel while this verse is sung.

Te ergo quǽsumus, tuis fámulis súbveni, quos pretióso sánguine redemísti. Ætérna fac cum Sanctis tuis in glória numerári.

Salvum fac pópulum tuum Dómine, et bénedic hereditáti tuæ. Et rege eos, et extólle illos usque in ætérnum. Per síngulos dies, benedícimus te. Et laudámus nomen tuum in sǽculum, et in sǽculum sǽculi. Dignáre Dómine die isto sine peccáto nos custodíre. Miserére nostri Dómine, miserére nostri. Fiat misericórdia tua Dómine super nos, quemádmodum sperávimus in te. In te Dómine sperávi: non confúndar in ætérnum.

右 계속

5. Te Deum을 작곡한 주요 작곡가들은?

- Gilles Binchois (1400-1460)
- John Taverner (c.1490-1545)
- Thomas Tallis (c.1505-1585)
- Orlande de Lassus / Lasso (1532/30-94)
- Jacobus Vaet (c.1529-1567)
- Giovanni Pierluigi da Palestrina (c.1525-94)
- William Byrd (c.1539/40 or 1543-1623)
- Felice Anerio (c.1560-1614)
- Hans Leo Haßler (1564-1612)
- Jean-Baptiste Lully (1632-1687)
- Herry Purcell (1659-1695)
- Georg Frideric Handel (1685-1759)
  ▸ Utrecht Te Deum and Jubilate
  ▸ Dettingen Te Deum
- Marc-Antoine Charpentier (1634-1724)
- Jan-Dismas Zelenka (1679-1745)
- W. A. Mozart (1756-1791)
- Franz Joseph Haydn (1732-1809)
- Johann Nepomuk Hummel (1778-1837)
- Louis Hector Berlioz (1803-1869)
- Felix Mendelssohn (1809-1847)
- Anton Bruckner (1824-1896)
- Giuseppe Verdi (1813-1901)
  ▸ Quattro pezzi sacri 中 마지막 곡
- Arthur Sullivan (1842-1900)
  ▸ Festival Te Deum
  ▸ Te Deum Laudamus
- Antonín Dvořák (1841-1904)
- Edward Elgar (1857-1934)
- Ralph Vaughan Williams (1872-1958)
- Zoltán Kodály (1882-1967)
- Charles Stanford (1852-1924)
- Benjamin Britten (1913-1976)
  ▸ in C
  ▸ Festival Te Deum
- Herbert Norman Howells (1892-1983)
- Vincent Persichetti (1915-1987)
- Arvo Pärt (b.1935~)
- Karl Jenkins (b.1944~)
- John Rutter (b.1945~)
- James MacMillan (b.1959~)
- 이문근 (1917-1980)
- 김성기 (b.1954~)

✚ *라틴 이름에 관한 상식*

이름이 '우스', '수스' 등으로 끝나는 것은 라틴어식 이름이다. 이는 로마제국의 공용어가 당시 라틴어였기에 공식적으로 이름이 쓰이거나 글로 남겨질 때는 라틴어식으로 썼다. 로마 가톨릭 교회 4대 교부의 이름을 예로 들어보자.

라틴어	Ambrosius	Augustinus	Hieronymus	Gregorius Magnus
이탈리아어	Ambrosio	Augustino	Geronimo	Gregorio Magno
영어	Ambrose	Augustine	Jerome	Great Gregory

14 대영광송 (Groria in excelsis Deo)

> *Glória in altissimis Deo et in terra pax in homínibus bonæ voluntátis*
> 지극히 높은 곳에서는 하느님께 영광 땅에서는 그분 마음에 드는 사람들에게 평화
> 〈루카 2,14〉

Gloria in excelsis Deo의 뜻은 '하늘 높은 데서는 하느님께 영광'이다. 여기서 첫 단어 Gloria는 '영광'이라는 뜻으로 하느님의 영광을 찬미하는 그리스도교의 찬미가의 이름이기도 하다. 이를 우리말로 **대영광송**이라고 하는데 '大'자를 붙인 이유는 (小)영광송Gloria Patri과 구분하기 위함이다.

이 찬미가의 시작 구절은 〈루카 2,14〉의 말씀으로 천사가 목자들에게 예수의 탄생을 알리는 장면 중 하느님을 찬미하는 노래다. 그 이후의 내용은 작자 미상으로 우리의 구세주이시고 아버지와 더불어 우리의 청원을 들어 주시는 강생하신 아드님을 찬양한다. 본래 2-3c 유행하던 성경 시편을 모방하여 코이네 그리스어로 작시된 것이 4c 경 불가타 성경 번역으로 라틴어로도 전해 오고 있다.

(1) Gloria in <u>excelsis</u> Deo
(2) Gloria in <u>altissimis</u> Deo

대영광송은 초기 그리스도교의 중심이었던 동방교회에서 나타난 찬미가로 그리스어로 불렸는데, 이를 4c 중반 푸아티에Poitier의 주교, 聖 힐라리우스(힐라리오)*St. Hilarius* (c.310-c.367)가 이탈라역[49]을 기초로 서방의 언어인 라틴어 번역을 했다고 전통적으로 간주하고 있다. 그는 359-360년간 동방에 머물며 이 찬미가를 알게 되었고 라틴어로 번역하게 되는데 당시의 이탈라역 경전에 기초하여 '높은 곳'을 (1) 'excelsis'라고 번역했다. 하지만 현재 로마 가톨릭 교회의 공인된 라틴어 성경인 불가타역에는 (1)이 아닌 (2) 'altissimis'라고 번역되어 있다. 즉, 힐라리우스(힐라리오)가 참조한 이탈라역 단어가 불가타역에서 바뀌었다.(두 단어는 동의어임) 그러나 불가타역에서 단어가 달라졌음에도 라틴어 기도문은 처음 썼던 그대로 'excelsis'를 쓰고 있다.

전례에서 언제 쓰이는지 살펴보면, 동방교회에서는 성무일도 중 주일과 축일의 아침기도에서 부르며, 로마 가톨릭 교회는 미사 중 서서 Kyrie 다음 모두 함께 노래하거나 교우들과 성가대가 교송한다. 노래하지 않을 경우는 함께 혹은 교대로 낭송한다. 부르는 시기는 대림 시기와 사순 시기 밖의 모든 주일, 성주간 목요일, 파스카 성삼일, 축일, 대축일, 성탄 및 부활 팔일 축제 기간과 지역 교회에서 성대하게 지내는 특별한 미사다. 전례주년 중 특별히 제외된 대림 시기는 주님의 성탄을 기다리며 경건하게 기도할 때이고 사순 시기는 주님의 수난을 묵상하며 참회와 속죄를 하는 시기라 기쁨과 환희를 드러내는 축제적 성격의 찬미가인 대영광송을 부르지 않는다.

라틴어 기도문과 한국 천주교 번역 기도문은 다음과 같다.

Glória in excelsis Deo
et in terra pax homínibus bonæ voluntátis.
Laudámus te,
benedícimus te,
adorámus te,
glorificámus te,
grátias égimus tibi propter magnam glóriam tuam,
Dómine Deus, Rex cæléstis,
Deus Pater omnípotens.
Dómine Fili unigénite, Iesu Christe,
Dómine Deus, Agnus Dei, Fílius Patris,
qui tollis peccáta mundi, miserére nobis.
qui tollis peccáta mundi, súscipe deprecatiónem nostram.
Qui sedes ad déxteram Patris, miserére nobis.
Quóniam tu solus Sanctus, tu solus Dóminus,
      tu solus Altíssimus,
Iesu Christe, cum Sancto Spíritu: in glória Dei Patris.
Amen.

† 하늘 높은 데서는 하느님께 영광
○ 땅에서는 주님께서 사랑하시는 사람들에게 평화.
● 주 하느님, 하늘의 임금님
○ 전능하신 아버지 하느님,
● 주님을 기리나이다, 찬미하나이다.
○ 주님을 흠숭하나이다. 찬양하나이다.
● 주님 영광 크시오니 감사하나이다.
○ 외아들 주 예수 그리스도님
● 주 하느님, 성부의 아드님
○ 하느님의 어린양,
● 세상의 죄를 없애시는 주님, 저희에게 자비를 베푸소서.
○ 세상의 죄를 없애시는 주님, 저희의 기도를 들어주소서.
● 성부 오른편에 앉아계신 주님, 저희에게 자비를 베푸소서.
○ 홀로 거룩하시고, 홀로 주님이시며, 홀로 높으신 예수 그리스도님,
◎ 성령과 함께 아버지 하느님의 영광 안에 계시나이다. 아멘

그레고리오 성가 미사곡 모음집, 『Kyriale』에는 Gloria가 15개의 미사곡 중에 각기 다른 곡으로 포함되어 있고, 자유 선택곡(Cantus ad Libitum)으로는 네 곡이 수록되어 있다. 그중 가장 많이 알려진 Missa Ⅷ, de Angelis (Kyriale 8번째 미사곡)에 포함된 Gloria를 소개한다.

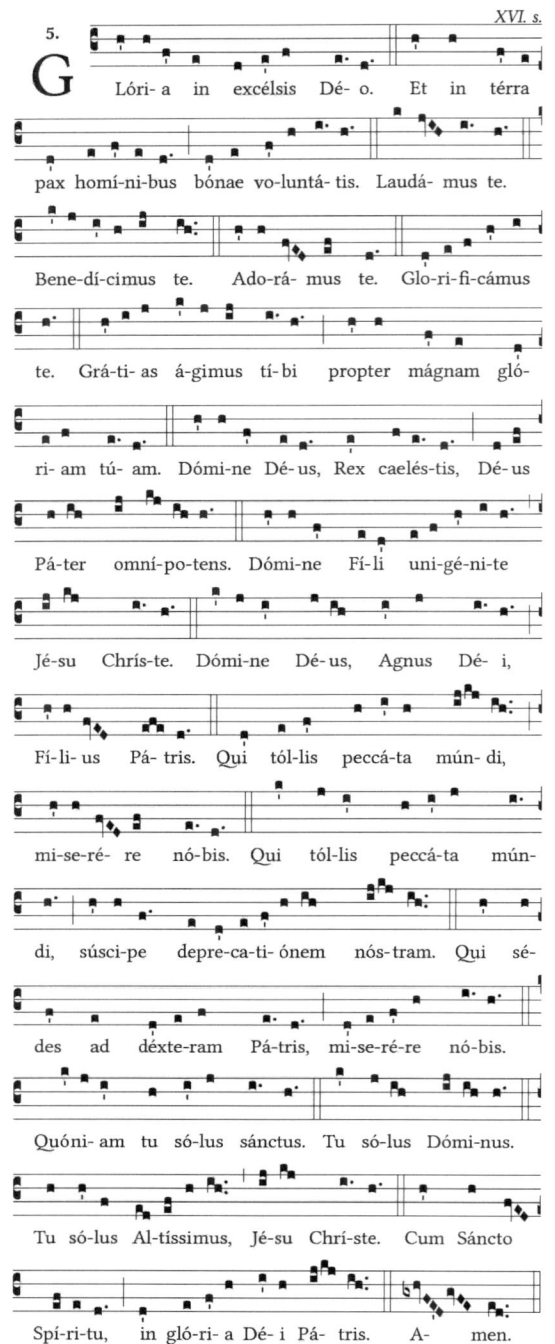

 주요 작곡가

Gloria는 미사 통상문 중 하나이기에 미사곡에 포함되어 작곡되는 것이 일반적이다. 그러나 몇몇 작품은 독립곡으로 작곡되었는데 그중 라틴어 기도문을 쓴 몇몇 작곡가들을 소개한다.

- Antonio Vivaldi (1678-1741)
  - RV 588, RV 589
- Johann Sebastian Bach (1685-1750)
  - BWV 191, 바흐 칸타타 中 유일한 라틴어 곡
- George Frideric Handel (1685-1759)
  - HWV deest, Sop. solo
- Camille Saint-Saëns (1835-1921)
  - 교향곡 3번을 기초하여 기도문을 붙였다.
- Francis Poulenc (1899-1963)
- William Walton (1902-1983)
- John Rutter (b.1945~)
- Karl Jenkins (b.1944~)
  - Gloria의 원 기도문을 따라 사이사이에 다른 문장을 삽입하여 낭독하며 총 5악장으로 구성된다.

✚ 『Kyriale』에 수록된 미사곡

『Graduale Romanum(1961,1974)』에는 미사 통상문 미사곡만을 모아 한 장章으로 구성하고 있는데 그 장의 이름이 「KYRIALE」이다. 여기에는 18개의 미사곡, 6곡의 Credo, 자유롭게 선택해서 부를 수 있는 곡(Cantus ad Libitum)이 수록되어 있다. 새롭게 출간된 『Graduale Novum I(2011)』에는 미사곡 전체와 Credo I-IV까지[50], 나머지 Credo V와 VI 그리고 Cantus ad Libitum은 『Graduale Novum II (2018)』에 수록되어 있다.[51]

번호	시기, 미사 등급	곡명	Kyrie	Gloria	Sanctus	Agnus Dei
I	부활 시기	*Lux et Origo*	○	○	○	○
II	대축일	*Kyrie fons bonitatis*	○	○	○	○
III	대축일	*Kyrie Deus sempiterne*	○	○	○	○
IV	사도 관련 축일	*Cunctipotens genitor Deus*	○	○	○	○
V	미지정 *	*Kyrie magnæ Deus potentiæ*	○	○	○	○
VI		*Kyrie rex Genitor*	○	○	○	○
VII		*Kyrie rex splendes*	○	○	○	○
VIII		*De angelis*	○	○	○	○
IX	성모 관련 (대)축일	*Cum iubilo*	○	○	○	○
X	성모 관련 축일·기념일	*Alme Pater*	○	○	○	○
XI	연중 시기 주일	*Orbis factor*	○	○	○	○
XII	미지정 *	*Pater cuncta*	○	○	○	○
XIII		*Stelliferi conditor orbis*	○	○	○	○
XIV		*Iesu Redemptor*	○	○	○	○
XV		*Dominator Deus*	○	○	○	○
XVI	연중 시기 평일 **	없음	○	X	○	○
XVII	대림·사순 시기 주일 **	*Kyrie salve*	○	X	○	○
XVIII	대림·사순 시기 및 죽은 이를 위한 미사 평일 **	*Deus genitor alme*	○	X	○	○

* 1961년판에는 전례일 급수에 따라 지정되어 있었으나, 1974년판에는 급수 폐지로 미지정으로 변경되었다.
** 이 시기는 대영광송(Gloria)을 생략한다.

- Credo I-VI
- Cantus ad Libitum
  ‣ Kyrie (I-XI)
  ‣ Gloria (I-IV)
  ‣ Sanctus (I-III)
  ‣ Agnus Dei (I-II)

15 신경(Credo) 탄생 이야기

신경信經은 한마디로 '신앙 고백'이다. 신경의 내용을 찬찬히 보면 그리스도교인들이 반드시 의심 없이 무조건 믿어야 하는 교리doctrine와 신조creed를 담고 있다. 이 신경은 1-2c에도 존재했다. 동일 기도문으로 회중이 모여 기도하는 형태는 아니었지만 나의 믿음의 신조를 고백하고 그리스도교인임을 증거하는 수단이었다. 그렇다면 교회의 공식적인 신경은 언제 어떻게 탄생하게 되었을까? 과연 순수한 신앙 고백을 위해 만들어졌을까?

사도 시대 이후, 예수 그리스도의 인성과 신성에 대한 다양한 해석이 난무했다. 인성 측면에서 "그는 하느님인가? 인간인가? 아니면 둘 다 가졌는가?" 또한, 신성에 대해서도 "만일 하느님이 유일한 분이라면 그리스도는 어떻게 하느님이 될 수 있는가? 그럼 하느님은 둘이란 말인가?"라는 물음이 이 시대를 관통했다. 그리스도 이전 시대에서는 야훼 하느님으로 정리가 확실했지만, 예수가 그리스도라는 믿음 안에서 그의 정체성, 즉 하느님과의 관계, 신성과 인성의 위상 등을 분명히 할 필요가 생겼다.

먼저 성부 하느님 중심의 단일신론Monarchianism[52]의 해석이다. 기본 전제는 성자 예수의 신성이 성부 하느님보다 낮아야 했다. 만약 동급이라면 하느님이 둘이 된다는 것을 의미하고 단일신론에서 설명할 수 없게 되는 모순에 빠지게 된다. 그럼 2c 초 대표적인 두 단일신론을 살펴보자.

■ 양자설 (Adoptionism)

이는 그리스도가 순수한 인간으로 태어나 성장하였다는 사실에 바탕을 두고 하느님과의 일치를 보존하려 하였다. 그리스도는 본성상 하느님이 아니라 세례를 받을 때 성령을 받아 여러 기적의 능력을 얻고 하느님이 양자養子로 삼아 하느님의 아들이 되었다는 주장이다. 때문에 양자 예수는 성부 하느님과 신성에서 같지 않다고 가르쳤다. 즉, 단일신은 성부 하느님 한 분뿐이시기 때문에 성자는 성부에 종속된 존재라 주장했다. 초기 그리스도교인들은 거의 이렇게 받아들이고 있었다. 2c 말 비잔티움의 테오도투스Theodotus가 처음 주창하였고 로마에서 활동하다 뒤에 사모사타의 주교 파울루스Paulus와 시르미움의 포티누스Photinus가 물려받았으나 성과를 거두지 못하고 파문된다.

■ 양태설 (Modalism)

이는 양자설과 달리 성부와 성자를 같은 하느님으로 보고 있다. 하느님은 한 분뿐이시지만 각 상황에 따라 여러 양태樣態로 나타나신다는 주장이다. 이것은 마치 '한 남자'가 자녀들에게는 아버지로, 어머니에게는 아들로, 아내에게는 남편으로 나타나는 것과 같다는 해석이다. 따라서 성부, 성자, 성령의 위격을 구분할 수 없고 각각의 객체로 존재할 수 없다고 주장한다. 아버지, 아들, 남편은 양태일 뿐이고 본질은 '한 남자'이기 때문이다. 그러므로 성자의 수난도 결국 성부께서 예수의 양태로 당하신 것이기에 성부수난설Patripassianism이라고 부른다. 대표 주창자는 사벨리우스Sabellius이며 교황 칼리스투스 1세Callistus PP. I(재위 217-222)에 의해 단죄된다.

이렇게 단일신론은 예수의 신성을 약화시키거나 부인하는 신학적 해석으로 성부 하느님 중심의 그리스도론을 폈다.

■ 가현설 (Docetism)

또 다른 주장은 가현假現설로 그리스도는 완전한 신이며 본성상 인간이 아니라는, 즉 인성을 부정한다. 예수께서는 잠시 인간의 몸을 빌려 그 안에 거했을 뿐 본질적으로는 인간의 육신을 입지 않았고, 따라서 십자가에서 하느님의 아들 그리스도가 죽은 것이 아니라 인간 예수가 죽었다고 주장한다. 이는 영지주의Gnosticism적 교리인 물질과 영혼의 뚜렷한 이원론Dualism을 가지고 우주를 바라보기 때문이다. 그래서 이 세상의 물질은 악마의 창조물 혹은 부산물로 여기고 신의 피조물인 영혼이 악마의 창조물인 육체(물질)에 갇혀 있으므로 비밀스런 실천으로 얻을 수 있는 영지Gnosis를 통해서만 벗어날 수 있다고 믿었다. 그러므로 신적 기원을 가진 그리스도 로고스가 연약하고 비참한 악마의 창조물로 육화되는 것이 불가능하므로 지상의 수난 행적을 모두 부정한다.

지금까지 살펴본 단일신론이나 이원론에 근거한 예수의 정체성 해석은 '하느님과 격이 같지 않다.' 혹은 '진짜 인간이 아니었다.' 라면서 하나를 버려야 설명할 수 있었다. 그런데 이 모두를 아우르는 하나의 믿을 교리(교의)가 만들어지는데 승리한 정통 그리스도론인 삼위일체론이 그것이다.

■ 삼위일체론 (Trinity)

삼위일체의 신학적 근거나 배경, 해석은 여기서 다루지 않는다. 다만 위 세 주장의 역설로 삼위일체론을 살펴보고자 한다. 바트 어만Ehrman은 이를 **정통-역설**Ortho-Paradoxes이라고 했다.[53]

첫 번째, 양자설의 역설은 하느님께 예수는 종속되어 있지 않고 하느님과 동등한 신적 존재다.
두 번째, 양태설의 역설은 세 양태는 분리될 수 있고 각각은 동일한 위격을 갖는다.
세 번째, 가현설의 역설은 분명 예수는 말씀이 사람이 되신 분, 즉 인간이다.

위 역설들을 한데 모은 결과가 공교롭게도 삼위일체론으로 설명이 된다고 어만은 주장했다.

> *성부, 성자, 성령의 세 위격이 있는데*
> *그들은 모두 하느님이지만, 하느님은 오직 한 분뿐이시다.*
> *한 분 하느님은 세 위격으로 현시되며*
> *세 위격은 셋으로 구별되나 본질에서는 일치한다.*

이러한 여러 설은 교파로 발전했는데 당연히 자신들의 교세를 확장하여 지배력과 우월성을 가지려 했고 이러한 교파 간에 경쟁은 상대를 이단으로 몰아 제거할 목적으로 믿을 교리(교의)를 만들었는데 그것이 바로 정통을 주장한 삼위일체파가 아리우스파를 제거하기 위해 만든 신경이다.

아리우스파Arianism는 양자설에 기반하여 알렉산드리아Alexandria 사제 아리우스*Arius* (250/256-336)에 의해 주창된 교파이다. 아리우스파는 오직 하느님만이 시작이 없이 존재했고 성자는 하느님에 의해 창조된 피조물로 하느님과 본질의 관점에서 같지 않아 하느님보다 열등한 반신半神의 개념이다. 다시 말해 신성을 완전히 부정한 것은 아니고 하느님보다 등급이 낮은 신성을 가졌다는 의미로 성부께 드리는 예배와 동등한 격으로 성자께 드릴 수 없다는 주장을 했고 삼위일체파에게는 위험한 도전이었다. 결국, 승부를 내야 하는 힘겨루기가 불가피했다.

로마 황제 콘스탄티누스 1세는 313년 밀라노 칙령으로 그리스도교를 인정하면서 종교를 통해 사회, 문화적으로 분열된 제국을 일치시키려 했다. 그런데 아리우스파가 로마 제국 전역에 유포되면서 제국 전체가 삼위일체 논쟁으로 분분해졌고 아리우스파와 삼위일체파의 대립은 그를 곤혹스럽게 했다. 그는 종교를 통한 일치, 즉 보편된 교리가 필요했고 이를 해결해야 했다. 이를 위해 역사적인 《니케아 공의회(325)》가 열린다. 공의회는 아리우스의 가르침과 그 동조자 에우세비우스*Eusebius*의 변론을 들었지만 받아들여지지 않았고 참석한 주교들은 하나의 신경을 작성한 후 서명했다. 물론 아리우스는 서명을 거부했고 일리리쿰Illyricum으로 유배를 간다. 후에 사면으로 콘스탄티노폴리스에 돌아오지만 객사한다. 그는 죽었지만 서로마제국과 특히 게르만족에 대대적으로 전교되어 5c 말까지 중흥하다가 게르만족 왕국들이 멸망하거나 가톨릭으로 개종하면서 몰락하게 된다.

다음은 이때 작성된 '니케아 신경'[54]이다. 삼위일체파 믿음의 정통 교리를 확인해 보자.

우리는 한 분이신 하느님을 믿는다.
그분은 전능하신 아버지이시며, 유형무형한 만물의 창조주이시다.
그리고 우리는 한 분이신 주 예수 그리스도를 믿는다.
그분은 하느님의 외아들이시며,
아버지에게서 나셨으며,
곧 아버지의 본질에서 나셨다.
하느님에게서 나신 하느님이시며,
아버지와 본질에서 같으시다.
그분으로 말미암아 만물이,
하늘에 있는 것들이나 땅에 있는 것들이 생겨났다.
그분은 우리 인간을 위하여,
우리의 구원을 위하여 내려오시어 육신을 취하시고, 사람이 되셨으며,
고난을 받으시고,
사흘날에 부활하시고,
하늘로 올라가셨으며,
산 이와 죽은 이들을 심판하러 오실 것이다.
그리고 우리는 성령을 믿는다.
"그분이 존재하지 않은 시대가 있었다.", "나시기 전에 존재하지 않았다."하고 말하는 사람들을,
또는 비존재에서 생겨났다거나, 다른 히포스타시스(hypostasis) 또는 우시아(ousia)에서 존재한다고
말하는 사람들을, (여기서, 히포스타시스는 '위격', 우시아는 '본질'이라는 뜻이다.)
또는 하느님의 아들은 창조되었으며, 변할 수 있으며, 달라질 수 있다고 말하는 사람들을,
보편되고 사도로부터 이어오는 교회에서 파문한다.

이렇듯 신경이 '믿을 교리'를 확정하고 정통과 이단을 구분하는 확실한 수단으로 이용했다는 것은 부정할 수 없다. 이에 '믿을 교리' 중 일부는 이단의 주장에 대한 반박, 방어 교리의 성격도 가진다. 그래서 아리우스의 하느님과 그리스도의 '유사 본질homoiousios'에 대한 반박으로 '동일 본질homoousios', 즉 '아버지와 본질에서 같으시다'라고 명시했고, 또한 신경 끝에 파문 대상을 구체적으로 언급한 선언문을 보더라도 분명히 드러난다. 결국, 신경을 통해 삼위일체를 부정하는 아리우스파 사람들을 '파문한다'고 선언하는 것, 이것이 니케아 신경을 통해 진짜 하고 싶었던 이야기일 수 있다. 이렇게 최초의 공식적인 신경은 탄생하였고, 381년 삼위일체론을 더욱 확고히 하고 세가 꺾이지 않던 아리우스파를 비롯한 다른 교리를 가진 모든 교파를 이단으로 확정, 단죄하기 위해 열린 《콘스탄티노폴리스 공의회》에서 니케아 신경의 개정판인 **'니케아-콘스탄티노폴리스 신경'**이 공인되어 지금까지 사용되고 있다.

이 외에도 로마 교회의 세례 신경이라고 하는 **'사도 신경'**이 있는데 초대 교회 사도들이 가진 믿음의 고백 형식이 3c 이래로 다듬어져 4c에 사도 신경이라는 이름이 붙여졌다. 10c 경 완결된 형태로 오토 대제*Otto der Große* (912-973)에 의해서 니케아-콘스탄티노폴리스 신경과 함께 서방교회에서 공식 사용되기 시작했다.

現 『로마 미사 경본*Missale Romanum*』에는 니케아-콘스탄티노폴리스 신경 대신에, 특히 사순 시기와 부활 시기에는 이른바 사도 신경 곧 로마 교회의 세례 신경을 바칠 수 있도록 규정하고 있다.65)

다음은 니케아-콘스탄티노폴리스 신경이다. (원문은 그리스어이며 라틴어로 번역되었다.)

Credo in unum Deum,
Patrem omnipoténtem,
factórem cæli et terræ,
v sibílium ómnium et invisibílium.
Et in unum Dóminum Iesum Christum,
Fílium Dei Unigénitum,
et ex Patre natum ante ómnia sǽcula.
Deum de Deo, lumen de lúmine, Deum verum de Deo vero,
génitum, non factum, consubstantiálem Patri:
per quem ómnia facta sunt.
Qui propter nos hómines et propter nostram salútem descéndit de cælis.
Et incarnátus est de Spíritu Sancto
ex María Vírgine, et homo factus est.
Crucifíxus étiam pro nobis sub Póntio Piláto;
passus, et sepúltus est,
et resurréxit tértia die, secúndum Scriptúras,
et ascéndit in cælum, sedet ad déxteram Patris.
Et íterum ventúrus est cum glória,
    Iudicáre vivos et mórtuos,

---

65) 로마 미사 경본 | 미사 통상문 19항

cuius regni non erit finis.
Et in Spíritum Sanctum, Dóminum et vivificántem:
qui ex Patre Filióque procédit.
Qui cum Patre et Fílio simul adorátur et conglorificátur:
qui locútus est per prophétas.
Et unam, sanctam, cathólicam et apostólicam Ecclésiam.
Confíteor unum baptísma in remissiónem peccatórum.
Et expécto resurrectiónem mortuórum,
et vitam ventúri sǽculi. Amen.

† 한 분이신 하느님을
◎ 저는 믿나이다.
전능하신 아버지, 하늘과 땅과 유형무형한 만물의 창조주를 믿나이다.
또한 한 분이신 주 예수 그리스도, 하느님의 외아들
영원으로부터 성부에게서 나신 분을 믿나이다.
하느님에게서 나신 하느님, 빛에서 나신 빛
참 하느님에게서 나신 참 하느님으로서, 창조되지 않고 나시어
성부와 한 본체로서 만물을 창조하셨음을 믿나이다.
성자께서는 저희 인간을 위하여, 저희 구원을 위하여
하늘에서 내려오셨음을 믿나이다.

밑줄 부분에서 모두 깊은 절을 한다.

<u>또한 성령으로 인하여 동정 마리아에게서 육신을 취하시어</u>
사람이 되셨음을 믿나이다.
본시오 빌라도 통치 아래서 저희를 위하여
십자가에 못박혀 수난하고 묻히셨으며
성서 말씀대로 사흘날에 부활하시어
하늘에 올라 성부 오른편에 앉아계심을 믿나이다.
그분께서는 산 이와 죽은 이를 심판하러 영광 속에 다시 오시리니
그분의 나라는 끝이 없으리이다.
또한 주님이시며 생명을 주시는 성령을 믿나이다.
성령께서는 성부와 성자에게서 발하시고
성부와 성자와 더불어 영광과 흠숭을 받으시며
예언자들을 통하여 말씀하셨나이다.
하나이고 거룩하고 보편되며
사도로부터 이어오는 교회를 믿나이다.
죄를 씻는 유일한 세례를 믿으며
죽은 이들의 부활과 내세의 삶을 기다리나이다.
아멘.

Kyriale에는 총 여섯 곡이 수록되어 있는데 그중 가장 많이 부르는 Credo III 을 소개한다.

■ Crucifixus (십자가에 못박혀)

니케아-콘스탄티노폴리스 신경 中 'Crucifíxus étiam pro nobis sub Póntio Piláto; passus et sepúltus est(본시오 빌라도 통치 아래서 저희를 위하여 십자가에 못박혀 수난하고 묻히셨으며)'를 가사로 작곡한 노래다. 많지는 않지만 전해지는 곡들이 상당히 뛰어나고 유명하다.

- Claudio Monteverdi (1567세례-1643)   ▸ à 4
- Antonio Caldara (c.1670-1736)   ▸ à 16
- Antonio Lotti (1667-1740)   ▸ à 6, 8, 10
- J. S. Bach (1685-1750)   ▸ B 단조 미사곡 中

16 부속가 (Sequentia)

부속가Sequentia를 가장 많이 접하는 음악 장르는 레퀴엠이다. 우리가 잘 알고 있는 Mozart 레퀴엠 중 부속가, Dies iræ는 19연聯 전체를 여섯 곡으로 묶어 썼다. 레퀴엠 전곡 중 부속가가 절반 정도 차지하니 그 비중을 짐작할 수 있다.

그럼 부속가에 왜 관심을 가져야 할까? Dies iræ를 포함한 현존하는 부속가 다섯 곡 모두가 어마어마한 교회음악의 보물이기 때문이다. 이에 교회음악뿐 아니라 서양음악에 끼친 영향은 가히 대단하다고 할 수 있다. 따라서 미사 전례 중, 이 부속가들이 어떻게 쓰였으며 그 유래는 무엇인지 살펴보는 것은 부속가를 이해하는데 매우 중요하다.

■ 트로푸스Tropus로부터

8c 중반 이후 프랑크 왕국 카롤링거 왕조의 초대 왕 小페팽(714-768)이 로마 교황청과 서로의 정치적 목적으로 손을 잡은 이후 小페팽의 장자, 샤를마뉴(742-814)가 본격적으로 로마 성가와 갈리아 성가를 통합하고 유럽 각지로 보급하면서 많은 성가들이 정리되고 모이기 시작했다. [24장 참조] 이후 10-12c를 지나며 기보법의 발달로 그 수는 급속도로 늘어났다. 이렇게 만들어진 레퍼토리들이 그레고리오 성가이고 다성 음악의 시대가 오기 전까지 최고의 전성기를 보낸다. 그 시절 교회에는 기념하는 성인들의 숫자가 점점 늘어나고 성모님의 축일들도 여럿 생기면서 전례력이 축일들로 가득 차게 되어 교회는 각 축일들과 행사에 적합한 미사와 성무일도를 위한 새로운 성가들이 필요했다. 이 성가들은 새로이 작곡되기도 했지만, 기존 그레고리오 성가에 새로운 가사나 선율을 첨가하는 방식을 취하기도 했는데 이러한 방식을 트로푸스Tropus라고 부른다.

트로푸스는 크게 세 가지 방식으로 노래한다.[55]

(1) 가사가 없는 멜리스마에 새로운 가사를 붙이는 것으로서 그 가사는 한 음절에 음 하나씩 1대1로 붙이는 방식

(2) 기존 성가의 끝에 가사 없이 선율만 추가하여 기존 성가 마지막 가사의 모음을 추가한 선율에 얹어서 부르는 방식. 기존의 성가를 축일이나 특별한 행사에 적합하도록 더 화려하게 만드는 역할

(3) 성가의 원형은 그대로 유지하면서 대신 새로운 가사와 음악을 기존 성가의 도입부 또는 행과 행 사이에 삽입하는 방식. 트로푸스 부분은 독창자가, 기존 곡은 합창이 나눠서 부름

초기에는 수도원 내에서만 부르다가 속세로 퍼져나가며 하나의 장르로 자리를 잡았고 수많은 그레고리오 성가들이 재탄생하게 되었다. 그 가운데 부속가도 포함된다. 물론 처음부터 부속가가 있었던 것은 아니고 미사 중 알렐루야를 트로푸스 방식으로 부르다가 트로푸스 부분을 알렐루야와 분리하여 '부속가'라고 이름 붙인 것이다.

■ 부속가의 역사

이제 위 세 가지 트로푸스 방식으로 '알렐루야'를 어떻게 확대 재생산했는지 확인해 보자.

미사 중 복음 전 노래로 알렐루야를 부르는데 좀 더 큰 환희를 표현하려고 맨 마지막 (2)**"야"를 멜리스마 선율을 넣어서 길게 불렀다.** 이게 점점 길어지니 성가책이 없던 시절 외우기가 보통 어려운 게 아니었다. 그래서 가사를 붙이면 외우기 쉽겠다는 생각에 "야~"로 하던 긴 선율에 해당 축일의 의미를 강조하거나 성경 말씀의 주해, 혹은 교리에 (1) **잘 어울리는 가사를 붙여 노래했다.** 결과적으로 알렐루야에 바로 이어 부르는 노래로 '따라가다'의 뜻인 'sequor'의 명사 'sequentia'라는 이름이 붙여졌고, 한자어 역시 부속附續66)된, 즉 딸린 노래라고 해서 부속가라고 명명되었다. 이렇게 해서 축일, 대축일, 각종 기념일 등 거의 모든 미사에 수많은 부속가들이 생겨났다. 16c에 이르러서는 5,000개가 넘었다고 하니, 부속가는 미사 중 부르는 일상적이고 대중적인 노래로 자리를 잡았다. 그 양과 대중성은 수도원이나 지역 교구, 본당에 그들만의 부속가집이 있었다는 사실이 이를 증명한다.

'부속'이라는 단어에서도 알 수 있듯이 해당 미사의 성경 말씀, 기념해야 할 사건이나 성인 혹은 그에 따른 교리 등을 다시 한번 반복하는 것이기에 의무적으로 부를 만큼 미사에 반드시 필요한 부분은 아니었다. 또한, 특정 전례일의 고유문임에도 다른 멜로디 혹은 가사를 가진 공통의 성가가 아니라서 보편 교회의 원칙과 위상이 흔들리게 된다. 결국, 무분별한 부속가 사용에 문제를 인식한 교회는 《트리엔트 공의회(1545-63)》에서 중요 네 곡만 남기고 모두 사용을 금지시켰다. 이때 남겨진 네 곡은 주님 부활 대축일, 성령 강림 대축일, 지극히 거룩하신 그리스도의 성체 성혈 대축일, 죽은 이를 위한 미사를 위한 부속가다. 여기서 죽은 이를 위한 미사를 제외하고 모두 그리스도교가 탄생하게 된 가장 중요한 사건을 교회의 보편 전례력 안에서 기념한다. 주님 부활로 교회의 불씨가 시작되어 성령 강림으로 교회가 설립되고 예수께서 제정하신 성체성사를 통해 생명의 양식에 대한 감사와 나눔의 신비를 체험한다. 따라서 전례주년 안에서 매우 중요하고 의미가 깊은 날이므로 부속가를 통해 그날의 교리를 한 번 더 강조하는 것이다. 그리고 '복되신 동정 마리아의 7가지 슬픔' 축일이 교황 베네딕토 13세Benedictus PP. XIII (재위 1724-30)에 의해 1727년 공인되면서 로마 보편 전례력에 들어오게 되는데 이 축일 미사에 부속가가 추가된다.

이후 《제2차 바티칸 공의회(1962-65)》에서 부속가는 몇 가지 변화를 맞이한다. 《트리엔트 공의회》에서 채택된 죽은 이를 위한 미사의 부속가가 제외되어 《바티칸 II》 이후부터는 네 개의 부속가만을 정해진 미사에서 부르게 된다.

정해진 미사 중 주님 부활 대축일과 성령 강림 대축일을 위한 두 개의 부속가는 의무적으로 불러야 하고, 지극히 거룩하신 그리스도의 성체 성혈 대축일과 고통의 성모 마리아 기념일(9월15일)을 위한 부속가는 자유로이 할 수 있다. 또한, 알렐루야와 부속가의 위치가 바뀌어 부속가를 먼저, 그다음 알렐루야를 부르게 되었다.67) 이는 부속가가 알렐루야에 부속된 음조가 아니라 운문 찬미가와 비슷한 형식으로 만들어진 독립된 성시로 재해석되었고 복음 전 노래의 첫 자리는 부속가가 아니라 알렐루야임을 보여주는 것이다.

---
66) 附:붙을 부, 續:이을 속 ; 딸려 붙는다는 뜻의 附屬과는 '屬(붙을 속)'자가 다르다.
67) 로마 미사 경본 총지침 64항 참조

■ 부속가 종류

(1) **Victimæ pascháli laudes** (파스카의 희생께 찬미드려라)는 '주님 부활 대축일'에 노래한다. 여기서 파스카의 희생은 예수 그리스도를 말하며, 파스카는 죽음에서 부활로 건너옴을 의미한다. [23장 참조]

(2) **Veni Sancte Spíritus** (오소서, 성령이여)는 '성령 강림 대축일' 전야 미사와 와 낮 미사에 노래한다. 이 축일은 예수 부활 후 50일째 되는 날(오순절五旬節[56])에 사도들에게 성령께서 강림하심으로써 그리스도께서 하시던 일이 완성되었음을 경축하였다. 또한, 예수님의 제자들이 성령으로 충만한 가운데 복음을 선포하면서 여러 민족들에게 복음이 전파되기 시작하였다. 그래서 이날을 새로운 하느님의 백성인 교회가 탄생한 날로 본다. [19장 참조]

(3) **Lauda Sion Salvatórem** (시온이여, 구세주를 찬양하라)은 '지극히 거룩하신 그리스도의 성체 성혈 대축일'에 노래한다. 이 대축일은 예수님께서 성체성사를 성목요일에 제정하신 것과 성체성사의 의미와 은총을 기념하기 위하여 제정되었다. 이 부속가는 聖 토마스 아퀴나스가 쓴 성체 찬미가 5개 중 하나다. [18장 참조]

(4) **Dies iræ** (진노의 날)는 '죽은 이를 위한 미사'에서 노래했다. 여기서 중요한 사실은 Dies iræ가 현재 죽은 이를 위한 미사에서 제외된 것이다. 그 이유는 하느님 나라에서 영원한 안식을 누리길 기원하는 미사에서 심판과 종말을 언급하는 것이 마땅하지 않다고 본 것이다. 또한 '장례식은 그리스도인 죽음의 파스카 성격을 더욱 명백히 드러내야' 한다는 《바티칸 II》 전례 헌장 81항을 반영하여 『미사 독서 Lectionarium(1970-1972)』에서 제외했다. 그러나 음악적인 측면에서는 여전히 훌륭한 주제가 되고 있다. [25~27장 참조]

(5) **Stabat Mater** (고통의 성모)는 13c 경 작시된 성모 찬미가인데 예수 그리스도의 십자가형을 바라보는 성모님의 고통을 묘사하는 내용이다. 이러한 '고통의 성모'를 기억하는 신심이 꾸준히 이어오면서, 15c 경 지역별 혹은 특정 수도원을 중심으로 지내던 축일 미사에 부속가로 불리었지만, 《트리엔트 공의회(1545-63)》에서 부속가들을 정리하면서 함께 제외되었다가 1727년 교황 베네딕토 13세가 '복되신 동정 마리아의 7가지 슬픔'이라는 축일을 공인하면서 Stabat Mater를 미사의 부속가로 부활시켜 지금에 이르고 있다. 현재 9월15일 '고통의 성모 마리아 기념일'에 자유로이 할 수 있다. [17장 참조]

소개한 부속가 다섯 곡의 채택과 제외된 시기를 아래와 같이 정리해보았다.

부속가를 부르는 미사와 곡명	트리엔트 공의회 (1545-63)	바티칸 II (1962-65)
주님 부활 대축일 Victimæ pascháli laudes	채택	유지
성령 강림 대축일 Veni Sancte Spíritus	채택	유지
그리스도의 성체 성혈 대축일 Lauda Sion	채택	유지
죽은 이를 위한 미사 Dies iræ	채택	제외
고통의 성모 마리아 기념일 Stabat Mater	제외	1727년 교황 베네딕토 13세 채택

모든 부속가는 노래로 하는 미사Missa in cantu에서 그레고리오 성가로 부르는 것이 적절하다. 부속가별로 그레고리오 성가와 주요 작곡가들을 소개한다. 라틴어 가사의 번역은 앞에서 참조하라고 언급한 장에서 확인한다.

(1) Victimæ pascháli laudes

주요 작곡가

- Antoine Busnois (1430-1492)
- Josquin de Prez (c.1450~55-1521)
- Hans Buchner (1483-1538)
- Adrian Willaert (c.1490-1562)
- Orlande de Lassus / Lasso (1532/30-1594)
- Giovanni Pierluigi da Palestrina (c.1525-94)
- Fernando de las Infantas (1534-c.1610)
- Tomas Luis de Victoria (c.1548-1611)
- William Byrd (c.1539/40 or 1543-1623)
- Lorenzo Perosi (1872-1956)
  ▸ Oratorio 'La risurrezione di Cristo' 中

(2) **Veni Sancte Spíritus**

🎼 주요 작곡가

- John Dunstaple (c.1390–1453)
- Guillaume Dufay (c.1397–1474)
- Josquin de Prez (c.1450~55–1521)
- Adrian Willaert (c.1490–1562)
- Orlande de Lassus / Lasso (1532/30–94)
- Giovanni Pierluigi da Palestrina (c.1525–94)
- Tomas Luis de Victoria (c.1548–1611)
- William Byrd (c.1539/40 or 1543–1623)
- Gregorio Allegri (1582–1652)
- Heinrich Schütz (1585–1672)
- George Frideric Handel (1685–1759)
- Johann Gottfried Schicht (1713–1823)
- Wolfgang Amadeus Mozart (1756–1791)
- Domenico Bartolucci (1917–2013)
- Morten Lauridsen (b.1943~)

(3) Lauda Sion Salvatórem

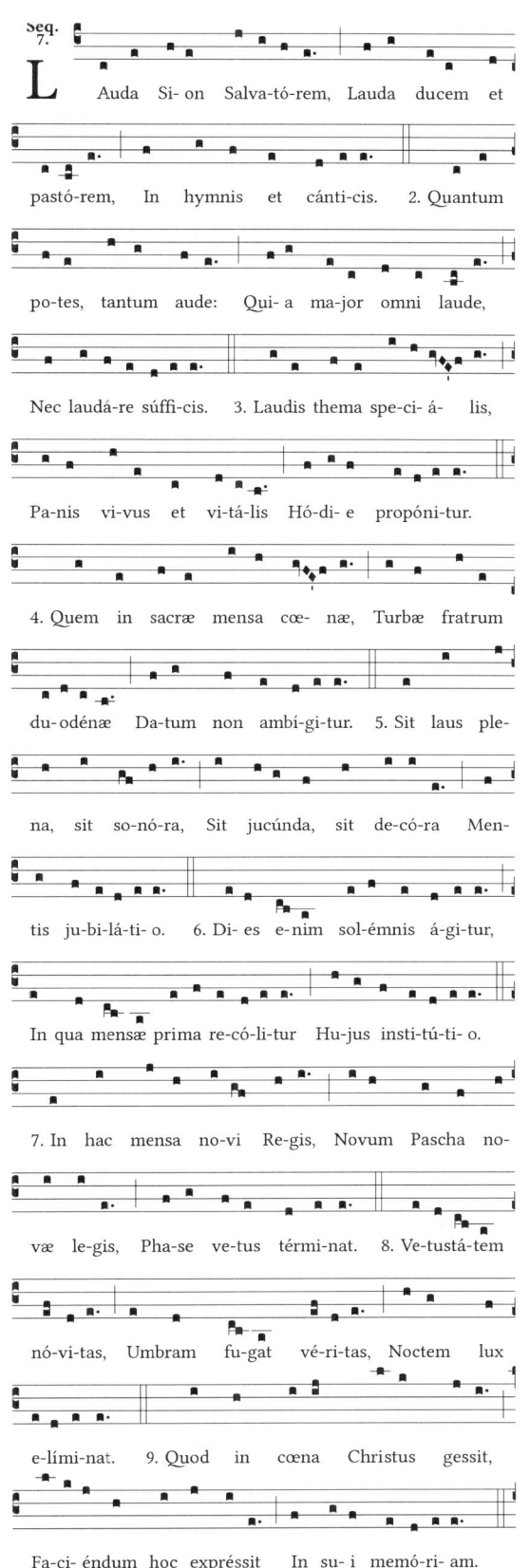

앞 쪽 계속

右 계속

Qui nos pascis hic mortá-les: Tu-os i-bi commensá-les, Cohe-rédes et sodá-les Fac sanctó-rum cí-vi- um. A- men. (Alle-lú-ia. *at Mass only.*)

🎼 주요 작곡가

- Orlande de Lassus / Lasso (1532/30-94)
- Giovanni Pierluigi da Palestrina (c.1525-94)
- Claudio Monteverdi (1567세례-1643)
- Dietrich Buxtehude (c.1637-1707)
- Francisco Valls (1665/71-1747)
- Luigi Cherubini (1760-1842)
- Felix Mendelssohn (1809-1847)

(4) **Dies iræ**(진노의 날)는 르네상스 시대에는 특별히 작곡하지 않았다. 그레고리오 성가를 그대로 수용했기 때문이다. 바로크 시대 이후 많은 작곡가들이 곡을 쓰기 시작했는데 19c 낭만 시대까지 대부분 작곡가들이 전체 19연을 작곡했다. Dies iræ는 단독으로 작곡되는 경우는 거의 없고, 레퀴엠에 포함되어 있다. 주요 작품들은 26장에서 확인한다.

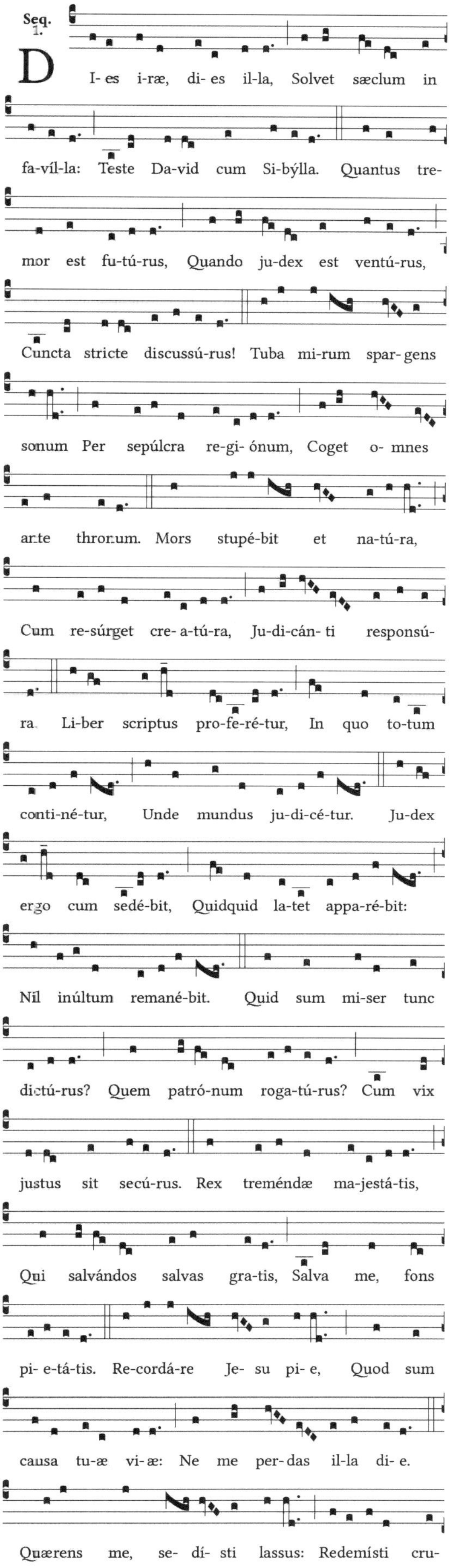

Seq. 1.

DIes iræ, dies illa, Solvet sæclum in favílla: Teste David cum Sibýlla. Quantus tremor est futúrus, Quando judex est ventúrus, Cuncta stricte discussúrus! Tuba mirum spargens sonum Per sepúlcra regiónum, Coget omnes ante thronum. Mors stupébit et natúra, Cum resúrget creatúra, Judicánti responsúra. Liber scriptus proferétur, In quo totum continétur, Unde mundus judicétur. Judex ergo cum sedébit, Quidquid latet apparébit: Nil inúltum remanébit. Quid sum miser tunc dictúrus? Quem patrónum rogatúrus? Cum vix justus sit secúrus. Rex treméndæ majestátis, Qui salvándos salvas gratis, Salva me, fons pietátis. Recordáre Jesu pie, Quod sum causa tuæ viæ: Ne me perdas illa die. Quærens me, sedísti lassus: Redemísti crucem passus: Tantus labor non sit cassus. Juste judex ultiónis, Donum fac remissiónis, Ante diem ratiónis. Ingemísco, tamquam reus: Culpa rubet vultus meus: Supplicánti parce Deus. Qui Maríam absolvísti, Et latrónem exaudísti, Mihi quoque spem dedísti. Preces meæ non sunt dignæ: Sed tu bonus fac benígne, Ne perénni cremer igne. Inter oves locum præsta, Et ab hædis me sequéstra, Státuens in parte dextra. Confutátis maledíctis, Flammis ácribus addíctis: Voca me cum benedíctis. Oro supplex et acclínis, Cor contrítum quasi cinis: Gere curam mei finis. Lacrimósa dies illa, Qua resúrget ex favílla, Judicándus homo reus: Huic ergo parce Deus. Pie Jesu Dómine, dona eis réquiem. Amen.

(5) Stabat Mater

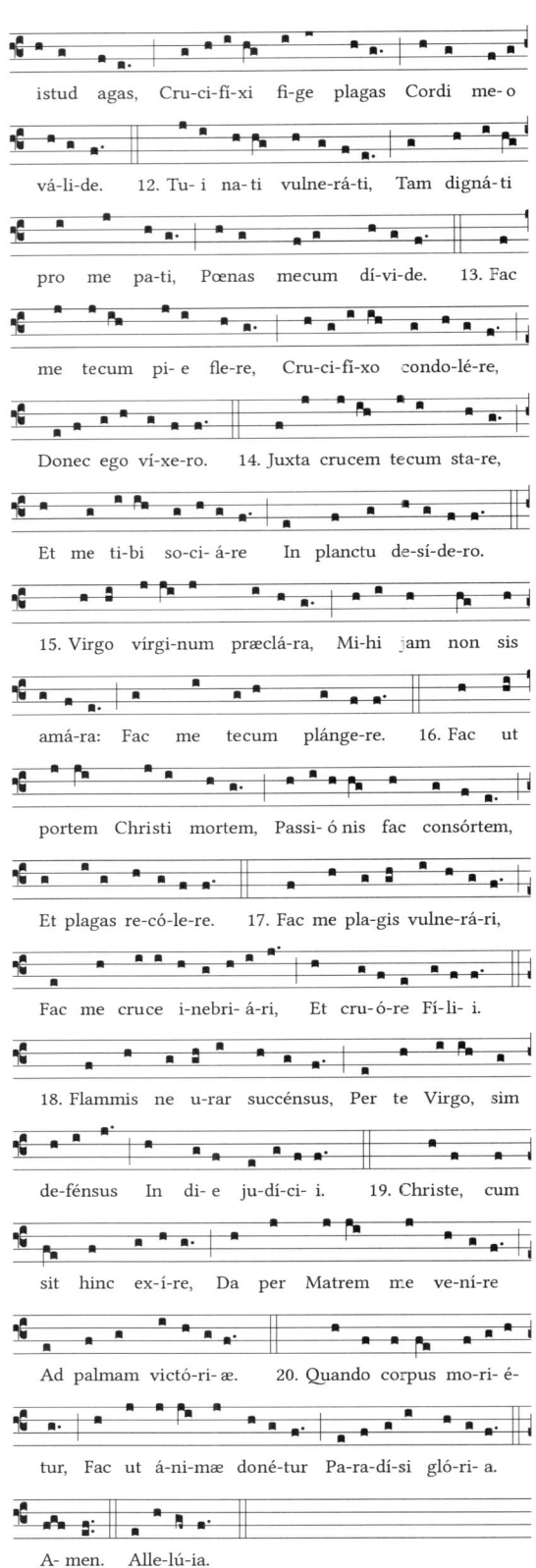

주요 작곡가들은 17장에서 확인한다.

17 고통의 성모 (Stabat Mater)

> stabat : sto(서다)의 과거 직설법 능동태 3인칭 단수형
> mater : 어머니가 (mater의 주격 단수형; 여성)

Stabat Mater는 '성모는 서 계시다'라는 뜻의 라틴어로 예수의 수난과 십자가 죽음을 바라보는 성모님의 고통을 노래한 찬미가Hymnus다. 작시자가 확실한 것은 아니나, 움브리아 Umbria 출신의 이탈리아 프란치스코회 수사이자 시인이었던 쟈코포네 다 토디Jacopone da Todi (c.1230-1306)라는 설이 우세하다. 하지만 교황 인노첸시오 3세Innocentius PP. III (재위 1198-1216) 혹은 聖 보나벤투라St. Bonaventura (c.1218-1274) 역시 저자로 거론되며, 작곡은 베네딕토회 수사인 주지옹Jousion이 한 것으로 추정한다.

당시 이런 찬미가는 성모님의 고통을 배경으로 만들어졌는데, 그 고통은 십자가 곁에 서 있는 성모님의 모습에서 찾아볼 수 있다.〈요한 19.25〉[68] 예수 그리스도의 수난과 고통에 동참한 성모 마리아의 고통은 그 아들 예수 그리스도의 구원 사업과 관련해 영적인 순교로 간주했다. 그래서 죄 많은 인간의 구원은 '고통의 성모'를 기억하고 일체가 되어야 이루어질 수 있다고 믿었다. 그리하여 성모님의 슬픔을 기념하며 지내는 축일이 나타나게 된다. 1955년까지 이러한 축일은 두 가지가 교회 전례력에 함께 존재했다. 앞으로 두 축일에 대한 기원과 역사를 간단히 살펴본다.

(1) 슬픔의 성모 (Mater Dolorosa)

11, 12c부터 슬픔의 성모님 축일을 특정 지역 혹은 수도회(특히 베네딕토 수사들)를 중심으로 지내다가 슬픔의 성모에 대한 첫 번째 제단이 1221년 독일 쇠나우Schönau에 위치한 시토 수도회 Orde Cisterciensis에서 처음 완성되었다. 이후 1423년 쾰른 지역 종교회의에서 공인된다. 당시 축일은 【부활절로부터 세 번째 주일 후 금요일】로 정했다. 그리고 16c 전까지 이 축일을 지내는 지역은 독일 북부, 스칸디나비아, 스코틀랜드 등지로 제한적이었다.

1482년 이 축일은 교황 식스토 4세Sixtus PP. IV (재위 1471-84)에 의해 『로마 미사 경본Missale Romanum』에 포함되었고, 이것은 성모의 아들과 함께 고통당하시는 복되신 어머니에게 우리의 큰 사랑을 투영하는 축일로 의미 부여가 되었다. 1600년 이후 프랑스에서 널리 퍼지게 되고 축일은 【성지 주일 전 금요일】로 정해진다. 이 축일은 몇몇 수도단체와 나라에서 지켜지다가 1727년 교황 베네딕토 13세Benedictus PP. XIII (재위 1724-30) 때 공인되어 전 세계 로마 가톨릭 교회로 확장되었다. 이때 Stabat Mater가 전례에 도입된다. 이후 1955년 교황 비오 12세Pius PP. XII (재위 1539-58)의 교황령, 『우리의 이 시대와 함께(Cum Nostra Hac ætate)』에 의해 전례력을 정리하면서 (1) 슬픔의 성모 축일은 다음에 설명할 (2) 성모칠고 축일과 기념하는 의미와 지향이 겹친다는 이유로 보편 전례력에서 삭제되어 이제 더는 두 개의 축일을 지내고 있지 않다.

---

68) 예수님의 십자가 곁에는 그분의 어머니와 이모, 클로파스의 아내 마리아와 마리아 막달레나가 서 있었다.

(2) 성모칠고 聖母七苦(Septem Dolorum Beatæ Mariæ Virginis)

또 하나의 비슷한 축일이 16c 말 태동하는데 성모칠고라는 7가지 사건을 정리하여 성모의 종 수도회Servite Order에서 이를 위한 신심 운동을 시작한다. 이러한 운동으로 1600년경에는 【9월 셋째 주일】에 미사와 행렬을 하는 것이 대중화되었고, 1667년 성모의 종 수도회에 인가됨으로써 성모칠고 신심은 급격히 펴지게 된다. 성모칠고는 아래와 같다.

① 시메온의 예리한 칼날 예언 〈루카 2,34-35〉
② 이집트 피난 〈마태 2,14-15〉
③ 성전에서 아들을 잃음 〈루카 2,44〉
④ 십자가를 지고 가는 예수를 만남 〈십자가의 길 4처〉
⑤ 십자가에 달린 아드님을 바라봄 〈요한 19,25 : 십자가의 길 12처〉
⑥ 십자가에서 아드님의 시신을 받음 〈마태 27,57-59 : 십자가의 길 13처〉
⑦ 아드님을 무덤에 묻음 〈요한 19,40-42 : 십자가의 길 14처〉

성모의 종 수도회는 성모칠고 신심 활동의 대중화에 앞장섰고 이러한 노력으로 1688년 교황 인노첸시오 11세Innocentius PP. XI (재위 1676-89)로부터 이를 기념하는 축일을 【9월 셋째 주일】로 공식 승인받는다. 교황 비오 7세Pius PP. VII (재위 1800-23)는 1814년 이 축일을 『로마 보편 전례력』에 9월 셋째 주일로 포함하면서 전 세계 로마 가톨릭 교회로 확장시켰다. 1908년 교황 聖 비오 10세Pius PP. X (재위 1903-14)는 이 축일을 제2급 축일로 격상시켰으며, 1913년 이후 매년 '聖 십자가 현양 축일' 다음 날인 【9월15일】로 축일을 옮겨 예수님의 십자가 고통과 연계하여 기억하도록 하였다.

Stabat Mater의 과거 관련 축일을 이렇게 자세히 설명한 이유는 이 찬미가가 부속가로서 이 미사에 채택되었기 때문이다. 앞서 언급한 축일 미사에서 이 부속가는 15c 경부터 사용되었다. 16c에 이르러서 미사에 사용되는 부속가의 수가 5,000여 개 정도로 늘어났고, 무분별한 부속가 사용에 문제를 인식한 교회는 《트리엔트 공의회(1545-63)》에서 중요 4개만 남기고 사용을 모두 금지시켰는데 그중 Stabat Mater도 포함되었다. [16장 참조] 그러나 이렇게 제외되었던 부속가, Stabat Mater는 앞서 언급한 대로 1727년 이 축일이 공인되면서 미사에 포함되었고, 현재 【9월 15일】 고통의 성모 마리아 기념일(Beatæ Mariæ Virginis Perdolentis, **Memoria**) 알렐루야 앞에 자유로이 할 수 있다.[69] (선택 사항)

다음은 라틴어 원문과 한국 천주교 『미사 독서』 번역이다. 총 20연으로 구성되어 있으며 11연 부터 시작하여 짧게 할 수도 있다. 십자가의 길에서 처를 옮겨갈 때 부르는 짧은 구절을 11연에서 확인할 수 있다. 그레고리오 성가 악보는 16장을 본다.

---
[69] 로마 미사 경본 총지침 64항 참조

1	Stabat mater dolorósa / juxta Crucem lacrimósa, / dum pendébat Fílius.	아들예수 높이달린 십자곁에 / 성모서서 비통하게 우시네.
2	Cuius ánimam geméntem, / contristátam et doléntem / pertransívit gládius.	섧고설운 슬픔고통 성모성심 / 칼에찔려 참혹하게 뚫렸네.
3	O cuam tristis et afflícta / fuit illa benedícta, / mater Unigéniti!	독생성자 수난하니 여인중에 / 복된성모 애간장이 다녹네.
4	Quæ mærébat et dolébat, / pia Mater, dum vidébat / nati pænas ínclyti.	아들수난 보는성모 맘저미는 / 아픔속에 하염없이 우시네.
5	Quis est homo qui non fleret, / matrem Christi si vidéret / in tanto supplício?	예수모친 이런고통 지켜보는 / 우리죄인 누가울지 않으리?
6	Quis non posset contristári / Christi Matrem contemplári / doléntem cum Fílio?	십자가의 아들보며 함께받는 / 성모고통 누가슬퍼 않으리?
7	Pro peccátis suæ gentis / vidit Iésum in torméntis, / et flagéllis súbditum.	우리죄로 채찍모욕 당하시는 / 아들예수 성모슬피 보시네.
8	Vidit suum dulcem Natum / moriéndo desolátum, / dum emísit spíritum.	기진하여 버려진채 죽어가는 / 아들보고 애처로이 우시네.
9	Eja, Mater, fons amóris / me sentíre vim dolóris / fac, ut tecum lúgeam.	사랑의샘 동정성모 저희들도 / 슬퍼하며 함께울게 하소서.
10	Fac, ut árdeat cor meum / in amándo Christum Deum / ut sibi compláceam.	그리스도 하느님을 사랑하는 / 제마음에 불이타게 하소서.
11	Sancta Mater, istud agas, / crucifíxi fige plagas / cordi meo válide.	어머니께 청하오니 제맘속에 / 주님상처 깊이새겨 주소서.
12	Tui Nati vulneráti, / tam dignáti pro me pati, / pænas mecum dívide.	저를위해 상처입고 수난하신 / 주님고통 제게나눠 주소서.
13	Fac me tecum pie flere, / crucifíxo condolére, / donec ego víxero.	사는동안 십자고통 성모님과 / 아파하며 같이울게 하소서.
14	Juxta Crucem tecum stare, / et me tibi sociáre / in planctu desídero.	십자곁에 저도서서 성모님과 / 한맘으로 슬피울게 하소서.

15	Virgo vírginum præclára, mihi iam non sis amára, fac me tecum plángere.	동정중의 동정이신 성모님의 크신슬픔 저도울게 하소서.
16	Fac, ut portem Christi mortem, passiónis fac consórtem, et plagas recólere.	주님상처 깊이새겨 그리스도 수난죽음 지고가게 하소서.
17	Fac me plagis vulnerári, fac me Cruce inebriári, et cruóre Fílii.	저희들도 아들상처 십자가위 흘린피로 흠뻑젖게 하소서.
18	Flammis ne urar succénsus, per te, Virgo, sim defénsus in die iudícii.	동정성모 심판날에 영원형벌 불속에서 저를지켜 주소서.
19	Christe, cum sit hinc exíre, da per Matrem me veníre ad palmam victóriæ.	그리스도 수난공로 십자가의 은총으로 보호하여 주소서.
20	Quando corpus moriétur, fac, ut ánimæ donétur paradísi glória. Amen.	이몸죽어 제영혼이 천국영광 주예수님 만나뵙게 하소서. 아멘

주요 작곡가

- Josquin des Prez (c.1450~55-1521)
- Orlande de Lassus / Lasso (1532/30-94)
- Giovanni Pierluigi da Palestrina (c.1525-94)
- Gregor Aichinger (c.1565-1628)
- Marc-Antoine Charpentier (1643-1704)
- Alessandro Scarlatti (1660-1725)
- Antonio Caldara (c.1670-1736)
- Domenico Scarlatti (1685-1757)
- Antonio Lucio Vivaldi (1678-1741)
- Giovanni Battista Pergolesi (1710-1736)
- Pasquale Cafaro (1715-1787)
- Luigi Boccherini (1743-1805)
- Joseph Haydn (1732-1809)
- Franz Peter Schubert (1797-1828)
  - ▸ D 385 in F minor
  - ▸ D 175 in G minor
- Gioachino Antonio Rossini (1792-1868)
- Franz Liszt (1811-1886)
  - ▸ Oratorio 'Christus' 中
- Josef Rheinberger (1839-1901)
  - ▸ Op. 136 in G minor
  - ▸ Op. 16 in C minor
- Antonín Dvořák (1841-1904)
- Giuseppe Verdi (1813-1901)
- Francis Poulenc (1899-1963)
- Arvo Pärt (b.1935~)
- Karl Jenkins (b.1944~)
- Mariano Garau (b.1952~)
  - ▸ 2007 作
  - ▸ 2016 作
  - ▸ 2018 作
- Alissa Firsova (b.1986~)

18 聖 토마스 아퀴나스의 성체 찬미가

지극히 거룩하신 그리스도의 성체 성혈 대축일(Sanctissimi Corporis et Sanguinis Christi, **Sollemnitas**)은 예수께서 '주님 만찬 성목요일' 저녁, 최후의 만찬을 통해 제정하신 성체성사를 특별히 기념하고 그 신비를 묵상하는 날로 지극히 거룩하신 삼위일체 대축일(Sanctissimæ Trinitatis, **Sollemnitas**) 다음 목요일에, 의무 축일로 지내지 않는 곳에서는 삼위일체 대축일 다음 주일에 지낸다.[70]

이 축일의 두드러진 측면은 미사 후에 있는 《성체 행렬(거동)》이다. 미사 중 신자들의 영성체가 끝나면 축성된 성체를 모신 성광을 제대 위에 올려놓는다. 영성체 후 기도를 바친 다음 마침 예식을 생략하고 행렬을 시작한다.

제대 위에 올려놓았던 성광을 들고 촛불을 켠 채 향을 피우며 닫집 모양의 덮개로 보호하여 이동하고 여러 곳에서 성체 강복을 한다.[57]

로마 가톨릭 전례에서 행렬이 있다면 반드시 동반하는 노래가 있기 마련이다. 이러한 필요에 따라 교회는 성체와 관련된 기도와 전례를 위해 오랜 세월 동안 성체를 공경하는 많은 찬미가들을 만들어왔다. 가장 유명한 찬미가들은 1264년에 새로 제정한 그리스도의 성체 성혈 대축일을 맞아 교황 우르바노 4세*Urbanus PP. IV* (재위 1261-1264)의 특별한 요청으로 聖 토마스 아퀴나스*St. Thomas Aquinas* (1224/25-1274)가 쓴 다음 다섯 개의 찬미가이다.

찬미가 곡명	쓰이는 전례	마지막 두연
(1) Adóro te devóte 천주 성자 예수 흠숭합니다 *	성체 조배, 강복, 영성체	해당 없음
(2) Lauda Sion 찬양하라 시온이여	그리스도의 성체 성혈 대축일 부속가	해당 없음
(3) Pange lingua 입을 열어 찬양하세	그리스도의 성체 성혈 대축일 제1저녁기도 찬미가, 주님 만찬 성목요일	Tantum ergo 지존하신 성체 앞에 *
(4) Sacris solémniis 거룩한 축제	그리스도의 성체 성혈 대축일 독서기도 찬미가	Panis Angelicus 천사의 양식
(5) Verbum supérnum 천상의 말씀	그리스도의 성체 성혈 대축일 아침기도 찬미가	O Salutaris Hostia 오 구원을 향한 희생

* 라틴어 곡명의 번역은 직역이 아닌 『가톨릭 성가』에서 의역한 곡명이다.

이들 다섯 개의 종교시는 지극히 거룩하신 그리스도의 성체 성혈 대축일의 미사와 성무일도 혹은 성체 관련 전례에 그레고리오 성가로 부르게 되었다. 또한, 모두 음악적으로도 중요한 위치를 차지하는 종교 성악 작품으로 여러 작곡가에 의해 곡이 붙여져 시로서는 물론 음악으로도 귀중한 고전이 되었다.

---

[70] 전례주년과 전례력에 관한 일반 규범 7항

먼저 (1) **Adóro te devóte**부터 살펴보자. 번역은 (황치헌, 2018, *pp. 500-515*)에서 발췌했다.

1. Adóro te devóte, látens Déitas,
   Quæ sub his figúris vere látitas;
   Tibi se cor meum totum súbjicit,
   Quia te contémplans totum déficit.

   엎디어 절하나이다. 눈으로 보아 알 수 없는
   하느님, 두 가지 형상 안에 분명히 계시오나,
   우러러 뵈올수록 전혀 알길 없삽기에
   제 마음은 오직 믿을 뿐이옵니다.

2. Visus, tactus, gustus in te fállitur,
   Sed auditu solo tuto créditur.
   Credo quidquid dixit Dei Filius;
   Nil hoc verbo veritátis verius.

   보고 맛보고 만져봐도 알 길 없고,
   다만 들음으로써 믿음 든든해지오니,
   믿나이다. 천주 성자 말씀하신 모든 것을,
   주님의 말씀보다 더 참된 진리 없나이다.

3. In cruce latebat sola Déitas,
   At hic latet simul et Humánitas,
   Ambo tamen credens atque confitens,
   Peto quod petívit latro pænitens.

   십자가 위에서는 신성을 감추시고,
   여기서는 인성마저 아니 보이시나,
   저는 신성, 인성 둘 다 믿어 고백하며,
   뉘우치던 저 강도의 기도 올리나이다.

4. Plagas, sicut Thomas, non intúeor:
   Deum tamen meum te confiteor.
   Fac me tibi semper magis crédere,
   In te spem habére, te dilígere.

   토마스처럼 그 상처를 보지는 못하여도,
   저의 하느님이심을 믿어 의심 않사오니,
   언제나 주님을 더욱더 믿고 바라고 사랑하게
   하소서.

5. O memoriále mortis Domini!
   Panis vivus, vitam præstans hómini!
   Præsta meæ menti de te vívere,
   Et te illi semper dulce sápere.

   주님의 죽음을 기념하는 성사여,
   사람에게 생명주는 살아있는 빵이여,
   제 영혼이 당신으로 살아가고,
   언제나 그 단맛을 느끼게 하소서.

6. Pie Pelicane, Jesu Dómine,
   Me immúndum munda tuo Sánguine:
   Cujus una stilla salvum fácere
   Totum mundum quit ab omni scélere.

   사랑깊은 펠리칸, 주 예수님,
   더러운 저, 당신 피로 씻어주소서.
   그 한 방울만으로도 온 세상을
   모든 죄악에서 구해내시리이다.

7. Jésu, quem velátum nunc aspício,
   Oro, fiat illud quod tam sítio:
   Ut te reveláta cernens fácie,
   Visu sim beátus tuæ glóriæ. Amen.

   예수님, 지금은 가려져 계시오나,
   이렇듯 애타게 간구하오니,
   언젠가 드러내실 주님 얼굴 마주 뵙고,
   주님 영광 바라보며 기뻐하게 하소서. 아멘

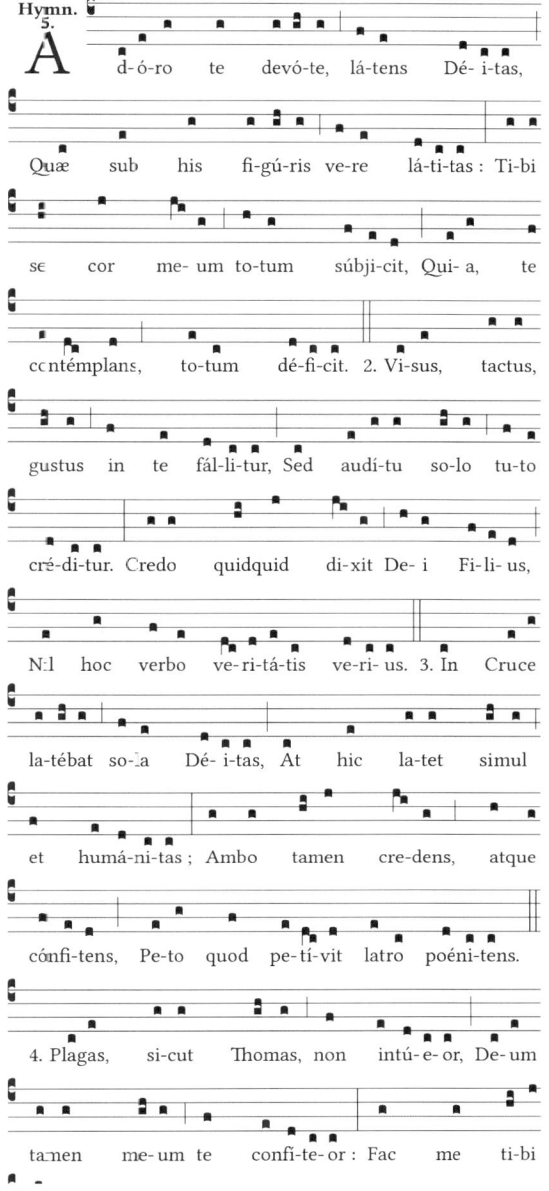
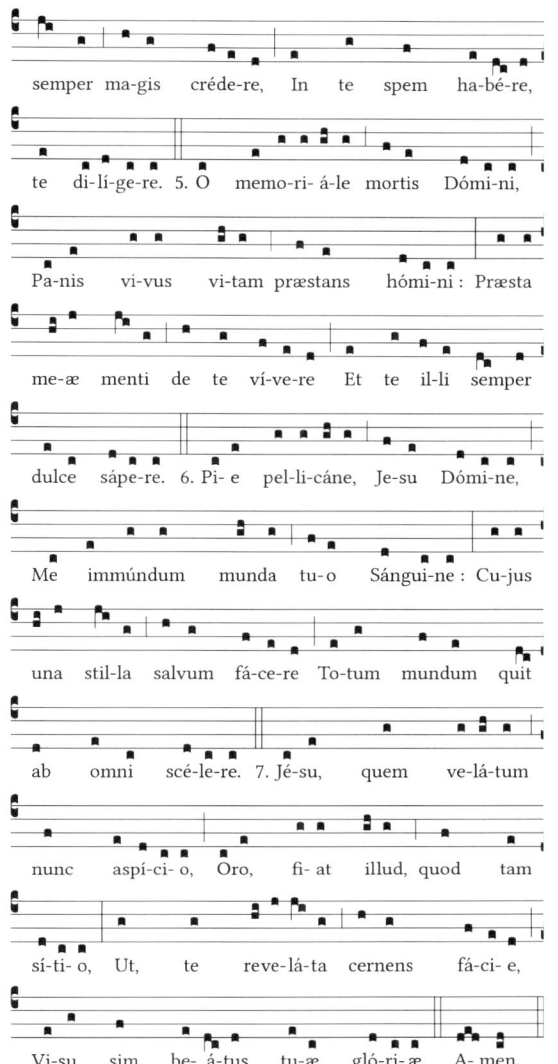

右 계속

주요 작곡가

- Giovanni Pierluigi da Palestrina (c.1525–1594)
  - 'O memoriale', SATB
- Francisco Valls (1671–1747)
  - 'O memoriale mortis', SSAT
- Mel Bonis (1858–1937)
  - 1, 5, 7연, SATB
- Charles Gounod (1818–1890)
  - à 4 SATB
- Clifford Boyd (1930–2002)
  - 1, 5, 6, 7연, SSAA
- Mariano Garau (b.1952~)
  - I - à 3, II - à 4
- Paolo Pandolfo (b.1964~)
  - SATB

18 聖 토마스 아퀴나스의 성체 찬미가

(2) **Lauda Sion** (찬양하라 시온이여)은 지극히 거룩하신 그리스도의 성체 성혈 대축일 미사의 부속가로 노래한다. 미사 중에 이 부속가를 부르는 것은 선택사항이며, 선택할 경우 기도문 전체 혹은 21연부터 짧게 노래할 수 있다. 번역은 한국 천주교 『미사 독서』다.

1	Lauda Sion Salvatórem Lauda ducem et pastórem In hymnis et cánticis.	찬양하라 시온이여 목자시며 인도자신 구세주를 찬양하라.
2	Quantum potes, tantum aude: Quia major omni laude, Nec laudáre súfficis.	정성다해 찬양하라 찬양하고 찬양해도 우리능력 부족하다.
3	Laudis thema speciális, Panis vivus et vitális, Hódie propónitur.	생명주는 천상양식 모두함께 기념하며 오늘특히 찬송하라.
4	Quem in sacræ mensa cænæ, Turbæ fratrum duodénæ Datum non ambígitur.	거룩하온 만찬때에 열두제자 받아모신 그빵임이 틀림없다.
5	Sit laus plena, sit sonóra, Sit jucúnda, sit decóra Mentis jubilátio.	우렁차고 유쾌하게 기쁜노래 함께불러 용약하며 찬양하라.
6	Dies enim solémnis ágitur, In qua mensæ prima recólitur Hujus institútio.	성대하다 이날축일 성체성사 제정하심 기념하는 날이로다.
7	In hac mensa novi Regis, Novum Pascha novæ legis, Phase vetus términat.	새임금님 베푼잔치 새파스카 새법으로 낡은예식 끝내도다.
8	Vetustátem nóvitas, Umbram fugat véritas, Noctem lux elíminat.	새것와서 옛것쫓고 예표가고 진리오니 어둠대신 빛이온다.
9	Quod in cæna Christus gessit, Faciéndum hoc expréssit In sui memóriam.	그리스도 명하시니 만찬때에 하신대로 기념하며 거행한다.
10	Docti sacris institútis, Panem, vinum, in salútis Consecrámus hóstiam.	거룩하신 말씀따라 빵과술을 축성하여 구원위해 봉헌한다.
11	Dogma datur Christiánis, Quod in carnem transit panis, Et vinum in sánguinem.	모든교우 믿는교리 빵이변해 성체되고 술이변해 성혈된다.
12	Quod non capis, quod non vides, Animósa firmat fides, Præter rerum ordinem.	물질세계 넘어서니 감각으로 알수없고 믿음으로 확신한다.
13	Sub divérsis speciébus, Signis tantum, et non rebus, Latent res exímiæ.	빵과술의 형상안에 표징들로 드러나는 놀랄신비 감춰있네.

14	Caro cibus, sanguis potus: Manet tamen Christus totus, Sub utráque spécie.	살은음식 피는음료 두가지의 형상안에 그리스도 온전하다.
15	A suménte non concísus, Non confráctus, non divísus: Integer accípitur.	나뉨없고 갈림없어 온전하신 주예수님 모든이가 모시도다.
16	Sumit unus, sumunt mille: Quantum isti, tantum ille: Nec sumptus consúmitur.	한사람도 천사람도 같은주님 모시어도 무궁무진 끝이없네.
17	Sumunt boni, sumunt mali: Sorte tamen inæquáli, Vitæ vel intéritus.	선인악인 모시지만 운명만은 서로달라 삶과죽음 갈라진다.
18	Mors est malis, vita bonis: Vide paris sumptiónis Quam sit dispar éxitus.	악인죽고 선인사니 함께먹은 사람운명 다르고도 다르도다.
19	Fracto demum Sacraménto, Ne vacílles, sed memento, Tantum esse sub fragménto, Quantum toto tégitur.	나뉜성체 조각마다 온전하게 주예수님 계시옴을 의심마라.
20	Nulla rei fit scissúra: Signi tantum fit fractúra: Qua nec status nec statúra Signáti minúitur.	겉모습은 쪼개져도 가리키는 실체만은 손상없이 그대로다.
21	Ecce panis Angelórum, Factus cibus viatórum: Vere panis filiórum, Non mitténdus cánibus.	천사의빵 길손음식 자녀들의 참된음식 개에게는 주지마라.
22	In figúris præsignátur, Cum Isaac immolátur: Agnus paschæ deputátur Datur manna pátribus.	이사악과 파스카양 선조들이 먹은만나 이성사의 예표로다.
23	Bone pastor, panis vere, Jesu, nostri miserére: Tu nos pasce, nos tuére: Tu nos bona fac vidére In terra vivéntium.	참된음식 착한목자 주예수님 저희에게 크신자비 베푸소서. 저희먹여 기르시고 생명의땅 이끄시어 영생행복 보이소서.
24	Tu, qui cuncta scis et vales: Qui nos pascis hic mortáles: Tuos ibi commensáles, Cohærédes et sodáles, Fac sanctórum cívium. Amen. Allelúja.	전지전능 주예수님 이세상에 죽을인생 저세상에 들이시어, 하늘시민 되게하고 주님밥상 함께앉는 상속자로 만드소서. 아멘 알렐루야

앞 쪽 계속

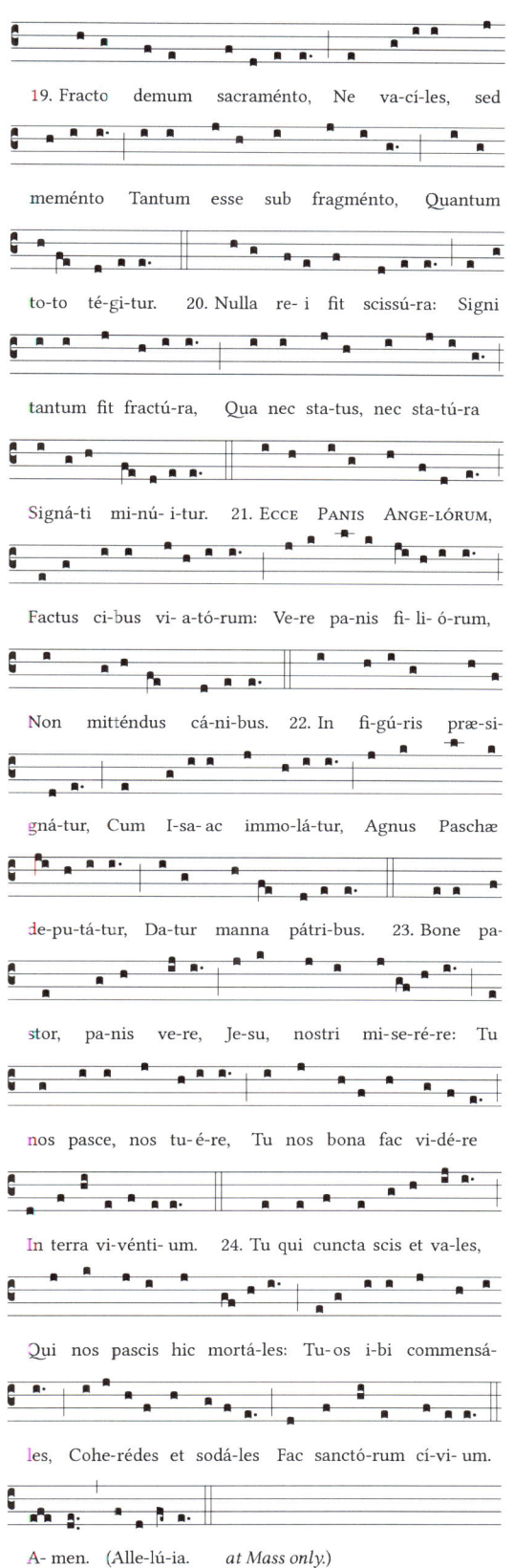

🎼 주요 작곡가

- Claudio Monteverdi (1567세례-1643)
  ▸ 1, 23연, SAT
- Orlande de Lassus/Lasso (1532/30-94) ▸ à 6
- Giovanni Pierluigi da Palestrina (c.1525-94)
  ▸ à 4 (1563)
  ▸ à 8 (1575)
- Dietrich Buxtehude (c.1637-1707)
  ▸ SSB, 2vl & continuo
- Tomás Luis de Victoria (c.1548-1611)
  ▸ à 8 SATB ×2
- Francisco Valls (1671-1747)
  ▸ à 10
  ▸ à 8, 1~5연 SSAT.SATB & bc.
- Marcos Portugal (1762-1830)
  ▸ SATB, solo B & orch.
- José Maurício Nunes Garcia (1767-1830)
  ▸ à 4
- Luigi Cherubini (1760-1842)
  ▸ SA & orch.
- Felix Mendelssohn (1809-1847)
  ▸ Op. 73 oratorio
- Samuel Webbe (1740-1816)
- György Orbán (b.1947~)

(3) **Pange lingua** (입을 열어 찬양하세)는 지극히 거룩하신 그리스도의 성체 성혈 대축일의 성무일도 중 제1저녁기도 찬미가이다. 특히 성목요일 주님 만찬 미사 때 수난 감실로 성체를 모셔가면서 부르며(1-4절), 성체가 수난 감실에 모셔진 후 감실을 열어둔 채 사제가 무릎을 꿇고 성체께 분향할 때 부른다.(5-6절) 번역은 한국 천주교 『성무일도』다.

1 Pange, lingua, gloriósi
　Córporis mystérium,
　Sanguinísque pretiósi,
　Quem in mundi prétium
　Fructus ventris generósi
　Rex effúdit géntium.

　입을열어 찬미하라 영광된 성체신비
　세상구원 이루시려 흘리신 성혈신비
　모태에서 나신대왕 기꺼이 흘리셨네

2 Nobis datus, nobis natus
　Ex intácta Vírgine,
　Et in mundo conversátus,
　Sparso verbi sémine,
　Sui moras incolátus
　Miro clausit órdine.

　순결하신 동정녀가 낳으신 아드님이
　말씀의씨 뿌리시며 이세상 사시다가
　당신몸의 지상생활 슬프게 마치셨네

3 In suprémæ nocte cænæ
　Recúmbens cum frátribus
　Observáta lege plene
　Cibis in legálibus,
　Cibum turbæ duodénæ
　Se dat suis mánibus.

　마지막날 저녁상에 제자들 함께앉아
　구약율법 지키시며 파스카를 잡수시고
　제자들의 음식으로 당신몸 주셨도다

4 Verbum caro, panem verum
　Verbo carnem éfficit,
　Fitque sanguis Christi merum,
　Et si sensus déficit,
　Ad firmándum cor sincérum
　Sola fides súfficit.

　말씀으로 참된빵을 당신살 만드시고
　술은변해 성혈되니 오관은 몰라봐도
　순진한맘 믿음홀로 진실히 믿게하리

5 TANTUM ERGO sacramentum
　Venerémur cérnui:
　Et antíquum documéntum
　Novo cedat rítui:
　Præstet fides suppleméntum
　Sénsuum deféctui.

　거룩하온 이성사를 엎디어 경배하세
　새예식에 양보하라 구약의 묵은예식
　육신감각 부족함을 믿음이 보충하네

6 Genitóri, Genitóque
　Laus et jubilátio,
　Salus, honor, virtus quoque
　Sit et benedíctio:
　Procedénti ab utróque
　Compar sit laudátio.
　Amen.

　아버지와 아드님을 춤추며 찬미하세
　구원영예 축복능력 기꺼이 받으소서
　양위께로 좇아나신 성령도 찬미하세.
　아멘.

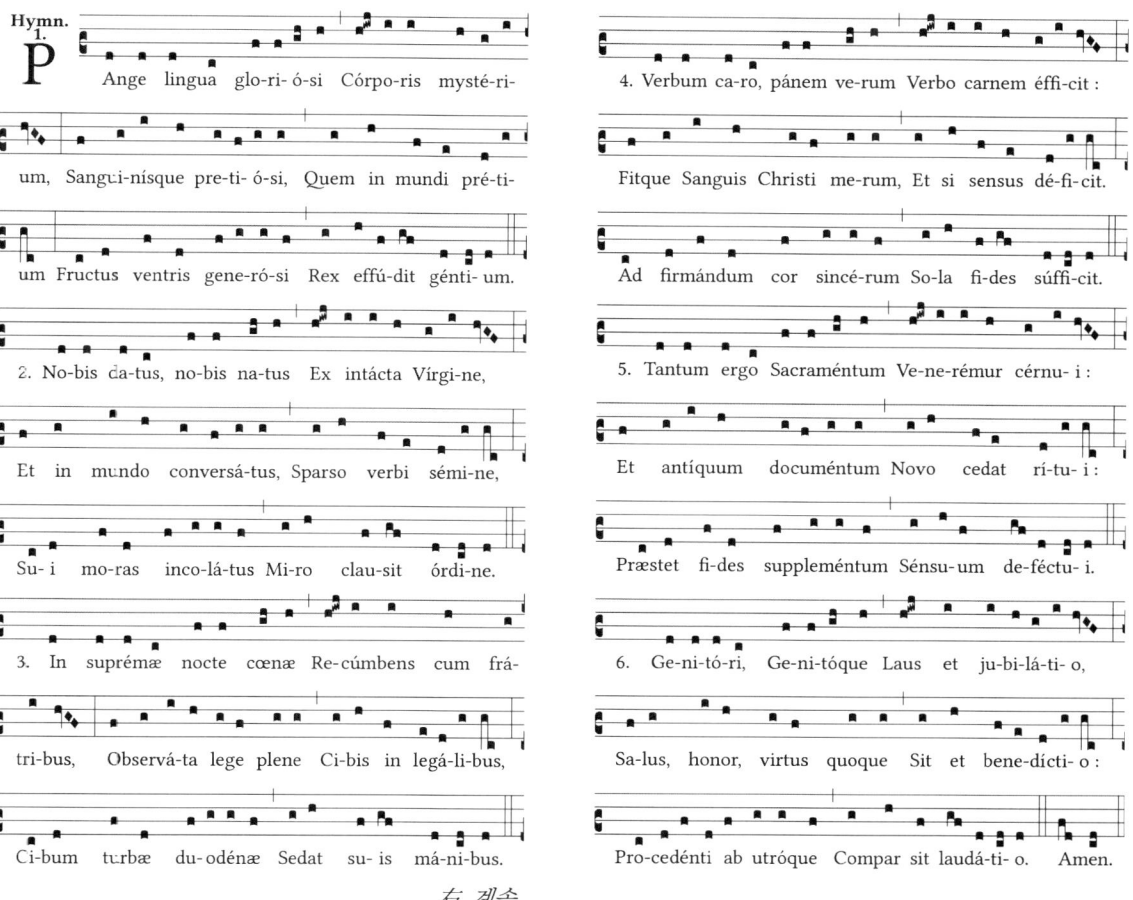

Tantum ergo(지존하신 성체 앞에)는 Pange lingua의 마지막 두 연을 따로 떼어내서 독립된 곡으로 작곡한다. 가톨릭 성가에 127, 189-193번, 여섯 곡이 수록되어 있다. 주요 작곡가는 다음과 같다.

- Giovanni Pierluigi da Palestrina (c.1525-1594)
- Marc-Antoine Charpentier (1643-1704)
- Franz Schubert (1797-1828)
  - D. 460, D. 461, D. 730, D. 739(Op. 45), D. 750, D. 962
- Anton Bruckner (1824-1896)
  - WAB 32, WAB 43, WAB 41(Nos. 1-4), WAB 42, WAB 44
- Gabriel Fauré (1845-1924)
  - Op. 55, Op. 62 No. 2
- Louis Vierne (1870-1937)
  - Op. 2
- Maurice Duruflé (1902-1986)
  - Op. 10 No. 4
- Charles-Marie Widor (1844-1937)
- David Conte (b.1955~)

(4) **Sacris solémniis** (거룩한 축제)는 지극히 거룩하신 그리스도의 성체 성혈 대축일 성무일도 중 독서기도 찬미가다. 총 7연이나 성무일도 찬미가에서는 3연이 제외된다. 번역은 한국 천주교 『성무일도』다.

1	Sacris sollémniis iuncta sint gáudia, et ex præcórdiis sonent præcónia; recédant vétera, sint ómnia, corda, voces et ópera.	거룩한 이축제를 기뻐즐기며 마음속 찬미노래 불러드리세 마음과 목소리와 온갖행위도 옛것은 물러가고 새로워져라
2	Noctis recólitur cena novíssima, qua Christus créditur agnum et ázyma dedísse frátribus iuxta legítima priscis indúlta pátribus.	마지막 저녁잔치 기념함이여 선조들 전례따라 행하신주님 어린양 누룩없는 빵이되시어 당신몸 나누셨네 제자들에게
4	Dedit fragílibus córporis férculum, dedit et trístibus sánguinis póculum, dicens: «Accípite quod trado vásculum; omnes ex eo bíbite».	나약한 사람에게 몸을주시고 괴로운 사람에게 피를주시며 "너희는 모두함께 받아마셔라 희생될 내피로다" 말씀하셨네
5	Sic sacrifícium istud instítuit, cuius offícium commítti vóluit solis presbýteris, quibus sic cóngruit, ut sumant et dent céteris.	이렇게 구원제사 제정하시고 그직무 사제에게 맡겨주시니 그들만 스스로가 성체영하며 남에게 영해주는 자격있도다
6	PANIS ANGÉLICUS fit panis hóminum; dat panis cælicus figúris términum. O res mirábilis: mandúcat Dóminum servus pauper et húmilis.	천사빵 사람에게 양식되시어 보이는 형상속에 숨어계시네 천한종 주님몸을 받아먹으니 이토록 놀라운일 어디있으랴
7	Te, trina Déitas únaque, póscimus; sic nos tu vísitas sicut te cólimus: per tuas sémitas duc nos quo téndimus ad lucem quam inhábitas. Amen.	삼위신 하느님께 간구하오니 경배를 받으시고 찾아오시어 우리를 목적지로 인도하시고 당신의 빛속으로 받아주소서.

右 계속

Panis Angélicus (천사의 양식)은 Sacris solémniis의 마지막 두 연을 따로 떼어내서 독립된 곡으로 작곡한다. César Franck(1822-1890)의 곡이 가장 유명하며, 가톨릭 성가에 187, 188, 503번, 세 곡이 수록되어 있다. 주요 작곡가는 다음과 같다.

- Gaspar van Weerbeke (c.1445-1516)
- Giovanni Pierluigi da Palestrina (c.1525-94)
- João Lourenço Rebelo (1610-1665)
- Marc-Antoine Charpentier (1643-1704)
- Claudio Casciolini (1697-1760)
  - ▸ à 4 SATB
  - ▸ à 3 ATB
- Francesco Gasparini (1661-1727)
- Giuseppe Baini (1775-1844)
- César Franck (1822-1890)
- André Caplet (1878-1925)
- Camille Saint-Saëns (1835-1921)
- Mariano Garau (b.1952~)
- Lorenzo Donati (b.1972~)

18 聖 토마스 아퀴나스의 성체 찬미가

(5) **Verbum supérnum** (천상의 말씀)은 지극히 거룩하신 그리스도의 성체 성혈 대축일의 성무일도 중 아침기도 찬미가다. 번역은 한국 천주교 『성무일도』다.

1	Verbum supérnum pródiens,	성부의 말씀이신 독생성자여
	Nec Patris linquens déxteram,	성부의 오른편을 떠나지않고
	Ad opus suum éxiens,	당신의 구원사업 이루시려고
	Venit ad vitæ vésperam.	생명의 저녁상에 앉으셨도다
2	In mortem a discípulo	겨레의 시기받고 제자에팔려
	Suis tradéndus æmulis,	죽음에 이르시기 전날저녁에
	Prius in vitæ férculo	생명의 그릇에다 당신몸담아
	Se trádidit discípulis.	제자들 먹으라고 건네주셨네
3	Quibus sub bina spécie	두가지 형상속에 숨기신채로
	Carnem dedit et sánguinem;	당신의 살과피를 건네주시어
	Ut dúplicis substántiæ	당신의 살과피를 배령함으로
	Totum cibáret hóminem.	온전한 당신몸을 먹게하셨네
4	Se nascens dedit sócium,	나실때 우리인간 동료되시고
	Convéscens in edúlium,	식사때 제자들의 음식되시며
	Se móriens in prétium,	죽을때 만민들의 죗값되시고
	Se regnans dat in præmium.	승리후 교우들의 상급되셨네
5	O SALUTÁRIS HÓSTIAS	구원의 제물이신 주님이시여
	Quæ cæli pandis óstium,	당신이 하늘의문 열어주시니
	Bella premunt hostília;	원수가 괴롭히는 싸움중에는
	Da robur, fer auxílium.	굳센힘 내려주사 도와주소서
6	Uni trinóque Dómino,	삼위로 일체이신 주님이시여
	Sit sempitérna glória:	영원히 크신영광 받으옵소서
	Qui vitam sine término	마침내 천국본향 다다를때에
	Nobis donet in pátria.	우리게 영원생명 주시옵소서.

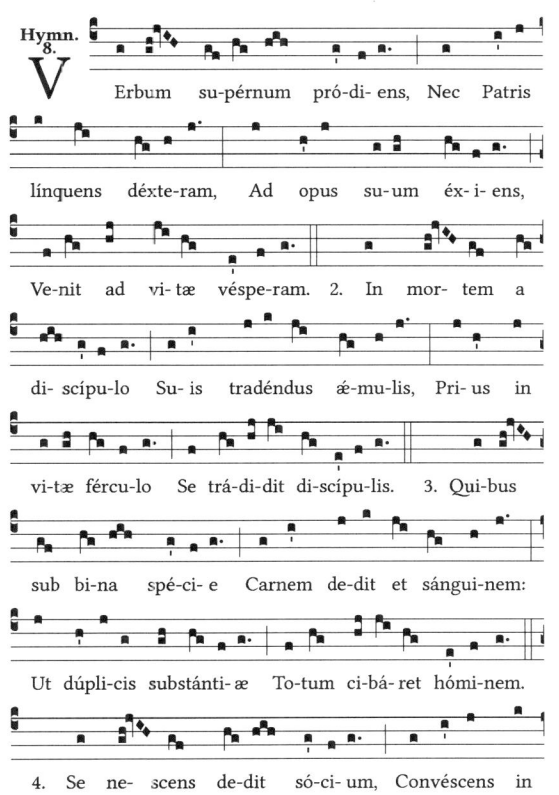

右 계속

O Salutáris Hóstia (오 구원을 향한 희생)는 Verbum supérnum의 마지막 두 연을 따로 떼어내서 독립된 곡으로 작곡한다. 가톨릭 성가에 183-186번, 네 곡이 수록된 비중 있는 찬미가다. 주요 작곡가는 다음과 같다.

- Pierre de la Rue (1452-1518)
- Josquin des Prez (c.1450~55-1521)
- Franz Liszt
  ▸ S. 40 SSAA, S. 43 SATB
- Thomas Tallis (c.1505-1585)
- William Byrd (c.1539/40 or 1543-1623)
  ▸ à 4 ATTB Gradualia I (1605) No. 38
  ▸ à 6 ATTBBB 혹은 SAATTB
- Gioachino Rossini (1792-1868)
  ▸ SATB
  ▸ Petite Messe Solennelle 中

- Edward Elgar (1857-1934)
  ▸ E♭ 장조 SATB, F 장조 SATB
- Lorenzo Perosi (1872-1956)
- Charles Gounod (1818-1890)
  ▸ Messe brève 中 No. 7
- Camille Saint-Saëns (1835-1921)
  ▸ Messe à quatre voix 中
- Ēriks Ešenvalds (b.1977~)

19. Veni Sancte Spiritus & Veni Creator Spiritus : 성령 강림 대축일 부속가와 찬미가

> *《성령 강림 대축일 낮 미사 제1독서 中》*
>
> *1 오순절이 되었을 때 사도들은 모두 한자리에 모여 있었다. 2 그런데 갑자기 하늘에서 거센 바람이 부는 듯한 소리가 나더니, 그들이 앉아 있는 온 집 안을 가득 채웠다. 3 그리고 불꽃 모양의 혀들이 나타나 갈라지면서 각 사람 위에 내려앉았다.* 〈사도 2,1-3〉

성령 강림 대축일(Dominica Pentecostes, **Sollemnitas**)은 주님 부활 대축일로부터 50일째 되는 날을 말하며, 여기서 이 대축일을 이르는 라틴어 Pentecostes는 50번째를 의미하는 그리스어 펜테코스테πεντηκοστη에서 유래했다. 위의 사도행전 말씀 첫 단어 '오순절五旬節'[미주 56 참조]은 유대인의 축제로 파스카(유월절, 과월절) 후 50일째 되는 날인데 그리스도교의 명절이 아니라 이스라엘에서 예부터 내려온 봄 추수 감사제다. 오순절에 당시 13세 이상 남자는 예루살렘 순례가 의무였기 때문에 성령 강림이 있던 그날 예루살렘은 많은 사람들로 가득 차 있었을 것이고, 예수의 제자들과 동조자들도 그곳에 모였을 것으로 추측된다. 이때 사도행전의 말씀에서 보듯이 성령께서 그들에게 내리셨다.〈사도 2,3〉

이후 성령을 입은 베드로는 복음을 설교하기 시작했고, 수많은 사람들이 세례를 통해 개종을 했다.〈사도 2,41〉 그리고 그들은 공동체 생활을 시작한다.〈사도 2,42-47〉 이를 두고 교회는 성령이 내려오신 날인 유대인의 오순절을 교회의 설립 기념일로 지정하여 그리스도교의 성령 강림 대축일로 정하게 된다. 당시 그리스도교인들은 성령이야말로 교회가 교회일 수 있고, 교회 안에 성령이 함께 하기에 모든 신앙생활이 가능하다고 믿었다. 그래서 모든 성사가 성령으로 베풀어지는 것이다. 이로써 성부, 성자, 성령의 삼위일체 신앙과 교리가 완성되었다.

교회는 성령의 오심으로 그리스도의 부활이 완성되었고, 구원 역사의 새 시대가 열린다고 보았다. 그리하여 이날은 부활 시기의 마지막 날로 지내며 주님 부활 대축일에 세례성사를 받을 준비가 덜 된 예비 교우들은 이날 전야 미사 때 세례를 받았다.

(1) Veni Sancte Spiritus (오소서, 성령이여)
(2) Veni Creator Spiritus (오소서, 창조주 성령이여)

두 찬미가는 성령 강림을 찬미하는 노래로써 (1)은 성령 강림 대축일 전야 및 낮 미사 부속가로 부르며, (2)는 전야 미사 전에 드리는 성무일도 제1저녁기도와 대축일 당일 저녁기도 찬미가로 부른다. 그리고 특별히 콘클라베Conclave[58]나 세계주교대의원회의(주교 시노드) 같은 로마 가톨릭 교회의 중요회의에서 개막 찬미가로도 바친다.

(1) Veni Sancte Spíritus

번역은 한국 천주교 『미사 독서』다.

1	Veni, Sancte Spíritus, et emítte cælitus lucis tuæ rádium.	오소서, 성령님, 주님의 빛, 그 빛살을 하늘에서 내리소서.
2	Veni, pater páuperum; veni, dator múnerum; veni, lumen córdium.	가난한 이 아버지, 오소서 은총 주님, 오소서 마음의 빛.
3	Consolátor óptime, dulcis hospes ánimæ, dulce refrigérium.	가장 좋은 위로자, 영혼의 기쁜 손님, 저희 생기 돋우소서.
4	In labóre réquies, in æstu tempéries, in fletu solácium.	일할 때에 휴식을, 무더위에 시원함을, 슬플 때에 위로를.
5	O lux beatíssima, reple cordis íntima tuórum fidélium.	영원하신 행복의 빛, 저희 마음 깊은 곳을 가득하게 채우소서.
6	Sine tuo númine nihil est in hómine, nihil est innóxium.	주님 도움 없으시면, 저희 삶의 그 모든 것, 해로운 것 뿐이리라.
7	Lava quod est sórdidum, riga quod est áridum, sana quod est sáucium.	허물들은 씻어 주고, 메마른 땅 물 주시고, 병든 것을 고치소서.
8	Flecte quod est rígidum, fove quod est frígidum, rege quod est dévium.	굳은 마음 풀어 주고, 차디찬 맘 데우시고, 빗나간 길 바루소서.
9	Da tuis fidélibus, in te confidéntibus, sacrum septenárium.	성령님을 굳게 믿고, 의지하는 이들에게, 성령칠은 베푸소서.
10	Da virtútis méritum, da salútis éxitum, da perénne gáudium.	덕행 공로 쌓게 하고, 구원의 문 활짝 열어, 영원복락 주옵소서.

주요 작곡가들과 그레고리오 성가 악보는 16장에서 확인할 수 있다.

(2) Veni Creátor Spírtus

번역은 한국 천주교 『성무일도』다.

1	Veni Creátor Spíritus, Mentes tuórum vísita, Imple supérna grátia, Quæ tu creásti péctora.	오소서 성령이여 창조주시여 교우들 마음속을 찾아주시어 당신이 창조하신 우리가슴을 천상의 은총으로 채워주소서
2	Qui díceris Paráclitus, Altíssimi donum Dei, Fons vivus, ignis, cáritas, Et spiritális únctio.	당신의 그이름은 위로자시니 높으신 하느님의 선물이시요 생명의 샘이시며 불이시옵고 사랑과 신령하신 기름이외다
3	Tu septifórmis múnere, Dígitus patérnæ déxteræ, Tu rite promíssum Patris, Sermóne ditans gúttura.	당신이 일곱은사 베푸시오니 하느님 아버지의 오른손가락 성부의 언약대로 내려오시어 우리입 말솜씨로 채워주시네
4	Accénde lumen sénsibus: Infunde amórem córdibus: Infírma nostri córporis Virtúte firmans pérpeti.	빛으로 우리오관 비춰주시고 그사랑 우리맘에 부어주시며 영원한 능력으로 도와주시어 연약한 우리육신 굳게하소서
5	Hostem repéllas lóngius, Pacémque dones prótinus: Ductóre sic te prǽvio Vitémus omne nóxium.	원수를 멀리멀리 쫓아주시고 언제나 당신평화 내려주소서 앞장서 이끄시는 당신손길에 해로운 모든것을 피하리이다
6	Per te sciámus da Patrem, Noscámus atque Fílium, Teque utriúsque Spíritum Credámus omni témpore.	성령의 힘을입어 성부를알고 성자도 그힘으로 알게하소서 성부와 성자께로 좇아나시는 성령을 우리항상 믿으오리다.

아래 영광송은 전례에 따라 제외될 수 있다.

7	Deo Patri sit glória, Et Fílio, qui a mórtuis Surréxit, ac Paráclito, In sæculórum sǽcula. Amen.	영광의 아버지 하느님과 부활하신 아드님과 성령과 함께 영원히 있나이다. 아멘

주요 작곡가

- Adam Rener (c.1485–c.1520)
- Giovanni Pierluigi da Palestrina (c.1525–94)
- Tomas Luis de Victoria (c.1548–1611)
- Marc-Antoine Charpentier (1643–1704)
- Michel Richard de Lalande (1657–1726)
- Jacques de Bournonville (c.1675–c.1753)
- Jan Dismas Zelenka (1679–1745)
- Franco Vittadini (1884–1948)
- Ferdinand Quentin Dulcken (1837–1901)
- Alexander Campbell Mackenzie (1847–1935)
- Pietro Andrea Dentella (1879–1964)
- August Högn (1878–1961)

20 초 행렬 예식 노래 : 주님 봉헌 축일

> *22 모세의 율법에 따라 정결례를 거행할 날이 되자, 그들은 아기를 예루살렘으로 데리고 올라가 주님께 바쳤다. 23 주님의 율법에 "태를 열고 나온 사내아이는 모두 주님께 봉헌해야 한다."고 기록된 대로 한 것이다. 24 그들은 또한 주님의 율법에서 "산비둘기 한 쌍이나 어린 집비둘기 두 마리를" 바치라고 명령한 대로 제물을 바쳤다.*
> 〈루카 2,22-24〉

주님 봉헌 축일(In Præsentatione Domini, Festum)은 유다의 전통에 따라 성모 마리아가 성전에서 아기 예수를 하느님께 봉헌한 것을 기념하는 날이다. 축일은 주님 성탄 대축일로부터 40일째 되는 날인 2월2일로『로마 미사 경본Missale Romanum』(제3표준판 2008수정)의 성인 고유Proprium de Sanctis에 분류되어 있다. 과거 이 축일은 본디 성모님께서 아기 예수님을 낳으신 뒤 모세의 율법— 임산부가 출산 후 40일 만에 성전에 나아가 몸을 청결히 하는 의식을 거행하는 것 — 대로 정결 의식을 치르신 것을 기념하는 '성모 취결례取潔禮[71] 축일In Puricatione B.M.V.'이었다. 그러나 《제2차 바티칸 공의회(1962-65)》의 결의에 따라 1970년부터 현재의 명칭으로 바꾸어 주님의 축일로 지내 오고 있다. 왜냐하면 모든 점에서 죄가 없으신 성모님께 '취결례'라는 말은 오해를 낳을 수 있기 때문이다.

교회에서 초는 일찍부터 제대와 함께 빛이신 그리스도를 상징하는 표지로 모든 전례에서 빠지지 않고 써왔다. 이 축일의 특별한 예식은 축일 미사 전 연중 사용할 초를 축성하고 본당에서 사용할 초를 봉헌하며 촛불 행렬을 해왔다. 주님께서 봉헌되었다는 것은 우리 자신도 하느님께 봉헌해야 한다는 것이나, 이를 초로 대신하는 것이다.

現 M.R.에 따라 초 축복과 행렬은 미사 전에 행해지며, 그 전례는 성당 바깥 행렬을 동반한 제1양식과 바깥 행렬을 하지 않는 제2양식(성대한 입당)이 있다.

■ 제1양식 : 행렬 (Processio)[72]

신자들은 정해진 시간에 행렬하여 들어갈 성당 바깥의 적당한 장소나 소성당에 모인다. 이때 불을 켜지 않은 초를 손에 들고 있다. 사제는 미사 때처럼 흰색 제의를 입고 봉사자들과 함께 나온다. 사제는 제의 대신에 플루비알레pluviale[59]를 입을 수 있다. 플루비알레는 행렬이 끝나면 벗는다. 초를 켜는 동안 부르는 따름 노래는 다음과 같다.

---

71) 取 : 취할 취, 潔 : 깨끗할 결 ; 영) Purification
72) 로마 미사 경본 | 성인 고유 | 2월2일 주님 봉헌 축일 1-8항

Ecce Dóminus * noster cum virtúte véniet, et illuminábit óculos servórum suórum, allelúia.
◎ 보라, 우리 주님이 권능을 떨치며 오시어 당신 종들의 눈을 밝혀 주시리라. 알렐루야

이 노래가 끝나면 오늘 예식의 뜻을 새기며 적극 참여하도록 권고하고 정해진 기도를 바치며 초를 축복한다. 기도를 마치고 사제는 말없이 초에 성수를 뿌린다. 그리고 행렬을 하기 전에 향로에 향을 넣는다. 그다음 사제는 부제나 봉사자에게서 준비된 촛불을 받아 들고 행렬을 시작한다. 행렬 시작 직전 부제는(부제가 없으면 사제가) 다음과 같이 외친다.

Procedámus in pace ad occurréndum Dómino
✚ 평화의 행렬로 주님을 맞이하러 갑시다.

또는

Procedámus in pace
✚ 평화의 행렬을 합시다.

경우에 따라 다음과 같이 모두 응답한다.

In nómine Christi. Amen
◎ 그리스도의 이름으로, 아멘

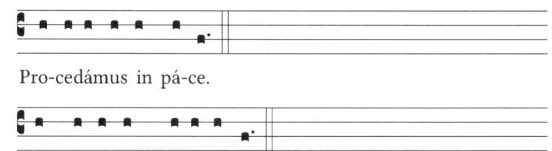

그리고 모두 촛불을 들고 행렬을 하는 동안 후렴Ant.(◎) Lumen ad revelatiónem(계시의 빛)을 찬가〈루카 2,29-32〉와 함께 부르거나(V,○), 따름 노래 Adórna thálamum tuum(너의 신방을 꾸미고) 또는 다른 알맞은 노래를 부른다.

Ant. Lumen ad revelatiónem géntium, et glóriam plebis tuæ Israel.〈2,32〉
Cant. Nunc dimíttis servum tuum, Dómine, secúndum verbum tuum in pace.〈2,29〉
Ant. Lumen ad revelatiónem géntium...
V. Quia vidérunt óculi mei salutáre tuum.〈2,30〉
Ant. Lumen ad revelatiónem géntium...
V. Quod parásti ante fáciem ómnium populórum.〈2,31〉
Ant. Lumen ad revelatiónem géntium...

◎ 다른 민족들에게는 계시의 빛이요, 당신 백성 이스라엘에게는 영광이옵니다.
○ 주님, 당신 말씀대로 이제는 당신 종을 평화로이 떠나게 하소서. ◎
○ 제 눈으로 당신 구원을 보았나이다. ◎
○ 당신이 모든 민족들 앞에 마련하신 구원이니 ◎

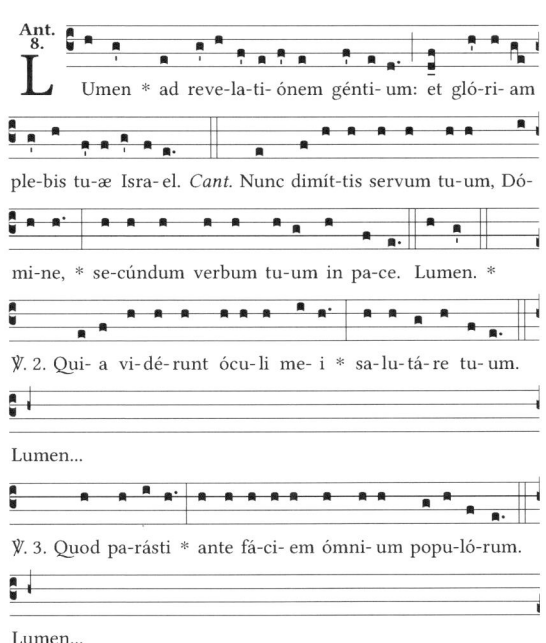

Antiphona 【따름 노래】

Ant. Adórna thálamum tuum, Sion, et súscipe Regem Christum:
시온아, 너의 신방을 꾸미고 임금님 그리스도를 모셔라.
ampléctere Maríam, quæ est cæléstis porta:
하늘의 문이신 마리아를 맞이하여라.
ipsa enim portat Regem glóriæ novi lúminis:
마리아가 새로운 빛, 영광의 임금님을 데려오셨네.
subsístit Virgo, addúcens mánibus Fílium ante lucíferum génitum:
샛별이 뜨기 전에 동정녀가 아드님을 품에 안고 오셨네.
quem accípiens Símeon in ulnas suas, prædicávit pópulis,
시메온은 아드님을 두 팔로 받아 들고 백성에게 외쳤네.
Dóminum eum esse vitæ et mortis, et Salvatórem mundi.
이 아기는 삶과 죽음의 주님이시며 세상의 구원자시다.

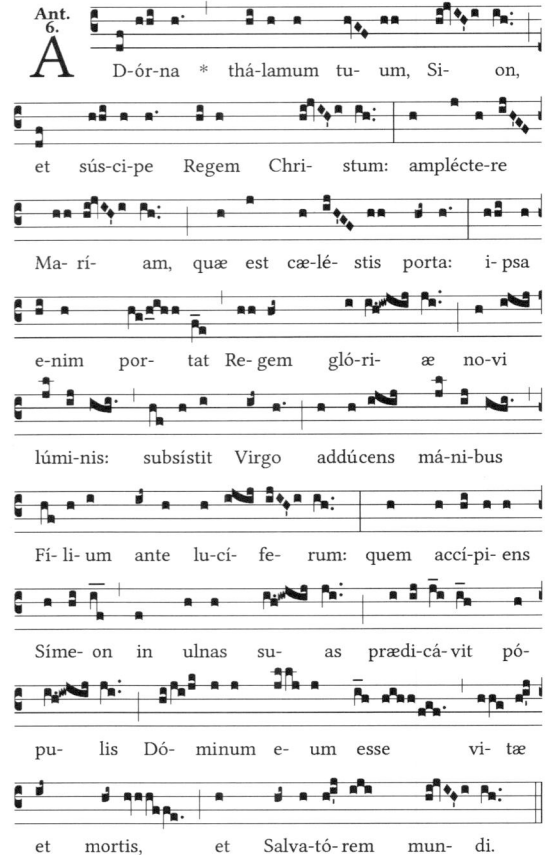

『로마 미사 성가집*Graduale Romanum*(1974)』에는(*pp. 541-543*) 추가로 따름 노래, Responsum accepit Simeon(시몬에게 응답하셨다)과 응송, Obtulerunt pro eo Dómino(주님께 바쳤다)가 수록되어 있다.

행렬이 성당으로 들어갈 때 미사의 입당송을 노래한다. 이후 미사 시작 예식 중 인사, 참회, 자비송은 건너뛰고 바로 대영광송을 노래한 다음, 관례대로 본기도를 바치며 미사를 계속한다.

■ 제2양식 : 성대한 입당 (Introitus Sollemnis)[73]

행렬을 할 수 없는 곳에서는 신자들은 손에 초를 들고 성당 안에 모인다. 사제는 흰색 제의를 입고 봉사자들, 그리고 몇몇 신자들과 함께 문간이나 신자들이 예식에 잘 참여할 수 있는 알맞은 자리로 나온다. 사제가 초 축복을 위하여 정해 놓은 자리에 도착하면, 신자들은 초에 불을 켜고 그동안 따름 노래 Ecce Dóminus(보라, 우리 주님이)나 다른 알맞은 노래를 부른다. 이어서 사제는 인사, 권고, 초 축복을 하고 제1양식과 같이 제대를 향해 행렬하며 노래한다. 미사 시작 역시 제1양식을 따른다.

---

73) 로마 미사 경본 | 성인 고유 | 2월2일 주님 봉헌 축일 9-10항

21 재를 머리에 얹는 예식 노래 : 재의 수요일

> "너는 흙에서 나왔으니 흙으로 돌아갈 때까지 얼굴에 땀을 흘려야 양식을 먹을 수 있으리라. 너는 먼지이니 먼지로 돌아가리라."
> 〈창세 3,19〉

재의 수요일(Feria Quarta Cinerum)은 사순 시기의 첫날로 사순 제1주일 전 수요일을 말한다. 이날 교회는 미사 중에 참회의 상징으로 재를 축복하여 이마에 바르는 예식을 행한 대서 재의 수요일이라는 이름이 생겨났다. '재'는 유대인들의 참회 표지로 하느님께 죄를 지었거나, 교회로부터 분리되거나 제명되어 살다 다시 교회로 재입교하려는 사람들에게 사용되었는데 재를 머리에 뒤집어쓰고 자루 옷을 찢는 참회 예식을 거행했다. 이런 유대인들의 참회 표지를 그리스도교에서 받아들여 사순 시기를 참회로써 시작한다.

재의 수요일은 聖 그레고리오 대교황 *St. Papa Gregorius Magnus* (재위 590-604) 재위 시기에 사순 시기의 첫날로 정해졌다. 그러나 재를 머리에 얹는 예식을 실제로 교회에서 공식적으로 받아들인 때는 《베네벤토Benevento 공의회(1091)》에서다. 이탈리아 신학자이자 역사학자인 지오반니 만시 *Giovanni D. Mansi* (1692-1769)가 편집한 『거룩한 공의회 新 대전집(*Sacrorum Conciliorum nova et amplissima Collectio*)』에 따르면, 이 공의회에서 "재의 수요일에 모든 성직자와 평신도, 남자와 여자 모두 재를 받을 것이다"라고 선포했고, 이 예식은 또한 12c 『로마 주교 예식서』에 수록되어 있었다.[60]

재를 머리에 얹는 예식은 준성사로써 교회법 제1170조에 따라 가톨릭 신자뿐만 아니라 예비 신자들 그리고 교회의 금지가 방해하지 않는 한 비신자에게도 줄 수 있다. 그리고 미사 없이도 독립적으로 거행할 수 있다. 이 예식은 전년도 주님 수난 성지 주일에 사용했던 성지聖枝를 태워 만든 재를 축복하고 이를 예식에 참석한 모든 이들 머리 위에 얹거나 이마에 십자 모양으로 바른다. 이때 사제는 "회개하고 복음을 믿어라"〈마르 1,15〉 혹은 "사람아, 너는 먼지이니, 먼지로 돌아갈 것을 생각하여라."〈창세 3,19 참조〉라고 말한다. 즉, 이 말의 의미처럼 자신의 삶을 반성하고 주님의 수난과 죽음을 묵상하며 회개를 준비하는 의미를 가지고 있다.

이 예식은 미사 중 강론이 끝나고 시작하고 예식이 끝나면 사제는 손을 씻은 다음, 보편 지향 기도를 바치며 미사를 계속한다. 교회의 모든 전례 예식에서 행렬이 동반될 때는 반드시 노래를 부르는데 이 예식 역시 예외는 아니다. 재를 받기 위해 긴 행렬이 생기고 한 사람 한 사람 재를 머리에 얹는 예식 중 우리말로 따름 노래로 번역되는 Antiphona 세 곡과 하나의 응송을 부르는데 『로마 미사 경본*Missale Romanum*』(제3표준판 2008수정)에 다음과 같이 수록되어 있다.

Antiphona 1 【첫째 따름 노래】

Immutémur habitu, in cínere et cilício:
ieiunémus, et plorémus ante Dóminum:
quia multum miséricors est dimíttere
peccáta nostra Deus noster.
베옷으로 갈아입고 잿더미에 앉아 단식하며
주님께 눈물로 간청하세.
우리 하느님은 한없이 자비로우시니 우리 죄
를 용서하시리라.

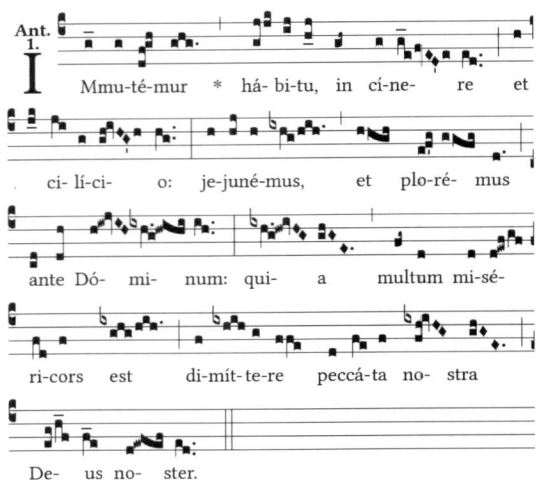

Antiphona 2 【둘째 따름 노래】

요엘 2:17, 에스 4:17⑩ 참조

Inter vestíbulum et altáre plorábunt
sacerdótes minístri Dómini, et dicent:
Parce, Dómine, parce pópulo tuo, et ne
claudas ora canéntium te, Dómine.
성전 문과 제단 사이에서 주님을 섬기는 사제
들이 눈물로 간청하리라.
용서하소서, 주님, 당신의 백성을 용서하소서.
주님, 당신을 찬송하는 입을 막지 마소서.

『로마 미사 성가집 *Graduale Romanum*(1974)』에는
위 노래가 아닌 같은 멜로디지만 4선법인 아래 가사 악보가 실려 있는데 내용은 거의 같다.

Iuxta vestibulum et altare plorabunt sacerdotes et levitae, ministri Domini, dicentes:
Parce Domine, parce populo tuo; et ne dissipes ora clamantium ad te, Domine.
성전 문과 제단 가까이에서 사제들과 레위인들은 울며 다음과 같이 말하리라. 용서하소서,
주님, 당신의 백성을 용서하소서. 주님, 당신을 찬송하는 입을 흩뜨리지 마소서.

Antiphona 3 【셋째 따름 노래】

시편 51(50):3

Dele, Domine, iniquitatem meam.
주님, 저의 죄악을 없애소서.

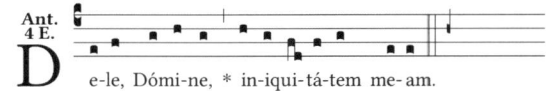

시편 51(50)의 각 절 끝에 아래와 같이 셋째 따름 노래를 반복할 수 있다.

Ant. 3 - 1절 - Ant. 3 - 2절 - Ant. 3 - 3절 - ⋯ - Ant. 3 - 21절 - Ant. 3

Responsorium 【응송】

R. Emendémus in mélius, quæ ignoránter peccávimus, ne súbito præoccupáti die mortis quærámus spátium pænitentiæ, et inveníre non possímus. * Attende, Dómine, et miserére, quia peccávimus tibi.
◎ 저희가 모르고 죄를 지었을지라도 뉘우치며 살고자 하오니, 갑자기 죽음을 맞지 않게 하시고, 회개할 시간을 주소서. * 주님, 당신께 죄를 지었사오니, 저희를 불쌍히 여기소서.
V. Adiuva nos, Deus salutáris noster, et propter honórem nóminis tui, Dómine, líbera nos.
○ 저희 구원의 하느님, 저희를 도우소서. 주님 이름의 영광을 위하여 저희를 구하소서.
* Attende, Dómine, et miserére, quia peccávimus tibi.
* 주님, 당신께 죄를 지었사오니, 저희를 불쌍히 여기소서.

다른 알맞은 노래도 부를 수 있다.

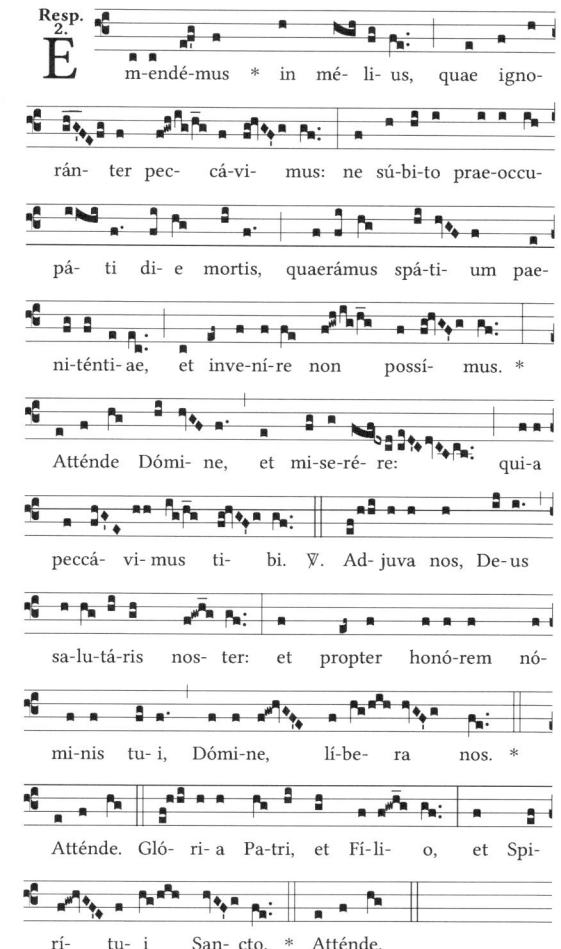

《제2차 바티칸 공의회(1962-65)》 이전 미사 양식인 『트리엔트 미사』에서는 위 그레고리오 성가 악보의 마지막 구절, Gloria Patri et Filio et Spiritui Sancto(영광이 성부와 성자와 성령께)와 후렴 부분 Attende, Dómine가 있었지만 현재는 제외되었다.

𝄞> 주요 작곡가

■ Immutemur habitu

- Jose Mauricio Nunes Gracia (1767-1830)

■ Inter vestíbulum et altáre

- Francisco de Peñalosa (1470-1528)
- Cristóbal de Morales (c.1500-1553)
- Giacomo Antonio Perti (1661-1756)

■ Emendémus in mélius

- William Byrd (c.1539/40 or 1543-1623)
- Cristóbal de Morales (c.1500-1553)
- Orlande de Lassus/Lasso (1532-1594)

22. 예루살렘 입성 기념 예식 노래 : 주님 수난 성지 주일

> 《Versus ad introitum, Dominica in palmis de passione Domini》
> (입당송 시편 구절, 주님 수난 성지 주일)
>
> "Hosánna in excélsis : Benedíctus, qui venisti
> in multitúdine misericórdiæ tuæ."
> "높은 데서 호산나! 당신의 크신 자비로 오시는 분, 찬미받으소서."
> 〈요한 12,13 참조〉[74]

주님 수난 성지 주일은 성주간을 시작하는 날로 그리스도의 예루살렘 입성을 재현하며 그리스도 왕의 승리를 기뻐하는 행렬에 모든 교우들이 참여한다. 이 기념 예식은 미사 전에 행하며 행렬(제1양식)이나 성대한 입당(제2양식) 혹은 간단한 입당(제3양식)으로 이 사실을 기념한다.

■ 제1양식 : 행렬 (Processio)[75]

먼저 교우들은 축복할 나뭇가지를 손에 들고, 입당할 성당 밖의 작은 경당이나 다른 적합한 장소에 모인다. 사제와 부제는 미사 때처럼 빨간색 제의를 입고 다른 봉사자들과 함께 교우들이 모여 있는 곳으로 간다. 그동안 아래의 따름 노래를 하거나 다른 알맞은 노래를 부른다. 여기서 따름 노래란 안티포나의 일종으로 미사 전 혹은 중에 행하는 특별한 행렬이나 교우들을 대상으로 하는 특정 예식 때 동반되어 부르는 노래다. [1장 참조]

Antiphona 【따름 노래】　　　　　　　　　　　　　　　마태 21,9 참조

Hosánna * filio David: benedíctus, qui venit in nómine Dómini. Rex Israel: Hosánna in excélsis.

호산나 * 다윗의 자손. 주님의 이름으로 오시는 분 찬미받으소서. 이스라엘 임금님. 높은 데서 호산나.

주례자가 교우들이 모여 있는 곳에 도착한 후 본 예식의 초대 말씀과 성지를 축복하는 기도로 예식을 시작하면서 성지에 성수를 뿌린다. 그다음 부제가, 부제가 없으면 사제가 예루살렘 입성에 관한 복음을 네 복음서 가운데 하나[76]를 봉독하고 간단한 강론 후 미사가 거행될 성당으로

---

74) 드물지만 이와 같이 시편이 아닐 수도 있다.
75) 로마 미사 경본 | 성주간 | 주님 수난 성지 주일 2-11항
76) 가해 : 〈마태 21,1-11〉, 나해 : 〈마르 11,1-11〉 또는 〈요한 12,12-16〉, 다해 : 〈루카 19,28-40〉

모두가 행렬을 시작한다. 이때 행렬에 적합한 노래를 부른다. 『로마 미사 경본 *Missale Romanum*』 (제3표준판 2008수정)에는 이 행렬 중 부르는 노래를 다음과 같이 제시하고 있다.

Antiphona 1 【따름 노래 1】

Púeri Hebræórum, portántes ramos olivárum, obviavérunt Dómino, clamántes et dicéntes: Hosánna in excélsis.
히브리 아이들이 올리브 가지 손에 들고
주님을 맞으러 나가 외치는 환호 소리
"높은 데서 호산나"

이 따름 노래는 경우에 따라 아래의 시편을 노래하면서 사이사이에 후렴으로 되풀이할 수 있다.

시편 24(23)

1 Dómini est terra et plenitúdo eius, *
    orbis terrárum et univérsi qui hábitant in eo.
  주님의 것이라네, †
    온 땅과 그 안에 가득 찬 것들 *
    온 누리와 그 안에 사는 것들
2 Quia ipse super mária fundávit eum *
    et super flúmina firmávit eum.
  그분이 물 위에 세우시고 *
    강 위에 굳히셨네.
(따름 노래 1 반복)

3 Quis ascéndet in montem Dómini, *
    aut quis stabit in loco sancto eius?
  누가 주님의 산에 오를 수 있으랴? *
    누가 그 거룩한 곳에 설 수 있으랴?
4 Ínnocens mánibus et mundo corde, †
    qui non levávit ad vana ánimam suam, *
    nec iurávit in dolum.
  손이 깨끗하고 *
    마음이 결백한 이
  헛된 것에 정신을 팔지 않고 *
    거짓으로 맹세하지 않는 이라네.
(따름 노래 1 반복)

5 Hic accípiet benedictiónem a Dómino, *
　　et iustificatiónem a Deo salutári suo.
　그는 주님께 복을 받으리라. *
　　구원의 하느님께 의로움을 얻으리라.
6 Hæc est generátio quæréntium eum, *
　　quæréntium fáciem Dei Iacob.
　이들이 야곱이라네. *
　　그분을 찾는 세대, 그분 얼굴을 찾는 세대라네.
(따름 노래 1 반복)

7 Attóllite portæ, capita vestra, †
　　et elevámini, portæ æternáles, *
　　et introíbit rex glóriæ.
　성문들아, 머리를 들어라. †
　　영원한 문들아, 일어서라. *
　　영광의 임금님 들어가신다.
8 Quis est iste rex glóriæ? *
　　Dóminus fortis et potens,
　　　Dóminus potens in prœlio.
　영광의 임금님 누구이신가? *
　　힘세고 용맹하신 주님, 싸움에 용맹하신 주님이시다.
(따름 노래 1 반복)

9 Attóllite portæ, capita vestra, †
　　et elevámini, portæ æternáles, *
　　et introíbit rex glóriæ.
　성문들아, 머리를 들어라. †
　　영원한 문들아, 일어서라.*
　　영광의 임금님 들어가신다.
10 Quis est iste rex glóriæ? *
　　Dóminus virtútum ipse est rex glóriæ.
　영광의 임금님 누구이신가? *
　　만군의 주님, 그분이 영광의 임금님이시다.
(따름 노래 1 반복)

Antiphona 2 【따름 노래 2】

Púeri Hebræórum vestiménta prosternébant in via, et clamábant dicéntes: Hosánna filio David; benedíctus qui venit in nómine Dómini.

히브리 아이들이 옷을 길에 깔고 외치는 소리
"호산나! 다윗의 자손,
주님의 이름으로 오시는 분, 찬미받으소서."

이 따름 노래는 경우에 따라 아래의 시편을 노래하면서 사이사이에 후렴으로 되풀이할 수 있다.

시편 47(46)

2 Omnes gentes, pláudite mánibus, *
　　iubiláte Deo in voce exultatiónis,
3 Quóniam Dóminus Altíssimus, terríbilis, *
　　rex magnus super omnem terram.
모든 민족들아, 손뼉을 쳐라. *
　　기뻐 소리치며 하느님께 환호하라.
주님은 지극히 높으신 분, 경외로우신 분, *
　　온 세상의 위대하신 임금이시다.
(따름 노래 2 반복)

6 Ascéndit Deus in iúbilo, *
　　et Dóminus in voce tubæ.
7 Psállite Deo, psállite; *
　　psállite regi nostro, psállite.
8 Quóniam rex omnis terræ Deus, *
　　psállite sapiénter.
환호소리 가운데 하느님이 오르신다. *
　　나팔 소리 가운데 주님이 오르신다.
노래하여라, 하느님께 노래하여라. *
　　노래하여라, 우리 임금님께 노래하여라.
하느님이 온 누리의 임금이시니 *
　　찬미의 노래 불러 드려라.
(따름 노래 2 반복)

4 Subiécit pópulos nobis *
　　et gentes sub pédibus nóstris.
5 Elégit nobis hereditátem nostram, *
　　glóriam Iacob, quem diléxit.
그분은 민족들을 우리 밑에, *
　　겨레들을 우리 발아래 굴복시키셨네.
우리에게 상속의 땅을 골라 주셨네. *
　　사랑하시는 야곱의 영광을 주셨네.
(따름 노래 2 반복)

9 Regnávit Deus super gentes, *
　　Deus sedet super sedem sanctam suam.
10 Príncipes populórum congregáti sunt
　　cum pópulo Dei Abraham, †
　　quóniam Dei sunt scuta terræ: *
　　veheménter elevátus est.
하느님이 민족들을 다스리신다. *
　　하느님이 거룩한 어좌에 앉으신다.
뭇 민족의 귀족들이 모여 와 *
　　아브라함의 하느님 그 백성이 된다.
세상 방패들이 하느님의 것이니 *
　　그분은 지극히 존귀하시어라.
(따름 노래 2 반복)

Hymnus ad Christum Regem (그리스도 임금님께 드리는 찬가)

Chorus(성가대):
Glória, laus et honor tibi sit,
rex Christe redémptor,
cui puerile decus prompsit Hosánna pium
영광 찬미 영예 모두 주님께,
그리스도 임금님 구세주!
아이들의 환호 소리, 호산나, 호산나!
다 같이 반복 : Glória, laus...

Chorus(성가대):
Israel es tu rex, Dávidis et inclita proles,
nómine qui in Dómini, rex benedícte, venis.
이스라엘의 임금님, 다윗 임금의 빛나는 후손.
주님의 이름으로 오시는 분, 복되신 임금님.
다 같이 반복 : Glória, laus...

Chorus(성가대):
Cœtus in excelsis te laudat cælicus omnis,
et mortalis homo, et cuncta creáta simul.
하늘의 천사들이 모두 주님을 찬미하고
인간과 피조물이 다 함께 주님을 기리나이다.
다 같이 반복 : Glória, laus...

Chorus(성가대):
Plebs Hebræa tibi cum palmis óbvia venit;
cum prece, voto, hymnis, ádsumus ecce tibi.
히브리 백성이 종려 가지 들고 마중 나가니
기도와 서원과 찬미로 주님께 나아가나이다.
다 같이 반복 : Glória, laus...

Chorus(성가대):
Hi tibi passuro solvébant munia laudis;
nos tibi regnanti pángimus ecce melos.
수난하실 주님께 찬미 예물 드리오며
다스리는 임금님을 찬양 찬송하나이다.
다 같이 반복 : Glória, laus...

Chorus(성가대):
Hi placuére tibi, pláceat devótio nostra:
rex bone, rex clemens, cui bona cuncta placent.
그 찬송 받으셨듯이 저희 정성 받으소서.
온갖 찬양 받으시는 어질고 좋으신 임금님.
다 같이 반복 : Glória, laus...

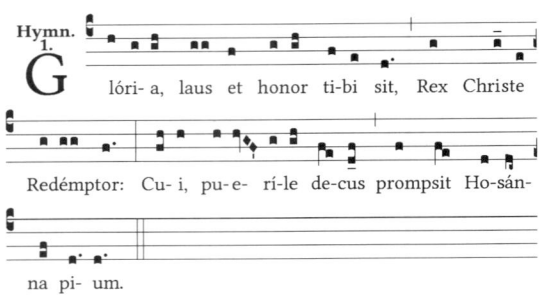

Omnes: Glória laus. *ut supra.*

Omnes: Glória laus. *ut supra.*

Omnes: Glória laus. *ut supra.*

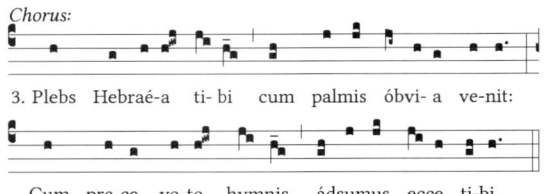

Omnes: Glória laus. *ut supra.*

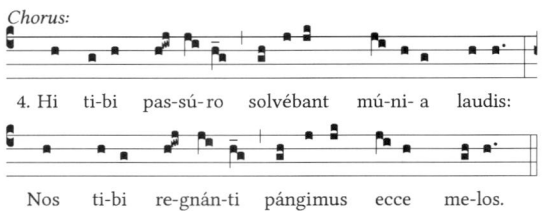

Omnes: Glória laus. *ut supra.*

Omnes: Glória laus. *ut supra.*

행렬이 성당 안으로 들어갈 때 아래의 노래[61]를 하거나 주님의 예루살렘 입성을 환영하는 다른 알맞은 노래를 부른다.

R. Ingrediénte Dómino in sanctam civitátem, Hebræórum púeri resurrectiónem vitæ pronuntiántes, * Cum ramis palmárum: Hosánna, clamábant, in excélsis.
주님이 거룩한 도성 예루살렘에 들어오실 때, 히브리 아이들이 생명이신 주님의 부활을 외쳤네. * 손에 손에 종려나무 가지 들고 부르는 노랫소리, "높은 데서 호산나!"
V. Cum audísset pópulus, quod Iesus veníret Hierosólymam, exiérunt óbviam ei.
주 예수님이 예루살렘으로 오신다는 말에, 백성이 예수님을 마중 나가네.
* Cum ramis …
* 손에 손에 …

사제가 제대 앞에 이르면 경의를 표하고, 경우에 따라 분향한다. 그리고 주례석으로 가서 경우에 따라 자비송을 생략하고 본기도를 바치면서 미사를 시작한다. 즉, 행렬이 끝날 때까지 미사 시작 전인 것이다.

■ **제2양식 : 성대한 입당 (Introitus sollemnis)**[77]

성당 밖에서 행렬을 할 수 없을 때 양식이다. 교우들이 손에 나뭇가지를 들고 성당 안이나 성당 입구에 모인다. 사제는 봉사자들, 몇몇 교우들과 함께 제단이 아닌 예식이 잘 보이는 적당한 자리로 가는 동안 따름 노래 Hosanna filio David(호산나! 다윗의 자손)를 부르거나 다른 알맞은 노래를 한다. 사제는 그 자리에서 나뭇가지를 축복하고 주님의 예루살렘 입성에 관한 복음을 4복음서 가운데 하나를 봉독 후에 사제는 봉사자들과 신자 대표들과 함께 성당 중앙을 통해서 제단으로 성대하게 행렬한다. 그동안 신자들은 응송 Ingrediente Domino(주님이 거룩한 도성 예루살렘에)를 부르거나 다른 알맞은 노래를 한다. 제대에 도착한 후 경우에 따라 자비송을 생략하고 본기도를 바치면서 미사를 시작한다.

■ **제3양식 : 간단한 입당 (Introitus simplex)**[78]

성대한 입당이 없을 때 다음과 같이 간단히 주님의 예루살렘 입성을 기념한다. 통상적인 미사와 마찬가지로 사제가 제대로 나아갈 때, 교우들은 아래 입당송과 시편을 노래한다. 입당송을 노

---

77) 로마 미사 경본 | 성주간 | 주님 수난 성지 주일 12-15항
78) 로마 미사 경본 | 성주간 | 주님 수난 성지 주일 16-17항

래할 수 없는 다른 미사에서는 사제가 제대 앞에 이르러 경의를 표시한 다음 교우들에게 인사하고, 입당송을 읽은 뒤 보통 때와 같이 미사를 계속한다.

입당송은 제1,2양식으로 행렬 예식을 거행할 경우 부르지 않는다. 행렬 예식이 입당송을 대신하기 때문이다. 그리고 『로마 미사 경본 Missale Romanum(1962)』과 『로마 미사 성가집 Graduale Romanum(1974)』에는 제3양식의 입당송은 없다. 그 이유는 《제2차 바티칸 공의회(1962-65)》 이후 제3양식의 입당송이 M.R.에 추가되었는데 G.R.(1974)에서 제3양식을 고려하지 않았기 때문이다.

입당송
요한 12,1.12-13; 시편 24(23),9-10

Ante sex dies sollémnis Paschæ,
quando venit Dóminus in civitátem Ierúsalem,
occurrerunt ei pueri:
et in mánibus portábant ramos palmárum
et clamábant voce magna, dicéntes:
파스카 축제 엿새 전에
주님께서 예루살렘에 들어오실 때,
아이들이 종려나무 가지를 들고,
그분을 맞으러 나가 외치는 소리,

* Hosánna in excélsis:
Benedíctus, qui venísti in multitúdine misericórdiæ tuæ.
* "높은 데서 호산나!
당신의 크신 자비로 오시는 분, 찬미받으소서."

Attóllite, portæ, cápita vestra,
et elevámini, portæ æternáles,
et introíbit rex gloriæ.
Quis est iste rex glóriæ?
Dóminus virtutúm ipse est rex glóriæ.
성문들아, 머리를 들어라.
영원한 문들아, 일어서라.
영광의 임금님, 들어가신다.
영광의 임금님, 누구신가?
만군의 주님, 그분이 영광의 임금이시다.

* Hosánna in excélsis:
Benedíctus, qui venísti in multitúdine misericórdiæ tuæ.
* "높은 데서 호산나!
당신의 크신 자비로 오시는 분, 찬미받으소서."

23 파스카 성삼일 (Sacrum Triduum Paschale)

> 《Acclamatio ad Evangelium, Missa Paschalis Dominicæ Resurrectionis in die, Sollemnitas》
> (복음 환호송, 주님 부활 대축일 낮 미사)
>
> "Alleluia, Pascha nostrum immolatus est Christus,
> itaque epulemur in Domino. Alleluia"
> "알렐루야, 그리스도 우리의 파스카 양으로 희생되셨으니,
> 주님 안에서 축제를 지내세. 알렐루야" 〈1코린 5,7.8 참조〉

로마 가톨릭 교회의 전례력에서 가장 중요한 시기로서 그리스도교의 탄생의 근본적 기반인 수난과 부활의 신비를 재현하며 기념하고 기억하는 전례주년의 정점이자 빛인 시기가 '**파스카 성삼일**聖三日'이다. 여기서, 파스카란 무엇일까? 일단 이것을 먼저 이해하고 파스카 성삼일을 구체적으로 살펴보자.

파스카Pascha란 '거르고 지나가다Passover'라는 뜻으로 한자어[79]로 過越節과월절 혹은 踰越節유월절이라고 한다. 구약의 탈출기 12장에서 보듯이 하느님께서는 이집트인 가정의 모든 맏아들과 짐승의 맏배를 멸하실 때 문설주에 어린양의 피를 바른 유대인의 집은 그냥 지나가셨다. 또한, 14장에서 홍해를 갈라 건넘으로써 이집트 종살이에서 해방을 맞이했다. 파스카란 이 사건을 기념하는 유대인의 축제다.

유대인들은 이 사건을 파스카 축제를 통해 대대로 기념함으로써 첫째, 구원자 하느님을 기억하며 감사와 찬미를 드리고 둘째, 구원된 자신들이 하느님의 거룩한 백성이 되었음을 기억하며 이 변화된 신분에 맞갖게 살아갈 것을 다짐했다. 그리고 셋째, 자신들이 앞의 두 가지를 실행하면 아브라함에게 하신 축복을 영원히 받게 되리라 믿고 바랐던 것이다. 그리하여 파스카 축제는 단순히 과거를 기억하는 행위가 아닌, 이스라엘을 하느님의 백성으로 탄생시키는 산모 역할을 하면서 이스라엘 신앙의 중심이 되었다.[62]

그렇다면 유대인의 파스카의 의미가 그리스도교로 어떻게 연결되었을까? 교회는 그리스도의 죽음과 부활 사건을 새로운 파스카 사건으로 보았다. 이는 **죽음에서 부활로 건너가셨고, 이 세상에서 아버지 하느님께로 건너가신 것**이라고 믿었다. 결국, 예수를 그리스도라고 믿는다면 그리스도의 십자가상의 죽음과 부활로 인해 우리 역시 죽음에서 생명으로 건너가게 되는 것이다. 유대인들의 '건너감'은 파스카 축제로 예식화되었듯이 그리스도와 회개하는 백성의 '건너감'은 파스카 성삼일로 기념하게 되었다.

---

79) 過 : 지날 과, 踰 : 넘을 유, 越 : 넘을 월

유대인들은 파스카 예식 때 시편을 노래하는 사이사이에 포도주에 물을 조금 섞은 잔을 돌려 마시며 누룩 없는 빵과 양고기를 나눠 먹는다. 예식 중 노래하는 시편들과 절차는 정해져 있는데 여기서는 생략한다. 예수께서도 이와 같은 예식을 최후의 만찬을 통해 행하셨고, 이를 근거로 그리스도의 파스카를 기념하기 위해 교회의 시작부터 빵을 떼어 나누는 일, 즉 미사를 봉헌하는 일에 전념했다. 그래서 주일 미사가 그리스도교 신앙의 가장 토대가 되는 이유이고 파스카 신비를 기념하고 체험하는 예배인 것이다. 그중에서 일 년에 한 번 유대인들의 파스카 축제일 근처에 오는 주일에 더 크고 장엄하게 거행한 것이 그리스도교의 부활절이었다. 이러한 배경으로 원래 이날을 부른 용어는 부활절이 아니라 '파스카'였다. 지금도 라틴어판 『로마 미사 경본Missale Romanum』에 부활절은 'PASCHA'로, 부활 시기는 'TEMPUS PASCHALE'라고 쓰고 있다.

그리스도교의 부활절, 즉 파스카 축제는 원래 하루에 거행하는 것이었지만, 시간이 지나며 이틀간의 단식이 앞에 붙게 되었다. 그 이유는 유대인들의 파스카 거행 관습인 전날 하루 단식을 모방한 것도 있지만, 이때가 그리스도교 예비 교우들이 세례를 받던 때라 세례 준비 조건으로 금토 이틀간 단식을 했다.[63] 세례를 준비하던 이들에게 이 금토일 3일은 그야말로 그리스도와 함께 죽고 묻히고 사흘째 다시 살아나는 그런 체험이었다. 그리스도의 죽음과 부활이라는 파스카 신비가 바로 세례로 다시 태어나는 신비였다. 그리하여 고대 교회에서 예비 교우들은 파스카 성야를 지새운 뒤 부활절 아침 일찍 세례를 받고 성체를 영하였으며 부활 주간 내내 흰 옷을 입고 지냈다.

이러한 전통에 따라 현재도 파스카 성야 때 세례받을 사람이 있다면 세례성사를, 없다면 세례 서약 갱신을 거행한다.80)

이렇게 금토일로 지내던 전례가 4c 이후 중세를 거치면서 복음서에 나타난 사건 중심으로 무게가 실리면서 성목요일이 포함된다. 즉, 주님의 수난 일화를 기억하고 역사적 시간과 장소를 모방하며 기념하는 예식으로 발전하게 된다. 그러나 중세기를 거치면서 황제와 교황과 힘겨루기, 동서 교회의 분리, 십자군 전쟁 등으로 격변기를 지내면서 부활의 기쁨보다 한편으로 그리스도의 수난 고통에 더 집중하게 되고 이에 성목요일부터 성토요일까지의 수난의 성삼일과 부활 주일에 이은 월화까지 부활의 성삼일을 나누어 경축했다.[64] 하지만 과거 성삼일의 의미를 되살리는 전례 개혁이 단행되어 1955년 마침내 교황 비오 12세Pius PP. XII(재위 1539-58)의 교황령, 『우리의 이 시대와 함께(Cum Nostra Hac ætate)』에 따라 주님 만찬 성목요일부터 부활까지 연결된 파스카 성삼일 전례를 확정한다.

이러한 개혁의 의미는 파스카 성야를 전례의 중심이 되는 초기 교회의 모습처럼 바꾸어서 밤 전례에 참석하는 교우들이 하느님의 백성으로 태어난 기쁨을 맛보게 하는 것이었다. 따라서 지금의 성목요일 주님 만찬 미사부터 성토요일까지 연속된 모든 예식이 파스카 성야에 초점이 맞추어진 그리스도의 신비를 거행하는 것임을 드러낸다. 그러므로 주님 만찬에서 시작하여 그의 수난, 부활까지 서로 독립될 수 없는 연속된 하나의 사건으로 봐야 한다.

---

80) 로마 미사 경본 | 파스카 성삼일 | 파스카 성야 제3부

> 《전례주년과 전례력에 관한 일반 규범 19항》
>
> 주님 수난과 부활의 파스카 성삼일은 주님 만찬 저녁 미사부터 시작하여
> 파스카 성야에 절정을 이루며 부활 주일의 저녁기도로 끝난다.

■ 성주간 목요일　　　　　　　　　　　　　　FERIA IV HEBDOMADÆ SANCTÆ

- 성무일도 저녁기도 전까지
- 성주간 목요일은 파스카 성삼일에 미포함
- 성주간 목요일은 사순 시기 마지막 날임
- 성유 축성 미사
- 사순 시기 중 미사에서 제외한 대영광송을 성유 축성 미사부터 다시 부름
- 성유 축성 미사와 주님 만찬 미사는 현재 날짜 개념으로는 목요일 낮과 저녁 미사이나 성주간 목요일과 주님 만찬 성목요일은 전례력상 다른 날임을 이해해야 함

■ 주님 만찬 성목요일　　　　　　　　　　　　　FERIA V IN CENA DOMINI

- 성무일도 저녁기도부터 파스카 성삼일 시작
- 주님께서 성체성사를 제정하심을 기념하는 주님 만찬 미사
- 미사 중 대영광송 이후 파스카 성야 전까지 종을 치지 않음
- 미사 중 발 씻김 예식 거행

■ 주님 수난 성금요일　　　　　　　　　　　　FERIA VI IN PASSIONE DOMINI

- 그리스도의 수난과 십자가 죽음
- 주님 수난 예식(오후 3시) : 미사가 아님
- 〈마르 15,34-37〉에 의하면 예수께서 숨을 거두신 시간이 오후 3시임
- 우리나라는 부활절 휴일(Easter Holidays)이 없어 저녁에 예식을 하고 있음
- '말씀의 전례', '십자가 경배', '영성체' 세 부분으로 구성됨
- 미사는 없고 제대는 십자가, 촛대, 제대포 없이 벗겨둠
- 단식과 금육

■ 성토요일　　　　　　　　　　　　　　　　　　　　　　　SABBATO SANCTO

- 미사는 없고 제대는 십자가, 촛대, 제대포 없이 벗겨둠
- 고해성사와 병자 도유를 제외한 모든 성사는 없음
- 성체조배
- 주님 부활 대축일 제1저녁기도 전까지 성토요일

■ 주님 부활 대축일   DOMINICA PASCHÆ IN RESURRECTIONE DOMINI

- 주님 부활 대축일은 토요일 파스카 성야부터 시작이므로 이날 제1저녁기도부터 부활 시기가 시작됨
- 파스카 성야의 모든 예식은 주님께서 부활하신 거룩한 밤을 기념하여 교회 전례에서 가장 성대하게 거행
- 파스카 성야는 '빛의 예식', '말씀의 전례', '세례식', '성찬식'으로 구성됨
- 파스카 성야를 지내고 날이 밝으면 주님 부활 대축일 낮 미사를 드림

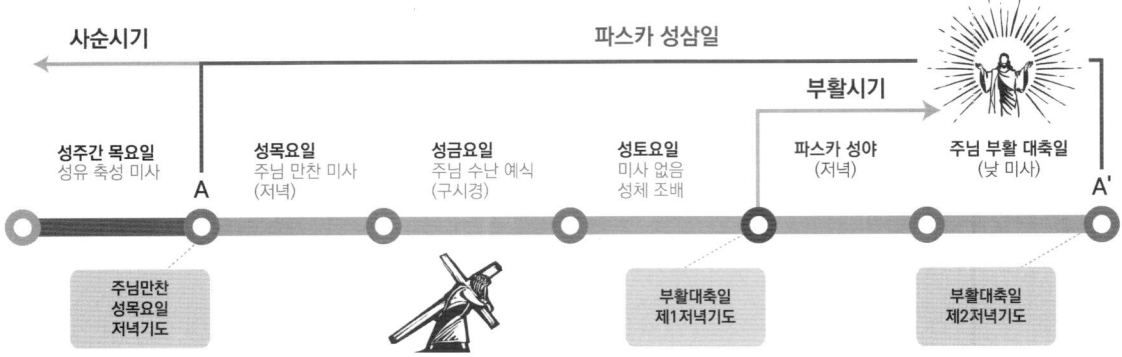

▲ 파스카 성삼일 개요도

이대로라면 목~일 나흘로 볼 수 있는데 일몰에서 다음 일몰 전까지(저녁~아침~낮)를 하루로 계산하던 유대인들의 시간 개념에 따라 다시 계산하면, 주님 만찬 성목요일 저녁기도(A)부터 주님 부활 대축일 저녁기도(A')까지 대략 3일의 시간에 해당하고, 따라서 성四일이 아닌 성三일이 되는 것이다. 그리고 공식 명칭은 성삼일이 아니라 **파스카 성삼일**이다.

파스카 성삼일 고유 전례음악

파스카 성삼일의 고유한 전례음악을 소개한다. 연중 이 기간 한 번 부르며, 성가의 첫 자리는 그레고리오 성가다. 그레고리오 성가는 무반주로 부르는 게 옳지만 회중 찬송을 위해 오르간이 도와줄 수 있다.

■ 주님 만찬 미사 MISSA VESPERTINA IN CENA DOMINI

▶ 입당송   갈라 6,14 참조

Nos autem gloriári opórtet in Cruce Dómini nostri Iesu Christi: in quo est salus, vita et resurréctic nostra: per quem salváti et liberáti sumus.

우리는 우리 주 예수 그리스도의 십자가를 자랑하리라. 주님은 우리 구원이요 생명이며 부활이시니, 우리는 그분을 통하여 구원과 자유를 얻었네.

이 미사에서는 사순 시기 동안 부르지 않았던 대영광송을 노래한다. 대영광송을 노래하는 동안 종을 친다. 이 노래가 끝나면 파스카 성야에 대영광송을 노래하기 전까지 종을 치지 않는다. 또한, 이때에는 오르간과 다른 악기는 노래 반주에만 쓸 수 있다.[81]

▶ 발 씻김 예식 중 따름 노래

강론이 끝난 다음, 사목적 이유로 필요하다면 발 씻김 예식을 거행한다.[82] 그동안 아래의 따름 노래들이나 다른 알맞은 노래를 부른다.[83]

Antiphona 1 【따름 노래 1】   요한 13,4.5.15 참조

Postquam surréxit Dóminus a cena, misit aquam in pelvim, et cæpit laváre pedes discipulórum: hoc exemplium relíquit eis.

주님이 식탁에서 일어나시어
대야에 물을 부어 제자들의 발을 씻어 주셨네.
이렇게 제자들에게 본을 보여 주셨네.

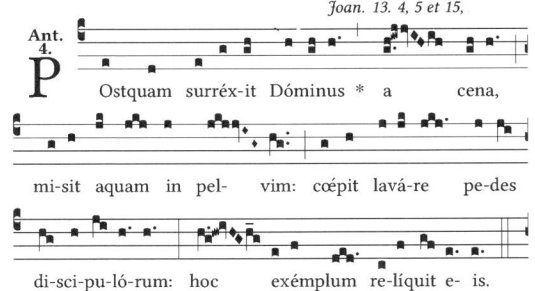

---

[81] 로마 미사 경본 | 파스카 성삼일 | 주님 만찬 성목요일 7항
[82] 로마 미사 경본 | 파스카 성삼일 | 주님 만찬 성목요일 10항
[83] 로마 미사 경본 | 파스카 성삼일 | 주님 만찬 성목요일 12항

Antiphona 2 【따름 노래 2】

요한 13,12.14.15 참조

Dóminus Iesus, postquam cenávit cum discípulis suis, lavit pedes eórum, et ait ills: "Scitis quid fécerim vobis ego, Dóminus et Magíster? Exémplum dedi vobis, ut et vos ita faciátis."

주 예수님이 제자들과 함께 저녁을 드신 다음 그들의 발을 씻어 주시고 말씀하셨네. "주님이며 스승인 내가 너희에게 한 일을 깨닫 겠느냐? 너희도 그렇게 하라고 내가 본을 보여 준 것이다."

Antiphona 3 【따름 노래 3】

요한 13,6.7.8

Dómine, tu mihi lavas pedes?
Respóndit Iesus et dixit ei:
Si non lávero tibi pedes,
non habébis partem mecum.
주님, 주님이 제 발을 씻으시렵니까?
예수님이 대답하셨다.
내가 너를 씻어 주지 않으면
너는 나와 함께 아무런 몫도 나누어 받지 못하리라.
V. Venit ergo ad Simónem Petrum,
et dixit ei Pétrus:
시몬 베드로에게 이르시자 베드로가 말하였다.
반복 : Dómine, ... mecum.
V. Quod ego facio, tu nescis modo: scies autem póstea.
내가 하는 일을 네가 지금은 알지 못하지만 나중에는 깨닫게 되리라.
반복 : Dómine, ... mecum.

Antiphona 4 【따름 노래 4】   요한 13,14 참조

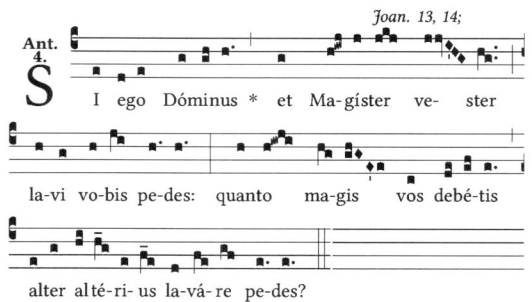

Si ego, Dóminus et Magister vester, lavi vobis pedes: quanto magis debétis alter alteríus laváre pedes?
주님이며 스승인 내가 너희의 발을 씻어 주었으니 너희도 서로 발을 씻어 주어야 하지 않겠느냐?

Antiphona 5 【따름 노래 5】

요한 13,35 참조

In hoc cognóscent omnes,
quia discípuli mei estis,
si dilectićnem habuéritis ad invicem
너희가 서로 사랑하면 모든 사람이 보고
너희가 내 제자임을 알게 되리라.

V. Dixit Iesus discipulis suis.
예수님이 제자들에게 말씀하셨네.

반복 : In hoc ... invicem.

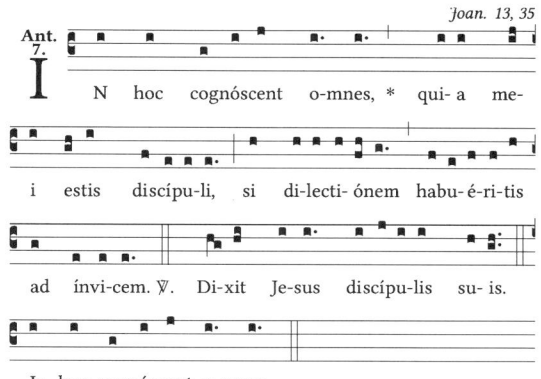

Antiphona 6 【따름 노래 6】

요한 13,34 참조

Mandátum novum do vobis, ut diligátis
ínvicem, sicut diléxi vos, dicit Dóminus.
주님이 말씀하신다.
내가 너희에게 새 계명을 준다.
서로 사랑하여라.
내가 너희를 사랑한 것처럼 너희도 서로 사랑하여라.

Antiphona 7 【따름 노래 7】

1코린 13,13 참조

Máneant in vobis fides, spes, cáritas,
tria hæc: maior autem horum est caritas.
너희 안에 믿음과 희망과 사랑,
이 세 가지는 계속되리니
그 가운데 으뜸은 사랑이니라.

V. Nunc autem manent fides, spes, caritas,
tria hæc: maior horum est cáritas.
이제 믿음과 희망과 사랑,
이 세 가지는 계속되리니
그 가운데 으뜸은 사랑이니라.

반복 : Máneant ... caritas.

여기서, 따름 노래 1, 2, 4, 6은 시편 구절(V)이 없다.

▶ **Ubi Caritas et Amor** (참사랑이 있는 곳에)

성찬 전례를 시작할 때 교우들은 빵과 포도주와 함께 가난한 이들을 위한 예물을 바치는 행렬을 할 수 있는데 그동안 아래의 노래나 다른 알맞은 노래를 부른다.84)

Ant. Ubi cáritas et amor, Deus ibi est.
V. Congregávit nos in unum Christi amor.
V. Exsultémus, et in ipso jucundémur.
V. Timeámus, et amémus Deum vivum.
V. Et ex corde diligamus nos sincéro.

Ant. Ubi cáritas et amor, Deus ibi est.
V. Simul ergo cum in unum congregámur:
V. Ne nos mente dividamur, caveámus.
V. Cessent iúrgia maligna, cessent lites.
V. Et in médio nostri sit Christus Deus.

Ant. Ubi cáritas et amor, Deus ibi est.
V. Simul quoque cum beátis videámus
V. Gloriánter vultum tuum, Christe Deus:
V. Gáudium, quod est imménsum atque probum,
V. Sǽcula per infiníta sæculórum. Amen.

◎ 참사랑이 있는 곳에 하느님 계시네.
○ 그리스도의 사랑 우리들을 한데 모았네.
○ 그리스도와 함께 춤을 추며 기뻐하세.
○ 살아 계신 하느님을 경외하세.
○ 한결같은 마음으로 사랑하세.

◎ 참사랑이 있는 곳에 하느님 계시네.
○ 우리 모두 함께 모여 하나되네.
○ 우리 마음 갈라질까 조심하세.
○ 이웃 허물 탓하여 다투지 마세.
○ 하느님이신 그리스도 우리 안에 계시네.

◎ 참사랑이 있는 곳에 하느님 계시네.
○ 복된 성인들과 함께 하느님 뵈오리.
○ 하느님이신 그리스도 빛나는 얼굴.
○ 한없이 참된 기쁨 여기에 있네.
○ 이 기쁨 영원 무궁히 이어지리. 아멘.

---

84) 로마 미사 경본 | 파스카 성삼일 | 주님 만찬 성목요일 14항

▶ **Pange lingua (입을 열어 찬양하세)**

영성체 후 수난 감실로 성체를 모셔가면서 부르는 노래이며 전체 6절 중 1-4절까지 부른다.85) 聖 토마스 아퀴나스의 성체 찬미가 다섯 곡 중 하나다. 가사, 그레고리오 성가 악보는 18장에서 확인한다.

▶ **Tantum ergo (지존하신 성체 앞에)**

성체가 수난 감실에 모셔진 후 감실을 열어둔 채 사제가 무릎을 꿇고 성체께 분향할 때 부르며 Pange lingua의 5-6절을 부른다.86) 가사, 그레고리오 성가 악보는 18장에서 확인한다.

■ **주님 수난 예식**　　　　　　　　　　　　CELEBRATIO PASSIONIS DOMINI

▶ **Ecce lignum Crucis (보라, 십자나무)**

십자가 경배 때 '거룩한 십자가를 보여주는 예식'에서 부르는 노래다. 보라색 천으로 덮인 십자가의 천을 3번에 걸쳐 위,좌,우를 벗길 때 같은 노래를 부르는데 사제가 "**보라, 십자나무. 여기 세상 구원이 달렸네**"라고 선창하면 회중이 "**모두 와서 경배하세**" 라고 화답한다. 모두 3번을 부르게 되고 첫 번째보다 두 번째가 반음을 높이고 세 번째는 두 번째보다 반음 더 높여 부른다. 천이 모두 벗겨지고 나서 사제를 시작으로 교우들의 십자가 경배를 진행한다.

▶ **Improperia (비탄의 노래) Ⅰ, Ⅱ**

Ecce lignum Crucis(보라, 십자나무)가 끝나면, 십자가를 덮었던 보라색 천은 벗겨진다. 그다음에 십자가 경배 때 부르는 노래 중 하나다. 이 노래는 예수 그리스도께서 그동안 당신의 자비를 베푸신 유다인들을 향해 십자가에 못박은 배신행위에 대해 질책하는 장면을 연출하고 있다.

기원은 동방교회의 비잔틴 예식이다. 노래는 Ⅰ, Ⅱ가 있고 그중 Ⅰ에 그리스어 가사로 된 "**거룩하신...**"이라는 반복 후렴이 세 번 포함되어 있다. 그래서 이 부분을 '트리스τρίς 하기오스Ἅγιος', 즉 '세 번의 거룩하신'이라는 뜻의 '트리스하기온Τρισάγιον'이라 하며 독창자 두 명 혹은 두 편의 성가대가 교송(○●)으로 부른다. ○과 ●는 같은 뜻이다. '트리스하기온'은 다음과 같으며 여기서는 R₁로 표기한다. 그리고 또 다른 후렴(R_Ⅱ), "**내 백성아, 내가 너희에게 ...**"는 〈미카 6,3〉 말씀이며 교우들이 다 함께 노래한다.(◎)

---
85) 로마 미사 경본 | 파스카 성삼일 | 주님 만찬 성목요일 38항
86) 로마 미사 경본 | 파스카 성삼일 | 주님 만찬 성목요일 39항

R_I
○ 하기오스 호 테오스(Ἅγιος ὁ Θεός)
● 거룩하신 하느님
○ 하기오스 이스키로스(Ἅγιος ἰσχυρός)
● 거룩하신 용사님
○ 하기오스 아타나토스, 엘레이손 히마스
 (Ἅγιος ἀθάνατος, ἐλέησον ἡμᾶς)
● 거룩하신 불사신, 저희에게 자비를 베푸소서.

R_{II}　　　　　　　　　　　　(악보는 p.166에)
◎ Pópule meus, quid feci tibi? Aut in quo
　contristávi te? Respónde mihi!
　내 백성아, 내가 너희에게 무엇을 하였더냐?
　무엇으로 너희를 괴롭게 하였더냐? 대답하여라.

비탄의 노래 I

R_{II}
○ Quia edúxi te terra Ægypti:
　parásti Crucem Salvatóri tuo.
　나는 너희를 이집트의 땅에서 구해 냈건만
　너희 구세주께 십자가가 웬 말이냐?

R_I
◎ Quia edúxi te per desértum quadraginta annis,
　et manna cibávi te,
　et introdúxi te in terram satis tuo.
　parásti Crucem Salvatóri tuo.
　나는 사십 년 동안 너희를 광야에서 이끌어 만나를 먹이고
　가장 좋은 땅으로 인도하였건만
　너희 구세주께 십자가가 웬 말이냐?

R_I
◎ Quid ultra débui facere tibi, et non feci?
　Ego quidem plantávi te
　víneam eléctam meam specioissimam:
　et tu facta es mihi nimis amára:
　aceto namque sitim meam potasti,
　et láncea perforásti latus Salvatóri tuo.
　내가 너희에게 못한 것이 무엇이냐?
　나는 너희를 가장 좋은 포도나무로 골라 심었건만
　너희는 어찌하여 쓰디쓴 열매만 맺었느냐?
　너희는 어찌하여 목마른 나에게 신 포도주를 마시게 하고
　너희 구세주의 옆구리를 창으로 찔렀느냐?

R_I

비탄의 노래 II

아래 ○는 선창자나 성가대가 노래할 수 있다. 숫자가 있는 원은 끝에 소개하는 그레고리오 성가 번호다.

○ Ego propter te flagellávi Ægyptum
   cum primogénitis suis:
   et tu me flagellátum tradidísti.
   나는 너희를 위하여 이집트와 그 맏아들을 채찍질하였건만
   너희는 어찌하여 나를 팔아넘겨 채찍을 맞게 하였느냐?
R II
○ Ego edúxi te de Ægypto,
   demérso Pharaóne in Mare Rubrum:
   et tu me tradidisti principibus sacerdótum.
   나는 너희를 이집트에서 이끌어 내고 파라오를 홍해에 빠뜨렸건만
   너희는 어찌하여 나를 수석 사제들에게 팔아넘겼느냐?
R II
○ Ego ante te apérui mare:
   et tu aperuísti láncea latus meum.
   나는 너희를 위하여 바닷길을 뚫었건만
   너희는 어찌하여 창으로 내 옆구리를 뚫었느냐?
R II
○ Ego ante te præívi in colúmma nubis:
   et tu me duxisti ad prætórium Pilati.
   나는 너희 앞에서 구름 기둥으로 이끌었건만
   너희는 어찌하여 나를 빌라도 앞으로 끌고 갔느냐?
R II
① Ego te pavi manna per desértum:
   et tu me cecidisti álapis et flagéllis.
   나는 광야에서 너희에게 만나를 먹였건만
   너희는 어찌하여 뺨을 때리고 채찍질을 하였느냐?
R II
○ Ego te potávi aqua salútis de petra:
   et tu me potásti felle et aceto.
   나는 너희에게 바위에서 솟는 구원의 물을 마시게 하였건만
   너희는 어찌하여 나에게 쓸개즙과 신 포도주를 마시게 하였느냐?
R II
○ Ego propter te Chananæórum reges percússi:
   et tu percussísti arúndine caput meum.
   나는 너희를 위하여 가나안의 임금들을 쳤건만
   너희는 어찌하여 갈대로 내 머리를 쳤느냐?
R II

② Ego dedi tibi sceptrum regále:
　　et tu dedísti cápiti meo spíneam corónam.
　　나는 너희에게 왕홀을 주었건만
　　너희는 어찌하여 내 머리에 가시관을 씌웠느냐?
R_{II}

○ Ego te exaltávi magna virtúte:
　　et tu me suspendísti in patíbulo Crucis.
　　나는 너희를 높여 큰 권세를 주었건만
　　너희는 어찌하여 나를 십자가 형틀에 매달았느냐?
R_{II}

비탄의 노래 II의 경우, ○ 부분은 같은 선율에 가사만 바꿔 부른다.

▲ I의 ◎ 내 백성아 ...

▲ I의 ◎ 나는 사십 년 동안 ...

▲ I의 ◎ 내가 너희에게 ...

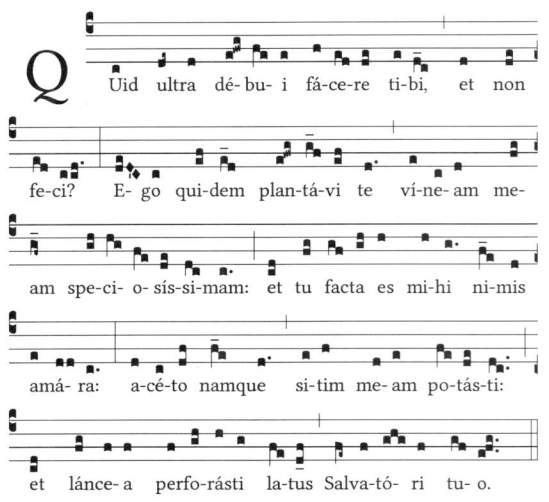

▲ II의 ① 나는 광야에서 ...

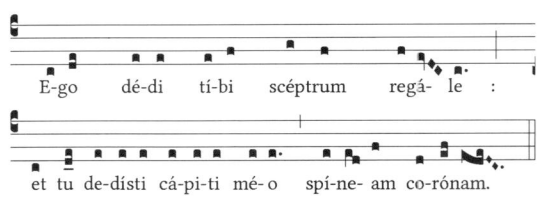

▲ II의 ② 나는 너희에게 ...

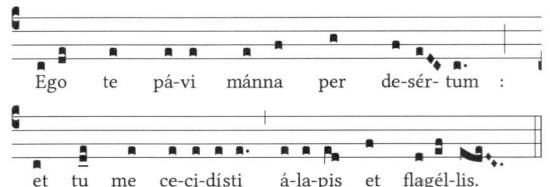

▶ Crux Fidelis (믿음직한 십자나무 - 성시)

비탄의 노래와 같이 십자가 경배 때 부르는 찬미가다. 긴 운문 찬미가이고 단순한 멜로디에 같은 후렴이 반복된다. ○ 부분은 성가대가 부르며, R₁, R₂는 후렴으로 모두 함께 노래한다.

R: Crux fidélis, inter omnes arbor una nóbilis, Nulla talem silva profert, flore, fronde, gérmine!	R₁ 믿음직한 십자나무 가장귀한 나무로다 어떤숲도 이런싹과 잎과꽃을 못내리라
R₂ Dulce lignum dulci clavo dulce pondus sústinens!	R₂ 귀한나무 귀한못에 귀한짐이 달렸도다
Pange, lingua, gloriósi prǽlium certáminis, Et super Crucis trophǽo dic triúmphum nóbilem, Qualiter Redemptor orbis immolátus vícerit.　　R₁	○ 영광스런 이싸움을 소리높여 찬미하라 십자가의 승리두고 개선노래 합창하세 희생되신 구세주가 그승리를 이루셨네　R₁
De paréntis protoplásti fraude Factor cóndolens, Quando pomi noxiális morte morsu córruit, Ipse lignum tunc notavit, damna ligni ut sólveret.　　R₂	○ 원조들이 유혹받아 금한열매 먹었을때 하느님은 동정하여 구원나무 정하시고 나무에서 묶인죄악 나무로써 푸시었네　R₂
Hoc opus nostræ salutis ordo depopóscerat, Multifórmis proditóris arte ut artem fálleret, Et medelam ferret inde, hostis unde lǽserat.　　R₁	○ 우리위한 구원활동 하느님의 계획대로 반역자들 온갖음모 지혜롭게 이기시고 원수이긴 그나무로 우리구원 이루셨네　R₁
Quando venit ergo sacri plenitudo témporis, Missus est ab arce Patris natus, orbis cónditor, Atque ventre virgináli carne factus pródiit.　　R₂	○ 성스러운 때가차서 성자탄생 하시었네 성부께서 파견하신 창조주가 오시었네 동정녀의 태중에서 사람으로 나시었네　R₂
Vagit infans inter arcta cónditus præsepia, Membra pannis involuta Virgo Mater álligat, Et manus pedésque et crura stricta cingit fáscia.　　R₁	○ 외양간의 좁은구유 어린아기 울었도다 성모님은 하느님을 보에싸서 누였도다 아기예수 손과발을 포대기로 감쌌도다　R₁
Lustra sex qui iam perácta tempus implens córporis, se volénte, natus ad hoc, passióni déditus, Agnus in crucis levatur immolandus stípite.　　R₂	○ 연세삼십 장성하여 예비하신 때가되니 인류위해 수난고통 자원하여 받으시고 어린양이 희생되어 십자가에 달리셨네　R₂
En acétum, fel, arundo, sputa, clavi, láncea: Mite corpus perforatur, sanguis, unda prófluit; Terra, pontus, astra, mundus, quo lavántur flúmine!　　R₁	○ 쓸개즙에 고통받고 가시못과 창에찔려 고귀한몸 피가흘러 시냇물을 이루더니 땅과바다 온세상을 깨끗하게 씻었도다　R₁
Flecte ramos, arbor alta, tensa laxa víscera, Et rigor lentéscat ille, quem dedit natívitas, Ut supérni membra Regis miti tendas stípite.　　R₂	○ 높은나무 귀한못한 귀한짐이 달렸도다 타고났던 딱딱함을 부드럽게 만들어서 곱디고운 줄기위에 높은임금 모시어라　R₂
Sola digna tu fuisti ferre sæculi prétium, Atque portum præparare nauta mundo náufrago, Quem sacer cruor perúnxit fusus Agni córpore.　　R₁	○ 너만홀로 합당하게 영원보배 모셨으니 세상파선 막아주는 우리위한 항구로다 어린양이 흘린피로 거룩하게 물들었네　R₁

아래 맺는 구절은 절대 생략 불가다. 성시를 부르는 중간에 십자가 경배의 행렬이 끝나간다면 모든 절을 다 부르지 않고 현재 부르는 절을 마치고 아래 구절로 넘어와 끝낸다.

Æqua Patri Filióque, ínclito Paráclito, Sempiterna sit beátæ Trinitati gloria; cuius alma nos redémit atque servat grátia. Amen.	◎ 성삼위의 높은은총 우리구해 지키시니 성부성자 성령님은 같은영광 받으소서 삼위일체 하느님은 영원영광 받으소서 아멘

앞 쪽 계속

■ 파스카 성야   VIGILIA PASCHALIS IN NOCTE SANCTA

▶ Lumen Christi (그리스도 우리의 빛)

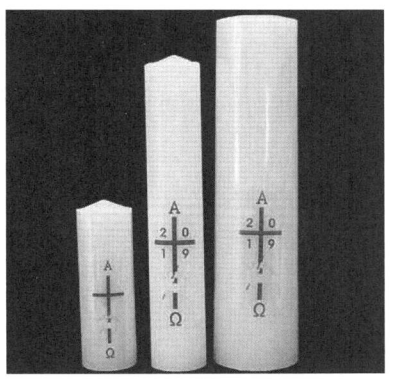

온 세상을 비추시는 빛으로 부활하신 그리스도를 상징하는 빛의 예식 중 사제와 회중이 선창하고 응답하는 노래다. 부제가 "Lumen Christi (그리스도 우리의 빛)"이라 선창하고 교우들이 "Deo grátias (하느님, 감사합니다)"라고 화답하며 파스카 초의 행렬이 진행되는데 교우들의 초에도 파스카 초에서 불을 댕겨 모두 붙인다. 이 장면은 "나는 세상의 빛이다. 나를 따르는 이는 어둠 속을 걷지 않을 것이다."〈요한 8,12〉라고 선포하신 예수님 말씀을 떠올리게 한다. 총 세 번을 부르는데 첫 번째보다 두 번째가 반음을 높이고 세 번째는 두 번째보다 반음을 더 높여 부른다. 파스카 초에는 사진과 같이 그리스 글자 알파(A), 그 밑에 오메가(Ω)를 쓰고 십자의 팔위와 아래에 그해의 연수(20...)를 쓴다.

▶ Præconium Paschale (파스카 찬송)

빛의 예식 때 파스카 초의 행렬이 끝나 제대 주변에 모셔지고, 축복의 기도 후 부르는 찬미가로 "Exsúltet iam angélica tuba cælórum...(용약하여라 하늘나라 천사들 무리...)"로 시작하는데 라틴어 첫 단어incipit를 따서 짧게 'Exsúltet'라고도 부른다. 이때 모든 이는 손에 촛불을 켜 들고 서 있다. 노래는 부제가 맡으며 부제가 없을 시 주례 사제나 공동 집전 사제가 부를 수 있다.

파스카 찬송은 선법으로 되어 있다는 점 말고도 그레고리오 성가의 여러 특징을 가지고 있다. 특히 길고 긴 파스카 찬송을 주의 깊게 들으면 무언가 반복되고 있음을 알 수 있다. 가사 한 구절을 도입하는 부분, 가사를 같은 음으로 낭송하는 부분, 구절을 마무리하는 부분이 계속 되풀이 된다. 그레고리오 성가로 시편을 노래하는 방법에 익숙하다면 파스카 찬송도 시편을 노래하는 공식에 상당한 부분이 들어맞는다는 것을 알 수 있다. 파스카 찬송은 처음부터 끝까지 창작한 긴 노래라기보다는 시편을 노래하는 방식처럼 동일한 선율을 되풀이하여 부르는 유절 노래에 가깝다.

지면상 가사와 악보는 생략한다. 필요하다면 한국어판 『로마 미사 경본 *Missale Romanum*』(제3표준판 2008수정) *pp. 366-374*에서 우리말로 번역되고 악보로 된 그레고리오 성가를 확인할 수 있다.

▶ 독서 후 찬가

이날 독서는 총 일곱 개로 『미사 독서Lectionarium』에 지정된 독서와 이어지는 화답송, 그리고 M.R.에 지정된 '기도'를 바친다. 『미사 독서』에 지정된 시편(화답송) 대신, 『로마 미사 성가집 Graduale Romanum』에서 고른 화답송이나 『단순 미사 성가집Graduale Simplex』에서 고른 화답송 또는 알렐루야 시편을 그 성가집들에 제시된 대로 부를 수도 있다.[87] 그래서 G.R.(1974)에는 화답송을 대신할 수 있는 독서 후 '찬가'가 제시되어 있는데 아래와 같다. 악보 등 자세한 내용은 3장에서 확인한다.

제1독서 후 : Iubilate Dómino
제2독서 후 : Qui confídunt
제3독서 후 : Cantémus Dómino
제4독서 후 : Laudáte Dóninum
제5독서 후 : Vinea facta est
제6독서 후 : Atténde, cælum
제7독서 후 : Sicut cervus

▶ 서간 후 알렐루야

사도의 서간 〈로마 6,3-11〉을 봉독하고 모두 일어선다. 사제는 목소리를 차츰 높여 가며 알렐루야를 성대하게 세 번 선창하고 그때마다 모든 이가 되풀이한다. 필요하다면 시편 담당자가 알렐루야를 선창한다.[88]

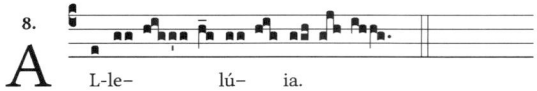

그런 다음 시편 담당자나 선창자가 아래 시편 구절(○)을 노래하고 교우들은 알렐루야로 화답한다. 여기서, 아래 화답송 대신 G.R.(1974)에서 제시한 Confitemini Dómino 〈시편 118(117), 1〉를 부를 수 있다. 악보는 3장에서 확인한다.

시편 118(117),1-2.16-17.22-23

◎ 알렐루야, 알렐루야, 알렐루야.
○ 주님은 좋으신 분, 찬송하여라. 주님의 자애는 영원하시다. 이스라엘은 말하여라. "주님의 자애는 영원하시다." ◎
○ "주님이 오른손을 들어 올리셨다! 주님의 오른손이 위업을 이루셨다!" 나는 죽지 않으리라, 살아남으리라. 주님이 하신 일을 선포하리라. ◎
○ 집 짓는 이들이 내버린 돌, 모퉁이의 머릿돌이 되었네. 주님이 이루신 일, 우리 눈에는 놀랍기만 하네. ◎

---

[87] 로마 미사 경본 총지침 61항
[88] 로마 미사 경본 | 파스카 성야 34항

주님 부활 대축일 낮 미사   DOMINICA RESURRECTIONIS AD MISSAM IN DIE

▶ 입당송   시편 139(138),18.5-6 참조

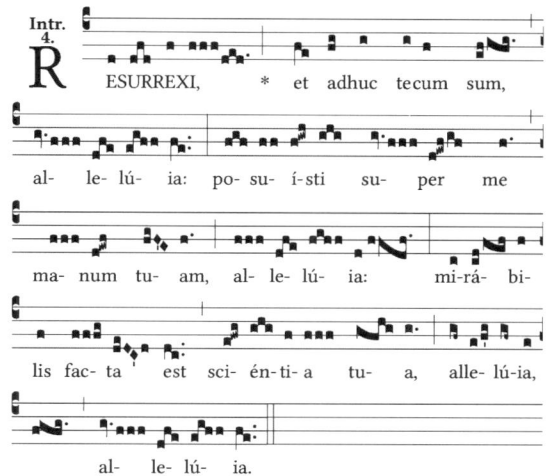

Resurréxi, et adhuc tecum sum, allelúia:
posuísti super me manum tuam, allelúia:
mirábilis facta est sciéntia tua, allelúia,
allelúia.
저는 다시 살아나, 여전히 당신 안에 있나이다.
알렐루야. 제 위에 당신 손을 얹어 주셨나이다.
알렐루야. 당신 지혜는 놀라운 일 이루셨나이다.
알렐루야, 알렐루야.

▶ Victimæ pascháli laudes (파스카의 희생께 찬미드려라)

    부속가로 복음 환호송 전에 부른다. 여기서 파스카의 희생은 예수 그리스도를 말한다. 부속가에 대한 설명과 그레고리오 성가 악보는 16장을 참조한다. 번역은 한국 천주교 『미사 독서』다.

Víctmæ pascháli laudes ímmolent Christiáni.	파스카의 희생제물 우리모두 찬미하세
Agnus rédemit oves: Christus ínnocens Patri reconciliávit peccatóres.	그리스도 죄인들을 아버지께 화해시켜 무죄하신 어린양이 양떼들을 구하셨네
Mors et vita duéllo conflixére mirándo: dux vitæ mórtuus regnat vivus.	죽음생명 싸움에서 참혹하게 돌아가신 불사불멸 용사께서 다시살아 다스리네
Dic nobis, María, quid vidísti in via?	마리아여 말하여라 무엇을 보았는지
Sepúlcrum Christi vivéntis et glóriam vidi resurgéntis.	살아나신 주님무덤 부활하신 주님영광
Angélicos testes, sudárium et vestes.	목격자 천사들과 수의염포 난보았네
Surréxit Christus, spes mea: præcédet vos in Galilǽam.	그리스도 나의희망 죽음에서 부활했네 너희보다 먼저앞서 갈릴레아 가시리라
Scimus Christum surrexísse a mórtuis vere: tu nobis, victor Rex, miserére.	그리스도 부활하심 저희굳게 믿사오니 승리하신 임금님 자비를 베푸소서

▶ **PRÆFATIO PASCHALIS I (부활 감사송 I)** – De mysterio paschali (파스카의 신비)

아래 '부활 감사송 I'은 부활 시기에 사용한다. 아래 **밑줄 친 굵은 글씨**는 파스카 성야 미사에는 **이 밤에**(in hac potissimum nocte), 부활 대축일과 부활 팔일 축제에는, **이날에**(in hac potissimum die), 팔일 축제 다음에는 **이때에**(in hac potissimum)로 한다.[89] 특별히 부활 대축일 낮 미사에서는 장엄 곡조로 노래하며 우리말 악보는 한국어판 M.R.(2017) *pp. 403-404*에서 확인할 수 있다.

V. Dóminus vobíscum. † 주님께서 여러분과 함께.
R. Et cum spíritu tuo. ◎ 또한 사제의 영과 함께.
V. Sursum corda. † 마음을 드높이.
R. Habémus ad Dóminum. ◎ 주님께 올립니다.
V. Grátias agámus Dómino Deo nostro. † 우리 주 하느님께 감사합니다.
R. Dignum et iustum est. ◎ 마땅하고 옳은 일입니다.

Vere dignum et iustum est, æquum et salutáre:
Te quidem, Dómine, omni témpore confitéri,
sed **in hac potíssimum nocte (die)** gloriósius prædicáre,
(sed in hoc potíssimum gloriósus prædicáre,)
cum Pascha nostrum immolátus est Christus.

Ipse enim verus est Agnus
qui ábstulit peccáta mundi.
Qui mortem nostram moriéndo destrúxit,
et vitam resurgéndo reparávit.

Quaprópter, profúsis paschálibus gáudiis,
totus in orbe terrárum mundus exsúltat.
Sed et supérnæ virtútes atque angélicæ potestátes
hymnum glóriæ tuæ cóncinunt, sine fine dicéntes:

Sanctus, Sanctus, Sanctus …

주님, 언제나 주님을 찬송함이 마땅하오나
특히 그리스도께서 저희를 위하여 파스카 제물이 되신
이 밤(날, 때)에 더욱 성대하게 찬미함은
참으로 마땅하고 옳은 일이며 저희 도리요 구원의 길이옵니다.

그리스도께서는 세상의 죄를 없애신 참된 어린양이시니
당신의 죽음으로 저희 죽음을 없애시고
당신의 부활로 저희 생명을 되찾아 주셨나이다.

그러므로 부활의 기쁨에 넘쳐 온 세상이 환호하며
하늘의 온갖 천사들로 주님의 영광을 끝없이 찬미하나이다.

◎ 거룩하시도다! 거룩하시도다! 거룩하시도다! …

---
89) 로마 미사 경본 | 미사 통상문 45항

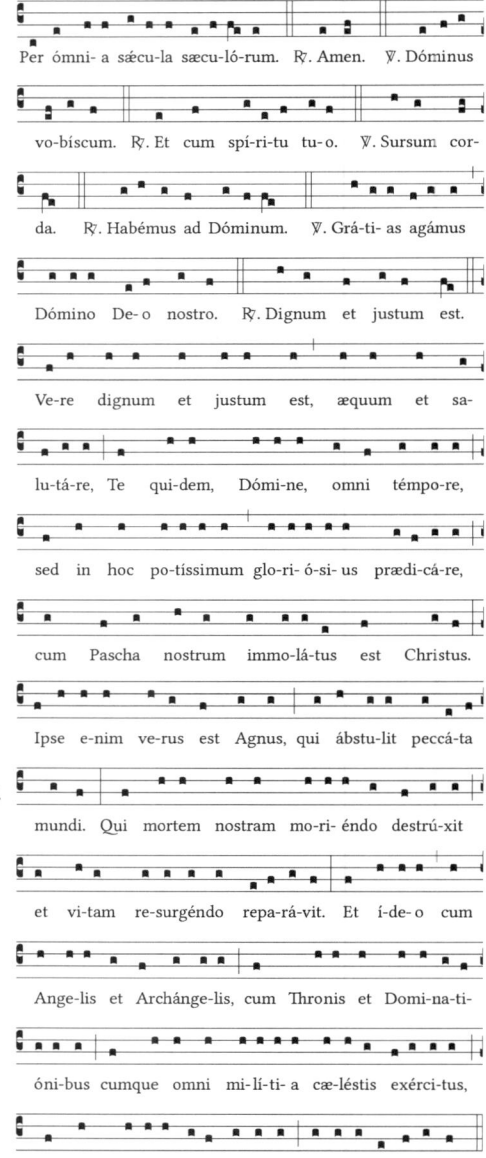

▶ Pascha nostrum (우리의 파스카)

복음 환호송과 영성체송이다. G.R.(1974)에 실린 복음 환호송과 영성체송은 다음과 같다.

현재 사용하는 『미사 독서Lectionarium』에 실린 복음 환호송은 G.R.의 그것과 다소 차이가 있으니 비교해 보자. 그다음 영성체송은 M.R.의 것으로 G.R.과 동일하다.

복음 환호송　　　　　　　　　　　　　　　　　　　　　　　　　　　　1코린 5,7.8 참조

◎ 알렐루야.
○ Pascha nostrum immolátus est Christus, ítaque epulemur in Domino.
　그리스도 우리의 파스카 양으로 희생되셨으니, 주님 안에서 축제를 지내세.
◎ 알렐루야.

영성체송　　　　　　　　　　　　　　　　　　　　　　　　　　　　　1코린 5,7-8 참조

Pascha nostrum immolátus est Christus, allelúia: itaque epulémur in ázymis sinceritátis et veritátis, allelúia, allelúia.
그리스도 우리의 파스카 양으로 희생되셨으니, 순결과 진실의 누룩 없는 빵으로 축제를 지내세. 알렐루야, 알렐루야.

24 聖 그레고리오 대교황과 그레고리오 성가는 관련이 있다?

엄격히 말해서 없다. 필자가 '엄격히'라고 전제한 것은 넓게 보면 전혀 무관하다고는 볼 수 없기 때문이다.

聖 그레고리오 대교황 St. Papa Gregorius Magnus의 재위 기간을 보면 590~604년이다. 그런데 그레고리오 성가의 레퍼토리는 8c 초반부터 형성되기 시작해서 9c 후반에서야 어느 정도 확정되었다. 결국, 둘 사이에는 적어도 1c 이상, 길게는 2c의 간극이 있다. 그럼 무슨 근거로 그레고리오 성가라고 이름 붙여진 걸까? 그레고리오 대교황의 이름과 그레고리오 성가의 이름은 동일인이 아닌가? 이 성가를 그레고리오 대교황이 지었다는 이야기는 어디서 나온 걸까?

■ 小(단신왕) 페팽과 샤를마뉴

> Pépin le Bref (프) : 小(단신왕, 난쟁이) 페팽
> Pippin III (영, 독) : 피핀 3세
> 생몰년도 : 714-768
> 프랑크 왕 재위 : 751-768
>
> Charlemagne (프) : 샤를마뉴
> Karl der Große (독) : 카를 대제
> Carolus Magnus (라) : 카롤루스 대제
> 생몰년도 : 742-814
> 프랑크 왕 재위 : 768-814
> 롬바르디아 왕 재위 : 774-814
> 신성 로마 제국 황제 재위 : 800-814

이 문제를 풀기 전, 서로마제국의 붕괴(AD 476) 이후 서쪽 상황을 살펴볼 필요가 있다. 제국의 몰락은 자연스럽게 지역의 민족끼리 뭉쳐져 만들어진 여러 개별 국가의 모습으로 이어졌다. 스페인, 영국, 프랑스, 북부 이탈리아 등 — 국가명은 이해를 돕기 위해 현재의 것을 씀 — 서유럽 대부분이 그리스도교로 개종하였고 서방교회의 교리를 채택하였다. 교리는 제도로 체계화되고 그것을 행하는 예식, 전례가 생겨나며 이를 거행하기 위한 성가가 반드시 따른다. 이 성가들은 아래와 같이 지역적으로 각기 다르게 발전하였다.[65] 물론 서로마제국 멸망 이전부터 공용어로 써온 라틴어를 그대로 전례에 이어받았다.

▷ 밀라노의 암브로시오 성가
▷ 이탈리아 남부 베네벤토 성가
▷ 로마와 그 귀속령의 고대 로마 성가
▷ 피레네 산맥 양편의 스페인 모자라빅 · 비시코틱 성가
▷ 로마 · 갈리아 지역의 하나 혹은 여러 개의 갈리아 성가 - 현 프랑스 지역

이렇듯 지역별로 여러 성가가 존재하게 되었는데 하나로 통일되는 계기가 생긴다. 그것은 당시 중서부 유럽을 평정한 프랑크 왕국과 로마 교황의 동맹에서 비롯된다. 이러한 동맹의 계기는 메로빙거 왕조를 이은 프랑크 왕국의 두 번째 왕조인 카롤링거 왕조(751-843)의 개창자, 小 페팽의 즉위 과정에서 찾아볼 수 있는데 당시 그는 왕위 계승자가 아닌 실제로 왕권을 대행하던 궁재였다. 그는 마음만 먹으면 얼마든지 왕이 될 수 있었으나 귀족의 신분으로 前 왕을 몰아내고 왕이 되면 다른 대귀족들이라고 해서 그러지 말란 법이 없었기 때문에 실행에 옮기지 않았다. 즉, 정통성이 없이 힘으로 권력을 장악한 집단에게 동서고금을 막론하고 공통으로 일어날 수 있는 일이라는 사실을 小 페팽 자신도 잘 알고 있었다.

당시 교황 스테파노 2세*Stephanus PP. II*(재위 752-757)은 군사적으로도 북쪽에서 롬바르드족의 위협을 받고 있었다. 小 페팽은 이 점에 주목했다. 마침 스테파노 2세 교황이 로마 북쪽 롬바르드족과 비잔티움 제국으로부터 군사적 보호를 요청해오자 그는 자신이 프랑크 왕국의 국왕임을 인정해달라는 제의를 하였다. 로마 교황청의 입장에서야 시급한 문제가 있었기에 두 권력자의 이해는 합치될 수 있었다. 교황은 小 페팽에게 사절을 보내 머리에 기름 부음anointment 의식을 통해 그를 프랑크의 공식 왕으로 선언했다. 보답은 확실했다. 小 페팽은 롬바르드족에게서 로마를 보호해줬고, 중부 이탈리아의 일부를 교황청에 헌납하였다. 이것이 교황령教皇領의 시초다.

小 페팽의 장자이자 왕조의 2대왕 샤를마뉴는 재위 시, 아버지 小 페팽의 정책을 이어받는다. 그리하여 교황 하드리아노1세*Hadrianus PP. I*(재위 772-795)의 청으로 롬바르드를 공격하고 그 자신이 롬바르드의 왕으로 즉위했다. 이러한 샤를마뉴와 교황 간의 동맹은 실제로는 동등한 관계가 아니었다. 샤를마뉴는 이탈리아 반도 전체를 지배하고자 했고, 로마는 단지 프랑크 왕국의 보호를 받는 이탈리아 반도의 작은 나라에 불과했다. 샤를마뉴는 자신의 왕국을 정치적으로 일치시키기 위한 수단으로 이용하기 위해 로마를 보호해주었기에 교회에 복종하기는커녕 오히려 자신이 교황보다 우위에 있다고 생각하였다.

교황 하드리아노 1세의 선종 후 그의 조카와 로마 교회의 관료들, 귀족들이 후임 교황 레오 3세*Leo PP. III*(재위 795-816)가 귀족 출신이 아님을 구실로 그가 간통, 위증죄를 지었다고 비난하며 799월 4월에 습격한 사건이 있었다. 가톨릭의 보호자로 자청하였던 샤를마뉴는 이를 수습하기 위해 800년 로마로 갔고 사건 주동자들을 처형한 후 교황 레오 3세를 복위시켰다. 같은 해 성탄절에 샤를마뉴는 교황 레오 3세로부터 신성로마제국 황제 즉위를 받았다. (962년 오토 1세의 즉위부터로 보는 견해도 있다.) 이 즉위를 샤를마뉴가 원해서 했는지에 대한 의문은 아직 풀리지 않았다. 재밌는 사실은 정황상 가장 이득을 본 사람은 황제가 된 샤를마뉴보다 교황이었다. 로마가 지금까지 일개 군주인 샤를마뉴의 지위 아래에 있었다면 그를 황제로 추대한 교황은 황제를 임명할 수 있는 권리를 가졌다고 볼 수 있어 형식상 더 높은 지위임을 암시하는 것이었다.

간단히 정리하면 교황은 외세의 침략과 내란으로부터 보호가 필요했고, 프랑크 왕국은 통치기반을 공고히 하기 위한 정치적 일치의 수단으로 로마 가톨릭이 필요했다. 둘의 이해관계는 명확히 일치했고, 그 결과 교황은 프랑크 왕국의 황제로 샤를마뉴를 추대해 주기에 이른다. 프랑크 왕국은 제국의 이름을 갖게 되었고, 로마 가톨릭이 자신의 영토에 뿌리를 내리게 한다.

샤를마뉴는 재임 중 중서부 유럽 대부분 영토와 이탈리아를 복속시켜 거대한 왕국을 이루었다. 그는 프랑스, 독일 군주의 시초 인물뿐만 아니라 로마제국 이후 최초로 대부분의 서유럽을 정복하여 정치적, 종교적으로 통일시켰으며 또한 당시에 불어온 카롤링거 르네상스는 현재 유럽의 정체성에 발판을 마련하였기 때문에 오늘날 '유럽의 아버지'로도 불린다. 사후死後 그는 '대제'로 번역되는 마그누스(라틴어) 또는 마뉴(프랑스어)의 칭호를 얻었으며, 이에 우리말로 카롤루스 대제(프랑스어 샤를의 라틴어 발음)라고도 불린다.

■ 그레고리오 성가의 태동과 발전

그레고리오 성가는 샤를마뉴의 시대에서 본격적으로 만들어지기 시작한다. 그는 황제가 된 후 교회를 통해 예술, 종교, 문화를 크게 발전시켜 카롤링거 르네상스를 일으켰다. 당시 문명적으로 앞선 비잔티움 제국과 경쟁의식이 생기면서 교회음악에서도 당연히 그 바람에 편승하게 된다. 샤를마뉴는 즉위 이래 아버지의 정책을 계속 이어가며 자신에게 황제를 수여한 로마와 유대를 지속했다. 사실 그는 황제 즉위 전부터 갈리아 등 로마 성가가 아닌 다른 성가는 배척했다. 프랑크 왕국 전체를 하나의 종교, 전례, 성가로 통일하기 위해 로마의 성가를 프랑크 왕국 점령지에 보급하는 것은 반드시 필요했고 우수한 가수Cantor들을 파견해 줄 것을 로마에 지속해서 요청했다. 당시 기보법이라는 게 상당히 초보적이거나 악보 없이 가사만 적혀 있었기에 성가를 부를 줄 아는 사람Cantor이 성가책과 함께 동반해야 했다. 더해서 성가를 배우기 위해 로마로 유학을 보내기도 했다.

샤를마뉴가 중서부 유럽을 대부분 차지하면서 정복지 사람들을 가톨릭으로 개종을 시키며 로마 성가를 지속해서 반강제적으로 보급한 건 교회로서는 천운이라고 할 수 있다. 사실 그리스도교를 공식 인정하게 된 밀라노 칙령(AD 313)을 반포한 콘스탄티누스 1세Constantinus I(재위 306-337)의 정치적 목적과 유사하게 小 페팽과 샤를마뉴 역시 종교를 이용하여 정복지의 통합을 도모했고, 그 가운데 그레고리오 성가가 탄생하게 된 것이다.

이러한 로마 성가 보급정책으로 굴러온 돌이 박힌 돌을 뺄 수 있었을까? 갈리아 지방의 성가가 박힌 돌이라면 로마 성가는 굴어온 돌인데, 갈리아 성가를 완전히 빼버리고 굴어온 돌이 그 자리를 차지하지는 못했다. 대신에 갈리아 성가와 로마 성가의 혼합이 일어났다. 갈리아 음악가들은 로마 성가의 가사는 인용하기 쉬웠다. 선율적인 부분에 있어서는 로마 성가의 일반적인 특징과 선법 구조는 받아들여 자주 사용했지만 멜로디에 있어서는 많은 장식음을 채택했다. 다시 말해서 하나의 성가를 완벽하고 단순하게 대치시키는 대신에 이종異種 혼합이 일어난 것이다. 이러한 혼합을 그레고리오 성가 연구가인 다니엘 솔니에 신부는 『Le chant gregorien』에서 다음과 같이 설명했다.[66]

로마 × 갈리아 → 로마노 - 프랑크

이러한 새로운 로마노-프랑크 성가들의 레퍼토리도 다른 지역에 성가가 전래되는 방식인 구전이 유일했다. 또한, 이 성가들을 보급하는데 어려운 점은 앞서 말한 박힌 돌을 빼기가 너무 어렵다는 것이다. 로마노-프랑크 성가는 이제 서유럽의 공인된 성가로 확장하려고 하지만 저항 역시 만만치 않았다. 이것을 해결한 두 가지 획기적인 요인이 있었으니, (1) 악보 기보법의 발전과 (2) 옛 교황 중 교회 전례와 음악에 있어 엄청난 업적을 남기신 聖 그레고리오 대교황의 공으로 돌리는 것이었다. (그레고리오라는 즉위명을 가진 교황이 16명 있으나, 1세는 '대교황'의 칭호를 받아 특별히 1세라고 부르지 않는다.)

악보 기보법의 발전은 노래를 외우지 않아도 된다는 것이다. 당연히 구전 전승되는 노래와 보급 확장성에 있어서 비교할 수가 없었다. 기보된 그레고리오 성가는 카롤링거 왕조 시대 로마와 갈리아의 성가를 통합, 편찬한 것으로 보는 견해가 타당하다. 그리고 그레고리오 대교황의 교회 음악에 대한 업적이 매우 높게 평가되는바 성가의 권위를 높이는 의미로 그레고리오 성가라는 이름이 후대에 붙여진 것으로 본다. 혹자는 교황 그레고리오 2세 Gregorius PP. II (재위 715-731)와 혼동한 것이라는 의견도 있으나 필자가 본 견지는 전자가 더 설득력이 있다. 그의 '이름값'으로 볼 때 대교황의 이름이 손색없기 때문이다.

▲ 하르트커 수도원 성무일도 수사본에 수록된 그림

그레고리오 대교황의 이름을 쓰고 싶었던 이들의 바람이 이 그림(c.990)에서 잘 드러나고 있다. 왼쪽이 그레고리오 대교황인데 어깨에 앉은 비둘기가 교황의 귀에 들려주는 멜로디를 베드로라는 차부제 subdiaconatus[67]에게 석판에 받아 적게 하는 모습을 그렸다. 이것으로 '그레고리오 성가는 대교황께서 지으셨다.'라는 근거로 삼기도 했으나, 여러 정황상 그레고리오 성가의 형성기와 대교황의 활동기는 연대 자체가 맞지 않으므로 이 그림의 상황은 만들어낸 전설일 뿐이다.

어쨌든 기보법이 발전하고 성인 반열에 오르신 대교황의 이름까지 달았으니 로마노-프랑크 성가에 날개가 달리고 알프스 북쪽 현재 스위스 생갈 St. Gallen에서 발전과 정리를 거듭하여 9c 후반쯤 수사본들이 나오기 시작한다. 그 후 12c까지 서유럽 전역에 걸쳐 그레고리오 성가의 전성시대가 열린다. 이때 완성된 그레고리오 성가들은 특히 전례력에 따른 미사와 성무일도의 고유 부분에 집중되었다. 물론 통상 부분도 작곡되었지만, 절대량에서 비교될 수 없었다. 그러나 고유 부분은 전례 시기에 맞춰서만 사용되는 한계성을 가졌기에 다성 음악 시대 이후에는 전례 시기와 관계없이 항상 사용되는 통상 부분이 미사곡이라는 이름으로 더욱 활발하게 작곡되었다.

■ 聖 그레고리오 대교황

역사상 최고의 교황을 꼽는다면 聖 그레고리오 대교황이 가장 유력한 후보 중 한 명에 꼽힐 정도로 존경받는 인물로 고대의 문을 닫고 중세의 문을 연 교황이다. 그로 말미암아 그리스도교는 그리스-로마 중심에서 로마의 북서쪽 서유럽으로 확장하기 시작했다. 그렇다면 단 14년의 재위기간에 불과했지만 교회사에 큰 획을 그은 聖 그레고리오 대교황의 대표 업적을 살펴보자.

로마 교황은 당시 중부 이탈리아의 세속 군주이기도 했다. 따라서 시민과 재산을 보호하는 책임이 있었다. 그레고리오 대교황이 선출된 때는 590년이다. 당시 로마는 절망적인 상황이었다. 테베레강이 범람해서 곡식 창고는 파괴되고 엎친 데 덮친다고 연이어 흑사병까지 돌았다. 대교황은 대책을 내놓는다. 참회 행렬로 전염병을 다스리고 곡식을 조달하여 굶주림을 없앴다. 또한, 592년 롬바르드족이 침입하자 살인과 약탈을 저지해야 했다. 그러나 국방력의 차이는 현저했고 전쟁으로는 이길 수 없어 공물을 주는 협상으로 물러나게 했다. 또한, 그들에게 잡혀간 포로들의 몸값을 내고 데려오는 것도 그가 이끄는 교회가 할 일이었다. 교회의 재원으로 평화를 산 것이다.

聖 그레고리오 대교황의 유대인 정책은 특히 주목할 만하다. 그리스도교 설립 이후 그리스도교인들은 유대인들에게 그리스도의 십자가형에 대한 책임이 있다는 이유를 들어 차별과 권리 침해를 일삼았다. 대교황은 이를 시정하고자 했다. 유대인들의 권리와 재산을 보호하기 위해 법을 엄격히 집행했고 개종을 강요하지도 않았다.

聖 그레고리오 대교황의 주요 업적으로 선교가 빠질 수 없다. 그는 영국, 네덜란드, 독일에 선교사를 보내 북부 유럽이 가톨릭 영역에 포함되게 하는 기틀을 마련했다. 대표적으로 596년 聖 아우구스티누스 *St. Augustine of Canterbury* (?~604)와 40명의 수도사를 브리타니아 Britannia(現 Great Britain)로 파견했다. 대교황과 아우구스티누스는 베네딕토회 회원으로서 특히 성가에 조예가 깊은 분들이었다. 이 전교로 브리타니아의 켄트 Kent 왕국에는 많은 입교와 성당, 수도원들이 들어서고 성가 학교도 만들어진다. 그리고 그는 597년 아우구스티누스를 초대 캔터베리 Canterbury 대주교로 임명했다. 모름지기 현재 캔터베리의 주교는 성공회일 터이나 조상을 거슬러 올라가다 보면 아우구스티누스가 첫 번째 주교임을 확인할 수 있다.

聖 그레고리오 대교황은 전례 개혁을 단행했다. 전례는 '교회가 단체로 하느님과 그리스도, 또는 성인, 복자들에게 하는 공식적인 경배 행위'다. 따라서 전례 개혁은 우선 전례서, 즉 '전례에 대하여 교황이 공인한 책'이 바뀐다는 것을 의미한다. 그는 미사에서 읽을 성경 구절을 결정했고 일부 기도문은 직접 집필했다. 그가 확정한 전례서의 틀은 1300여 년 동안 사용됐다.

聖 그레고리오 대교황은 서방교회에서 불리는 모든 성가 수집에 전력을 다했다. 일단 그는 교황이 되기 전에 6년동안 콘스탄티노폴리스에서 교황청 대사를 지냈다. 당시 콘스탄티노폴리스는 동방교회의 중심도시였고, 성가는 그리스를 포함한 동방교회가 훨씬 앞서가고 있었다. 이탈리아 남부도 그리스와 교류가 활발했기에 그는 이런 선진 음악을 이미 알고 자신이 개혁한 전례 중부를 성가들을 체계화해야겠다고 마음먹었으리라 추측할 수 있다. 성가 수집은 매우 힘들고 오랜

시간이 필요했다. 일단 귀가 밝은 사람을 뽑아서 해당 지역에 보내서 그 지역에 불리는 성가를 머릿속에 기억해오는 방식이었다. 지금도 상상하기 어려운 작업인데 교황의 의지가 얼마나 강했는지 알 수 있다. 성가를 모으기만 한 것은 아니었다. 앞서 전례 개혁을 단행하면서 미사와 성무일도의 고유문을 성가로 부를 수 있도록 정리하고 필요하면 만들기도 했다. 이렇게 모은 성가들은 『안티포나리움(Antiphonarium)』이라는 책으로 엮었다. (현재 전해지지 않는다.) 수록된 곡의 지역들은 멀리 동방교회로부터 북아프리카, 스페인, 프랑스 등지에서 불리던 성가들과 로마 성가 등으로 1,600여 곡의 전례 성가를 수집·정비하였다. 이렇게 모인 전 유럽의 성가들은 고대 로마 성가의 근간이 되어 그레고리오 성가의 밑거름이 되었다는 건 부인할 수 없다.

교회음악의 개혁 통일을 위해서는 신속하고 정확하게 보급하는 게 먼저다. 그래서 교황은 《성가대 학교Schola Cantorum》를 설립하였다. 그는 교황이 되기 전 대사로 파견 갔었던 콘스탄티노폴리스에서 음악 학교를 시찰한 바가 있었고 그 효용성과 필요성을 잘 알고 있었기에 교황에 오르자 음악 교육 학교를 세운 것이다. 당시는 구음 전승이었기에 더더욱 학교는 중요했다. 이 학교는 소리가 예쁜 소년들을 뽑아 성당 옆에 마련된 집에서 기거하면서 노래 외에도 일반 상식과 신학 등을 공부했다. 소속 성당에서 성가대로 활동하는 건 물론이고, 성인이 되면 소품小品과 대품大品을 받아 성직자가 되었는데 이 사람들을 Cantor(*pl.* Cantores)라고 했다. 전교에도 필수적으로 그들이 함께 파견되었는데 성가책이라는 게 가사만 있거나 노래를 아는 사람만이 알아볼 수 있는 아주 초보적인 기보만 있어 실 가는데 바늘 가듯 당연한 현실이었다. 이 학교는 중세기를 거치며 로마 교황청을 넘어 유럽의 로마 가톨릭 교회 전역으로 퍼졌고 서양음악의 심장이 되어 무수한 교회 음악가를 배출하게 된다.

■ 맺음말

역대 교황의 수는 초대 교황 聖 베드로*Petrus PP.*(재위 30~67)부터 現 프란치스코 교황*Franciscus PP.*(재위 2013~)까지 266명이다. 그중 '대교황'으로 불리는 교황은 그레고리오 대교황과 레오 1세 대교황*St. Papa Leo Magnus* (재위 440-461) 단 둘 뿐이며 모두 성인품에도 올랐다. 그만큼 교회에서 인정하는 교황이고 성인이다. 그가 그레고리오 성가를 작곡하거나, 정리를 시작한 것은 아니지만 교회음악에 각별한 애정을 가지고 하신 위대한 업적을 평가하여 성가의 이름으로 쓴다면 그 마땅함이 충분하고도 넘치기까지 한다. 그레고리오 대교황께서 안하셨다면 누군가는 했을 일이었을까? 여러분은 이미 답을 알고 있고, 그래서 聖 그레고리오 대교황을 기억해야 한다.

25. Requiem은 미사곡일까? (1)

> requiem : 안식을 (requies의 대격 단수형; 여성)

어느 종교든 죽음과 망자에 대한 장례식을 중요하게 여겼고 일정한 정해진 예식 절차와 그것에 대한 의미를 명확히 부여해 왔다. 그것이 종교적 예식이 아니더라도 말이다. 로마 가톨릭 교회 역시 죽은 이를 위하여 그리스도의 파스카를 기념하는 성찬의 제사를 봉헌한다. 그리스도의 모든 지체는 서로 친교를 이루고 있기에 어떤 지체를 위하여 영신의 도움을 청하는 것이 다른 지체에게는 위로와 희망을 준다.[90] 이러한 신앙에 따라 '죽은 이를 위한 전례(Liturgia defunctorum)' 안에서 돌아가신 분들을 기억하고, 그분들이 통공通功[68]의 신비 속에서 부활과 내세의 삶을 누리기를 기도한다. 여기에 따르는 전례는 '죽은 이를 위한 미사'와 '위령 성무일도'가 있다. 『로마 미사 경본Missale Romanum』(제3표준판 2008수정)에서 '죽은 이를 위한 미사'는 크게 '장례 미사'와 '기일 미사'가 있으며, 특별히 교회는 매년 11월2일을 '위령의 날'로 정하고 모든 연옥 영혼들을 위해 전통적으로 하루에 세 대의 위령 미사를 봉헌해 왔다. 이렇게 중요한 교회의 예식에 음악이 동반되지 않을 수 없기에 죽은 이를 위한 미사용 그레고리오 성가는 물론이거니와 15c 경부터 다성 음악으로 통작桶作되기 시작해 이후 지금까지 수많은 작곡가가 작품을 남겼다.

레퀴엠Requiem이란 '죽은 이를 위한 미사'의 입당송 후렴Ant. ad introitum, 'Requiem æternam dona eis Domine; et lux perpetua luceat eis (**주님, 그들에게 영원한 안식을 주소서. 영원한 빛을 그들에게 비추소서.**)'[69]의 첫 번째 단어incipit Requiem(안식을)에서 유래한다.

그럼 언제부터 죽은 이를 위한 미사곡을 Requiem이라고 불렀을까? 정확하지는 않지만 최소한 중세, 르네상스 시대는 아니다. 그 시기에는 (1) Missa pro defunctis(죽은 이를 위한 미사) 혹은 (2) Officium defunctorum(위령 성무일도)이라는 곡명을 붙였다. (1)은 죽은 이를 위한 미사 통상문과 고유문만으로 구성되고, (2)에는 입당송 전에 위령 성무일도의 새벽기도 일부가 포함되어 있다. 이렇게 작품명을 쓴 경우는 Victoria(à 6)와 Morales의 작품이 있으며, Zelenka는 둘을 분리하여 작품번호를 달리 붙였다.[70] 죽은 이를 위한 미사의 그레고리오 성가는 10c 경에 입당송부터 영성체송까지 모두 존재했는데 작곡가가 특정된 현존하는 가장 오래된 작품은 Ockeghem의 곡 (1461 혹은 1483)이다. 문헌에 따르면 Dufay가 처음 작곡한 것으로 알려져 있지만, 악보가 전해지지 않는다.

Requiem이 미사 통상문에 더하여 죽은 이를 위한 미사의 고유문도 포함해 작곡된 작품이라면 보통의 미사곡과 다른 점을 살펴봐야 한다. 그 '다름'이 그대로 작곡에 반영되었는데《제2차 바티칸 공의회(1962-65)》전후의 '죽은 이를 위한 전례'가 달라졌음을 또한 확인하며 이해해야 한다.

첫 번째, 《바티칸 Ⅱ》전에는 통상문에서 기쁨을 표현하는 **대영광송**Gloria과 **신경**Credo을 항상 제외했었다. 그러나 《바티칸 Ⅱ》이후, 일반 미사에서 바치는 지침을 따른다. [미주 71, 73 참조]

---

90) 로마 미사 경본 총지침 379항

두 번째, 복음 환호송으로 알렐루야를 하지 않는 시기에 불렀던 **연송**Tractus이 드물게 작곡되기도 한다. 연송은 『로마 미사 성가집Graduale Romanum(1974)』에 ⑴ Absolve Domine, ⑵ De profundis, ⑶ Qui seminant in lacrimis, ⑷ Sicut cervus desiderat, 이렇게 네 곡이 제시되어 있다. 현재는 복음 전 노래로 대체되었다. [3장 참조] ⑴과 ⑵의 라틴어 가사 번역은 27장을 본다.

세 번째, **진노의 날**Dies iræ은 '죽은 이를 위한 미사'의 부속가로 그 설명은 16장에서, 작품별 구성은 26장에서, 라틴어 가사의 번역은 27장을 본다.

네 번째, 공식적인 미사 전례문은 아니지만 프랑스에서 특별히 나타나는 형태로, 부속가의 마지막 연聯에서 차용된 **거룩하신 예수**Pie Jesu를 Sanctus와 Benedictus 사이 혹은 Benedictus 뒤에 배치하여 작곡하기도 한다. 작품은 26장, 가사는 27장 부속가 번역 중 19연에서 확인한다.

마지막으르 **하느님의 어린양**Agnus Dei에서 '자비를 베푸소서(miserere nobis)'를 '그에게 안식을 주소서(dona eis requiem)'로, '평화를 주소서(dona nobis pacem)'를 '그에게 영원한 안식을 주소서(dona eis requiem æternam)'로 바꿔 노래한다. 하느님의 어린양은 통상문임에도 위와 같이 특별히 바뀌어 고유문화되었다는 것을 유의할 필요가 있다. 그러나 《제2차 바티칸 공의회(1962-65)》 이후 하느님의 어린양을 위와 같이 바꾸지 않고 일반 미사 통상문을 그대로 쓴다.

일반적으르 미사곡에서 고유문을 작곡하지 않는다. 앞서 언급했듯이 어제의 고유문과 오늘의 고유문은 다르므로 전례일을 특정하고 작곡하지 않는 한 고유문을 포함하여 작곡한다는 건 불가능하다. 그래서 절대 불변의 통상문 위주로 미사곡이 작곡되는 것이다. 그런데 죽은 이를 위한 미사는 특정된 미사이기 때문에 쓰이는 불변의 고유문이 정해져 있다. 따라서 고유문들을 대부분 포함하는데 작품에 따라 층계송Graduale과 연송Tractus은 작곡하지 않는 경우가 많다. [26장 참조]

아래 표는 노래의 관점에서 미사 전례문들이다. 위에서 아래 방향으로 미사 순서이고 통상문과 고유문으로 나누었다. 이 중에서 죽은 이를 위한 미사에 포함되는 것들을 표시했다.

통상문	고유문	《바티칸 II》 전	《바티칸 II》 후 현재
	Introitus (입당송)	○	○
Kyrie (자비송)		○	○
Gloria (대영광송)		X	『장례 미사』 16항에 따라[71]
	Graduale (층계송)[72]	○	화답송으로 변경
	Tractus (연송)	○	X
	복음 환호송	X	○
	Sequentia (부속가)	○	X
Credo (신경)		X	『장례 미사』 25항에 따라[73]
	Offertorium (봉헌송)	○	봉헌 노래로 대체
Sanctus (거룩하시도다)		○	○
Benedictus (복되도다)		○	○
Agnus Dei (하느님의 어린양)		○	일반 미사 통상문으로
	Communio (영성체송)	○	○

다음은 G.R.에 실린 부활 시기가 아닌 때 '죽은 이를 위한 미사' 고유문의 그레고리오 성가다. 입당송, 층계송, 봉헌송 악보는 G.R. 1961과 1974년판에 공통으로 실려 있지만, 하느님의 어린양은 《바티칸 II》 이후 미사 통상문을 그대로 쓰게 되어 1974년판에서 제외되었다. 영성체송은 후렴 Antiphona 악보만 있고(Lux æterna ~ quia pius es) 시편 구절(V)은 1961년판과 다른 3개가 악보 없이 장·절만 제시되어 있으며, 다른 옵션으로 9개가 더 있다.91) 그러나, 現 『로마 미사 경본』의 본문에 따르면 장례 미사 중 부활 시기가 아닌 때의 영성체송이 G.R.(1961)의 것과 같아 굳이 G.R.(1974) 것을 쓸 필요는 없다. 연송의 악보는 3장, 부속가는 16장에서 확인한다.

▲ 입당송

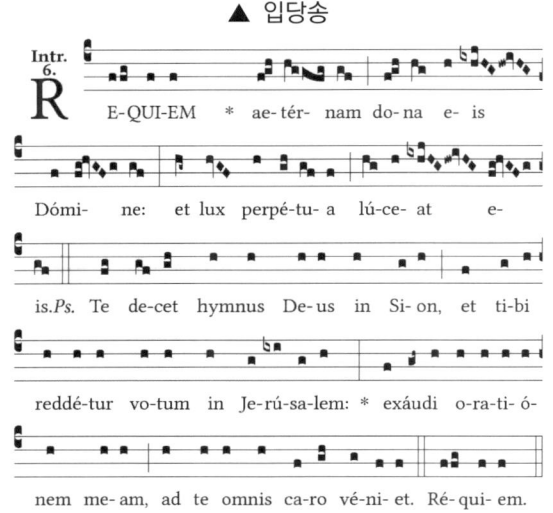

▲ 층계송

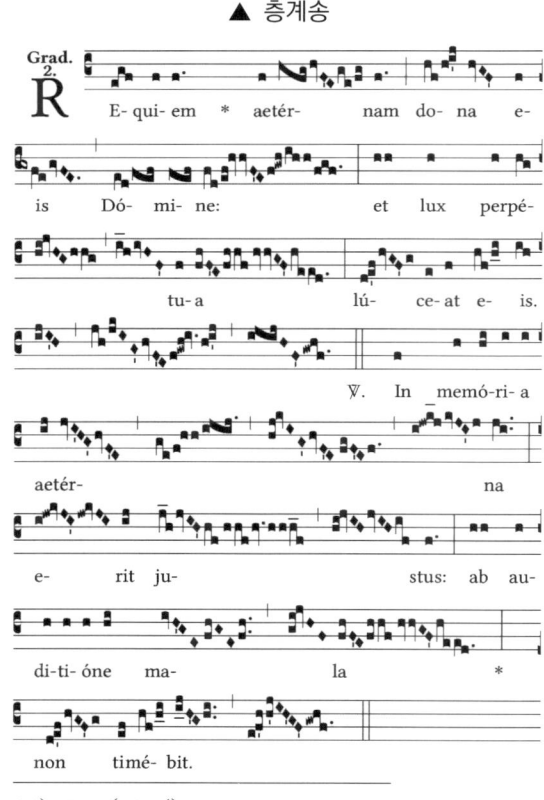

▲ 봉헌송

---
91) G.R.(1974), *p. 676*

▲ 하느님의 어린양 (1961)

▲ 영성체송 (1961)

■ 사도예절과 고별식

《바티칸 II》 전에는 '**사도예절**Absolutio super tumbam'이라 하여 장례 미사Missa Exsequiarum 후 고인의 죄 사함을 위해 기도하던 예절이 있었는데 교회의 장례 예식이 중세를 거치면서 파스카를 통한 구원의 신비는 사라진 채 죽음은 구원의 기쁨이 아니라 이승의 삶에 대한 심판을 받으러 가는 위험한 여행을 떠나는 것이라 여기면서 심판의 형벌을 줄이기 위해 하느님께서 죄를 사해주시도록 자비를 구하는 기도(사죄경)로 이 예식이 구성되어 있었다. 결국, 죽음은 그리스도교의 가장 핵심 교리인 파스카 신비의 기쁨은 사라지고 심판의 두려움에 직면하는 것이 되어버렸다.

《바티칸 II》에서 장례 예식을 그리스도인의 죽음의 파스카적인 성격을 더욱 명백히 표시하라[92]는 지침에 따라 장례 예식을 개정하게 된다. 개정된 『장례 예식Ordo Exsequiarum(1969)』은 그리스도인의 죽음을 파스카와 연결하면서 심판의 두려움에서 벗어나 주님 곁에서 영생을 약속받는 구원의 신비를 강조한다. 이러한 기조로 사도예절은 '**고별식**Ultima commendatio et valedictio'으로 바뀌는데 더 이상 영혼의 정화, 즉 죄의 사함을 비는 예식이 아니라 죽은 이와 마지막 인사를 나누며 하느님께 죽은 이의 영원한 생명을 청하는 기도로 꾸며졌다. 따라서 사도예절이라는 용어는 현재 사용하지 않는다.

고별식은 미사 중 '영성체 후 기도' 다음에 강복과 파견의 마침 예식은 생략하고 바로 이어 거행한다. 이에 미사의 일부로 오해할 수 있는데 독립적인 예식이기 때문에 장례 미사의 끝은 고별식을 진행하기 직전 '영성체 후 기도'가 된다. 그러므로 현재 성당에서 시신을 모셔놓고 하는 장례식은 【장례 미사+고별식】이다.

만약 사제와 교우들이 묘지까지 따라간다면 고별식을 그 무덤에서 거행할 수도 있다. 그때에는 고별식으로 장례 예식을 끝맺는다.[93]

---

[92] 전례 헌장 81항
[93] 장례 예식 54항

사도예절에서 쓰는 노래 역시 많은 작곡가가 작품으로 남겼는데 대표적으로 'Libera me(저를 구하소서)'와 'In paradisum(천국으로)'이 있다. 'Libera me'는 속죄의 성격을 띤 사죄경으로 응송Responsorium인데, 현재 사용하는 『장례 예식(1969)』의 고별식에서는 'Libera me'를 포함한 사죄 예식이 모두 제외되어 지금은 부르지 않는다. 그리고 시신에 성수를 뿌리고 분향할 때 응송 'Subvenite, Sancti Dei(하늘의 성인들이여 오소서)'[94]를 고별 노래로 부르는데 추가로 다섯 곡[95]이 더 실려 있다.

▲ Libera me

▲ Subvenite, Sancti Dei

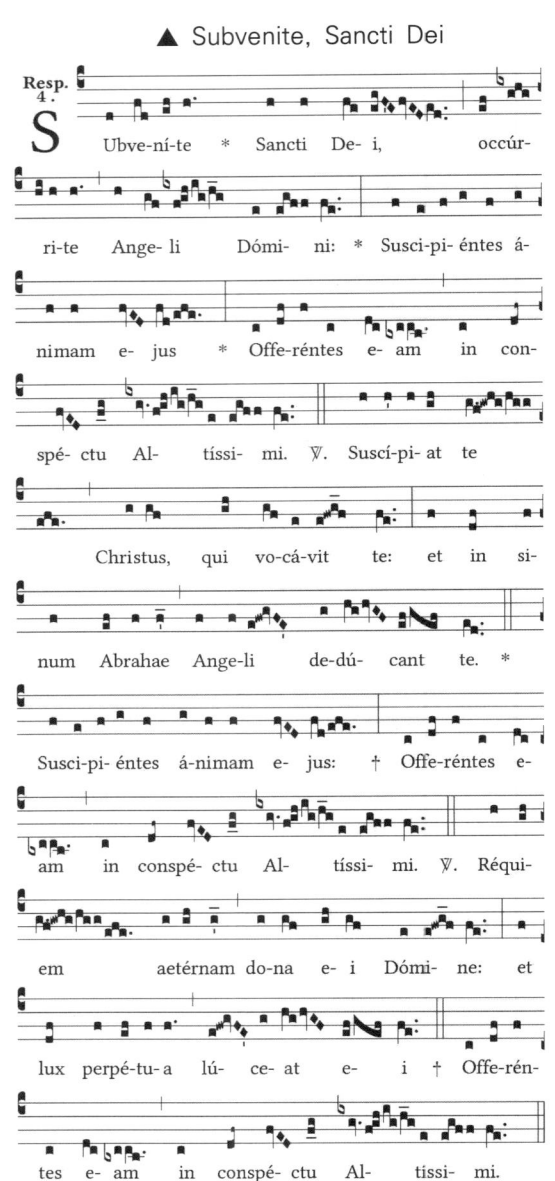

---

94) 장례 예식 47항
95) 장례 예식 187-191항

사도예절과 고별식 모두 예식을 마치고 운구 행렬이 성당을 나설 때 부르는 따름 노래Antiphona로 In paradisum - Chorus Angelorum(천사들의 무리여)과 Ego sum resurrectio(나는 부활이요)가 제시되어 있다.96) 가사의 번역은 27장에서 확인한다.

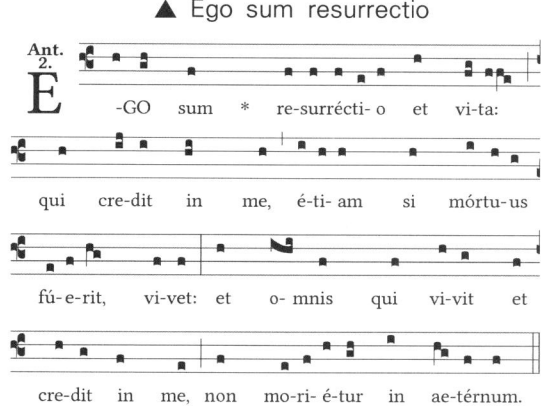

사도예절에서 Ego sum resurrectio는 '즈카르야의 노래'〈루카 1,68-79〉 앞뒤로 부르는 후렴이었는데 고별식으로 바뀌면서 '즈카르야의 노래'는 제외되고 후렴만 남았다. 그렇지만 제시된 따름 노래를 후렴으로 하여, 시편의 알맞은 몇 구절이나 단락을 노래할 수도 있다.

17c 초까지 지역별로 서로 다른 수도 전승에 비롯한 장례 예식을 하고 있었는데 전승된 몇몇 장례 예식에서 시신이 성당에 도착하면 장례 미사 전 위령 성무일도를 바쳤다. 1614년 교회는 통일된 장례 예식서인 『로마 예식서Rituale Romanum』를 반포하는데 여기서도 마찬가지였다. 즉, 성당에서의 장례 예식은 【위령 성무일도+장례 미사+사도예절】이었고 이대로 작곡한 르네상스 시대의 몇몇 작품에서 위령 성무일도의 새벽 기도Matutinum 중 초대송, 독서, 독서 후 응송 등이 입당송 앞에 나타난다. 『로마 예식서』에서 위령 성무일도는 의무 사항이 아니었는데 『장례 예식(1969)』에서는 제외되고97) 『로마 예식서』 이전에 존재했던 죽은 이의 집에서 드리는 밤샘 기도Vigilia pro defuncto가 부활한다.[74] 이를 한국 천주교는 위령기도(연도)로 바친다.

✢ *장례 미사를 드릴 수 없는 날이 있다.*

로마 가톨릭 교회는 장례 미사를 죽은 이를 위한 미사 가운데 첫 자리에 둔다. 다만, 의무 대축일, 성주간 목요일, 파스카 성삼일, 그리고 대림 사순 부활 시기의 주일은 장례 미사를 드릴 수 없다.98) 그 이유는 주일에 대한 이해가 먼저 필요하다. 먼저 그리스도교의 핵심 교리는 예수를 부활하신 그리스도라는 믿음이다. 이에 매주일은 심지어 사순 시기 중일지라도 주님 부활을 기념하는 작은 축일로 지낸다. 따라서 주님의 부활을 기념하는 기쁨의 축제일에 망자를 애도하는 일이 정서상 어울리지 않아 제외하는 것이다.

---

96) 장례 예식 50, 166항
97) 예식서에서 빠졌을 뿐 금지한 것은 아니다. 장례 예식 지침 14항
98) 로마 미사 경본 총지침 380항

26 Requiem은 미사곡일까? (2)

Requiem은 성당에서의 장례 예식에서 출발했기에 미사 전 바치는 위령 성무일도와 미사 통상문, 이 미사에서 사용하는 고유문, 사도 예절을 기본으로 작곡되었다. 물론 그 순서도 엄격하게 지켜졌다. 다음 표는 시대별 15명의 유명 작곡가의 작품을 분석해 누가 어떤 전례문으로 작곡했는지 정리한 것이다.

		Ockeghem 1410/25-1497	Morales c.1500-1553	Lassus 1530/32-1594	Victoria (à 4) c.1548-1611	Victoria (à 6) c.1548-1611
Officium Defunctorum						
Invitatorium			Ant. & Ps. 95(94)			
Lectio						Tædet animam meam
Responsorium				Memento mei, Deus	Peccantem me	
Responsorium					Credo quod Redemptor	
Missa pro Defunctis						
Introitus		Requiem æternam	Requiem æternam	Requiem æternam	Requiem æternam	Requiem æternam
Kyrie*		○	○	○	○	○
Graduale		Si ambulem	Requiem æternam	Si ambulem	Requiem æternam	Requiem æternam
Tactus		Sicut cervus	Absolve, Domine	×	×	×
Sequentia (숫자는 연번호)	1 2 3 4 5 6 7 8 9 10 11 12 13 14 15 16 17 18 19	×	×	×	×	×
Offertorium		Domine Jesu Christe	Domine Jesu Christe	Domine Jesu Christe	Domine Jesu Christe	Domine Jesu Christe
Sanctus*		×	○	○	○	○
Benedictus*		×	○	○	○	○
Angnus Dei*		×	○	○	○	○
Communio		×	Lux æterna	Lux æterna	Lux æterna	Lux æterna
Absolutio						
Funeral Motet						Versa Est In Luctum
Responsorium					Libera me	Libera me
Antiphona				In paradisum		

* 표시는 미사 통상문임

다음 쪽 계속

		Biber 1644-1704	Zelenka 1679-1745	Hasse 1699-1783	Mozart 1756-1791	Cherubini 1760-1842
Officium Defunctorum						
invitatorium			Ant. & Ps. 95(94)			
Lectio			9 lectiones			
Responsorium			9 responsoria			
Responsorium						
Missa pro Defunctis						
Introitus		Requiem æternam	Requiem æternam	Requiem æternam	Requiem æternam	Requiem æternam
*Kyrie**		○	○	○	○	○
Graduale		Si ambulem	Requiem æternam	Si ambulem	Requiem æternam	Requiem æternam
Tactus		Sicut cervus	Absolve Domine	×	×	×
Sequentia (숫자는 연번호)	1	Dies iræ (한 곡으로 작곡)	Dies iræ	Dies iræ	Dies iræ	Dies iræ (한 곡으로 작곡)
	2		↓	↓	↓	
	3		Tuba mirum	Tuba mirum	Tuba mirum	
	4		Mors stupebit	Mors stupebit	↓	
	5		Liber scriptus	↓	↓	
	6		↓	↓	↓	
	7		↓	↓	↓	
	8		Rex tremendæ	↓	Rex tremendæ	
	9		Recordare	Recordare	Recordare	
	10		↓	Quærens me	↓	
	11		↓	Juste judex	↓	
	12		↓	×	↓	
	13		×	×	↓	
	14		×	×	↓	
	15		×	Inter oves	↓	
	16		×	↓	Confutatis	
	17		×	↓	↓	
	18		Lacrimosa	Lacrimosa	Lacrimosa	
	19		Huic ergo parce	↓	↓	
Offertorium		Domine Jesu Christe	Domine Jesu Christe	Domine Jesu Christe, Hostias	Domine Jesu Christe, Hostias	Domine Jesu Christe
*Sanctus**		×	○	○	○	○
Pie Jesu						○
*Benedictus**		×	○	○	○	○
*Agnus Dei**		×	○	○	○	○
Communio		×	Lux æterna	Lux æterna	Lux æterna	Lux æterna
Absolutio						
Funeral Motet						
Responsorium						
Antiphona						

*표시는 미사 통상문임   다음 쪽 계속

	Beriloz 1803-1869	Fauré 1845-1924	Dvořák 1841-1904	Verdi 1813-1901	Duruflé 1902-1986
Officium Defunctorum					
Invitatorium					
Lectio					
Responsorium					
Responsorium					
Missa pro Defunctis					
Introitus	Requiem æternam	Requiem æternam	Requiem æternam	Requiem æternam	Requiem æternam
Kyrie*	○	○	○	○	○
Graduale	×	×	Requiem æternam	×	×
Tactus	×	×	×	×	×
Sequentia (숫자는 연번호) 1	Dies iræ		Dies iræ	Dies iræ	
2	↓		↓	↓	
3	Tuba mirum		Tuba mirum	Tuba mirum	
4	↓		↓	Mors stupebit	
5	↓		↓	Liber scriptus	
6	↓		↓	↓	
7	Quid sum miser		Quid sum miser	Quid sum miser	
8	Rex tremendæ		↓	Rex tremendæ	
9	↓		Recordare	Recordare	
10	Quærens me	×	↓	↓	×
11	↓		↓	↓	
12	↓		↓	Ingemisco	
13	↓		↓	↓	
14	↓		↓	↓	
15	↓		↓	↓	
16	8연에 포함		Confutatis	Confutatis	
17	7연에 포함		↓	↓	
18	Lacrimosa		Lacrimosa	Lacrimosa	
19	↓		↓	↓	
Offertorium	Domine Jesu Christe ,Hostias	Domine Jesu Christe	Domine Jesu Christe ,Hostias	Domine Jesu Christe ,Hostias	Domine Jesu Christe
Sanctus*	○	○	○	○	○
Pie Jesu	×	○		×	
Benedictus*	×	×	○	○	○
Pie Jesu	×		○	×	○
Angnus Dei*	○	○	○	○	○
Communio	×	×	×	Lux æterna	Lux æterna
Absolutio					
Funeral Motet					
Responsorium		Libera me		Libera me	Libera me
Antiphona		In paradisum			In paradisum

여기서 Introitus와 Graduale의 곡명은 같아 보이지만 사실 후렴(Ant.)이 같을 뿐 이어지는 시편 구절(V)이 다르다. [27장 참조] Sequentia 'Dies iræ' 중 점선 네모로 묶고 화살표(↓)로 표시한 것은 그 안의 연聯들을 이어서 한 곡으로 작곡했다는 것을 말한다. 예를 들면 Mozart의 Sequentia 'Tuba mirum'은 3-7연을 이어서 쓴 하나의 곡이다. 반면에 Zelenka와 Hasse는 3연 하나만 가지고 썼다. 결국, 몇 개의 연을 이어서 쓰느냐는 작곡가 선택 사항이다. Pie Jesu는

위 표의 왼쪽 순서에 두 번 나오는데 그 이유는 Sanctus와 Benedictus 사이에 나오는 경우가 있고 혹은 Benedictus 다음에 위치하는 때도 있어서다. Offertorium은 후렴(Ant.)과 짧은 시편 구절(V)로 구성되어 있는데 Domine Jesu Christe가 후렴이며 Hostias는 짧은 시편 구절이다. 25장에서 봉헌송 악보를 보면 한 곡으로 되어 있다. 그래서 작품에 독립적인 곡명으로 Hostias 가 없다면 Domine Jesu Christe에 Hostias를 포함하여 한 곡으로 작곡된 것이고, 별도로 Hostias가 있는 것은 봉헌송을 두 곡으로 나눠서 작곡한 것이다.

작품별로 Missa pro defunctis (죽은 이를 위한 미사)에 포함된 통상·고유문은 다음과 같다.

작곡가	통상문	고유문				
Johnnes OCKEGHEM	Kyrie만 작곡	입당송	층계송	연송	봉헌송	
Cristóbal de MORALES	모두	입당송	층계송	연송	봉헌송	영성체송
Roland de LASSUS	모두	입당송	층계송		봉헌송	영성체송
Tomás Luis de VICTORIA à 4	모두	입당송	층계송		봉헌송	영성체송
Tomás Luis de VICTORIA à 6	모두	입당송	층계송		봉헌송	영성체송
Heinrich Ignaz Franz BIBER	모두	입당송		부속가	봉헌송	영성체송
Jan Dismas ZELENKA	Agnus Dei 제외	입당송		부속가	봉헌송	영성체송
Johann Adolph HASSE	모두	입당송		부속가	봉헌송	영성체송
W. A. MOZART	모두	입당송		부속가	봉헌송	영성체송
Luigi CHERUBINI	모두	입당송	층계송	부속가	봉헌송	
Gabriel FAURÉ	Benedictus 제외	입당송			봉헌송	
Hector BERLIOZ	Benedictus 제외	입당송		부속가	봉헌송	
Antonín DVOŘÁK	모두	입당송	층계송	부속가	봉헌송	
Giuseppe VERDI	모두	입당송		부속가	봉헌송	영성체송
Maurice DURUFLÉ	모두	입당송			봉헌송	영성체송

【입당송, 자비송, 봉헌송, 거룩하시도다, 하느님의 어린양】은 거의 모든 작곡가가 작품에 포함했고, 연송은 르네상스 시대 이후로는 거의 작곡되지 않았다. 부속가, Dies iræ는 르네상스 시대에서는 그레고리오 성가로 했기에 작곡의 예가 거의 없는데 바로크 시대 이후 연주용 Requiem을 쓰면서 작곡되기 시작했다. 여기서 한 가지 흥미로운 것은 낭만주의 시대로 오면서 작곡가들이 Dies iræ 연聯의 순서를 원문과 다르게 배치하거나 가사를 조합, 반복하는 경우가 나타나는데 Verdi 작품이 그 예다. 일반 미사곡과 달리 레퀴엠 미사곡은 고유문을 쓸 수 있기 때문에 음악적으로 더 많은 재료가 작곡가에게 주어졌고, 그 재료의 선택은 작곡가의 몫이다.

■ **맺음말**

"Requiem은 미사곡일까?"의 답은 '죽은 이를 위한 미사' 전례문을 기초로 순서에 맞게 작곡되었다면 미사곡이라 할 수 있다. 하지만 미사곡 형식을 과감히 버리고 작곡가의 창작력을 최대한 살리고자 미사 고유문, 통상문의 수를 줄이면서 작곡가 자신만의 곡을 자국어 가사로 삽입하고 기존 Requiem 미사곡 분위기를 내기 위해 미사 전례문 중 일부 차용하는 작품도 눈에 띈다. 이런 경우 일반적으로 입당송과 영성체송을 곡에 포함시키곤 한다. 그래서 이런 작품은 작품명을 'Requiem'이라고 하지 'Missa pro defunctis'라고 쓰지 않는다. 그러므로 Requiem을 '죽은 이를 위한 미사(Missa pro defunctis)'가 아닌 '진혼곡'이라고 번역하는 작품은 미사 형식과 관계없이 작곡된 진혼적 의미가 있는 Requiem이라는 것이다. 결국, Requiem의 의미가 미사곡에서 좀 더 확장된 것이라 볼 수 있다.

+ **장례 미사에서 사제의 제의색은 무엇일까?**

관습에 따라 써 온 곳에서 검은색을 쓸 수 있다.[99] 한국 천주교는 죽음을 새로운 생명 부활의 의미로 부여하여 검은색 대신 흰색 제의를 입는다.[100] 또한, 유럽에서는 보라색 제의를 입기도 한다. 이처럼 장례 의식은 각 지방의 환경과 전통에 밀접히 적응시켜야 한다[101]는 《제2차 바티칸 공의회(1962-65)》 지침에 따라 제의색은 다를 수 있다.

---

99) 로마 미사 경본 총지침 346항 ㅁ)
100) 로마 미사 경본 총지침(한국어판) 346항
101) 전례 헌장 81항

27 Requiem은 미사곡일까? (3)

죽은 이를 위한 미사Missa pro defunctis 전례문들, 사도예절Absolutio super tumbam 中 응송과 안티폰의 라틴어 번역을 살펴보자. 추가로 고별식Ultima commendatio et valedictio 中 고별 노래도 소개한다.

■ 죽은 이를 위한 미사

Introitus	
Requiem æternam dona eis Domine: et lux perpetua luceat eis.	주님, 그들에게 영원한 안식을 주소서. 또한, 영원한 빛을 그들에게 비추소서.
Ps. Te decet hymnus Deus in Sion, et tibi reddertur votum in Ierusalem: Exaudi orationem meam, ad te omnis caro veniet.	*Ps.* 주님 당신께 시온에서 찬미의 노래를 드리나이다. 예루살렘에서 당신께 서원이 바쳐지리이다. 주님 내 기도를 들어주소서. 모든 사람들이 당신께 오리이다.
Requiem æternam dona eis Domine: et lux perpetua luceat eis.	주님, 그들에게 영원한 안식을 주소서. 또한, 영원한 빛을 그들에게 비추소서.

Kyrie	
Kyrie eleison. Christe eleison. Kyrie eleison.	주님, 자비를 베푸소서. 그리스도님, 자비를 베푸소서. 주님, 자비를 베푸소서.

Graduale	
Requiem æternam dona eis Domine: et lux perpetua luceat eis.	주님, 그들에게 영원한 안식을 주소서. 또한, 영원한 빛을 그들에게 비추소서.
V. In memoria æterna erit iustus: ab auditione mala non timebit	V. 올바른 이는 영원히 기억되리라. 악마의 유혹을 두려워하지 않으리라.

Tractus[75]	
Absolve Domine, animas omnium fidelium defunctorum, ab omni vinculo delictorum.	주님, 용서하소서. 믿는 자의 영혼이 모든 죄의 굴레로부터 벗어나게 하소서.
V. Et gratia tua illis succurente mereantur evadere iudicium ultionis,	V. 또한, 주의 은총으로 그들을 도우사 죄의 심판을 면하시고
V. Et lucis æterne beatitudine perfrui.	V. 영원한 빛의 행복을 누리게 하소서.
De profundis clamavi ad te Domine: Domine exaudi vocem meam	주님, 깊은 곳에서 당신께 부르짖습니다. 주님, 제 소리를 들으소서.
V. Fiant aures tuæ intendentes in orationem servi tui.	V. 제가 애원하는 소리에 당신의 귀를 기울이소서.
V. Si iniquitates observaveris Domine Domine quis sustinebit.	V. 주님, 당신께서 죄악을 살피신다면 주님, 누가 감당할 수 있겠습니까?
V. Quia apud te propitiatio est et propter legem tuam sustinui te Domine.	V. 그러나 당신께는 용서가 있으니 사람들이 당신을 경외하리이다.

	Sequentia	
1	Dies iræ, dies illa Solvet sæclum in favilla, Teste David cum Sibylla.	진노와 심판의 날이 임하면 다윗과 시빌의 예언에 따라 하늘과 땅이 모두 재가 되리라.
2	Quantus tremor est futurus, Quando Judex est venturus, Cuncta stricte discussurus!	모든 선과 악을 기리시려 천상에서 심판관이 내려오실 때 인간들의 가슴은 공포로 찢어지리라.
3	Tuba mirum spargens sonum, Per sepulchra regionum, Coget omnes ante thronum.	놀라운 나팔소리가 세상의 모든 무덤 위에 울리며 모든 이를 하느님 대전에 모으리라.
4	Mors stupebit et natura, Cum resurget creatura, Judicanti responsura	심판관께 답변하러 모든 피조물이 깨어날 때 죽음이 엄습하고 만물은 진동하리.
5	Liber scriptus proferetur, In quo totum continetur, Unde mundus judicetur.	보라! 모든 행위 기록들이 엄밀하게 책에 적혔으니 그 장부따라 심판하시리.
6	Judex ergo cum sedebit, Quidquid latet apparebit: Nil inultum remanebit.	심판관께서 좌정하실 때 모든 숨겨진 행위가 드러나리니 죄지은 자 벌받지 않는 일 없으리라.
7	Quid sum miser tunc dicturus? Quem patronum rogaturus, Cum vix justus sit securus?	어린 인간은 무엇을 탄원하며 누가 저를 위해 중재할까? 자비가 필요한 그때는 언제일까?
8	Rex tremendæ majestatis, Qui salvandos salvas gratis, Salva me, fons pietatis.	위엄과 공포의 왕, 값없이 저를 구하시니 긍휼의 근원이시여, 그때에 저희를 도우소서.
9	Recordare, Jesu pie, Quod sum causa tuæ viæ: Ne me perdas illa die.	저희를 구원하시기 위해 육체를 입으신 자비로운 예수, 구원 때에 저를 기억하시고 저희를 버리고 떠나지 마소서.
10	Quærens me, sedisti lassus: Redemisti Crucem passus: Tantus labor non sit cassus.	저희를 찾으시려 힘들고 피곤하셨으며 저로 인하여 십자가에 고난당하시니 그런 은혜를 어찌 헛되게 할까?
11	Juste Judex ultionis, Donum fac remissionis, Ante diem rationis.	공정하신 심판관이시여. 심판의 그날 전에 저희 죄를 사하여 주옵소서.
12	Ingemisco, tamquam reus: Culpa rubet vultus meus: Supplicanti parce, Deus.	저희가 죄로 인해 슬퍼하며 부끄러움으로 고통스러워 하니 신음하고 간청하나이다 하느님, 죄를 사하여 주소서.
13	Qui Mariam absolvisti, Et latronem exaudisti, Mihi quoque spem dedisti.	죄많은 여인(마리아 막달레나)을 사하여 준 것 같이 죽어가는 도둑이 용서를 받은 것 같이 저희에게도 희망을 주셨도다.
14	Preces meæ non sunt dignæ; Sed tu bonus fac benigne, Ne perenni cremer igne.	저의 기도와 탄식은 보잘 것 없으니 인자하신 주의 은총으로 영원한 불에서 나를 구하소서.
15	Inter oves locum præsta. Et ab hædis me sequestra, Statuens in parte dextra	저를 염소떼 속에 두지마시고 택하신 양들 중에 자리 주시고 주님의 오른손으로 저를 높이소서.

16	Confutatis maledictis, Flammis acribus addictis, Voca me cum benedictis.	사악한 무리들을 깨뜨리어 꺼지지 않는 불꽃으로 심판하실 때 저를 부르사, 주의 자비로 둘러싸소서.
17	Oro supplex et acclinis, Cor contritum quasi cinis, Gere curam mei finis.	제가 무릎 꿇고 진심으로 복종하나이다! 재가 되도록 뉘우침을 보소서! 저를 종말에서 구원하소서!
18	Lacrimosa dies illa, Qua resurget ex favilla, Judicandus homo reus. Huic ergo parce, Deus:	눈물과 슬픔의 그날이 오면! 땅의 먼지로부터 일어난 심판받을 자들이 주님대전에 나오리니 오 주님! 자비로써 저들을 용서하소서.
19	Pie Jesu Domine, Dona eis requiem. Amen.	거룩하신 주 예수여, 축복하소서. 그들에게 영원한 안식을 주소서 아멘.

Offertorium

Domine Iesu Christe, Rex gloriæ, libera animas omnium fidelium defuntorum de poenis inferni, et de profundo lacu: libera eas de ore leonis, ne abscurum: sed signifer sanctus Michæl, repræsentet eas in lucem sanctam: Quam olim Abrahæ promisisti, et semini ejus.	영광의 왕이신 주 예수 그리스도님. 죽은 모든 교우들의 영혼을 지옥벌과 깊은 구렁에서 구하소서. 그들을 사자의 입에서 구하시어 지옥이 그들을 삼키지 못하게 하시고, 그들로 하여금 어둠 속에 빠지지 않게 하소서. 또한 기수이신 성 미카엘의 인도를 받아 일찍이 아브라함과 그 후손들에게 언약하신 거룩한 광명의 세계로 들어가게 하소서.
V. Hostias et preces tibi, Domine, laudis offerimus: tu suscipe pro animabus illis, quarum hodie memoriam facimus: fac eas, Domine, de morte transire ad vitam. Quam olim Abreahæ promisisti et semini ejus.	V. 주님, 찬미의 제물과 정성된 기도를 드리오니 오늘 우리가 추도하는 영혼들을 받아들이시어 그들로 하여금 일찍이 아브라함과 그 후손들에게 언약하신 대로 죽음의 나라에서 생명의 나라로 건너가게 하소서.

Sanctus, Benedictus

Sanctus, Sanctus, Sanctus, Dominus Deus Sabaoth, Pleni sunt cæli et terra gloria tua. Hosanna in excelsis.	거룩하시도다. 거룩하시도다. 거룩하시도다 온누리의 주 하느님. 하늘과 땅에 가득찬 그 영광. 높은 데서 호산나.
Benedictus qui venit in nomine Domini. Hosanna in excelsis.	주님의 이름으로 오시는 분, 찬미받으소서. 높은 데서 호산나.

Agnus Dei

Agnus Dei, qui tollis peccata mundi, dona eis requiem.	하느님의 어린양, 세상의 죄를 없애시는 주님, 그들에게 안식을 주소서.
Agnus Dei, qui tollis peccata mundi, dona eis requiem.	하느님의 어린양, 세상의 죄를 없애시는 주님, 그들에게 안식을 주소서.
Agnus Dei, qui tollis peccata mundi, dona eis requiem sempiternam.	하느님의 어린양, 세상의 죄를 없애시는 주님, 그들에게 영원한 안식을 주소서.

Communio

Lux æterna luceat eis, Domine; Cum sanctis tuis in æternum, quia pius es.	주님, 영원한 빛을 그들에게 비추소서. 자애로우신 주님, 당신 성인들과 함께 비추소서.
V. Requiem æternam dona eis, Domine, et lux perpetua luceat eis.	V. 주님, 그들에게 영원한 안식을 주소서. 또한, 영원한 빛을 그들에게 비추소서.
Cum sanctis tuis in æternum, quia pius es.	자애로우신 주님, 당신 성인들과 함께 비추소서.

■ 사도예절 中 응송과 따름 노래 (고별식에서는 응송 제외)

Responsorium : Libera me	
Libera me, Domine, de morte æterna, in die illa tremenda: Quando cæli movendi sunt et terra. Dum veneris judicare sæculum per ignem. V. Tremens factus sum ego, et timeo, dum discussio venerit, atque ventura ira. Quando cæli movendi sunt et terra. V. Dies illa, dies iræ, calamitatis et miseriæ, dies magna et amara valde. Dum veneris judicare sæculum per ignem. V. Requiem æternam dona eis, Domine: et lux perpetua luceat eis	주님, 무서운 그 날에 영원한 죽음으로부터 나를 구원하소서. 하늘과 땅이 흔들리고, 주께서 화염으로 이 세상을 심판하는 날, V. 하늘과 땅이 흔들리며 다가올 심판과 분노의 날에, 나는 공포에 떨리라. V. 주께서 화염으로 이 세상을 심판하는 날, 그날은 분노의 날, 재앙과 불행의 날, 거대한 탄식의 날. V. 주님, 영원한 안식을 그들에게 주소서. 또한, 영원한 빛을 그들에게 비추소서.
Antiphona : In Paradisum, Chorus Angelorum & Ego sum resurrectio et vita	
In paradisum deducant te Angeli: in tuo adventu suscipiant te Martyres, et perducant te in civitatem sanctam Ierusalem Chorus Angelorum te suscipiat, et cum Lazaro quondam paupere æternam habeas requiem.	천사들은 이 교우를 천상 낙원으로 데려가시고 순교자들은 이 교우를 맞아들여 거룩한 도시 천상 예루살렘으로 이끄소서. 천사들의 무리는 이 교우를 맞아들여 가난했던 라자로와 함께 영원한 안식을 얻게 하소서.
Ego sum resurrectio et vita: Qui credit in me etiam si mortuus fuerit, vivet: Et omnis qui vivit et credit in me, non morietur in aeternum.	나는 부활이요 생명이다. 나를 믿는 사람은 죽더라도 살고 또 살아서 나를 믿는 사람은 영원히 죽지 않으리라.

■ 고별식 中 고별 노래

Responsorium : Subvenite, Sancti Dei	
Subvenite, Sancti Dei, occurrite, Angeli Domini : Suscipientes animam eius: * Offerentes eam in conspectu Altissimi. V. Suscipiat te Christus, qui vocavit te: et in sinum Abrahae Angeli deducant te.: Suscipientes animam eius * Offerentes eam in conspectu Altissimi. V. Requiem æternam dona eis Domine: et lux perpetua luceat eis. * Offerentes eam in conspectu Altissimi.	하늘의 성인들이여, 오소서. 주님의 천사들이여, 마주 오소서. * 이 교우를 받아 지극히 높으신 하느님 앞에 바치소서. V. 이 교우를 부르신 그리스도님, 이 교우를 받아들이소서. 천사들이여, 이 교우를 아브라함 품 안으로 데려가소서. * 이 교우를 받아 지극히 높으신 하느님 앞에 바치소서. V. 주님, 그에게 영원한 안식을 주소서. 영원한 빛을 그들에게 비추소서. * 이 교우를 받아 지극히 높으신 하느님 앞에 바치소서.

28 입당 노래, 봉헌 노래, 영성체 노래, 파견 노래

2017년 한국 교회는 라틴어판 『로마 미사 경본Missale Romanum』(제3표준판 2008수정)의 번역본을 발행하면서 기존의 '성가'로 부르던 용어를 '노래'로 변경하였다. 'OO노래'로 번역한 단어를 라틴어판 『로마 미사 경본 총지침』(제3표준판 2008수정)에서 다음과 같이 쓰고 있고 우리말 직역은 아래와 같다.

1. Cantu ad introitum	1. 입당할 때 노래
2. Cantu ad offertorium comitatur	2. 봉헌이 동반될 때 노래
3. Cantu ad communionem	3. 영성체 때 노래

cantu는 '노래하다'의 뜻인 cantus의 명사형으로 우리가 생각하는 '성가' 혹은 '성가를 부르다'라는 뜻으로 국한되어 쓰는 말이 아니다. 이에 한국 천주 교회는 '노래'로 명칭을 변경했다. 따라서 각 본당의 당일 미사 노래 안내판 혹은 주보에서 '성가' 대신 '노래'로 표기해야 하며 미사 해설자의 안내도 같게 변경해야 하고 이전의 '예물준비성가'라는 용어도 '봉헌 노래'로 바꿔야 한다.

또한, 금번 한국어판에서 추가된 사항으로 영성체 후 '찬가Hymnus'가 있는데 성가대의 영성체 '특송'을 지칭한다. 그러나 이 '특송'이라는 명칭은 이 노래의 전례적 성격을 잘 드러내지 못하므로 '영성체 후 찬가'라고 쓰는 것이 바람직하다.[102]

파견 노래는 M.R.에 규정되어 있지 않다. 앞서 언급한 입당 노래는 사실 입당송을, 영성체 노래는 영성체송을 대체하여 부르는 노래이며 봉헌 노래는 《바티칸 II》 이전까지만 부르던 봉헌송을 대체하는 것이다. 그러나 미사 고유문에 파견송은 없다. 단지 사제의 파견(미사가 끝났으니 가서 복음을 전합시다.)만이 통상문에 있을 뿐이다. 그렇다면 파견 노래는 어디에 근거한 걸까?

> 《성음악 훈령 36항》
>
> '낭송 미사'에서 '고유 부분'이나 '통상 부분'의 어떤 부분을 노래로 하는 것은 전혀 금지되지 않는다. 오히려 미사 시작 때에 어떤 다른 노래를 할 수 있고, 봉헌 노래와 영성체 노래 그리고 **미사 끝 노래**도 할 수 있다. 비록 그 노래가 '성찬례'의 성격에 충분히 부합하지 않더라도, 미사의 해당 부분과 축일이나 전례 시기와 잘 어울려야 한다.

이 훈령에 따르면 '파견 노래'는 선택 사항이다. M.R.에 없는 것을 훈령에서 '해야 한다'라고 명시할 근거가 없기에 '할 수 있다'라고 제시한 것이다.

---

102) 한국 천주교 성음악 지침 63항 '찬가' 주석1

29 Cantus firmus, Parody & Paraphrase Mass

이 주제에 관심을 두게 된 계기는 왜 르네상스 미사곡들은 조이름도 없고 작품번호도 없고 엉뚱한 이름이 붙어 있을까? 조 개념이 없던 시대라 조이름이 없다는 건 알았고, 작품번호는 아무도 목록 정리를 하지 않아서 그렇다 이해하고, 그럼 Missa 다음에 딸린 이름(작품명)은 뭘까? 예를 들면 이런 거다. Palestrina의 미사곡 중 Missa Ave Maria라는 작품이 있는데 미사 통상문 곡이기 때문에 성모송을 노래하지 않는다. 그럼 왜 'Ave Maria'를 제목으로 썼을까?

14c 이전 중세부터 미사곡은 다섯 개의 통상문 중 한두 곡씩 작곡되기 시작했다. 다섯 통상문은 【자비송, 대영광송, 신경, 거룩하시도다, 하느님의 어린양】이다. 14c 초 르네상스 다성 음악polyphony 형식이 발전되었고 한두 개씩 작곡되던 미사 통상문은 전체를 한 벌로 묶은 미사곡 cyclic mass 형식으로 나타나는데 아르스 노바Ars Nova(새로운 예술)[76]시대에 가장 뛰어난 프랑스 예술가, Guillaume de Machaut마쇼(c.1300-77)의 노트르담 미사곡(c.1365)이 최초의 통작通作된 미사곡이다. 그리고 르네상스 시대 작곡가들은 자신의 작곡 능력을 미사곡에 상당히 집중했는데 서양음악에 있어서 최초의 다악장 형식의 음악이었기에 모두가 도전하는 장르가 되었다. 이러한 '폴리포니 미사곡'은 16c에 이르기까지 새로운 작곡 기법과 음악적 구조의 완성도를 추구해 나갔다. 여기서 '새로운 작곡 기법과 음악적 구조란' 본인 혹은 타인이 작곡한 종교적 모테트나 찬미가 혹은 그레고리오 성가, 심지어 세속곡 등을 작곡에 활용하는 것이었다. 그러면 이를 어떻게 활용을 했는지 그 방법론적 형식을 살펴보자.

■ 정선율(Cantus Firmus) 미사곡

기존에 있는 선율(멜로디 라인)은 그대로 두고 보조 파트를 작곡하는 형식으로 곡을 만드는 기법이다. 여기서 말하는 기존의 선율은 당시 이미 존재했던 그레고리오 성가들이었고 세월이 지나면서 세속곡(예: 샹송)도 포함되었다. 이는 11-12c의 다성 음악의 조상격인 오르가눔에서 출발했는데 단선율 노래(그레고리오 성가)에 음정을 화성적으로 쌓는 방식이었다. 그레고리오 성가를 부르는 파트는 다른 파트들에 비해 움직임이 상대적으로 진중한 파트라 '고정하다(fix 혹은 hold)'라는 뜻을 가진 라틴어 tenere의 명사형 'tenor'란 이름을 사용하였다. 그 후 움직임이 없는 성부라는 뜻으로 정선율cantus firmus이라고 부르게 되었다.

오르가눔의 시작을 다시 한번 상기해 보면 기본이 되는 단선율에 위 음정으로 4도, 5도, 8도의 병행 음으로 화성을 만드는 것이 최초 기법이다. 이 기법이 세월에 따라 발전을 했으나 정선율이 맨 위 파트인 경우는 없었다. 그런데 르네상스 시대에 와서 변화를 겪는다. 아래 파트가 아닌 맨 위 파트에서 장식음이나 다른 스타일로 변형이 나타나기 시작한다. 결국, 정선율은 그 느낌만 조금 내거나 상징 정도를 가질 뿐이었다. 이 기법이 작곡에 쓰이기 시작한 때는 15c 말 무렵이며 기존 정선율 노래를 테너가 음표를 늘리거나 각 파트가 캐논canon 형식으로 불렀다. 16c에 들어와 로마나 스페인을 제외한 폴랑드르 지역에서 작곡 기법으로 대중화가 되는데 작곡가 자신의 모테트를 가져다 미사곡을 쓰기 시작한다. 바로크 시대 독일 루터교인教人 작곡가들 사이에서도 이 기법은 꽤 유행했다. 물론 Bach의 코랄에서도 마찬가지였다. 그는 루터교 찬미가들이나 다른 작곡가의 작품의 정선율을 차용해 작곡하기도 했다.

■ 패로디(parody) 미사곡

패로디란 보통 잘 알려진 음악적 아이디어나 가사 혹은 기존 작곡가나 예술가 고유의 특징적 스타일을 도방하는 것을 말한다. 앞서 설명한 대로 패로디 음악은 기존에 있는 음악의 일부 fragment를 모방한 것인데 구체적으로 살펴보면 르네상스 시대 모테트나 세속곡 등의 기존의 다성 음악을 사용하여 곡을 쓰는 형식이다. 일반적으로 미사곡에 많이 쓰였으며 곡 맨 처음 멜로디 라인에 쓰는 경우가 대부분이다. 또한, 원 멜로디를 그대로 모방하는 게 특징이다. 그리고 패로디 라인이 지나가면 온전히 작곡가의 곡으로 완성한다. 이렇듯 초기에는 단순히 카피하는 정도의 수준이었다. 이러한 특징으로 인해 'imitation'이라고 부르기도 한다.

시대가 흐르면서 패로디를 쓰는 방법이 점차 발전했는데 미사곡에서 정선율을 만들기 위해 원곡에서 단지 선율적 부분만을 인용하는 것이 아니라 그 원곡의 주제, 리듬, 화성 그리고 화성 진행의 모든 요소들을 사용한다는 점에서 초기 패로디와 큰 차이가 있다. 그리고 이것을 단순하게 모방하는 게 아니라 이런 옛 요소와 새로 작곡된 요소들을 결합시켜 자유로운 변화의 재창조 작업을 이루어냈다.

패로디의 예로 Palestrina의 6성부 모테트인 Assumpta est Maria(마리아 하늘로 오르셨으니)와 이 모테트를 패로디한 미사곡 Missa Assumpta est Maria를 추천한다. 참으로 아름다운 곡이니 두 곡 모두 꼭 들어보길 희망한다.

■ 페러프레이즈(paraphrase) 미사곡

기존 곡을 그대로 모방하는 형식이 아닌 cantus firmus가 발전된 것이라고 보면 틀림없다. cantus firmus는 기존 정선율, 즉 하나의 주제 선율은 절대 변형시키지 않지만 페러프레이즈는 그 주제 선율의 리듬을 바꾸거나 음표를 더 추가하는 형태로 다른 스타일로 변형하여 자유로운 연주 멜로디를 쓰는 진보한 형식이다. 그래서 각 성부에서 모방imitation이나 캐논canon 형식으로 발전시켜 나가게 되었다. 15-16c 미사곡 작곡에 유행했고, 이후 Bach나 Liszt도 많이 사용했을 정도로 작곡의 한 양식으로 자리매김했다.

페러프레이즈의 예로 그레고리오 성가 Pange lingua(입을 열어 찬양하세)를 정선율로 페러프레이즈한 Josquin의 Missa Pange lingua를 들어보길 권한다.

■ Missa sine nomine

'sine nomine'는 영어로 'without a name', 즉 '이름 없는'이라는 뜻으로 지금까지 살펴본 기존의 음악을 차용하여 작곡된 미사곡이기는 하나, 작곡가가 세속곡에서 정선율을 차용한 경우[103] 미사곡 이름에 출처를 밝히지 않고 곡명을 Missa sine nomine라고 쓰기도 했다. 그렇다면 왜 출처를 밝히는 것을 꺼렸을까? 그것은 작곡가들이 교회의 눈치를 보았기 때문이다. 15c 말-16c에 우행한 기존 곡을 차용한 미사곡들 중 세속곡 주선율을 차용하는 것에 교회는 불편한

---

[103] 콘트라팍툼contrafactum이라 한다.

심기를 드러냈고 창작의 욕구를 없앨 수 없었던 작곡가들은 원곡명을 숨기고 'sine nomine'라는 곡명을 붙이는 방법을 썼다. 곡명을 이렇게 붙인 최초의 미사곡은 Dufay의 것으로 알려져 있으며 Josquin과 Palestrina 등의 작품이 유명하다.

■ 맺음말

지금까지 살펴본 작곡 방법은 요즘 말로 '표절'인데 이게 전혀 문제되지 않는 작곡 환경이었고 당시 대부분 미사곡은 이런 식으로 작곡되었다. 이러한 작곡 방법은 작곡이라는 단어의 어원에서도 찾을 수 있다. 작곡을 라틴어와 영어로 각각 compositio, compostion인데 이 단어의 사전적 뜻은 '조립, 구성, 혼합'이다. 그러므로 작곡은 새로운 것을 창조creation하는 작업뿐만 아니라 원래 여기저기서 모아 혼합하고 구성하는 작업이라는 뜻이니 당시의 '표절'은 아무 문제가 없는 것이다.

지금까지 언급한 작곡 형식은 대부분 르네상스 시대 미사곡에서 쓰면서 발전되었으며 차용한 곡명이 미사곡의 곡명으로 쓰였다. (미사곡이 헌정된 대상의 이름을 쓰기도 한다.) 즉, 작곡가가 어떤 그레고리오 성가, 모테트나 세속곡 등에서 차용을 했는지 미사곡명에 밝히는 것이다. 그래서 르네상스 미사곡 음반을 보면 첫 곡이 미사곡의 Kyrie가 아니라 곡명으로 쓴 원곡이 첫 곡으로 수록된 경우가 많다. 그 노래가 바로 미사곡에 차용된 노래다. 그레고리오 성가가 될 수도 있고 모테트, 샹송, 마드리갈 등 그 어떤 것도 허용된다. 물론 이러한 기법이 반드시 미사곡에만 한정된 것은 아니고, 예를 들어 단선율 그레고리오 성가를 종교적 모테트 작곡에 쓰기도 했다. 이 모테트를 다시 미사곡에 차용할 수 있으며 다른 작곡가의 곡도 자유롭게 사용하였다. 지금까지 설명으로 혹 "편곡이 아닐까?"라고 생각할 수도 있겠지만 직접 음악을 들어보면 요즘 개념의 편곡과는 차원이 다른 그 예술성에 탄복하지 않을 수 없다.

＋ 세계 공통 성가집이 있을까?

세계 공통이라는 말은 교회 용어로 '보편 교회'라고 할 수 있는데 전 세계 어디서든 하나의 신앙 공동체라는 의미다. 따라서 신학, 교리, 전례와 교회 윤리, 교회법 등을 총 망라한 모든 것을 서로 공유하며 로마에서 정한 것이 기준이 되는 것, 즉 보편성을 가진다. 그래서 로마 가톨릭 전례는 전 세계가 같다.

전례가 같다면 그 전례에서 부르는 노래도 같을까? 미사를 살펴보면 통상문은 미사의 고정된 전례문인 반면 고유문은 그날 미사에만 해당하는 전례문을 말한다. 여기서 그날 미사는 교회 보편 전례력에 정해져 있는 미사이다. 모두 노래로 할 수 있는데 통상문 노래를 '미사곡'이라 하고【자비송, 대영광송, 신경, 거룩하시도다, 하느님의 어린양】다섯 곡을 말한다. 고유문 노래는【입당송, 화답송, 알렐루야, 봉헌송, 영성체송】이다. 이 노래들이 수록되어 전 세계 어디서든 공통으로 사용할 수 있는 보편 성가집이 있는데 『Graduale Romanum』과 『Graduale Simplex』라는 라틴어로 된 그레고리오 성가집이고 우리말로 『로마 미사 성가집(G.R.)』과 『단순 미사 성가집(G.S.)』으로 부른다. G.R.의 경우, 연중 모든 전례일의 고유문 노래가 수록되어 있다. 그런데 어떤 날은 이 성가집의 고유문과 『로마 미사 경본(M.R.)』의 고유문이 다를 수 있다. 그 이유는 M.R.의 개정에도 G.R.을 변경하지 않았기 때문이다. 그럼에도 『로마 미사 경본 총지침』에는 고유문 노래로 이 책의 노래를 부를 수 있도록 했다. 또한, 이 책 대신 자국어 성가집을 각 나라의 사정에 맞게 만들어서 쓸 수 있는 예외 규정을 두었다. 그래서 평소에 쓰지 않는 성가집이지만 수록곡들이 교회 음악의 원점이라 교회음악가라면 반드시 소장하는 교과서와 같은 책이다.

30 Ave verum corpus

Ave verum corpus의 뜻은 '경배하라. 참되신 몸이여'이며, 여기서 '참되신 몸'은 성체를 의미한다. 많은 작곡가들의 대중적인 레퍼토리 중 하나로 성찬식용 찬미가다. 교황 인노첸시오 6세*Innocentius PP. VI*(재위 1352-62)의 작시로 알려져 있다. 중세 시기에는 미사 중 주례 사제가 성체를 높이 들어 올릴 때 불렸고 또한, 성체 강복 때도 사용되었다. 이 찬미가는 성체 안에 예수께서 실존해 계시다는 믿음의 묵상이고 성체성사를 통해 주님께서 오실 때까지 주님의 죽음을 전하겠다는 신앙 고백이다.

번역은 이건용 작곡, '참되신 몸이여'와 대한 성공회 성가 603장 가사를 참조했다.

Ave vérum córpus,	동정녀 마리아에게서,
Natum de María Virgine,	참되신 성체가 나심을 경배하나이다.
Vere passum, immolátum	모진 수난, 십자가에 못박혀 죽으심은
In cruce pro hómine,	인류를 위한 것,
Cújus látus perforátum	옆구리를 찌를 때 물과 피를 흘리셨네.
flúxit áqua et sánguine,	우리가 죽을 때에
Esto nóbis prægustátum	천상을 맛보게 하소서.
mórtis in exámine.	오 좋으신 예수님,
O Jésu dúlcis, O Jésu pie,	오 자애로운 예수님,
O Jésu fili Maríæ.	오 마리아의 아들이신 예수님.

𝄞 주요 작곡가

- Orlande de Lassus (1532/30-1594)
- William Byrd (c.1539/40 or 1543-1623)
- W. A. Mozart (1756-1791)
- Franz Liszt (1811-1886)
- Charles Gounod (1818-1893)
- Camille Saint-Saëns (1835-1921)
- Edward Elgar (1857-1934)
- Alexandre Guilmant (1837-1911)
- Gabriel Fauré (1845-1924)
- Francis Poulenc (1899-1963)
- Flor Peeters (1903-1986)
- Domenico Bartolucci (1917-2013)
- Imant Raminsh (1943~)
- Jack Gibbons (1962~)
- Karl Jenkins (1944~)
- 이건용 (b.1947~) ▸ 예수 그리스도의 수난 中 '참되신 몸이여'

31 O magnum mysterium

O magnum mysterium의 뜻은 '오 위대한 신비여'이며, 과거 주님 성탄 대축일 성무일도의 새벽기도Matutinum 중 제2녹턴의 제4독서 후 응송의 후렴이었다. 그러나 《제2차 바티칸 공의회(1962-65)》의 결의에 따라 1970년 반포된 교황령 『찬미의 노래(*Laudis Canticum*)』에 의해 성무일도가 개정되면서 독서의 수가 줄어 함께 제외되었다.

이 찬미가는 예수의 탄생과 그를 낳으신 동정녀 마리아를 찬미한다. 공관복음서 세 편을 통틀어 예수께서 태어나신 후 구유에 뉘어졌다는 내용은 〈루카 2,7〉이 유일하다. 다만 동물들이 그 자리에 함께 있었는지는 복음서 어디에도 기록되어 있지 않다. 그러나 후대에 예수 탄생 장면을 이미지화하면서 〈이사 1,3〉의 말씀 "**소도 제 임자를 알고 나귀도 제 주인이 놓아 준 구유를 알건만 이스라엘은 알지 못하고 나의 백성은 깨닫지 못하는구나.**"를 연관시킨다. 또한, 마태오 복음 외경에 소와 나귀가 등장함에도 영향을 받는다. 이 이미지는 13c 중세 유럽 가톨릭 교회에 널리 퍼져 있던 성인들에 대한 전설을 모아 집대성한 『황금 전설Golden Legend』[77]에 포함되어 널리 알려진다. 이것이 현재 동물들을 포함한 성탄 구유를 꾸미는 모습의 기원이며 응송의 후렴 전반부의 내용이다. 후반부는 마리아가 엘리사벳을 방문했을 때 엘리사벳이 큰소리로 다음과 같이 외친 말에서 비롯되었다. "**당신은 여인들 가운데에서 가장 복되시며 당신 태중의 아기도 복되십니다.**"〈루카 1,42〉

새벽기도 제4독서 후 응송의 라틴어 전문과 번역은 다음과 같다.

R. O mágnum mystérium, et admirábile sacraméntum, ut animália vidérent Dóminum nátum, jacéntem in præsépio:
* Beáta Virgo, cújus víscera meruérunt portáre Dóminum Chrístum.
◎ 오 위대한 신비여, 또한 영험한 성사여, 구유에 누워계신 주님을 동물들도 보았네.
* 주 예수 그리스도를 낳으신 태를 품은 동정녀여 축복받으소서.

V. Ave, María, grátia plena: Dóminus tecum.
○ 은총이 가득하신 마리아님. 주님께서 함께 계시니

R* Beáta Virgo, cujus víscera meruérunt portáre Dóminum Chrístum.
◎ 주 예수 그리스도를 낳으신 태를 품은 동정녀여 축복받으소서.

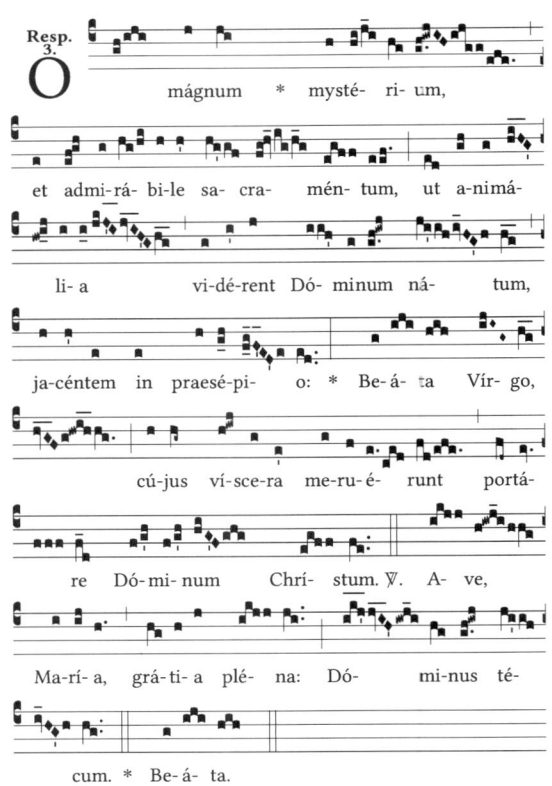

🎼 주요 작곡가

- Cristóbal de Morales (c.1500-1553)
- William Byrd (c.1539/40 or 1543-1623)
- Tomás Luis de Victoria (c.1548-1611)
- Nicolas Gombert (c.1495-c.1560)
- Giovanni Gabrieli (c.1554/57-1612)
- Giovanni Pierluigi da Palestrina (c.1525-1594)
- Jan Dismas Zelenka (1679-1745)
- Francis Poulenc (1899-1963)
- Pierre Villette (1926-1998)
- John Harbison (b.1938~)
- Javier Busto (b.1949~)
- Morten Lauridsen (b.1943~)
- Ola Gjeilo (b.1978~)
- David Conte (b.1955~)
- Nicholas White (b.1967~)
- 안효영 (b.1981~)

✛ 트리엔트는 어디 있을까?

이탈리아 북부 서쪽의 밀라노 동쪽의 베니스, 오스트리아 인스부르크 이렇게 삼각형의 가운데 쯤 위치한 도시로 1804-67년 동안은 오스트리아 제국, 1867-1918년 동안은 오스트리아-헝가리 제국령이었다. 그래서 현재도 트리엔트 북쪽 지방을 여행해 보면 이탈리아어와 독일어가 동시에 들리는 재밌는 경험을 하게 된다. 이런 배경으로 이 도시의 이름은 독일어로 Trient, 이탈리아어로 Trento, 영어로 Trent, 라틴어로 Trident라고 불린다. 따라서 《트리엔트 공의회Concilium Tridentinum》라고 번역한 것은 독일어식 도시 이름을 사용한 것이다.

32. Ego sum panis vivus

- ego : 나 (ego의 단수 주격형)
- sum : 있다, 이다
- panis : 빵 (남성 단수 주격/속격)
- vivus : 살아있는 (형용사, 원급)
- vitæ : 생명의 (vita의 단수 속격형)

그리스도교에 있어서 생명의 빵은 매우 중요한 믿음의 증거이기에 미사 때마다 생명의 빵을 받아 모시며 그의 수난과 부활을 기념하고 있다. 이에 교회는 특별히 그리스도의 성체 성혈을 기념하는 대축일을 지낸다. 지극히 거룩하신 삼위일체 대축일 다음 목요일을 **지극히 거룩하신 그리스도의 성체 성혈 대축일**(Sanctissimi Corporis et Sanguinis Christi, **Sollemnitas**)로 지내는데 의무 축일로 지내지 않는 지역에서는 목요일 다음 주일로 옮겨 지낸다.[104]

Ego sum panis vivus는 아래 〈요한 6,48-52〉의 주제로 48절과 단어 하나(vitæ)가 다르지만 의미상 같다. 로마 가톨릭 전례에서는 지극히 거룩하신 그리스도의 성체 성혈 대축일 성무일도의 아침기도 중 즈카르야의 노래 후렴으로 51절을 부른다. 또한, 미사 중 영성체 노래로 자주 부른다.

『Vulgata Clementina』	한국 천주교 『성경』
48 Ego sum panis vitæ.	48 나는 생명의 빵이다.
49 Patres vestri manducaverunt manna in deserto et mortui sunt.	49 너희 조상들은 광야에서 만나를 먹고도 죽었다.
50 Hic est panis de cælo descendens, ut, si quis ex ipso manducaverit, non moriatur.	50 그러나 이 빵은 하늘에서 내려오는 것으로, 이 빵을 먹는 사람은 죽지 않는다.
51 Ego sum panis vivus, qui de cælo descendi.	51 나는 하늘에서 내려온 살아 있는 빵이다.
52 Si quis manducaverit ex hoc pane, vivet in æternum; et panis autem, quem ego dabo, caro mea est pro mundi vita.	[51 계속]* 누구든지 이 빵을 먹으면 영원히 살 것이다. 내가 줄 빵은 세상에 생명을 주는 나의 살이다."

* 『Vulgata Clementina』의 51-52절이 『Nova Vulgata』에서 51절 하나로 합쳐짐

주요 작곡가

48-52절 중 가사 선택의 거의 대부분 51-52a이다. 아래 중 아닌 경우는 Palestrina 곡이다.

- Giovanni Pierluigi da Palestrina (c.1525-94)
  ▶ 48-50절, 48절의 vitæ는 51절 vivus로 씀
- Tomás Luis de Victoria (c.1548-1611)
- William Byrd (c.1539/40 or 1543-1623)
- Antonio Caldara (c.1670-1736)
- Michael Haller (1840-1915)
- Juan Esquivel (c.1560-1625 이후)
- Alessandro Costantini (c.1581/83-1657)

---
104) 전례주년과 전례력에 관한 일반 규범 7항 ㄷ)

33. O sacrum convivium

> 《Antiphona ad Magnificatum, Ss.mi Corporis et Sanguinis Christi, Sollemnitas》
> (마니피캇 후렴, 지극히 거룩하신 그리스도의 성체 성혈 대축일)
>
> *O sacrum convívium, in quo Christus sumítur: recólitur memória passiónis eius: mens implétur grátia: et futuræ glóriæ nobis pignus datur, allelúia.*
>
> 오! 거룩한 잔치여, 우리는 그리스도의 몸을 영하며, 그분의 수난을 기념하고 은총으로 충만되며, 후세 영광의 보증을 받는도다. 알렐루야.

O sacrum convívium(오 거룩한 잔치여)는 축성된 성체를 흠숭하는 라틴어 산문 찬미가다. 여기서 '잔치'는 미사 성제 중 파스카 신비를 드러내는 성체성사를 의미한다. 이 찬미가는 지극히 거룩하신 그리스도의 성체 성혈 대축일[78] 성무일도의 저녁기도 마니피캇 후렴Ant. ad Magnificatum이며, 미사 중에는 Ave verum corpus와 함께 영성체 노래로 많이 불린다.

주요 작곡가

로마 가톨릭 교회에서 매우 대중적인 성체 공경 찬미가로 많은 작품이 작곡되었다.

- Cristóbal de Morales (c.1500-1553)
- Thomas Tallis (c.1505-1585)
- Francisco Guerrero (1528-1599)
- Richard Farrant (1530-1585)
- William Byrd (c.1539/40 or 1543-1623)
- Tomas Luis de Victoria (c.1548-1611)
- Lodovico da Viadana (1560-1627)
- Giovanni Pergolesi (1710-1736)
- Franz Liszt (1811-1886)
- Jules Van Nuffel (1883-1953)
- Olivier Messiaen (1908-1992)
- Domenico Bartolucci (1917-2013)
- Luigi Molfino (1916-2012)
- Philip Moore (b.1943~)
- Javier Busto (b.1949~)
- Vytautas Miškinis (b.1954~)
- Fredrik Sixten (b.1960~)
- Kim Andre Arnesen (b.1980~)

34. 주님의 기도 (Pater noster)

주님의 기도
Pater noster (라)
Oratio Dominica (라)
Our father (영)
Vater unser (독)
Notre père (프)
Nostro padre (이)

Pater = 아버지 (pater의 주격/호격 단수형; 남성)
noster = 우리의 (noster의 주격/호격 단수형; 남성)

Oratio = 기도 (oratio의 주격/호격 단수형; 여성)
Dominica = 주님의 (dominicus의 주격/호격 단수형; 여성)

우리나라에서 이 기도문을 부르는 명칭이 다음과 같이 종파별로 차이가 있다.

개신교 : 주기도문
정교회, 성공회 : 주의 기도
천주교 : 주님의 기도

주님의 기도는 그리스도교에서 가장 중요하게 여기는 기도문이다. 그 이유는 예수께서 직접 가르쳐주신 기도로 복음서에 기록되어 있기 때문이다. 〈마태 6,9-15〉과 〈루카 11,2-4〉에서 인용된 기도인데, 그 내용은 하느님을 찬미하는 기도 세 가지와 우리 인간을 위한 탄원의 기도 네 가지가 더해져 있다.

■ **찬미의 기도 세 가지**

1. 아버지의 이름이 거룩히 빛나시며
2. 아버지의 나라가 오시며
3. 아버지의 뜻이 하늘에서와 같이 땅에서도 이루어지소서.

■ **탄원의 기도 네 가지**

4. 오늘 저희에게 일용할 양식을 주시고
5. 저희 죄를 용서하시고
6. 저희를 유혹에 빠지지 않게 하시고
7. 악에서 구하소서.

> 《루카 복음 11,1-4》
>
> *1 예수님께서 어떤 곳에서 기도하고 계셨다. 그분께서 기도를 마치시자 제자들 가운데 어떤 사람이, "주님, 요한이 자기 제자들에게 가르쳐 준 것처럼, 저희에게도 기도하는 것을 가르쳐 주십시오." 하고 말하였다. 2 예수님께서 그들에게 이르셨다. "너희는 기도할 때 이렇게 하여라. '아버지, 아버지의 이름을 거룩히 드러내시며 아버지의 나라가 오게 하소서. 3 날마다 저희에게 일용할 양식을 주시고 4 저희에게 잘못한 모든 이를 저희도 용서하오니 저희의 죄를 용서하시고 저희를 유혹에 빠지지 않게 하소서.'"*

> 《마태 복음 6,9-15》
>
> *9 "그러므로 너희는 이렇게 기도하여라. '하늘에 계신 저희 아버지, 아버지의 이름을 거룩히 드러내시며 10 아버지의 나라가 오게 하시며 아버지의 뜻이 하늘에서와 같이 땅에서도 이루어지게 하소서. 11 오늘 저희에게 일용할 양식을 주시고 12 저희에게 잘못한 이를 저희도 용서하였듯이 저희 잘못을 용서하시고 13 저희를 유혹에 빠지지 않게 하시고 저희를 악에서 구하소서.' 14 너희가 다른 사람들의 허물을 용서하면, 하늘의 너희 아버지께서도 너희를 용서하실 것이다. 15 그러나 너희가 다른 사람들을 용서하지 않으면, 아버지께서도 너희의 허물을 용서하지 않으실 것이다."*

위의 두 복음서 내용 중 더 긴 쪽인 마태오 복음서의 구절을 기도문으로 암송한다. 그렇다면 두 복음서의 기도문 중 어떤 것이 원형일까? 마태오 복음서의 구절이 원형이라면 루카 복음서의 구절은 축약한 내용일 것이고, 반대라면 마태오 복음서의 구절이 루카의 확장판일 것이다. 대체적인 학계의 의견은 루카 복음서의 내용이 원형일 가능성이 크다는 것이 지배적이다. 그러나 확장판인 마태오 복음서의 기도문이 초기 그리스도교에서 기도문으로 자리를 잡았고 지금에 이르고 있다.

신약성경은 본래 그리스어로 쓰였고 초기 그리스도교의 전례문, 기도문 역시 그리스어가 표준이었다. 따라서 주님의 기도 역시 그리스어 사본들이 여럿 존재하는데 기도문 끝에 그리스어로 "Ὅτι σοῦ ἐστιν ἡ βασιλεία καὶ ἡ δύναμις καὶ ἡ δόξα εἰς τοὺς αἰῶνας" 라틴어로는 "Quia tuum est regnum, et potéstas, et glória in sæcula", 우리말로 "**나라와 권세와 영광이 아버지께 영원히 있사옵나이다.**" 혹은 "**주님께 나라와 권능과 영광이 영원히 있나이다.**" 라는 영광의 환호가 붙어 있다.105) 이는 옛 필사 중 전례에 사용하던 이 환호를 후대에 기도의 일부처럼 덧붙여 기록한 것으로 주님의 기도의 원형에 포함된 것은 아니다.

---

105) 우리말 번역의 전자는 개신교, 후자는 가톨릭 번역이다.

로마 가톨릭 미사에 정식으로 도입된 시기는 약 4c 무렵이었고, 미사 중 순서는 聖 그레고리오 대교황 St. Papa Gregorius Magnus (재위 590-604) 때 사제가 축성된 빵을 쪼개고 난 뒤에서 앞(평화의 인사 직전)으로 옮겼다. 현재 이 순서 그대로 감사 기도를 마무리하는 마침 영광송 Doxologia finalis(그리스도를 통하여…모든 영예와 영광을 영원히 받으소서. 아멘) 후 영성체 예식의 시작으로 사제는 "**하느님의 자녀되어~**"라고 교우들을 기도에 초대하고 주님의 기도를 모두가 제창한다. 《제2차 바티칸 공의회(1962-65)》 전례 개혁 이전에는 사제 혼자 바치다가 기도문 마지막 구절인 "**악에서 구하소서**(Sed líbera nos a malo)"를 교우들과 함께 했고 침묵 중에 속으로 "**아멘**"을 했다. 현재는 주님의 기도를 다 함께 바치고 사제가 혼자 바치는 **후속 기도**, 그리고 나서 신자들이 바치는 **영광의 환호**로 끝을 맺는다. 신자들이 바치는 영광의 환호가 '아멘'의 역할을 대신하기에 주님의 기도 끝에는 '아멘'을 따로 하지 않는다. 이 영광의 환호는 주로 개신교에서 붙여 사용하고 천주교 기도문에는 없지만 미사 중 주님의 기도의 마지막 청원을 연장시킨 후속 기도에 이어 바친다. 로마 가톨릭 미사에서 주님의 기도를 바치는 순서와 내용은 다음과 같다.

(1) 〈초대〉 사제는 성작과 성반을 내려놓은 뒤, 손을 모으고 노래한다.

† 하느님의 자녀되어 구세주의 분부대로 삼가 아뢰오니

(2) 〈주님의 기도〉 사제는 팔을 벌리고 교우들과 함께 기도한다.

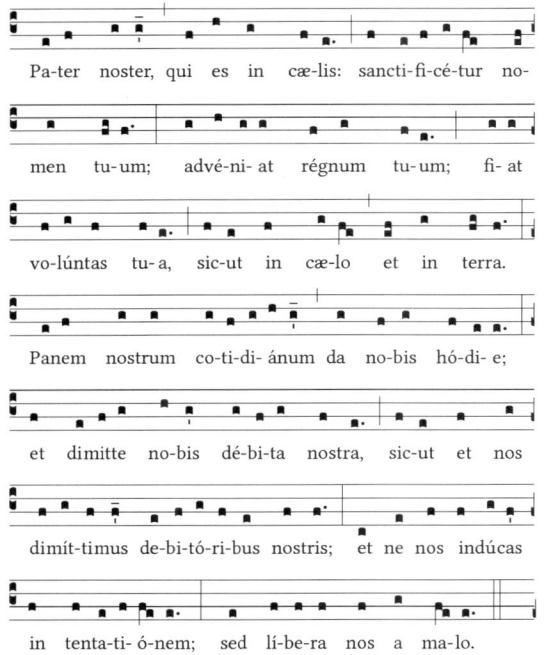

◎ 하늘에 계신 우리 아버지
아버지의 이름이 거룩히 빛나시며
아버지의 나라가 오시며
아버지의 뜻이 하늘에서와 같이
땅에서도 이루어지소서!
오늘 저희에게 잘못한 이를 저희가 용서하오니
저희 죄를 용서하시고
저희를 유혹에 빠지지 않게 하시고
악에서 구하소서.

(3) 〈후속 기도〉 사제는 팔을 벌린 채 혼자서 계속하여 기도한다.

† 주님
저희를 모든 악에서 구하시고
한평생 평화롭게 하소서.
주님의 자비로 저희를 언제나 죄에서 구원하시고
모든 시련에서 보호하시어
복된 희망을 품고
구세주 예수 그리스도의 재림을 기다리게 하소서.

사제는 손을 모은다.

(4) 〈영광의 환호〉 교우들은 아래의 환호로 기도를 끝맺는다.

◎ 주님께 나라와 권능과 영광이 영원히 있나이다.

우리말 그레고리오 성가는 한국어판 『로마 미사 경본 *Missale Romanum*』(제3표준판 2008수정) 미사 통상문 *pp. 633-635*에서 확인할 수 있다.

주요 작곡가

- Josquin des Prez (c.1450~55-1521)
  - SATTTB or SATTBB
- Giovanni Pierluigi da Palestrina (c.1525-1594)
  - SATB × 2 혹은 ATTB × 2
  - SSATB
- Iacob Handl-Gallus (1550-1591)   ▸ à 4

- Hans Leo Haßler (1564-1612)
  - SSAT.ATBB
- Heinrich Schütz (1585-1672)
  - SWV 89 라틴어
  - SWV 411 독일어
  - SWV 429 독일어
- Pyotr Ilyich Tchaikovsky (1840-1893)
  - Liturgy of St. John Chrysostom, Op. 41, 13. Otche Nash ('聖 크리소스토모의 전례' 中 13. 주님의 기도), 1878, 러시아어
- Sergei Rachmaninoff (1873-1943)
  - Liturgy of St. John Chrysostom, Op. 31, 14. Otche Nash ('聖 크리소스토모의 전례' 中 14. 주님의 기도), 1910, 러시아어
- Nikolay Rimsky-Korsakov (1844-1908)
- Franz Liszt (1811-1886)
  - Christus S.3 中 7. Pater noster, SSATTBB + organ, 1862-66
  - Pater noster I S.21/1, TTBB + organ ad-lib, 1846 (ver.1)
  - Pater noster I S.21/2, TTBB + organ, 1852, (ver.2)
  - Vater unser (Pater noster II) S.29, SSATTBB + organ, 1860?, 독일어
  - Pater noster III in F, S.41/1, SATB + organ, 1869 (ver.1)
  - Pater noster III in B♭, S.41/2, TTBB + Harmonium or piano, 1869 (ver.2)
- Charles Gounod (1818-1893)
- Giuseppe Verdi (1813-1901)
  - Pater noster (Antonio Beccari 作詩), 이태리어
- Arvo Pärt (b.1935~)
- Pēteris Vasks (b.1946~)

✛ 주님의 기도는 왜 미사곡에 포함되지 않았을까?

통상적으로 '미사곡' 하면 자비송, 대영광송, 신경, 거룩하시도다, 하느님의 어린양, 이렇게 다섯 곡으로 구성된다. 여기서 주님의 기도는 위 다섯 곡과 마찬가지로 미사 통상문에 해당하는데 미사곡에서 제외되어 있다. 미사 중 다른 미사곡은 노래로 하지 않더라도 '주님의 기도'만큼은 노래로 하는 경우가 상당하기에 이 중요한 노래로 하는 기도가 미사곡에 빠져 있다는 것이 좀 이상하다고 여길 수 있다. 여기에는 분명한 이유가 있다.

미사 통상문은 낭송 부분(사제와 회중)과 노래 부분(회중과 성가대)로 구분할 수 있는데 성가대나 회중이 함께하는 기도가 아닌 낭송 부분은 미사곡 작곡 대상이 아니었다. 그런데 《바티칸 II》 전에 주님의 기도는 사제 혼자 바치는 낭송 부분이었다. 회중은 침묵 중에 사제의 기도를 들었고 마지막 구절 "악에서 구하소서"만 함께 했다. 물론 그레고리오 성가로 노래가 있고 사제는 이를 부른다.

교회는 《바티칸 II》가 끝나고 전례 개혁을 단행한다. 이에 미사가 일부 수정되는데 주님의 기도가 미사에 참석한 모든 이가 같이 부르는 것으로 바뀌었다. 미사곡이 활발히 작곡되던 르네상스 시대에 지금처럼 모두가 함께 부르는 노래였다면 미사곡에 포함되었을지도 모를 일이다.

35   성인 호칭 기도 (Litania omnium Sanctorum)

> Litania : 호칭 기도
> omnium : 모든 (이)들의 (omnis의 속격 복수형; 남성)
> sanctorum : 성인들의 (sanctus의 속격 복수형; 남성)

천주교인의 장례를 치르는 집안의 빈소에 가면 문상 드리는 공간 한쪽에서 망자亡者을 위한 기도를 드리고 있는 장면을 목격했을 것이다. 이때 드리는 기도를 통상 '연도煉禱' 혹은 '위령기도'라고 하는데, 연도의 구조는 성인 호칭 기도 앞뒤로 시편들과 위령기도문을 붙인 것으로 이는 우리나라 고유의 위령기도라 할 수 있다. 이러한 한국 천주교만의 상장예식喪葬禮式이 뿌리내린 이유는 무엇일까? 이 역사는 초기 순교 시대로 거슬러 올라간다. 당시 조선은 뿌리 깊은 유교 국가였기에 제사를 지내지 않는다는 것은 교우들의 전통적 가치관에 혼란이 있을 수 있었지만 조선교구 5대 교구장 聖 다블뤼 주교St. Daveluy (1818-86)가 1864년 중국의 『성교예규聖敎禮規』를 수정·번역하여 조선 고유의 천주교 상장예식인 『천주성교예규』를 한글판으로 펴냈는데 신앙 안에서 유교적 효 사상을 지켜낼 수 있는 매우 적절한 예식이었고 빠르게 토착화한다. 여기에 성인 호칭 기도가 포함되어 있었고, 현재 사용하는 『상장예식(2019)』과 비교해봐도 크게 다르지 않다. 그렇다면 상장예식에서 성인 호칭 기도는 어떤 목적과 지향을 가지고 있을까?

초기 한국 천주 교회의 순교 시대 때는 성인 호칭 기도를 연옥도문煉獄禱文이라 불렀다. 이 단어는 '연옥'과 '도문'의 합성어로 도문은 기도문에서 '기'字만 빠진 것이다. 연옥은 세상에서 대죄를 짓지는 않아 지옥으로 직행하지는 않았지만 소죄를 지어 천국으로 바로 가지 못하고 머무는 곳으로 연옥 영혼은 그 죄의 정화를 위한 단련을 통해 천국에 도달하게 된다. 이러한 연옥 영혼은 성인의 통공通功을 통해 그 죄가 정화되어 천국에 갈 수 있고 성인의 통공이 바로 성인 호칭 기도로 연결된다. 결국 연옥도문은 연옥 영혼이 천상에서 영원히 안식하도록 성인들에게 도움을 청하는 기도문이다. 현재 우리가 쓰는 '연도'라는 명칭은 '연옥도문'의 줄임말이다.

■ 성인 호칭 기도의 유래

Litania omnium Sanctorum의 Litania는 '호칭 기도'로 번역되는데, 본래 뜻은 '청원 기도'의 의미가 강하며, 청원 기도의 방법은 사제나 부제 혹은 성가대가 청하는 내용이나 부름을 선창하면 회중이 "주님 저희의 기도를 들어주소서" 혹은 "저희에게 자비를 베푸소서"라고 답하는 일종의 교송 양식을 일컫는다. 4c 즈음 안티오키아 교회에서 시작한 이 기도 양식은 동방교회의 중심인 콘스탄티노폴리스로 건너가 5c 말에는 서방교회의 로마로 퍼져나갔다. 로마 가톨릭 교회는 교황 젤라시오 1세Gelasius PP. I (재위 492-496)가 미사 중 간청 기도에 Kyrie eleison을 덧붙였고, 행렬이나 특별한 예식에 사용했다. 약 800년경 로마에서는 행렬 때, 긴 성인 호칭 기도에 "우리를 위해 빌어주소서(Ora pro nobis)"라고 응답하였고, 육체적, 정신적 평안을 위한 간청에는 "주님을 우리를 구원하소서(Libera nos, Domine)" 혹은 "당신께 간구하오니 우리를 들으소서(Te rogamus, audi nos)"라고 응답하였다. 또한, 앞뒤로 Kyrie를 세 번씩 기도하였다.

16c까지 호칭기도가 다양하게 발전하게 되자 교황 聖 비오 5세*St. Pius PP. V*(재위 1566-72)가 그 기도 형태를 정식으로 확정하였다. 현재의 성인 호칭 기도를 잘 살펴보면, 후렴기도가 청하는 대상에 따라 다름을 알 수 있는데 하느님께 탄원할 때는 "**주님, 저희를 구하소서**" 혹은 "**저희의 기도를 들어주소서**", 성모님과 성인들에게는 "**저희를 위하여 빌어주소서**" 라고 응답한다.

■ 성인 호칭 기도의 용례와 종류

앞서 설명한 연도 외에 이 성인 호칭 기도를 노래하는 대표적 전례 성사 예식은 '사제·주교서품식', '시복·시성식', '종신서원식'과 '파스카 성야 때 거행되는 세례식'이다. 사제서품식의 경우에 성인호칭기도를 드릴 때 서품 대상자들은 모두 부복俯伏(엎드림)을 하여 가장 낮은 겸손의 자세를 취한다. 실제로는 안수와 서품 기도가 전례의 중심임에도 불구하고 교우들은 땅에 엎드린 자세와 성인호칭기도가 조화를 이루면서 서품식의 가장 중요한 예식으로 기억하는 경우가 많다. 그 이유는 성인의 통공通功을 비는 간절한 기도와 반복되는 후렴이 어우러져서 주님께 간청하는 마음이 잘 드러나기 때문일 것이다. 이러한 기도 지향을 확인한바 성인 호칭 기도는 삼위일체의 하느님에게 호소하는 기도이자 성모 마리아와 천사들 그리고 사도들과 순교자 등 모든 성인에게 탄원하는 기도이다. 그러므로 연도를 바칠 때 성인 호칭 기도를 통해 모든 성인들에게 죽은 이들의 영원한 안식을, 서품식에서는 새 사제가 성인들께 사제직을 잘 수행할 수 있도록 도움을 간구하며, 파스카 성야 세례식에서는 이 기도를 통해 세례받은 이들에게 하느님 나라로의 첫발을 축복하고 주님의 자녀로 기쁘게 살아가길 청원한다.

'성인 호칭 기도' 외 대표적인 호칭 기도는 '성모 호칭 기도', '聖 요셉 호칭 기도', '예수 성심 호칭 기도', '103위 한국 성인 호칭 기도', '124위 한국 순교 복자 호칭 기도'가 있다. 이러한 여러 호칭기도와 구분하기 위해 『가톨릭 기도서』에는 '성인 호칭 기도'를 '<u>일상적으로 바치는 성인 호칭 기도</u>' 라 명하고 있다.

■ 일상적으로 바치는 성인 호칭 기도 전문

호명되는 성인은 예식에 따라 넣거나 뺄 수 있는데 《한국천주교주교회의》는 2012년 춘계 정기 총회에서 그 기준을 마련하여 다음과 같이 공표하였다.

○ 주님, 자비를 베푸소서.	● 주님, 자비를 베푸소서.
○ 그리스도님, 자비를 베푸소서.	● 그리스도님, 자비를 베푸소서.
○ 주님, 자비를 베푸소서.	● 주님, 자비를 베푸소서.
○ 하늘에 계신 천주 성부님	● 자비를 베푸소서.
○ 세상을 구원하신 천주 성자님	● 자비를 베푸소서.
○ 천주 성령님	● 자비를 베푸소서.
○ 삼위일체이신 하느님	● 자비를 베푸소서.
○ 성모 마리아님	● 저희를 위하여 빌어주소서.
○ 천주의 성모님	● 저희를 위하여 빌어주소서.
○ 지극히 거룩하신 동정녀	● 저희를 위하여 빌어주소서.

○ 성 미카엘	● 저희를 위하여 빌어주소서.
○ 성 가브리엘	● 저희를 위하여 빌어주소서.
○ 성 라파엘	● 저희를 위하여 빌어주소서.
○ 모든 천사와 대천사	● 저희를 위하여 빌어주소서.
○ 세례자 성 요한	● 저희를 위하여 빌어주소서.
○ 성 요셉	● 저희를 위하여 빌어주소서.
○ 모든 성조와 예언자	● 저희를 위하여 빌어주소서.
○ 성 베드로	● 저희를 위하여 빌어주소서.
○ 성 바오로	● 저희를 위하여 빌어주소서.
○ 성 안드레아	● 저희를 위하여 빌어주소서.
○ 성 요한	● 저희를 위하여 빌어주소서.
○ 성 야고보(대)	● 저희를 위하여 빌어주소서.
○ 성 토마스	● 저희를 위하여 빌어주소서.
○ 성 야고보(소)	● 저희를 위하여 빌어주소서.
○ 성 필립보	● 저희를 위하여 빌어주소서.
○ 성 바르톨로메오	● 저희를 위하여 빌어주소서.
○ 성 시몬	● 저희를 위하여 빌어주소서.
○ 성 타대오	● 저희를 위하여 빌어주소서.
○ 성 마태오	● 저희를 위하여 빌어주소서.
○ 성 마르코	● 저희를 위하여 빌어주소서.
○ 성 루카	● 저희를 위하여 빌어주소서.
○ 주님의 모든 거룩한 제자	● 저희를 위하여 빌어주소서.
○ 성 스테파노	● 저희를 위하여 빌어주소서.
○ 성 라우렌시오	● 저희를 위하여 빌어주소서.
○ 성 빈첸시오	● 저희를 위하여 빌어주소서.
○ 모든 거룩한 순교자	● 저희를 위하여 빌어주소서.
○ 성 실베스테르	● 저희를 위하여 빌어주소서.
○ 성 그레고리오	● 저희를 위하여 빌어주소서.
○ 성 아우구스티노	● 저희를 위하여 빌어주소서.
○ 모든 거룩한 주교와 증거자	● 저희를 위하여 빌어주소서.
○ 모든 거룩한 학자	● 저희를 위하여 빌어주소서.
○ 성 안토니오	● 저희를 위하여 빌어주소서.
○ 성 베네딕토	● 저희를 위하여 빌어주소서.
○ 성 도미니코	● 저희를 위하여 빌어주소서.
○ 성 프란치스코	● 저희를 위하여 빌어주소서.
○ 모든 거룩한 사제와 부제	● 저희를 위하여 빌어주소서.
○ 모든 거룩한 수도자와 은수자	● 저희를 위하여 빌어주소서.
○ 성녀 마리아 막달레나	● 저희를 위하여 빌어주소서.
○ 성녀 아녜스	● 저희를 위하여 빌어주소서.
○ 성녀 체칠리아	● 저희를 위하여 빌어주소서.
○ 성녀 아가타	● 저희를 위하여 빌어주소서.
○ 성녀 아나스타시아	● 저희를 위하여 빌어주소서.
○ 모든 거룩한 동정녀와 부인	● 저희를 위하여 빌어주소서.
○ 성 김대건 안드레아	● 저희를 위하여 빌어주소서.

35 성인 호칭 기도 (Litania omnium Sanctorum)

○ 성 정하상 바오로 ● 저희를 위하여 빌어주소서.
○ 성 범 라우렌시오 ● 저희를 위하여 빌어주소서.
○ 성녀 김효주 아녜스와 김효임 골롬바 ● 저희를 위하여 빌어주소서.
○ 우리 나라의 모든 순교자 ● 저희를 위하여 빌어주소서.
○ 하느님의 모든 성인 ● 저희를 위하여 빌어주소서.

○ 주님, 자비를 베푸소서. ● 저희를 용서하소서.
○ 주님, 자비를 베푸소서. ● 저희의 기도를 들어주소서.
○ 온갖 악에서 ● 주님, 저희를 구원하소서.
○ 모든 죄에서 ● 주님, 저희를 구원하소서.
○ 영원한 죽음에서 ● 주님, 저희를 구원하소서.
○ 사람이 되신 주님의 신비로 ● 주님, 저희를 구원하소서.
○ 주님의 탄생으로 ● 주님, 저희를 구원하소서.
○ 주님의 세례와 거룩한 재계로 ● 주님, 저희를 구원하소서.
○ 주님의 십자가와 수난으로 ● 주님, 저희를 구원하소서.
○ 주님의 죽음과 묻힘으로 ● 주님, 저희를 구원하소서.
○ 주님의 거룩한 부활로 ● 주님, 저희를 구원하소서.
○ 주님의 놀라운 승천으로 ● 주님, 저희를 구원하소서.
○ 성령의 강림으로 ● 주님, 저희를 구원하소서.
○ 심판 날에 ● 주님, 저희를 구원하소서.

○ 죄인들이 청하오니 ● 저희의 기도를 들어주소서.
○ 저희를 용서하시기를 청하오니 ● 저희의 기도를 …
○ 주님의 거룩한 교회를 다스리며 보존하시기를 청하오니 ● 저희의 기도를 …
○ 사도좌와 모든 성직자를 진리 안에 보존하시기를 청하오니 ● 저희의 기도를 …
○ 거룩한 교회를 박해자들에게서 지켜주시기를 청하오니 ● 저희의 기도를 …
○ 우리 민족이 화목하고 평화로이 살게 해주시기를 청하오니 ● 저희의 기도를 …
○ 주님을 섬기는 저희를 지켜주시고 굳세게 해주시기를 청하오니 ● 저희의 기도를 …
○ 저희 모든 은인에게 영원한 행복을 주시기를 청하오니 ● 저희의 기도를 …
○ 땅을 지키고 일구는 이들에게 풍성한 열매를 주시기를 청하오니 ● 저희의 기도를 …
○ 죽은 모든 이에게 영원한 안식을 주시기를 청하오니 ● 저희의 기도를 …
○ 저희 바람을 들어주시기를 청하오니 ● 저희의 기도를 …

○ 하느님의 어린양, 세상의 죄를 없애시는 주님
● 저희를 용서하소서.
○ 하느님의 어린양, 세상의 죄를 없애시는 주님
● 저희의 기도를 들어주소서.
○ 하느님의 어린양, 세상의 죄를 없애시는 주님
● 자비를 베푸소서.

○ 그리스도님, 저희의 기도를 들으소서.
● 그리스도님, 저희의 기도를 들으소서.
○ 그리스도님, 저희의 기도를 들어주소서.
● 그리스도님, 저희의 기도를 들어주소서.

◎ 주님의 기도

시편 70(69)

○ 하느님, 저를 구하소서.
　주님, 어서 저를 도우소서.
● 이 목숨 노리는 자들은
　수치를 당하여 부끄러워하고
○ 저의 불행을 즐기는 자들은
　치욕을 느끼며 물러나게 하소서.
● "옳거니!" 하며 저를 놀려 대는 자들은
　부끄러워 되돌아가게 하소서.
○ 당신을 찾는 이 모두
　당신 안에서 기뻐 즐거워하리이다.
● 당신 구원을 열망하는 이들은 언제나 외치게 하소서.
　"하느님은 위대하시다!"
○ 저는 가련하고 불쌍하오니
　하느님, 어서 제게 오소서.
● 저의 도움, 저의 구원은 당신이시니
　주님, 더디 오지 마소서.
○ 영광이 성부와 성자와 성령께
● 처음과 같이 이제와 항상 영원히. 아멘.
● 주님, 주님의 종들을 구원하소서.
　주님께 바라는 종들을 구원하소서.
○ 주님, 저희에게 든든한 보루 되어주시고
　악인들의 손에서 지켜주소서.
● 악인들의 힘이 저희에게 미치지 못하게 하시고
　악의 세력이 해치지 못하게 하소서.
○ 주님, 저희 죄를 묻지 마시고
　또한 저희 죄대로 벌하지 마소서.

† 기도합시다.
　전능하시고 영원하신 하느님,
　주님께서는 산 이와 죽은 이를 모두 다스리시며
　주님을 믿고 따르는 백성을 사랑으로 보살피시나이다.
　간절히 청하오니
　모든 성인의 전구를 들으시고
　모든 이에게 자비를 베푸소서.
　우리 주 그리스도를 통하여 비나이다.
◎ 아멘.

† 주님, 저희의 기도를 들어주소서.
◎ 또한 저희의 부르짖음이 주님께 이르게 하소서.

† 세상을 떠난 모든 이가
　하느님의 자비로 평화의 안식을 얻게 하소서.
◎ 아멘.

35　성인 호칭 기도 (Litania omnium Sanctorum)

36. 복되신 동정 마리아 (대)축일·기념일들과 성모송 (Ave Maria)

로마 가톨릭 교회는 연중 복되신 동정 마리아를 위한 많은 전례일들을 정하고 있다. 성모님께서 우리와 함께 기도하며 하느님께 전구傳求(대신 빌어줌)해 주신다는 믿음으로 여러 (대)축일·기념일과 그와 관련한 여러 찬미가가 생겨났고 그런 찬미가들을 작곡하지 않은 작곡가를 찾기가 더 쉬울 정도로 성모님을 대상으로 한 찬미가들은 당연한 작곡 대상이었다.

로마 가톨릭 교회의 보편 전례력상 대축일·축일·기념일들을 지정된 날짜 순서로 소개한다.

1. 1월 1일   천주의 성모 마리아 대축일   Sollemnitas Sanctæ Dei Genetricis Mariæ

교회는 해마다 1월 1일을 '천주의 성모 마리아 대축일'로 지내고 있다. 성모 마리아께 '하느님의 어머니'를 뜻하는 '천주의 성모'라는 칭호를 공식적으로 부여한 것은 《에페소 공의회Concilium Ephesinum(431)》때다. 지역마다 서로 다른 날짜에 기념해 오던 이 축일은 《에페소 공의회》 1500주년인 1931년부터 세계 교회의 보편 축일이 되었고, 1970년부터 모든 교회에서 해마다 1월1일에 지내고 있으며, 한국 천주교는 의무 축일로 지낸다.

2. 3월 25일   주님 탄생 예고 대축일   In Annuntiatione Domini, Sollemnitas

'주님 탄생 예고 대축일'은 말 그대로 주님의 탄생 예고를 기념하는 날이다. 예전에는 '성모 영보 대축일'이라고 하였는데, 영보領報란 성모님께서 예수님의 잉태 소식을 가브리엘 천사에게서 들었다는 뜻이다. 〈루카 1,26-38〉 예수님께서도 여느 사람처럼 성모님의 모태에서 아홉 달을 계셨다고 믿었기 때문에 이 대축일의 날짜는 주님 성탄 대축일에서 아홉 달을 역산한 것이다.

3. 5월 31일   복되신 동정 마리아의 방문 축일   In Visitatione B.M.V., Festum

'복되신 동정 마리아의 방문 축일'은 성모 마리아께서 예수님을 잉태하시고, 친척이며 세례자 요한의 어머니인 엘리사벳을 방문하신 것〈루카 1,39-56 참조〉을 기념하는 날이다. 5월 31일을 축일로 정한 것은 '주님 탄생 예고 대축일'(3월25일)과 '聖 요한 세례자 탄생 대축일'(6월24일) 사이에 기념하기 위해서다.

4. 8월 15일   성모 승천 대축일   In Assumptione B.M.V., Sollemnitas

'하느님의 어머니' 성모 마리아께서 지상 생애를 마치신 다음 하늘로 불려 올라가셨다는 신앙 교의에 따라 성모님의 승천을 기리는 대축일로 한국 천주교는 의무 축일로 지낸다. 성모님의 승천은 성경에 기록되지는 않았지만, 초대 교회 때부터 내려오는 전승에 따른 것이다. 1950년 교황 비오 12세Pius PP. XII는 성모 승천의 신비를 '믿을 교리'로 선포하였다. 예수는 스스로 부활하고 승천하셨으나, 마리아는 하느님에 의해 들어 올림 받으셨다는 믿음이다.

5. 8월 22일   복되신 동정 마리아 모후 기념일   B.M.V. Reginæ, Memoria

묵주기도 영광의 신비에 나오듯이 성모님께 천상 모후의 관이 씌워짐을 기념하는 날로 성모 승천 대축일에서 8일째 되는 날, 즉 8일 축제가 이날 마무리된다는 의미가 있으며, 이날 교회는 성모 승천의 영광을 거듭 확인하고 복되신 동정 마리아께서 우리를 위한 구원의 도구가 되신 것을 기린다.

6. 9월 8일　동정 마리아 탄생 축일　　　　　　　　　　In Nativitate B.M.V., Festum

성경에 동정 마리아의 탄생에 관한 내용은 없다. 그러나 초대 교회 때부터 성모 신심이 계속되면서 동방교회에서 먼저 이 축일을 지내기 시작하였다. 로마 교회는 7c 무렵부터 이 축일을 지내 오고 있는데, 예루살렘에 세워진 '마리아 성당'의 봉헌일(9월8일)을 동정 마리아의 탄생 축일로 정한 것이다.

7. 9월15일　고통의 성모 마리아 기념일　　　　　　　B.M.V. Perdolentis, Memoria

'고통의 성모 마리아 기념일'은 예수님의 십자가의 길을 함께하신 성모님의 고통을 기억하는 날이다. 자식의 아픔은 어머니에게 더 크게 다가오는 법이다. 시메온은 성모님의 그 고통을 이렇게 예언하였다. "이 아기는 이스라엘에서 많은 사람을 쓰러지게도 하고 일어나게도 하며, 또 반대를 받는 표징이 되도록 정해졌습니다. 그리하여 당신의 영혼이 칼에 꿰찔리는 가운데, 많은 사람의 마음속 생각이 드러날 것입니다."〈루카 2,34-35〉

성모님의 고통을 묵상하고 기억하는 신심은 오래전부터 널리 퍼져 있었으며, 동일한 지향을 가지는 두 축일이 서로 다른 지역의 수도회에서 생겨나고 교회의 공인을 각각 받아 1955년까지 이 축일은 이름만 다르게 보편 전례력에 연중 두 번 존재했다. 하나는 주님 수난 성지 주일 전 금요일과 다른 하나는 9월15일이었는데 1955년 전례력을 정리하면서 같은 축일이 연중 두 번 있다는 이유로 보편 전례력에서 전자가 삭제되어 지금에 이르고 있다. [17장 참조]

8. 10월 7일　묵주 기도의 동정 마리아 기념일　　　　B.M.V. a Rosario, Memoria

16c 중엽 오스만 제국(현재의 터키를 중심으로 한 이슬람 제국)은 세력 확장을 위하여 유럽을 침공하였다. 1571년10월7일 그리스도교 연합군은 그리스의 레판토 항구 앞바다에서 벌인 '레판토 해전'에서 이슬람 제국을 무찔렀다. 이 전투의 대승은 묵주 기도를 통한 성모님의 간구로 하느님께서 함께하신 덕분이라 여기고, 이를 기억하고자 교황 뽈 비오 5세*St. Pius PP. V*는 '승리의 성모 축일'을 제정하였다. 훗날 '묵주 기도의 동정 마리아 기념일'로 이름이 바뀌었다.

9. 11월21일　복되신 동정 마리아의 자헌 기념일　　In Præsentatione B.M.V., Memoria

'복되신 동정 마리아의 자헌 기념일'은 성모님께서 원죄 없이 잉태되실 때 가득했던 그 성령의 감도感導Inspiratio[79]로 어린 시절부터 하느님께 봉헌되신 것을 기리는 날이다. 성모님의 부모인 요아킴과 안나는 성모님께서 세 살 되던 해에 성전에서 하느님께 바쳤다고 전해 온다. 이날은 본디 6c 중엽 예루살렘에 세워진 성모 성당의 봉헌을 기념하는 날이었으나, 1472년 교황 식스토 4세*Sixtus PP. IV*가 '복되신 동정 마리아의 자헌 기념일'로 선포하였다.

10. 12월 8일　원죄 없이 잉태되신 복되신 동정 마리아 대축일　In Conceptione Immaculata
　　　　　　　　　　　　　　　　　　　　　　　　　　　　　B.M.V., Sollemnitas

성모 마리아께서는 잉태되신 순간부터 원죄에 물들지 않으셨다는 믿음은 초대 교회 때부터 생겨났다. 이러한 믿음은 여러 차례의 성모님 발현으로 더욱 깊어졌다. 1854년 교황 비오 9세*Pius PP. IX*는 '성모 마리아의 무죄한 잉태'를 '믿을 교리'로 선포하였다. 특히 한국 교회의 주보 성인이 '원죄 없이 잉태되신 동정 마리아'이기 때문에 전례일 이름 앞에 '한국 교회의 수호자'라는 수식어를 추가해 쓰며, 한국 고유 전례력에 포함되어 있다.

■ 성모송 (Ave Maria)

이렇게 성모님에 관련한 (대)축일·기념일이 많이 있다는 것은 교회에서 얼마나 중요한 성인으로 인정하고 있는지를 반영한다. 그러나 대축일을 제외한 나머지는 사실상 기억하지 못하는 게 현실이다. 다만 성모님을 공경하는 방법이 위의 (대)축일·기념일들의 미사에 참석하는 것보다 어쩌면 일상 속에서 묵주기도(로사리오 기도)를 더 열심히 바치는 것이 나을 수 있다. 파티마 발현 성모님도 그것을 강조하셨다. 그 묵주기도를 이루는 기도가 바로 성모송, Ave Maria다. 성모송은 6c 부터 전해져 오다가 11c 이래로 수도원에서 봉송되었고 약 13c 경부터 평신도들에게 알려지기 시작했다. 16c에 와서 성무일도에 포함되고 묵주기도가 정착하면서 '주님의 기도', '신경'과 더불어 신앙인이면 누구나 암송하는 기도가 되었다.

성모송의 형성 과정을 살펴보자. 먼저 전반부는 루카 복음 1장을 기반한다.

> 26 하느님께서는 가브리엘 천사를 갈릴래아 지방 고을로 보내시어, 27 다윗 집안의 요셉이라는 사람과 약혼한 처녀를 찾아가게 하셨다. 그 처녀의 이름은 마리아였다. 28 천사가 마리아의 집으로 들어가 말하였다. "**은총이 가득한 이여, 기뻐하여라. 주님께서 너와 함께 계신다.**" 29 이 말에 마리아는 몹시 놀랐다.

이같이 가브리엘 천사가 마리아에게 아들 잉태에 관한 소식을 전하는 루카 복음은 이어 마리아가 엘리사벳을 방문하는 장면을 이야기한다.

> 39 그 무렵에 마리아는 길을 떠나 ... 40 즈카르야의 집에 들어가 엘리사벳에게 인사하였다. 41 엘리사벳이 마리아의 인사말을 들을 때 그의 태 안에서 아기가 뛰놀았다. 엘리사벳은 성령으로 가득 차 42 큰소리로 외쳤다. "**당신은 여인들 가운데에서 가장 복되시며 당신 태중의 아기도 복되십니다.**"

이처럼 가브리엘 천사와 엘리사벳의 인사말이 합쳐져 아래의 성모송의 전반부가 완성된다.

> "은총이 가득하신 마리아님, 기뻐하소서. 주님께서 함께 계시니, 여인 중에 복되시며, 태중의 아들 예수님 또한 복되시나이다."

후반부는 1440년 이탈리아 시에나Siena 출신 프란치스코회 사제 聖 베르나르디노St. Bernardino (1380-1444)에 의해 다음과 같은 청원 기도가 덧붙여 사용되기도 하였다. "**하례하나이다. 마리아 예수여, 천주의 어머니 성 마리아여, 저희를 위하여 빌어주소서.**" 더불어 다른 많은 수도원에서 이 기도문을 사용하는 가운데, 1525년 프란치스코회의 성무일도에 "**이제와 저희 죽을 때**"라는 표현이 첨가되었다. 마침내 교황 聖 비오 5세St. Pius PP. V(재위 1566-72)에 의해 1568년 반포된 『로마 성무일도Breviarium Romanum』에 현재와 같은 성모송이 등장하였다.

Ave María, grátia plena, Dóminus tecum;
Benedícta tu in muliéribus,
et benedíctus fructus venrtris tui Jésus.
Sáncta María, Máter Déi,
óra pro nóbis peccatóribus,
nunc et in hóra mórtis nóstræ.
Amen.

은총이 가득하신 마리아님, 기뻐하소서!
주님께서 함께 계시니 여인 중에 복되시며
태중의 아들 예수님 또한 복되시나이다.
천주의 성모 마리아님,
이제와 저희 죽을 때에
저희 죄인을 위하여 빌어주소서. 아멘

『로마 미사 성가집Graduale Romanum(1974)』에서 루카 복음의 내용인 성모송의 전반부를 복음 환호송과 봉헌송으로 부르는 전례일과 그레고리오 성가는 다음과 같다.

2월 11일	루르드의 복되신 동정 마리아	봉헌송
3월 25일	주님 탄생 예고 대축일	복음 환호송, 봉헌송
6월 9일	티 없이 깨끗하신 성모 성심 기념일	봉헌송
10월 7일	묵주 기도의 동정 마리아 기념일	봉헌송
복되신 동정 마리아 공통 미사		복음 환호송, 봉헌송
복되신 동정 마리아 신심 미사 - 대림 시기 - 연중 시기, A해. B해		복음 환호송, 봉헌송 봉헌송

▲ 복음 환호송 Lc. 1,28

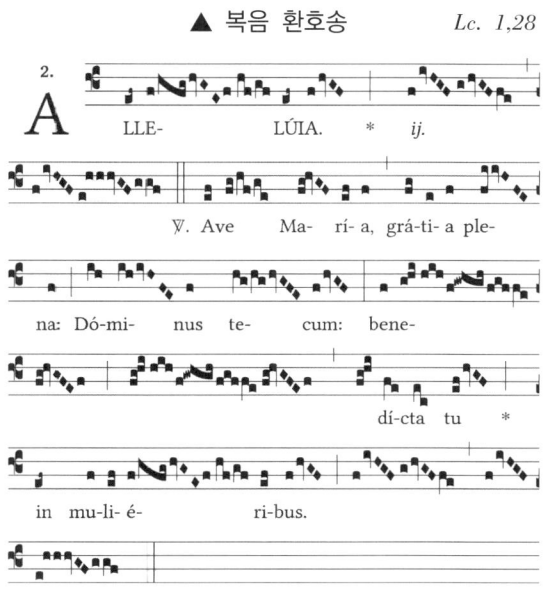

▲ 봉헌송 Lc. 1,28.42

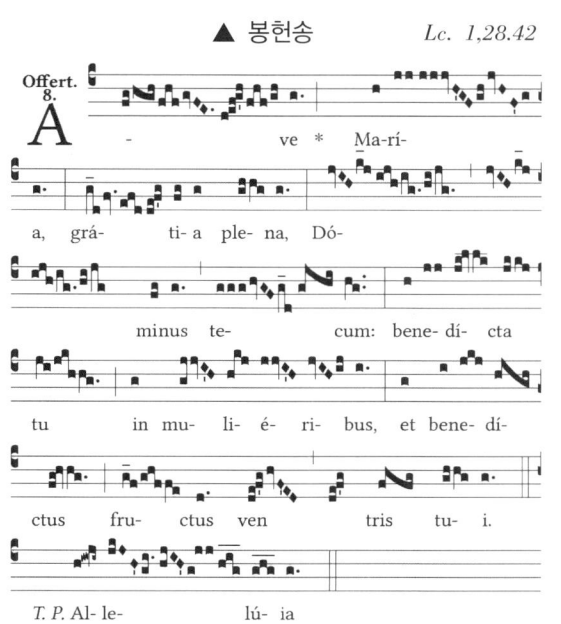

36 복되신 동정 마리아 (대)축일·기념일들과 성모송 (Ave Maria)

현재 사용하는 『로마 미사 경본』(제3표준판 2008수정)과 『미사 독서』(1970-1972)에서 성모송 전반부를 채택한 전례일과 고유문은 다음과 같다. 고유문은 G.R.(1974) 라틴어 가사와 동일하다.

12월 8일	원죄 없이 잉태되신 복되신 동정 마리아 대축일	복음 환호송
10월 7일	묵주 기도의 동정 마리아 기념일	입당송
복되신 동정 마리아 공통 미사 : 4번 복음 前		복음 환호송
복되신 동정 마리아 공통 미사 : 연중 시기 5번 미사		입당송

복음 환호송 　　　　　　　　　　　　　　　　　　　　　　　루카 1,28 참조

(◎ 알렐루야)

○ Ave, María, grátia plena, Dóminus tecum;
　Benedícta tu in muliéribus. (Allelúia)
　은총이 가득하신 마리아님 기뻐하소서.
　주님께서 함께 계시니, 여인 중에 복되시나이다. ◎

입당송 　　　　　　　　　　　　　　　　　　　　　　　　루카 1,28.42 참조

María, grátia plena, Dóminus tecum;
Benedícta tu in muliéribus, et benedíctus fructus venrtris tui
은총이 가득하신 마리아님, 기뻐하소서. 주님께서 함께 계시니
여인 중에 복되시며, 태중의 아드님 또한 복되시나이다.

🎼 주요 작곡가

성모송은 작곡가라면 누구든 곡을 쓸 만한 매우 대중적인 기도이기에 작품 수는 헤아릴 수 없이 많다. 그중에서 다음 작곡가들의 작품이 많이 알려져 있다.

- Josquin des Prez (c.1450~55-1521)
- Giovanni Pierluigi da Palestrina (c.1525-1594)
- Tomas Luis de Victoria (c.1548-1611)
- Franz Peter Schubert (1797-1828)
- Franz Liszt (1811-1886)
- Charles Gounod (1818-1893)
  ▸ Bach 《평균율 클라이버곡집》 중 전주곡 1번 다장조를 기본으로 Gounod가 성모송을 붙였다.
- Felix Mendelssohn (1809-1847)
- Anton Bruckner (1824-1896)
- Gabriel Fauré (1845-1924)
- Sergei Rachmaninoff (1873-1943)
  ▸ 철야기도 Op. 37 中 6번째 곡, 'Богородице Дево (Bogoroditse Dyevo)' : 러시아 정교회 성모송
- Lorenzo Perosi (1872-1956)

- Franz Biebl (1906-2001)
- Vladimiv Vavilov (1925-1973)
- Domenico Bartolucci (1917-2013)
- Karl Jenkins (b.1944~)

성모송 외에 많이 불리는 찬미가들은 다음과 같다.

곡명	작곡가
Ave virgo sanctissima (가장 거룩한 동정녀여)	F. Guerrero
Assumpta est Maria (마리아 하늘로 들어 올림 받으신)	G. P. da Palestrina, G. Aichinger
Dixit Maria (마리아가 말하였다.)	Hans Leo Haßler, M. Garau
Ave maris stella (바다의 별이여) [54장 참조]	E. Grieg, C. Monteverdi, F. Guerrero, Josquin de Prez
Beata es Virgo Maria (복되신 동정 마리아)	G. Gabrieli, J. Elberdin, W. Byrd, G. P. da Palestrina
Tota pulchra es (아름다우신 성모여)	A. Bruckner, M. Durufle, J. Garcia, P. Casals, O. Gjeilo
Sub tuum prsidium (당신의 보호 아래)	M. Charpentier, A. Salieri, L. v. Beethoven, W. A. Mozart
Magnificat (성모의 노래) [8장 참조]	저녁기도 중 복음 찬가
Stabat Mater (고통의 성모) [17장 참조]	부속가
복되신 동정 마리아의 마침 안티폰 [9장 참조]	끝기도 마지막 성모 찬송가

✚ 교회 전례 중 성음악을 위한 악기 사용 지침

18-19c에 무분별한 악기 사용으로 성음악의 쇠락을 경험한 교회는 20c에 들어 몇몇 지침들을 내놓았고 《제2차 바티칸 공의회(1962-65)》 이후 교황청 예부성성은 『거룩한 전례의 음악에 관한 훈령「성음악」(1967)』을 반포하여 악기에 관련한 사항(62-67항)을 명문화하였다. 이를 바탕으로 한국 천주교는 《한국 천주교 성음악 지침(개정판 2017)》을 발간하였고 이 중 중요 내용을 요약하여 소개한다.

> 전례음악에서 오르간 사용을 우선하고 다른 악기 사용은 경신례에 방해가 돼서는 안되며 거룩한 전례에 맞갖도록 신중하게 검토하여 사용해야 한다. 여기서 다른 악기들은 지역 직권자의 판단과 동의에 따라, 성전의 품위에 알맞고 예배의 아름다움에 기여하며 교우들의 교화에 도움이 된다면 허용될 수 있다. 이 때 지역 직권자는 민족의 문화와 특성을 고려하고 모든 전례 거행이나 대중 신심에서 세속적인 악기들이 무분별하게 사용되지 않도록 지도해야 한다. 관악기와 현악기를 쓸 수 있지만 금관 악기와 타악기는 특별한 경우에 신중히 고려해야 한다. (31항 참조)
>
> 사제나 봉사자가 자기 역할에 따라 큰소리로 노래하는 부분에서는 악기를 연주하지 말고 침묵해야 한다. (32항 참조)
>
> 노래가 없는 악기의 독주의 경우, 대림 시기에는 절제하여 주님 성탄 축제의 기쁨이 너무 일찍 드러나지 않게 한다. 사순 시기에는 오르간과 다른 악기는 노래 반주에만 쓸 수 있으나, 사순 제4주일, 대축일, 축일에는 예외다. (33항 참조)

37. Vexilla Regis : 성주간, 십자가 현양 축일 저녁기도 찬미가

> vexilla : 깃발들이 (vexillum의 주격 복수형; 중성)
> regis : 왕(임금)의 (rex의 속격 단수형; 남성)

Vexilla Regis (임금님의 높은 깃발)는 십자나무에서 그리스도의 승리를 노래한 찬미가로 교회 전례에서 부르는 핵심적인 찬미가 중 하나다. 기원은 569년11월19일, 프랑크 왕국의 聖 라데군다(라드공드[프], 라데군디스[독]) *St. Radegunda* 왕후 (c.520-587)의 요청으로 비잔티움 황제 유스티누스 2세*Flavius Iustinus Iunior Augustus* (c.520-578)와 황후 소피아가 보낸 실제 십자가 일부를 푸아티에Poitiers 위치한 聖 십자 수녀원Saint-Croix으로 모시는 행렬 중 부른 찬미가로 푸아티에의 주교 베난티우스 포르투나투스*Venantius Fortunatus* (c.530-c.600/609)에게 왕후가 직접 위촉했다. 총 10연이며 전례에서 사용할 때는 2,4,7연이 제외되어 총 일곱 연을 부른다. 여기서 마지막 두 연(9,10)은 포르투나투스의 작시가 아니라 후대에 누군가 추가한 것으로 작자 미상이다.

이러한 역사에 근거해 교회는 십자가를 기억해야 할 시기의 전례에서 이 찬미가를 불러왔다. 이 노래는 과거 주님 수난 예식 중 성체를 수난 감실로부터 제대로 옮겨 올 때 불렀다.(현재는 침묵 중에 서 있다.) 성무일도 중에는 주님 수난 성지 주일 제1저녁기도부터 주님 만찬 성목요일을 제외한 주님 수난 성금요일까지 매일의 저녁기도와 聖 십자가 현양 축일(9월14일) 저녁기도의 찬미가로 부른다. 아래 번역은 한국 천주교 『성무일도』다.

1	Vexílla Regis pródeunt; fulget Crucis mystérium, quo carne carnis cónditor suspénsus est patíbulo	임금님 높은깃발 앞장서가니 십자가 깊은신비 빛나시도다 사람을 내신분이 사람되시어 십자가 형틀위에 달려계시네
3	Quo, vulnerátus ínsuper mucróne diro lánceæ, ut nos laváret crímine, manávit unda et sánguine.	주님은 십자가에 높이달리사 예리한 창끝으로 찔리셨으니 우리의 더러운죄 씻으시려고 피와물 송두리째 쏟으셨도다
5	Arbor decóra et fúlgida, ornáta regis púrpura, elécta digno stípite tam sancta membra tángere!	광채로 번쩍이는 영광된나무 임금님 붉은피로 물들었어라 고귀한 나무줄기 간택됐으니 거룩한 가지들도 적셔주소서
6	Beáta, cuius bráchiis sæcli pepéndit prétium; statéra facta est córporis prædam tulítque tártari.	지극히 복되고도 복된나무여 그위에 구원대가 달려있으니 주님의 몸값다는 저울이되어 지옥의 전리품도 함께달았네

8	Salve, ara, salve, víctima, / de passiónis glória; / qua Vita mortem pértulit / et morte vitam réddidit!	거룩한 제단이며 제물이시여 / 수난의 영광보고 하례하오니 / 생명이 죽음마저 당하셨기에 / 죽음이 새생명을 돌려주었네
9	O crux, ave, spes única, / Hoc passionis témpore! / piis adáuge grátiam / reísque dele crímina.	유일한 우리희망 십자가나무 / 수난의 귀한시기 다가왔으니 / 열심한 교우에게 은총주시고 / 죄인의 모든허물 씻어주소서
10	Te, fons salútis, Trínitas, / colláudet omnis spíritus; / quos per crucis mystérium salvas, / fove per sæcula. Amen.	구원의 원천이신 삼위일체여 / 천사들 소리맞춰 찬미하오니 / 십자가 그신비로 구원된우리 / 영원히 무궁토록 지켜주소서. 아멘.

그레고리오 성가는 같은 선율에 다른 절 가사를 붙여서 노래한다. 옆 악보는 1절이며 나머지 절도 동일한 악보에 해당 절을 가사로 붙여 부른다. 이런 노래를 유절 노래라 한다.

주요 작곡가

- Francisco Guerrero (c.1548-1599)
- Tomás Luis de Victoria (c.1548-1611)
- Pierre de la Rue (c.1452-1518)
- Orlando di Lasso (1532-1594)
- Antonio Lotti (1667-1740)
- Francesco Feroci (1673-1750)
- Franz Liszt (1811-1886)
  ▸ Via Crucis, S. 53 中 시작기도
- Anton Bruckner (1824-1896)
- Scott Villard (b.1971~)

이하 곡들은 9연으로만 작곡한 작품이다.

- Antoine Brumel (c.1460-c.1512?)
- Giovanni Pierluigi da Palestrina (c.1525-1594)
- Richards Dubra (b.1964~)

38. Asperges me & Vidi aquam : 성수 예식 따름 노래 (Antiphona)

> asperges : aspergo(뿌리다)의 미래 직설법 능동태 2인칭 단수형
> me : 나를, 나로 (ego의 대격/탈격 단수형)
>
> vidi : video(보다)의 완료 직설법 능동태 1인칭 단수형
> aquam : 물을 (aqua의 대격 단수형; 여성)

성수 예식 Asperges은 로마 가톨릭 교회에서 정화하거나 축복하기 위하여 한 사람이나 여러 사람, 건물 또는 한 사물이나 여러 사물 위에 성수를 뿌리는 예식이다. 이는 교우들에게 세례성사와 내적인 영적 정화를 상기시켜 성체성사 거행을 준비시킨다. 병자성사, 교회 축성, 집이나 다른 세속 사물을 축복할 때에도 유사한 예식을 거행한다. 그러므로 성수 예식은 정화와 치유를 통해 신도들로 하여금 영세 때의 삶을 다시 살게 하는 새로운 탄생을 상징한다. 세례를 되새기고 은총을 갱신하는 이런 관점은 파스카 성야 때 가장 명확히 드러난다. 이때 교우들은 세례 때의 서약을 갱신한 뒤에 성수를 받는다.

『로마 미사 경본*Missale Romanum*』에 따른 미사 중 성수 예식의 규정을 살펴보면 《제2차 바티칸 공의회(1962-65)》 이전에는 매 주일 미사 직전에 별도로 거행되는 예식이었으나, 1970년부터 시행된 새 미사 양식에서는 선택 사항으로 변경되었다. 주일 미사와 토요일 저녁의 주일 미사 때, 특히 부활 시기에는, 모든 성당이나 경당에서 세례를 기념하여 물을 축복하고 성수 예식을 거행할 수 있다. 이 성수 예식은 미사에서 시작 예식의 참회를 대신한다.[106]

성수 예식을 지칭하는 라틴어 Asperges는 〈시편 51(50),9〉의 첫 단어incipit로 그 뜻은 '뿌리겠다'이다. 이런 명칭을 갖게 된 것은 예부터 성수를 뿌리는 동안 부르던 따름 노래Antiphona가 Asperges me이기 때문이다. 이 따름 노래는 부활 시기 동안 다른 곡으로 대체되는데 Vidi aquam을 부른다. 두 따름 노래 끝은 모두 영광송으로 마친다. 가톨릭 성가에 67번으로 수록되어 있다.

■ **Asperges me** 시편 51(50),9.3ㄱ

『Vulgata Clementina』	한국 천주교 『성경』
9 Asparges me hyssopo Domine* et mundabor lavabis me et super nivem dealbabor	9 주님*, 우슬초로 제 죄를 없애 주소서. 제가 깨끗해지리이다. 저를 씻어 주소서. 눈보다 더 희어지리이다.
3a Miserere mei Deus secundum magnam misericordiam tuam	3ㄱ 하느님, 당신 자애에 따라 저를 불쌍히 여기소서.
V. Gloria Patri, et Filio, et Spiritui Sancto. R. Sicut erat in principio, et nunc, et semper, et in sæcula sæculorum. Amen	† 영광이 성부와 성자와 성령께 ◎ 처음과 같이 이제와 항상 영원히 아멘

* 9절 Domine(주님)는 성경에 없는 단어다.

---

[106] 로마 미사 경본 | 부록 II 성수 예식 1항 참조

현재 사용하는 M.R. 「부록 II」에 부활 시기가 아닌 때 성수 예식 【따름 노래 1】로 실려 있는데 3-절과 영광송은 삭제되었다. 추가로 【따름 노래 2】가 있으며 우리말 M.R.(2017) *p. 1359*에서 확인할 수 있다.

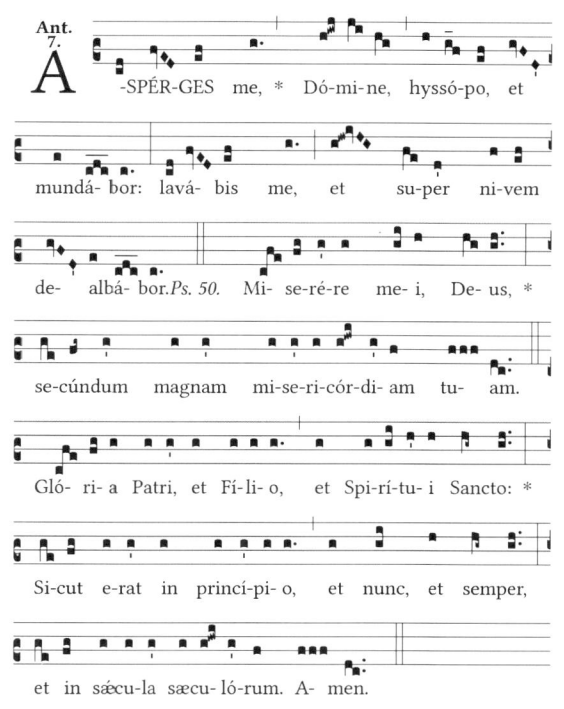

주요 작곡가

- Heinrich Isaac (c.1450-1517)
- Cristóbal de Morales (c.1500-1553)
  ▸ à 4 SATB
  ▸ à 5 SSATB
- Julije Skjavetić (c.1530~35-1565 이후)
- Filipe de Magalhães (c.1571-1652)
- Tomás Luis de Victoria (c.1548-1611)
- Manuel Cardoso (1566-1650)
- Claudio Casciolini (1697-1760)
- Anton Bruckner (1824-1896)
- Michael Haller (1840-1915)
- Joseph Gruber (1857-1944)
  ▸ Op. 35-1, à 4
  ▸ Op. 35-2, à 4

■ **Vidi Aquam**   에제 47,1-2.9 참조

Latina	「로마 미사 경본」 한국어판
Vidi aquam egredientem de templo, a latere dextro, alleluia: Et omnes ad quos pervenit aqua ista, salvi facti sunt. Et dicent: alleluia, alleluia. *Ps.* Confitemini Domino quoniam bonus quoniam in sæculum misericordia eius	성전 오른쪽에서 흘러나오는 물을 보았네. 알렐루야 그 물이 닿는 곳마다 모두 구원을 받았네. 알렐루야, 알렐루야 *Ps.* 주님을 찬송하여라, 좋으신 분이시다. 주님의 자애는 영원하시다.
V. Gloria Patri, et Filio, et Spiritui Sancto. R. Sicut erat in principio, et nunc, et semper, et in sæcula sæculorum. Amen	† 영광이 성부와 성자와 성령께 ◎ 처음과 같이 이제와 항상 영원히 아멘

여기서 시편 구절(*Ps.*)은 여러 편에서 볼 수 있는데 106(105),1; 107(106),1; 118(117),1.29; 136(135),1이다. Vidi Aquam은 현재 사용하는 M.R. 「부록 II」에 부활 시기의 성수 예식 【따름 노래 1】로 실려 있는데 시편 구절(*Ps.*)과 영광송은 삭제되었다. 추가로 6개의 따름 노래가 더 있으며 우리말 M.R.(2017) *pp. 1360-1361*에서 확인할 수 있다.

🎼 주요 작곡가

- Cristóbal de Morales (c.1500-1553)
- Filipe de Magalhães (c.1571-1652)
- Tomás Luis de Victoria (c.1548-1611)
- Michael Haller (1840-1915)
- Oreste Ravanello (1871-1938)
- Joseph Gruber (1857-1944)

✚ 동방 박사, 그들은 무슨 박사일까?

라틴어 성경에는 동쪽에서 온 Magi라고 썼다. 라틴어 Magi의 단수형이 Magus이다. 라틴어 성경 이전 헬라어 성경의 Μάγος(마고스)를 그대로 가져왔다. 사전적 의미는 점성술사, 마술사, 현자, 조로아스터교 사제 등이다. 영어로도 Magi라 한다. Magic과 비슷한데 다 한줄기이다. 어쨌든 박사라는 단어는 원래 성경에 존재하지 않는다. 우리말 성경의 박사라는 명칭은 우리 정서에서 그것이 가지는 격을 번역에 이용한 듯하다. 그리고 동방 박사가 황금, 유향, 몰약을 예물로 드렸다고만 성서에 나온다.〈마태 2,11〉여기서, 예물이 세 가지니 동방 박사 역시 세 명이리라는 것과 알려진 그들의 이름(가스파르*Melchior*, 발타사르*Balthasar*, 멜키오르*Melchior*)은 고대 전승일 뿐 성경 어디에도 나오지 않는다.

또한, 여기서 동방이라함은 아마도 페르시아, 바빌론, 아라비아 등지를 생각할 수 있는데 당시 상당한 문명을 이룬 곳이다. 그리스도교 입장에서 이교도인 그곳의 지체 높으신 현자들이 와서 장차 그리스도가 될 예수를 친히 찾아 경배를 드렸다는 것은 간단한 사건이 아니다. 마태오는 그의 복음서에서 유다의 왕을 넘어선 만민의 왕, 그리고 세상을 구원할 메시아임을 이교도 Magi의 경배를 통해 증거하고 이로써 그리스도의 신격을 가장 높이 올리려는 의도를 매우 뚜렷하게 보여주고 있다.

또 하나의 주님 성탄 대축일로 불릴 만큼 중요한 이날을 위해 로마 가톨릭 교회는 주님 공현 대축일(IN EPIPHANIA DOMINI, Sollemnitas)을 지내고 있다. 여기서 公現은 그리스어로 에피파네이아ἐπιφανεία 인데 '드러나다'라는 뜻이다. 우리나라는 주님 공현 대축일을 매년 1월 2일에서 8일 사이 주일에 지낸다.

39 Sicut cervus desiderat : 파스카 성야 찬가, 죽은 이를 위한 미사 연송

> sicut : ~ 처럼, ~같이
> cervus : 수사슴이 (cervus의 주격 단수형; 남성)
> desiderat : desidero(바라다, 원하다)의 현재 직설법 능동태 3인칭 단수형

Sicut cervus desiderat는 Palestrina의 곡으로 널리 알려진 시편창 〈42(41),2-4〉이다. 일반적으로 시편창은 대부분 교회 전례 안에서 불리는데 지금 소개하는 이 곡 역시 연중 가장 중요한 전례 시기인 파스카 성삼일 중 **파스카 성야**Vigilia Paschalis 때 제7독서에 따른 찬가로, 사순 시기 때 **죽은 이를 위한 미사**Missa pro defunctis의 **연송**Tractus으로 부를 수 있다. [3장 참조]

■ 파스카 성야

이날 예식은 일반 미사와는 형식과 내용에 있어서 부가附加되는 것이 있다. 첫 예식인 빛의 예식을 통해 죽음에서 빛으로 오시는 예수 그리스도를 맞이하고, 일곱 개의 독서, 서간, 복음을 낭독하는 말씀 전례, 전통적으로 부활절에 행해졌던 세례성사와 세례 갱신 서약이 거행되고, 끝으로 성찬 전례로 마친다.

말씀 전례 中 : 제7독서 〈에제 36,16-17ㄱ.18-28〉에 따른 화답송으로 부른다. 또는 『로마 미사 성가집Graduale Romanum』의 찬가나, 『단순 미사 성가집Graduale Simplex』의 화답송으로도 노래할 수 있다.[107] 여기서 G.R.(1974)의 찬가가 Sicut cervus desiderat이다. 먼저 화답송을 소개한다.

화답송　　　　　　　　　　　시편 42(41),3.5ㄱㄴㄷㄹ; 43(42),3.4 (◎ 42[41],2)
◎ 사슴이 시냇물을 그리워하듯, 하느님, 제 영혼이 당신을 그리나이다.
○ 제 영혼이 하느님을, 생명의 하느님을 목말라하나이다. 하느님의 얼굴을 언제 가서 뵈오리이까? ◎
○ 영광의 초막, 하느님의 집까지, 환호와 찬미 소리 드높은 가운데 축제의 무리와 행진하였나이다. ◎
○ 당신의 빛과 진리를 보내시어, 저를 인도하게 하소서. 당신의 거룩한 산, 당신의 거처로 데려가게 하소서. ◎
○ 저는 하느님의 제단으로 나아가오리다. 제 기쁨과 즐거움이신 하느님께 나아가오리다. 하느님, 저의 하느님, 비파 타며 당신을 찬송하오리다. ◎

세례성사 中 : 《제2차 바티칸 공의회(1962-1965)》의 전례 개혁 전에 사용했던 『트리엔트 미사 경본』[80]에 따르면 축성된 세례수를 세례대로 옮겨가는 행렬 시 불렀지만, 현재 행렬 시 이 찬가는 제외되었고 성인 호칭 기도를 노래한다.[108]

---
107) 로마 미사 경본 총지침 61항 참조

■ 죽은 이를 위한 미사

현재 사용 중인 『미사 독서』에는 부활 시기가 아닌 때, 죽은 이를 위한 미사용 제1독서로 일곱 개가 실려 있으며 그중 일곱 번째 독서 〈다니 12,1-3〉에 따른 화답송을 42(41)과 43(42)에서 발췌하여 부른다. 【시편 42(41),2.3.5ㄱㄴㄷㄹ; 43(42),3.4.5 (◎ 42[41],3ㄱㄴ 참조)】 G.R.(1974)에서는 이 미사에 4개의 연송이 제시되어 있는데, 그중 네 번째이며 넷 중 하나를 선택하여 부른다.

■ 『로마 미사 성가집Graduale Romanum』 수록 악보

정리하면 G.R.(1974)의 '파스카 성야'에서는 제7독서 후 찬가로, '죽은 이를 위한 미사'에서는 연송으로 부르도록 제시되어 있고, 『미사 독서』의 화답송이나 복음 환호송을 대신할 수 있는 선택 사항이다.109) 흥미로운 사실은 아래 두 악보 시작 부분에 Tract.와 Cant.라고 각각 쓰여 있을 뿐 악보는 동일한데, 이는 해당 전례에 따라 그 고유한 역할이 연송과 찬가 모두 가능하다는 의미이다. G.R.(1961,1974)에는 '파스카 성야'에, G.R.(1908)은 '죽은 이를 위한 미사'에 실려 있다.

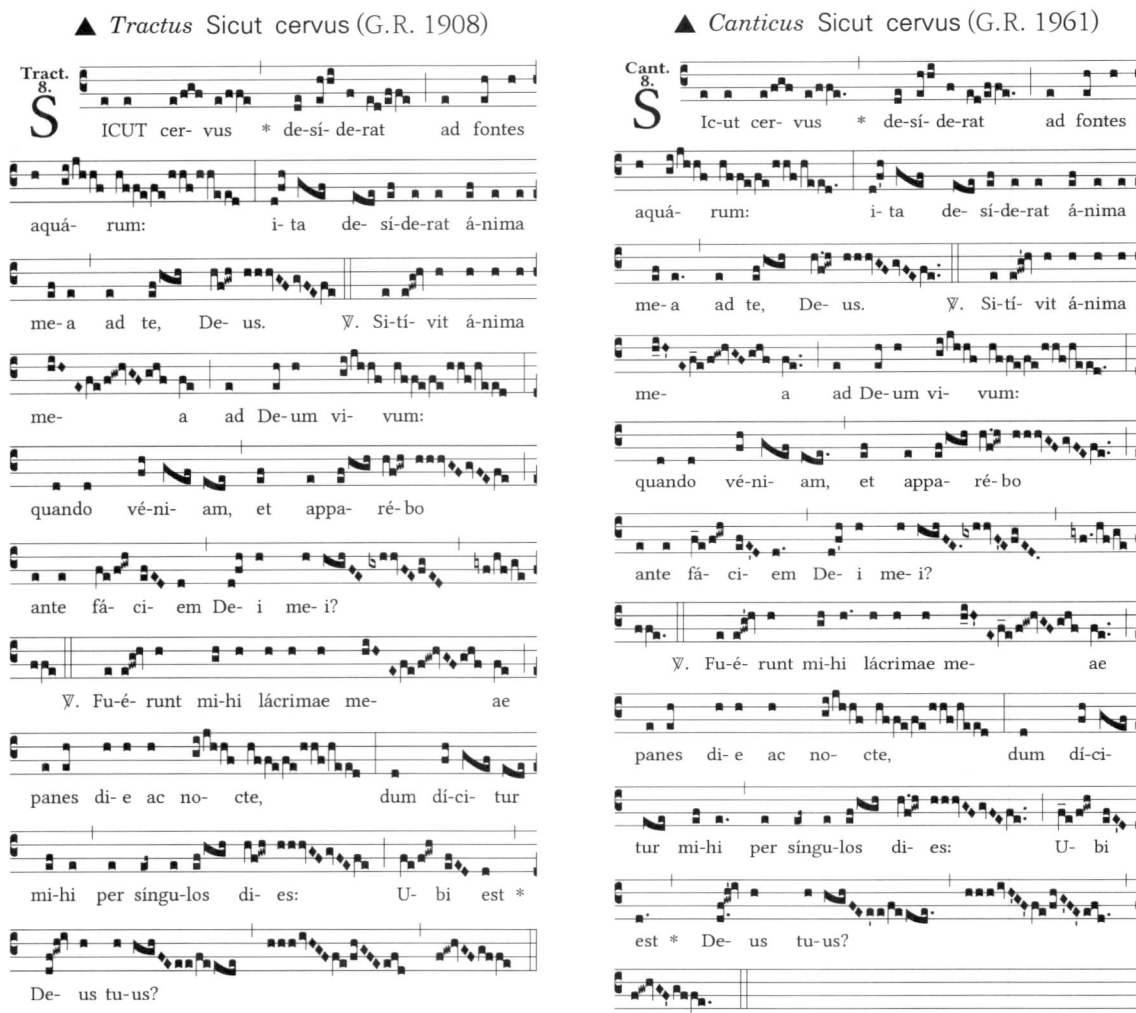

---

108) 로마 미사 경본 | 파스카 성삼일 | 파스카 성야 41항 참조
109) 로마 미사 경본 총지침 61항과 62항 ㄴ) 참조

가사는 다음과 같다. 교우들이 부르는 노래가 아니며, 세 절 모두를 독창자가 부르거나 2절은 성가대 전체가, 3과 4절은 독창자가 부를 수도 있다.

『Psalterium Romanum』	한국 천주교 『성경』
2 Sicut cervus desiderat ad fontes aquarum : ita desiderat anima mea ad te, Deus.	암사슴이 시냇물을 그리워하듯 하느님, 제 영혼이 당신을 이토록 그리워합니다.
3 V. Sitivit anima mea ad Deum vivum: quando veniam et apparebo ante faciem Dei mei.	V. 제 영혼이 하느님을, 제 생명의 하느님을 목말라합니다. 그 하느님의 얼굴을 언제나 가서 뵈올 수 있겠습니까?
4 V. Fuerunt mihi lacrimæ meae panes die ac nocte, dum dicitur mihi per singulos dies : ubi est Deus tuus?	V. 사람들이 제게 온종일 "네 하느님은 어디 계시느냐?" 빈정거리니 낮에도 밤에도 제 눈물이 저의 음식이 됩니다.

■ 가사(성경)의 출처

가사로 사용된 라틴어 성경은 『로마 시편집(Psalterium Romanum)』으로서 384년 聖 히에로니무스(예로니모)St. Hieronymus (c.342~c.347-420)가 그리스어 시편을 라틴어로 처음 번역한 시편집이다. 그는 그리스어 성경 『70인역』을 기초로 『Psalterium Romanum』을 포함하여 3번이나 라틴어 개정판을 냈지만, 원판의 오류와 불충분으로 결국 히브리어 성경을 저본底本으로 다시 라틴어로 번역하여 불가타역을 완성한다. 이후 불가타역은 지금까지 크게 두 번의 개정이 이루어지는데 1592년 『Vulgata Clementina』와 1979년 개정되어 현재 사용 중인 『Nova Vulgata』이다.

개정되었다는 것은 저본底本이 바뀌거나 추가, 변경, 삭제 등의 작업이 있었을 터, 『Psalterium Romanum』과 같은 옛 라틴어 시편에서 발췌한 노래의 가사가 『Vulgata Clementina』 혹은 『Nova Vulgata』와 일치하지 않는 경우가 종종 발생한다. 그레고리오 성가가 9-10c에 자리를 잡아가고 있었고 그때 널리 불리던 시편이 가사로 쓰였기 때문이다. 따라서 악보상의 라틴어 가사와 불가타역 라틴어 성경을 비교해 봤을 때, 몇몇 단어나 문구에 차이가 있는 경우, 옛 라틴어 성경을 확인해야 한다. 여기서 옛 라틴어 성경은 Vetus Latina 혹은 Vetus Itala이라 부르며 4c 이전 그리스어 성경의 라틴어 번역본이다. 요즘은 전례문이 바뀌면 성가의 가사도 동일하게 바꾸는데 그레고리오 성가는 불변이다. 이렇게 긴 설명의 이유는 〈시편 42(41),2〉의 첫 단어incipit가 아래와 같이 (1)『Psalterium Romanum』과 (2) 불가타역에서 다음과 같이 다르기 때문이다.

(1) Sicut cervus desiderat
(2) Quemadmodum desiderat cervus

두 단어는 동의어로 그 뜻은 '와 같이'이다. 이 시편을 가사로 한 노래에서 불가타역을 취해 Quemadmodum를 incipit로 쓰기도 한다. 다음에 소개할 입당송과 영성체송이 그러하다.

■ 입당송과 영성체송

> *2 Quemádmodum desíderat cervus ad fontes aquárum, ita desíderat anima mea ad te, Deus. 3 sitívit ánima mea ad Deum fortem vivum.*
>
> *2 사슴이 시냇물을 그리워하듯, 하느님, 제 영혼이 당신을 그리나이다.*
> *3 제 영혼이 하느님을, 생명의 하느님을 목말라하나이다. 〈시편 42(41),2-3〉*

아래 전례 시기 및 특별 미사의 입당송과 영성체송이다. 여기서는 불가타역을 적용하여 첫 단어가 Sicut이 아닌 Quemadmodum을 본문으로 쓴다.

- **전례 시기**
  연중 제23주일 : 영성체송 〈42(41),2-3〉

- **성인 고유**
  예수의 성녀 데레사 동정 학자 기념일(10월15일) : 입당송 〈42(41),2-3〉

- **예식 미사**
  동정녀 봉헌 : 영성체송 〈42(41),2〉

- **여러 상황이나 필요에 따라 드리는 기원 미사와 기도**
  Ⅰ 거룩한 교회, 13. 수도자, 나. 수도 서원 25주년 또는 50주년 기념일 : 영성체송 〈42(41),2〉

- **죽은 이를 위한 미사**
  Ⅲ 죽은 이를 기리는 다른 여러 미사, 나. 죽은 이들 또는 죽은 모든 이 6번 : 입당송 〈42(41),2-3〉

주요 작곡가

- Johannes Ockeghem (1410/25-1497)
  ‣ Missa pro defunctis 中 Tractus
- John Taverner (1490-1545)
  ‣ Quemadmodum
- Giovanni Pierluigi da Palestrina (c.1525-1594)
- Dietrich Buxtehude (c.1637-1707)
  ‣ Quemadmodum desiderat cervus, BuxWV 92
- George Frideric Handel (1685-1759)
  ‣ As Pants the Hart, HWV 251, 〈시편 42(41),2〉만 노래 시작 가사로 취함, 영어
- Felix Mendelssohn (1809-1847)
  ‣ Psalm 42, 'Wie der Hirsch schreit', Op. 42, 독일어

40 Improperium exspectavit : 주님 수난 성지 주일, 예수 성심 대축일 봉헌송

improperium : 비웃음, 비난 (improperium의 주격 단수형; 중성)
exspectavit : exspecto(기대하다)의 완료 직설법 능동태 3인칭 단수형

> 《Offertorium, Sanctissimi Cordis Iesu, Sollemnitas》
> (봉헌송, 지극히 거룩하신 예수 성심 대축일)[110]
> 《Offertorium, Dominica in Palmis de Passione Domini》
> (봉헌송, 주님 수난 성지 주일)
>
> *21b Impropérium exspectávit Cor meum et misériam: et sustínui, qui simul mecum contristarétur, et non fuit: consolántem me quæsívi, et non invéni. 22 et dedérunt in escam meam fel, et in siti mea potavérunt me acéto.*
>
> *21ㄴ 동정을 바랐건만 허사였고 위로해 줄 이들을 바랐건만 찾지 못하였습니다. 22 그들은 저에게 음식으로 독을 주고 목말라할 때 초를 마시게 하였습니다.*
> 〈시편 69(68),21ㄴ-22〉

Impropérium exspectávit (예상했던 치욕)은 지극히 거룩하신 예수 성심 대축일[81]과 주님 수난 성지 주일[82], 두 전례일의 봉헌송Offertorium이다. 봉헌송은 고유문으로 본래 입당송과 같이 후렴과 시편 구절이 있는 안티포나 형식이었으나 예물을 바치는 관습이 차차 감소되고 금전으로 봉헌이 보편화된 11c 이후 시편 구절은 점차 사라져 봉헌송이라 불리는 후렴만 남게 되었다. 그리고 독창자가 부르는 노래이기에 상당한 기교를 요구하는 방향으로 발전되었다.

≪바티칸 Ⅱ≫ 이후 『로마 미사 경본Missale Romanum』에서 봉헌송은 제외되었으나 봉헌 노래는 부를 수 있는데 입당 노래의 규범을 따른다.[111] 이 규범에 따르면 한국 교구의 경우, 『로마 미사 성가집Graduale Romanum』의 노래나 같은 가사에 달리 작곡된 곡을 쓸 수 있다.[112] 또한 『단순 미사 성가집Graduale Simplex』에 나오는 전례 시기에 따른 고유의 봉헌송을 봉헌 노래로 부를 수 있다.[113] G.R.이나 G.S.의 노래를 부르기 어려운 경우를 위해 한국 교구를 배려한 지침이 있는데 한국 주교회의가 승인한 본문으로서, 거룩한 예식이나 전례 시기나 그날의 특성에 맞는 노래를 부를 수 있다.[114] 이를 근거로 『가톨릭 성가』에 실려 있는 봉헌 노래를 부를 수 있는 것이다.

---

110) 22절 제외
111) 로마 미사 경본 총지침 74항 참조
112) 로마 미사 경본 총지침(한국어판) 48항 ㄱ)
113) 로마 미사 경본 총지침(한국어판) 48항 ㄴ)
114) 로마 미사 경본 총지침(한국어판) 48항 ㄷ)

G.R.(1974)에 수록된 두 전례일의 봉헌송을 확인해 본다.

▲ 예수성심대축일   Ps. 69(68), 21   ▲ 주님수난성지주일   Ps. 69(68), 21.22

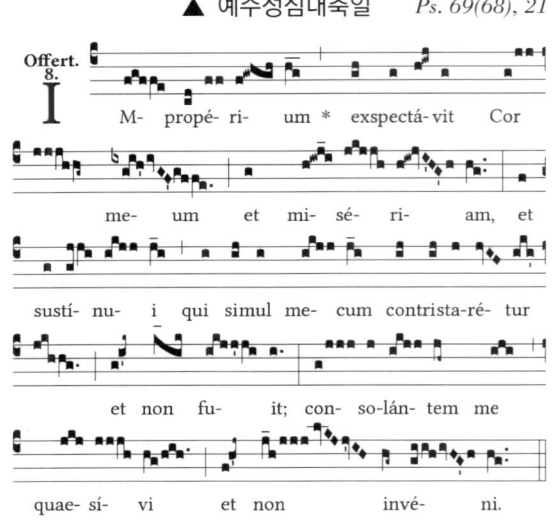

 주요 작곡가

- Rolande de Lassus / Lasso (1532/30-1594)
- Giovanni Pierluigi da Palestrina (c.1525-1594)
- Giovanni Battista Casali (1715-1792)
- Giovanni Giorgi (?-1762)
- Pompeo Cannicciari (1670-1774)
- Julius André (1808-1880)
- Franz Xaver Witt (1834-1888)
- Oreste Ravanello (1871-1938)
- Giovanni Bernardo Zucchinetti (1730-1801)

41 Viri Galilæi : 주님 승천 대축일 낮 미사 입당송, 봉헌송 아침기도 제1시편 후렴

viri : 남성들아 (vir의 호격 복수형; 남성)
galilæi : 갈릴래아 사람들이 (주격 복수형)

> 《Ant. ad introitum, Missa diei in Ascensione Domini, Sollemnitas》
> (입당송, 주님 승천 대축일 낮 미사)
>
> *Viri Galilæi, quid admirámini aspiciéntes in cælum? Quemádmodum vidístis eum ascendéntem in cælum, ita véniet, allelúia* 〈Act 1,11〉
> 갈릴래아 사람들아, 왜 하늘을 쳐다보며 서 있느냐? 주님은 너희가 보는 앞에서 하늘로 올라가신 모습 그대로 다시 오시리라. 알렐루야. 〈사도 1,11 참조〉
>
> 《Offertorium, Missa diei in Ascensione Domini, Sollemnitas》
> (봉헌송, 주님 승천 대축일 낮 미사)
>
> *Viri Galilæi, quid admirámini aspiciéntes in cælum? Hic Iesus, qui assumptus est a vobis in cælum, sic veniet quemádmodum vidístis eum ascendéntem in cælum*
> 갈릴래아 사람들아, 왜 하늘을 쳐다보며 서 있느냐? 너희에게서 떠나 승천하신 주 예수께서는 다시 오실 것이다.
>
> 《Ant. ad psalmum 1, Laudes in Ascensione Domini, Sollemnitas》
> (제1시편기도 후렴, 주님 승천 대축일 아침기도)
>
> *Viri Galilæi, quid aspicitis in cælum? Hic Iesus, qui assúmptus est a vobis in cælum, sic véniet, allelúia.*
> 갈릴래아 사람들아, 왜 하늘만 쳐다보고 있느냐? 너희에게서 떠나 승천하신 주 예수께서는 다시 오실 것이니라. 알렐루야.

Viri Galilæi (갈릴래아 사람들아)는 〈사도 1,11〉의 말씀의 첫 두 단어incipit이다. 이 말씀은 주님 승천 대축일 낮 미사 입당송과 봉헌송이며, 또한 그날 성무일도의 아침기도 제1시편 후렴으로도 부른다. 이날은 예수 그리스도께서 구원 사업을 완수하시고 하늘로 올라가셨음〈루카 24,44-53〉을 기리는 날로 예수께서 부활하신지 40일째 되는 부활 제6주간 목요일에 지내는 것이 원칙이나, 주님 승천 대축일이 의무 축일이 아닌 곳에서는 부활 제7주일로 옮겨 지낸다. 한국 교구가 여기에 해당한다.

미사 입당송, 봉헌송, 영성체송과 성무일도 시편기도 후렴과 같은 고유문은 해당 전례일 주제를 간결한 문장으로 전달해야 하기에 성경 구절 글자 그대로 쓰지 않고 어휘를 바꾸거나 추가하여 윤문潤文하는 경우가 있다. 이런 경우, 장·절 뒤에 '참조'라는 단어를 붙인다. 로마자로는 장·절 앞에 Cf.라고 쓰는데, '비교하라', '참조하라'의 뜻인 라틴어 confer의 약어이다. 그럼 아래 〈사도 1,11〉의 불가타역 성경 원문하고 그것을 '참조'한 전前 쪽의 미사 입당송, 봉헌송과 성무일도의 아침기도 제1시편 후렴을 비교해 보자.

불가타역   사도 1,11

Viri galilǽi, quid statis aspícientes in cælum? Hic Iesus, qui assumptus est a vobis in cælum, sic veniet quemádmodum vidístis eum euntem in cælum.

주님 승천 대축일의 입당송과 봉헌송은 당일 미사 제1독서 말씀의 마지막 11절을 참조했다. 이렇듯 미사 고유문은 그날의 독서나 복음에서 발췌하기도 한다.

제1독서   사도 1,1-11

1 테오필로스님, 첫 번째 책에서 저는 예수님의 행적과 가르침을 처음부터 다 다루었습니다. 2 예수님께서 당신이 뽑으신 사도들에게 성령을 통하여 분부를 내리시고 나서 승천하신 날까지의 일을 다 다루었습니다. 3 그분께서는 수난을 받으신 뒤, 당신이 살아 계신 분이심을 여러 가지 증거로 사도들에게 드러내셨습니다. 그러면서 사십 일 동안 그들에게 여러 번 나타나시어, 하느님 나라에 관한 말씀을 해 주셨습니다. 4 예수님께서는 사도들과 함께 계실 때에 그들에게 명령하셨습니다. "예루살렘을 떠나지 말고, 나에게서 들은 대로 아버지께서 약속하신 분을 기다려라. 5 요한은 물로 세례를 주었지만 너희는 며칠 뒤에 성령으로 세례를 받을 것이다." 6 사도들이 함께 모여 있을 때에 예수님께 물었다. "주님, 지금이 주님께서 이스라엘에 다시 나라를 일으키실 때입니까?" 7 그러자 예수님께서 그들에게 이르셨다. "그때와 시기는 아버지께서 당신의 권한으로 정하셨으니 너희가 알 바 아니다. 8 그러나 성령께서 너희에게 내리시면 너희는 힘을 받아, 예루살렘과 온 유다와 사마리아, 그리고 땅끝에 이르기까지 나의 증인이 될 것이다." 9 예수님께서는 이렇게 이르신 다음 그들이 보는 앞에서 하늘로 오르셨는데, 구름에 감싸여 그들의 시야에서 사라지셨다. 10 예수님께서 올라가시는 동안 그들이 하늘을 유심히 바라보는데, 갑자기 흰옷을 입은 두 사람이 그들 곁에 서서, 11 이렇게 말하였다. "갈릴래아 사람들아, 왜 하늘을 쳐다보며 서 있느냐? 너희에게서 떠나 승천하신 주 예수께서는 다시 오실 것이다."

■ 입당송

《제2차 바티칸 공의회(1962-65)》 이전 입당송 원형은 다음과 같으며 현재는 입당송 후렴 Ant. ad introitum만 남고 나머지는 모두 제외되었다.

① 입당송 후렴 ▷ ② 시편 구절 47(46),2 ▷ ③ 영광송 ▷ ④ 입당송 후렴

① **Ant. ad introitum** Viri Galilǽi, quid admirámini aspiciéntes in cælum? (allelúia): quemádmodum vidístis eum ascendéntem in cælum, ita véniet, allelúia, (allelúia, allelúia)[115]

② 시편 구절 47(46),2
Omnes gentes, pláudite mánibus: jubiláte Deo in voce exsultatiónis.
모든 민족들아, 손뼉을 쳐라.
기뻐 소리치며 하느님께 환호하여라.

③ Gloria Patri (영광송)

④ **Ant. ad introitum** Viri Galilǽi, ...

그레고리오 성가를 비롯해 르네상스 시대 작곡가들은 대체로 시편 구절을 포함하여 영광송으로 마무리했다. 왜냐하면 ④는 ①을 반복하면 되기 때문에 ①,②,③을 한 곡으로 이어서 작곡했다.

■ 봉헌송

Viri Galilǽi, quid admirámini aspiciéntes in cælum? Hic Iesus, qui assumptus est a vobis in cælum, sic veniet quemádmodum vidístis eum ascendéntem in cælum.
갈릴래아 사람들아, 왜 하늘을 쳐다보며 서 있느냐? 너희에게서 떠나 승천하신 주 예수께서는 다시 오실 것이다.

이날 주主 봉헌송은 42장에서 다룰 Ascendit Deus이고, 여기서 소개한 봉헌송 Viri Galilǽi는 추가로 자유롭게 할 수 있다.(*Ad libitum*)

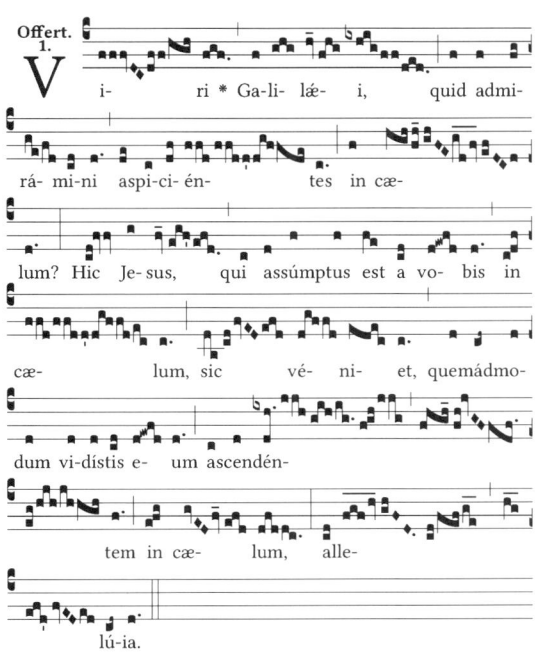

---

115) 《바티칸 II》 이후 알렐루야의 횟수가 줄어 괄호 부분은 하지 않는다.

■ 성무일도 中 시편기도

또한, Viri Galilǽi는 주님 승천 대축일 성무일도 중 시편기도 후렴Ant. ad psalmum으로 부르는데 《바티칸 II》 이전과 이후로 불리는 시간경과 시편 구절이 다르다. 공의회 이전에는 【저녁기도 중 제1시편 110(109),1-7】이었고, 현재는 아래와 같이 【아침기도 중 제1시편 63(62),2-9】이다.

① 시편기도 후렴 ▷ ② 시편 구절 63(62),2-9 ▷ ③ 영광송 ▷ ④ 시편기도 후렴

① **Ant. ad psalmum** Viri Galilǽi, quid aspícitis in cælum? Hic Iesus, qui assúmptus est a vobis in cælum, sic véniet, allelúia.
갈릴래아 사람들아, 왜 하늘만 쳐다보고 있느냐? 너희에게서 떠나 승천하신 주 예수께서는 다시 오실 것이니라. 알렐루야.

② 시편 구절 63(62),2-9
③ Gloria Patri (영광송)
④ **Ant. ad psalmum** Viri Galilǽi, ...

주요 작곡가

- Heinrich Isaac (c.1450-1517)
  - 미사 입당송의 고유 시편 구절 〈47(46),2〉를 썼고 영광송까지 작곡했다.

- William Byrd (c.1539/40 or 1543-1623)
  - 미사 입당송의 고유 시편 구절 〈47(46),2〉를 썼고 영광송까지 작곡했다.

- Giovanni Pierluigi da Palestrina (c.1525-1594)
  - Palestrina는 주님 승천 대축일 입당송의 고유 시편 구절 〈47(46),2〉를 쓰지 않고 〈47(46),6; 103(102),19〉을 선택하여 작곡했다. 〈시편 47(46),6〉은 주님 승천 대축일 미사의 입당송이 아니라 그날 알렐루야와 봉헌송이다. 그리고 입당송 후렴Ant. ad introitum은 불가타 원문〈사도 1,11〉을 그대로 사용했다. 【à 6, *Act. 1,11* + *Ps. 47(46),6* + *Ps. 103(102),19a* 】

- Dulos Couillart (fl.1534)
  - 미사 봉헌송을 선택했다.

- Jan Pieterszoon Sweelinck (1562-1621)
  - 입당송 후렴을 불가타 원문〈사도 1,11〉으로 썼다.

- Alessandro Costantini (c.1581/83-1657)
  - 입당송 후렴을 불가타 원문〈사도 1,11〉으로 썼다.

- Simone Stella (b.1981~)
  - 미사 입당송의 고유 시편 구절 〈47(46),2〉를 썼고 영광송까지 작곡했다.

42 Ascendit Deus : 주님 승천 대축일 낮 미사 복음 환호송, 봉헌송

> ascendit : (그는) 오른다 (ascendo의 현재 능동태 직설법 3인칭 단수형)
> Deus : 하느님이 (deus의 단수 주격형)

Ascéndit Deus(하느님이 오르신다)는 주님 승천 대축일 미사 고유문이다. 《제2차 바티칸 공의회(1962-65)》 이전에는 복음 환호송과 봉헌송으로, 현재는 화답송 후렴으로 부른다.

■ **복음 환호송**

일반적으로 복음 환호송의 시편 구절(V)은 하나지만, 《바티칸 II》 이전에는 이날의 시편 구절이 아래와 같이 두 개였다.

Allelúia, Allelúia.
시편 구절 47(46),6 ; 68(67),18.19

○ Ascéndit Deus in iubilatióne, et Dóminus in voce tubæ. Allelúia.
　환호 소리 가운데 하느님이 오르신다. 나팔 소리 가운데 주님이 오르신다. 알렐루야

○ Dóminus in Sina in sancto, ascéndens in altum, captívam duxit captivitátem. Allelúia.
　주님께서 오신다, 시나이에서 성소로. 포로들을 거느리시고 높은 데로 오르셨다. 알렐루야

현재 복음 환호송은 다음과 같다.

마태 28,19.20 참조

◎ 알렐루야
○ Eúntes docéte omnes gentes, dicit Dóminus: ego vobíscum sum ómnibus diébus usque ad consummatiónem sæculi. Allelúia.
　주님이 말씀하신다. 너희는 가서 모든 민족들을 가르쳐라. 내가 세상 끝날까지 언제나 너희와 함께 있으리라. ◎

■ **봉헌송** 시편 47(46),6

Ascéndit Deus in iubilatióne, et Dóminus in voce tubæ. Allelúia.

환호 소리 가운데 하느님이 오르신다. 나팔 소리 가운데 주님이 오르신다. 알렐루야.

■ **화답송** 시편 47(46),2-3.6-7.8-9(◎ 6)

◎ 환호 소리 가운데 하느님이 오르신다. 나팔 소리 가운데 주님이 오르신다.

또는

◎ 알렐루야.

○ 모든 민족들아, 손뼉을 쳐라. 기뻐 소리치며 하느님께 환호하여라. 주님은 지극히 높으신 분, 경외로우신 분, 온 세상의 위대하신 임금이시다. ◎

○ 환호 소리 가운데 하느님이 오르신다. 나팔 소리 가운데 주님이 오르신다. 노래하여라, 하느님께 노래하여라. 노래하여라, 우리 임금님께 노래하여라. ◎

○ 하느님이 온 누리의 임금이시니, 찬미의 노래 불러 드려라. 하느님이 민족들을 다스리신다. 하느님이 거룩한 어좌에 앉으신다. ◎

주요 작곡가

- Giovanni Pierluigi da Palestrina (c.1525-94)
  ‣ à 5, *Ps. 47(46),6*
  ‣ à 6, *Act. 1,11 + Ps. 47(46),6 + Ps. 103(102),19a*
- Jacob Handl (1550-1591)
  ‣ à 5, *Ps. 47(46),6*
- William Byrd (c.1539/40 or 1543-1623)
  ‣ à 5, *Ps. 47(46),6 + Ps. 68(67),18-19*
- Jacobus Gallus (1550-1591)
- Peter Philips (c.1560-1628)
  ‣ à 5, *Ps. 47(46),6 + Ps. 103(102),19a*
- Carlo Carturan (1858-1936)
- Christoph Dalitz (b.1967~)
  ‣ SAT, *Ps. 47(46),6-8*
- Jackson Berkey (b.1942~)

43 Rorate cæli : 대림 제4주일, 대림 시기 성모 공통 미사 입당송

> rorate : roro(이슬을 떨어뜨리다)의 현재 명령법 능동태 2인칭 복수형
> cæli : 하늘의 (cælum의 속격 단수형; 중성)

《Ant. ad introitum, Dominica IV Adventus et Commune B.M.V.》
(입당송, 대림 제4주일과 대림 시기 복되신 동정 마리아 공통)

*Roráte, cæli, désuper, et nubes pluant iustum: aperiátur terra,
et gérminet Salvatórem.* ⟨Cf. Is 45,8⟩

*하늘아, 위에서 이슬을 내려라. 구름아, 의로움을 뿌려라. 땅은 열려
구원이 피어나게 하여라.* ⟨이사 45,8⟩

Roráte cæli (하늘아, 이슬을 내려라)는 대림 시기의 마지막 주일인 대림 제4주일 미사와 대림 시기에 드리는 '복되신 동정 마리아 공통 미사'의 입당송이다. 입당송 첫 단어incipit가 Rorate라서 대림 제4주일을 '이슬 주일'이라고도 한다. 그리고 대림 시기에 드리는 복되신 동정 마리아 공통 미사는 '로라테 미사'라 부른다.

여기서 **복되신 동정 마리아 공통** 미사에 대해 알아보자. 『로마 미사 경본*Missale Romanum*』에는 여러 ⟨공통Communia⟩ 미사 고유문이 포함되어 있는데 어떤 특별한 대상(들)에 드리는 미사라고 할 수 있다. 특정 ⟨공통⟩ 미사를 드리는 날에는 원래 정해진 해당 전례력에 따른 고유문 대신 ⟨공통⟩ 미사 고유문을 쓴다. ⟨공통⟩의 대상은 다음과 같이 구분한다.

▷ 성당 봉헌 공통
▷ **복되신 동정 마리아 공통 (성모 공통)**
▷ 순교자 공통
▷ 목자 공통
▷ 교회 학자 공통
▷ 동정녀 공통
▷ 성인·성녀 공통

로라테 미사는 위 ⟨공통⟩ 중 **성모 공통**에 해당하며 시기별 고유문 중 'II대림 시기' 공통 고유문으로 미사를 드린다. 참고로 복되신 동정 마리아 공통 미사는 【I 연중, II대림, III성탄, IV부활】로 구분한다. 이날 제의 색깔은 흰색이고, 일반적으로 대림 시기 평일에 동이 트기 전 어두운 새벽, 촛불 외에는 어두움을 밝히는 빛이 없는 가운데 거행하는 아름다운 미사다.

《제2차 바티칸 공의회(1962-65)》 이전 입당송 원형은 다음과 같으며 현재는 입당송 후렴Ant. ad introitum만 남고 나머지는 모두 제외되었다.

① 입당송 후렴 ▷ ② 시편 구절 19(18),2 ▷ ③ 영광송 ▷ ④ 입당송 후렴

① **Ant. ad introitum** Roráte, cæli, désuper, et nubes pluant iustum: aperiátur terra, et gérminet Salvatórem

② 시편 구절 19(18),2
Cæli enárrant glóriam Dei: et ópera mánuum eius annúntiat firmaméntum.
하늘은 하느님의 영광을 이야기하고 창공은 그분 손의 솜씨를 알리네.

③ Gloria Patri (영광송)

④ **Ant. ad introitum** Roráte, cæli, désuper, et nubes pluant iustum: aperiátur terra, et gérminet Salvatórem

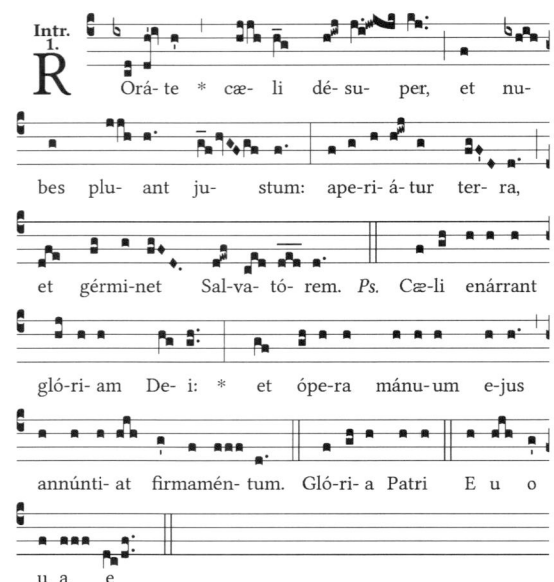

입당송 형식에서 후렴을 중간중간 되풀이하는 좀 더 확장된 찬미가가 있다. 〈이사 45,8〉의 전반부, 'Roráte, cæli désuper, et nubes pluant iustum'을 후렴(R)으로 하는 4절로 된 그레고리오 성가가 그것이다. 가사는 성경 말씀 글자 그대로는 아니며 이사야서를 참조해 창작이 가미되어 만들어졌다. 이 성가를 정립한 사람은 19c 솔렘Solesmes 수도원장 프로스페 게랑제 신부*Dom Prosper Gueranger* (1805-75)이다. 번역은 【황치헌, 2018, *pp. 471-515*】에서 발췌했다.

Latina	번역
(R) Rorate cæli desuper, et nubes pluant iustum.	(후렴) 하늘은 이슬비처럼, 구름은 비처럼 위에서부터 의인을 내려주소서.
Ne irascaris Domine, ne ultra memineris iniquitatis: ecce civitas Sancti facta est deserta: Sion deserta facta est: Jerusalem desolata est: domus sanctificationis tuæ et gloriæ tuæ, ubi laudaverunt te patres nostri.	주님 분노 마옵시고, 우리 죄악을 기억마옵시며, 주의 성읍 광야되고, 시온이 광야 되었으며, 예루살렘 황폐되었고, 그곳은 우리의 조상들이 당신을 찬양했던 당신의 거룩함과 영광의 성전입니다.
R.	후렴
Peccavimus, et facti sumus tamquam immundus nos, et cecidimus quasi folium universi: et iniquitates nostræ quasi ventus abstulerunt nos: abscondisti faciem tuam a nobis, et allisisti nos in manu iniquitatis nostræ.	우리는 죄를 지었고, 마찬가지로 불결해졌으며, 온 누리의 가랑잎처럼 떨어졌나이다. 우리의 죄악은 바람처럼 우리를 말려들게 하고, 당신은 우리에게서 당신의 얼굴을 숨기며, 우리를 우리 죄악의 손에 내던지셨나이다.
R.	후렴

Vide Domine afflictionem populi tui,
et mitte quem missurus es:
emitte Agnum dominatorem terræ,
de Petra deserti ad montem filiæ Sion:
ut auferat ipse iugum captivitatis nostræ.

R.

Consolamini, consolamini, popule meus:
cito veniet salus tua:
quare mærore consumeris,
quia innovavit te dolor?
Salvabo te, noli timere,
ego enim sum Dominus Deus tuus,
Sanctus Israel, Redemptor tuus.

R.

주님, 당신 백성의 괴로움을 쳐다보소서.
그리고 당신이 보내실 분을 보내소서.
땅의 지배자이신 어린 양을 파견하소서.
광야의 바다에서 시온 딸의 산으로,
그분께서 친히 우리의 포로 신세의 멍에를 없애시도록

후렴

안심하여라, 안심하여라.
내 백성아, 네 구원이 어서 임하리라.
너는 어째서 슬픔으로 기진맥진해졌는가.
고통이 너를 새롭게 했기 때문인가?
내가 너를 구원하리라. 두려워말라.
나는 너의 주 하느님, 이스라엘의 거룩하신 분,
너의 구세주로다.

후렴

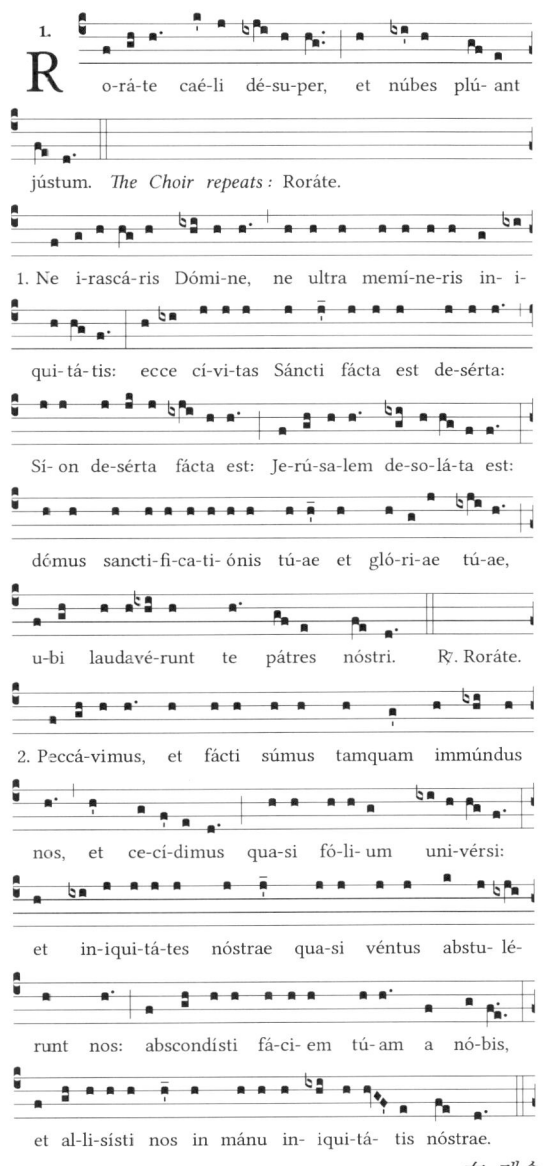

43 Rorate cæli : 대림 제4주일, 대림 시기 성모 공통 미사 입당송

🎼 주요 작곡가

- Heinrich Isaac (c.1450-1517)
  ▸ 대림 제4주일 입당송 후렴과 시편 구절을 작곡했고 영광송과 뒤 후렴은 별도 작곡하지 않았다.

- Francisco Guerrero (1528-1599)
  ▸ 시편 구절 〈85(84),8〉이 대림 4주일 미사의 그것 〈19(18),2〉과 다르다.

  시편 구절 85(84),8
  Ostende nobis Dómine misericórdiam tuam
  Et salutare tuum da nobis:
  Veni Dómine et noli tardáre.[116]
  주님, 저희에게 당신 자애를 보이시고
  저희에게 당신 구원을 베푸소서.
  주님 오소서. 늦지 않게 오소서.

- Giovanni Pierluigi da Palestrina (c.1525-1594)
  ▸ 가사는 Guerrero 작품과 같다. 단 마지막은 '알렐루야'로 마친다.

- William Byrd (c.1539/40 or 1543-1623)
  ▸ 시편 구절 〈85(84),2〉가 대림 제4주일 미사의 그것 〈19(18),2〉이 아니라 아래의 '대림 제3주일 미사'와 '대림 시기 中 성모 공통 미사' 입당송의 것이다.

  시편 구절 85(84),2
  Benedixisti, Dómine, terram tuam, avertisti captivitatem Jacob.
  주님, 당신께서는 당신 땅을 어여삐 여기시어 야곱의 운명을 되돌리셨습니다.

- Heinrich Schütz (1585-1672), SWV 322
  ▸ 입당송 형식이 아닌, 즉 시편 구절은 없이 입당송 후렴으로만 작곡하였다.

- Leo Nestor
  ▸ 후렴을 중간중간 되풀이하는 형식의 찬미가다. Nestor는 2절을 제외했다. 그레고리오 선율을 차용해서 단선율과 다성을 혼용해 작곡했다.

---

116) Veni~ 이하는 해당 시편에 없는 구절이다.

44. Ecce virgo : 대림 제4주일, 주님 탄생 예고 대축일 미사 영성체송

ecce : 보라!
virgo : 처녀가 (virgo의 단수 주격형; 여성)

> 《Ant. ad communionem,
> Dominica IV Adventus et In Annuntiatione Domini, Sollemnitas》
> (영성체송, 대림 제4주일과 주님 탄생 예고 대축일)
>
> Ecce Virgo concípiet et páriet fílium; et vocábitur nomen eius Emmánuel.
> 보라, 동정녀가 잉태하여 아들을 낳으리니, 그 이름을 임마누엘이라 하리라.
> 〈이사 7,14 참조〉

Ecce virgo (보라! 동정녀가)는 대림 제4주일과 주님 탄생 예고 대축일(3월25일)의 영성체송이다. 구약의 이사야 예언〈이사 7,14 참조〉을 〈마태 1,23〉에 인용하면서 임마누엘을 예수로 해석하게 된다. Immanuel은 히브리어로 Immanu(우리와 함께 있다)와 El(하느님,신)의 합성어다.

> "보아라, 동정녀가 잉태하여 아들을 낳으리니 그 이름을 임마누엘이라고 하리라."
> 하신 말씀이다. 임마누엘은 번역하면 '하느님께서 우리와 함께 계시다.'는 뜻이다.
> 〈마태 1,23〉

대림 제4주일은 아기 예수를 기다리는 대림절의 마지막 주일, 즉 성탄 직전 주일이고 주님 탄생 예고 대축일은 성탄절에서 수태 기간 9개월을 역산한 날로 성모 마리아께서 수태되신 날을 기념하기에 Ecce virgo는 이 두 전례일의 영성체송으로 잘 어울린다.

주요 작곡가

- Heinrich Isaac (c.1450-1517)
- Cristóbal de Morales (c.1500-1553)
- William Byrd (c.1539/40 or 1543-1623)
- Ludovico Balbi (c.1545-1604)
- Jan Pieterszoon Sweelinck (1562-1621)
- Johann Joseph Fux (c.1660-1741)

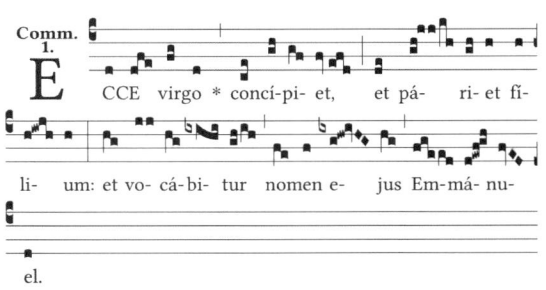

45. Hodie Christus natus est & Puer natus est nobis : 주님 성탄 대축일 안티폰

> hodie : 오늘
> natus est : (그는) 태어났다.(nascor의 완료 직설법 능동태 3인칭 단수형)

> "
> 《Ant. ad Magnificatum, In Nativitas Domini, Sollemnitas》
> (마니피캇 후렴, 주님 성탄 대축일)
>
> Hódie * Christus natus est: hódie Salvátor appáruit: hódie in terra canunt Angeli, lætántur Archángeli: hódie exsúltant iusti, dicéntes: Glória in excélsis Deo, allelúia.
>
> 오늘 그리스도 탄생하셨고 구세주 나타나셨도다. 하늘에서 천사들이 노래하며 대천사들이 즐거워하고 의인들이 기뻐 춤추며, "하늘 높은 곳에는 하느님께 영광"이라 노래하는도다. 알렐루야.
> "

Hódie Christus natus est(오늘 그리스도 탄생하셨네)는 주님 성탄 대축일 성무일도 저녁기도 중 마니피캇 후렴 Ant. ad Magnificatum이다. 마니피캇을 성무일도 저녁기도에서 부르는 순서는 다음과 같다.

① 마니피캇 후렴 ▷ ② Magnificat ▷ ③ 영광송 ▷ ④ 마니피캇 후렴

① **Ant. ad Magnificatum** Hódie * Christus natus est: hódie Salvátor appáruit: hódie in terra canunt Angeli, lætántur Archángeli: hódie exsúltant iusti, dicéntes: Glória in excélsis Deo, allelúia.
② Magnificat (성모의 노래)
③ Gloria Patri (영광송)
④ **Ant. ad Magnificatum** Hódie * Christus natus est: …

이 마니피캇 후렴은 많은 작곡가가 곡을 썼지만 그레고리오 성가가 가장 유명하다. 그 어떤 화려함도 없지만 가볍지 않은 미려한 선율에 감탄이 절로 나온다. Sweelinck, Palestrina, Giovanni Gabrieli, Poulenc 등이 곡을 썼고, Britten은 마니피캇 후렴을 하듯이 그의 작품 'A Ceremony of Carols'의 시작과 끝 곡을 이 그레고리오 성가로 배치했다. 이런 구성은 요즘도 성탄절 공연에서 자주 쓴다.

puer : 남자 아이가 (주격 단수형; 남성)
nobis : 우리들에게 (nos의 여격)

《Ant. ad introitum, Missa diei in Nativitate Domini, Sollemnitas》
(입당송, 주님 성탄 대축일 낮 미사)

Puer natus est nobis, et fílius datus est nobis: cuius impérium super húmerum eius: et vocábitur nomen eius magni consílii Angelus.
⟨Cf. Is 9,5⟩
우리에게 한 아기가 태어났고, 우리에게 한 아들이 주어졌네.
왕권이 그의 어깨에 놓이고, 그의 이름은 놀라운 경륜가라 불리리라.
⟨이사 9,5 참조⟩

Puer natus est nobis(우리에게 한 아기가 태어나셨네)는 주님 성탄 대축일 낮 미사의 입당송이다. 《제2차 바티칸 공의회(1962-65)》 이전 입당송 원형은 다음과 같으며 현재는 입당송 후렴Ant. ad introitum만 남고 나머지는 모두 제외되었다.

① 입당송 후렴 ▷ ② 시편 구절 98(97),1 ▷ ③ 영광송 ▷ ④ 입당송 후렴

① **Ant. ad introitum** Puer natus est nobis, et fílius datus est nobis: cuius impérium super húmerum eius: et vocábitur nomen eius magni consílii angelus.

② **시편 구절 98(97),1**
Cantéte Dómino cánticum novum: quia mirabília fecit.
주님께 노래하여라, 새로운 노래를. 그분께서 기적들을 일으키셨다.

③ **Gloria Patri** (영광송)

④ **Ant. ad introitum** Puer natus est nobis, et fílius datus est nobis: cuius impérium super húmerum eius: et vocábitur nomen eius magni consílii angelus.

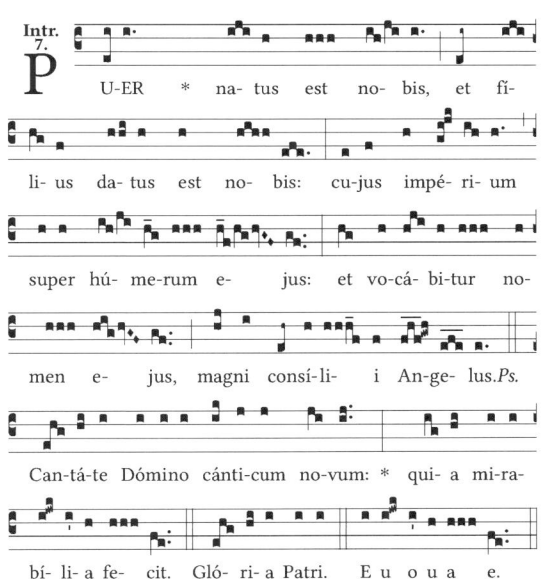

現 『로마 미사 경본*Missale Romanum*』(제3표준판 2008수정, 라틴어판)의 입당송과 두 불가타역, 『*Vulgata Clementina*(1592)』 및 『*Nova Vulgata*(1979)』의 〈이사 9,5〉는 내용에 차이는 없으나 우리말로 '경륜가經綸家'[83]라 번역된 라틴어 단어 선택에 차이가 있다. 그럼 '경륜가'의 라틴어 입당송과 불가타역을 비교해 보자. 이해를 돕고자 각 라틴어 단어들을 영어와 대응해보았다. 둘

의 의미는 동일하며 불가타역에서는 angelus(천사)가 없다. 이렇게 윤문潤文한 성경 구절은 장·절 앞 혹은 뒤에 'Cf.'[117] 혹은 '참조'를 병기倂記한다.

> 입당송 후렴 : 라. magni consilii angelus, 영. great counseling angel
> 두 불가타역 : 라. admirabilis consiliarius, 영. wonderful counsellor

주요 작곡가

- Heinrich Isaac (c.1450-1517)
- Cristóbal de Morales (c.1500-1553)
- William Byrd (c.1539/40 or 1543-1623)
- George Frideric Handel (1685-1759)
  ▸ Oratorio 'Messiah' 중 For unto us child is born

✚ 크리스마스 이브는 성탄절 전날일까?

답은 '아니다.' 여기서 이브(eve)는 저녁을 뜻하는 evening을 말하며, 따라서 '크리스마스 저녁'을 의미한다. 그렇다면 "크리스마스 저녁은 12월25일 저녁이 아닐까?" 하는 의문이 자연스러운데 '교회의 전례일 중 주일과 대축일의 거행은 이미 그 전날 저녁에 시작한다.'는 『전례주년과 전례력에 관한 일반 규범』 제3항에 따라 12월24일 저녁(Christmas eve)부터 성탄절은 시작되는 것이고 미사 역시 24일 밤 미사가 성탄 미사이기 때문에 밤 미사를 드리는 모두는 성탄 인사를 나누는 것이다. 이러한 전통은 유대인의 하루 개념에서 비롯되었는데 하루의 끝과 다음 날의 시작이 현재 0시지만, 그 옛날 시계가 없던 시절 해가 지면 다음 날이라는 하루 개념을 가지고 있었다. 즉,지금은 아침-낮-저녁 이렇게 하루를 생각하지만 옛 유대인들은 저녁-아침-낮 이었다. 지구의 자전 주기는 24시간이고 24시간 중 날짜 변경 시간을 정하는 문제는 생활의 편의를 위해 전 세계가 공통으로 약속한 것이지 진리는 아니기에 그 옛날 해지면 다음 날이라는 약속도 틀린 것이라 말할 수 없다. 단지 지금과 다르다는 것일 뿐.

---

117) '비교하라', '참조하라'의 뜻인 라틴어 confer의 약어

46   1월 7일 크리스마스 이야기

משיח마시아흐 (히)

משיחא메시아 (아람)

Messiah (משיחא 발음 로마자 전사轉寫)

Χριστός크리스토스 (그)

Christus (라)

Christ (영)

그리스도

Christmas, 이날은 예수 그리스도의 탄생을 축하하는 기념일 정도로 알고 있는데, 원뜻은 Christ(그리스도)의 탄생 기념 Mass(미사)를 드리는 날로 두 단어의 합성어다. X-mas는 로마자 X가 아닌 코이네 그리스어 Χριστός크리스토스의 첫 글자 Χ(키)에 mas를 붙여 쓴 것이다. 여기서 Χριστός크리스토스의 원뜻에 대해 좀 더 살펴보자. 히브리 사람들의 구약 성경에는 우리가 현재 부르는 그리스도를 משיח마시아흐라고 썼는데 글자 그대로의 뜻은 '**머리에 기름 부음을 받은 자**(The anointed〔영〕)'이다. 예수가 활동하던 지역은 당시 아람어[84]를 썼는데 — 예수의 모어母 語였다. — 히브리어 마시아흐משיח는 아람어로 메시아משיחא이다. 이를 헬레니즘 지역에서 코이네 그리스어로 번역할 때 Χριστός크리스토스로 쓰기 시작했는데 주님을 '머리에 기름 부음을 받은 자'라고 부르는 것이 헬라 문화권 사람들에게는 상당히 어색했다. '머리에 기름을 붓는' 문화 자체가 없었기 때문이다. 결국, 원뜻은 사라지고 '예수 그리스도'라는 명칭의 일부가 되어버린다. 그리고 Christus(라)를 거쳐 라틴어의 어근만 따와 지금의 Christ(영)에 이르게 된다. 결국 משיח마시아흐(히), משיחא메시아(아), Χριστός크리스토스(그), Christus(라), Christ(영)는 모두 같은 뜻이다.

이로써 예수를 메시아로 부르게 된 이유도 설명이 된다. 메시아는 머리에 기름 부음을 받은 이스라엘의 왕을 일컫는데 구약의 이스라엘의 왕은 그 직무를 수행하는데 필요한 성령의 은사를 받는다는 의식으로 기름 부음을 받았고, 이러한 '기름 부음' 의식은 〈1사무 16,3; 2사무 2,4; 5,3〉에서 다윗을 왕으로 세울 때 확인된다. 결국, 예수는 아브라함이 조상인 '**기름 부음을 받았던**' 다윗의 후손으로 이스라엘을 구원해 줄 왕으로서 그리스도인 것이다. 사실 우리말에는 당연히 없고 서양에서도 평소에 쓸 일이 거의 없는 '머리에 기름을 붓다'의 뜻을 가진 'anoint'라는 영단어가 있다는 것은 그 오래전부터 서구 문명에서는 매우 중요한 단어였다는 것을 반증한다. 필자가 일생 한 번 들어봤는데 영화 「다윗과 골리앗(2016)」에서 사무엘이 다윗을 찾아 나서며 말한 "I will anoint him"이라는 대사의 자막이 "내가 그를 왕으로 만들겠소."라고 나왔던 기억이 난다. 만약 자막을 "내가 그의 머리에 기름을 붓겠소."라고 썼다면 99% 그 의미를 몰랐을 것이다.

다시 크리스마스로 돌아와 〈Christ+mass〉의 뜻에 비추어 볼 때, 교회에서 지정한 12월25일은 엄밀히 말해 예수의 탄생일이 아니라 탄생 기념 미사를 드리는 날로 해석하는 것이 정확할 수 있다. 즉, 12월25일 그 탄생일 자체에 의미를 부여하기보다 '**구세주가 동정녀 마리아에게 성령으**

로 잉태되어 인간의 모습으로 태어나셨다' 라는 사건을 기념하는 날이다. 사실 예수의 탄생일에 대해 구약과 신약 모두에서 단서를 찾을 수 없고 그 날짜를 정한 기록조차 존재하지 않으며 성탄절을 기념일로 정해 미사 혹은 예식을 시작한 시기에 대해 지금도 의견이 서로 다르다. 쉽게 말해서 정확한 탄생일은 아무도 모른다는 것이다. 그렇다면 성탄절의 날짜는 어떻게 정해졌는지 현재 가장 힘을 얻고 있는 두 가지 가설을 살펴보자.

첫 번째, 로마제국에서 수많은 신 중 태양신이 있었는데 그 신을 기리는 날이 동지冬至였다. 현재는 12월21일 혹은 22일인데 당시 사용된 율리우스력에서는 12월25일이었다. 콘스탄티누스 1세 Constantinus I(272-337)가 313년 밀라노 칙령에 따라 그리스도교를 공인한 이래, 로마에서는 점차 그리스도교 회심자들이 늘어났고 이교도와 그리스도교의 경쟁체제가 형성된다. 그런데 회심자였던 그리스도교인들이 이웃 이교도들과 뒤섞여 태양신 탄생일 기념행사에 참여하는 일들이 생겨났고 이를 막기 위한 방법으로 태양신 축제일과 대립하기 위해 이날을 성탄절로 정했다는 설이다.

두 번째, 사실 초대 그리스도교는 그리스도의 탄생보다 그의 수난, 죽음, 부활, 승천, 강림으로 이어진 구원 신앙에 대한 신학적 교리에 더 집중했다. 2c 중엽부터 탄생일에 대한 언급이 나타나는데 히포Hippo 사람 聖 아우구스티누스St. Augustinus Hipponensis (354-430)의 『삼위일체론De Trinitate』[85] 중 4권 5장에 당시 율리우스력 춘분(3월25일) — 고대 중동과 지중해권에서는 춘분을 생명, 탄생, 소생의 날로 여겼다. — 에 그리스도께서 수태되셨고 임신 기간 만 9개월을 더하여 12월25일에 태어나셨다고 기록하고 있음과 동시에 이날은 초대 교회부터 내려온 것이라고 또한 밝히고 있다. 이것에 근거하여 로마 가톨릭 교회는 3월25일을 '주님 탄생 예고 대축일'로 지내고 있다.

두 가설 모두 타당한 근거가 될 수 있다. 일단 교회에서 오랫동안 지켜온 3월25일 수태설과 이교도의 태양절이 맞아떨어지면서 로마제국에서 12월25일은 이교도의 축제일에서 그리스도교인의 성탄절로 자리 잡게 되고, 마침내 350년 로마 교회 대주교 율리우스 1세는 12월25일을 그리스도의 탄생일로 선포하게 된다. 그럼 날짜는 정해졌고 남은 것은 어떤 달력의 12월25일이냐의 문제가 남는다. 이날이 정해질 시기의 달력은 지금 우리가 쓰는 달력과 약간의 오차가 있었는데 그 이해를 위해 부활절 날짜 정하기부터 설명해야 한다. 초대 교회에서 부활절을 언제로 하느냐는 가장 뜨거운 이슈였는데 콘스탄티노폴리스를 중심으로 한 동방교회와 로마의 서방교회의 주장이 서로 달라 이것을 통일시키기 위한 상당한 논쟁이 있었다. 이 두 주장[86]은 다음과 같았다.

(1) 동방교회 : 히브리(유대)력 니산달 14일, 즉 유대교의 파스카(유월절) 축제일
(2) 서방교회 : 파스카 축제일에 이어서 오는, 즉 춘분 후 만월(보름) 뒤 첫 일요일

이러한 차이가 발생한 이유는 신학적 의미 부여에서 견해차가 있었기 때문이다. (1)을 주장하던 사람들은 '예수 그리스도가 죽음에서 부활로의 건너감', 즉 파스카에 초점을 맞췄고, (2)를 주장하던 사람들은 일요일에 부활하셨다는 것에 더 큰 의미 부여를 했다. 결국, 합의에 이르지 못하고 한동안 지역별로 서로 다른 날 부활절을 지내다가 《니케아 공의회(325)》 때 합의되는데, 최종적으로 (2)로 결정된다. 또한, 춘분일을 공의회 이전의 3월25일에서 3월21일로 변경했다. 그리고 유대력으로 파스카 축제일은 춘분 이후 첫 보름달이 뜨는 날과 겹치곤 해서 그리스도교는 유대력

을 버리고 춘분을 기준하기로 결정한다. 이렇게 부활절을 정함에 있어서 춘분은 가장 중요한 날이다. 크리스마스 이야기에 갑자기 부활절 날짜를 정하는 기준인 춘분을 언급한 이유는 춘분으로부터 9개월째 되는 날을 12월25일로 정했다면 달력에서 춘분의 날짜는 매년 같아야 12월25일이 고정될 수 있기 때문이다. 만약 달력이 틀리다면 어떤 문제가 생길까?

기원전 45년부터 양력 역법인 율리우스력을 썼는데 지구의 공전 주기를 365일 6시간(0.25일)으로 계산했다. 여기서 매년 쌓이는 6시간을 보정하기 위해 4년마다 윤년을 두었다. 그런데 천문학의 발전으로 6시간이 아니라 정확히 5시간49분46초(0.2422일)라는 사실이 밝혀진다. 결국 실제 공전 주기와 비교해서 율리우스력으로는 11분14초씩 시간이 늦어지고, 이에 따라 실제 낮과 밤의 길이가 같아지는 천문학적 춘분의 날짜가 128년마다 하루[118]씩 뒤로 옮겨진다. 즉, 지구 공전 주기와 달력이 정확히 일치한다면 매년 춘분은 3월 20일 혹은 21일이 되어야 하는데 달력의 시간은 11분14초씩 매년 늦어지니 실제 춘분은 율리우스력의 춘분일이 지난 다음이었다. 결국, 교황 그레고리오 13세 *Gregorius PP. XIII* (재위 1572-85)의 재위 때인 1582년에는 325년과 비교해 128년에 1일씩 더해져 10일의 오차가 생겼고, 그래서 이 오차를 항구적으로 극복하기 위해 《트리엔트 공의회(1545-63)》에서 교황 그레고리오 13세에게 역법 개정의 권한이 부여되어 다음과 같이 개정했다. 이를 '그레고리오력'이라고 하며 지금까지 국제 표준으로 사용하고 있다.

Ⅰ 1582년 10월 4일의 다음 날을 10월15일로 한다.(율리우스력에 의한 10일의 오차 제거)
Ⅱ 기존과 같이 4배수인 해는 윤년으로 하고 100으로 나눌 수 있지만 400으로 나눠떨어지지 않는 해는 평년으로 한다.(율리우스력과의 차이 11분14초 고려, 예 : 2100년은 평년)

그런데 당시 로마 가톨릭과 경쟁, 엄밀히 말해 앙숙 관계였던 동방 정교회는 율리우스력을 고집했다. 그래서 현재 율리우스력 12월25일은 그레고리오력으로는 13일 뒤인 1월7일이 된다. 13일의 오차는 325년으로부터 128년마다 1일씩 차이를 더한 것이고, 이 13일의 오차는 2100년까지 유효하며 2101년 이후부터는 오차가 하루 더 늘어 성탄절은 1월8일이 된다. 현재 동방 정교회가 있는 모든 국가가 율리우스력을 따르는 것은 아니다. 세월이 흐르면서 12월25일로 성탄절을 기념하는 나라들이 늘어나기 시작했는데 수정 율리우스력[87]을 쓰는 일부 동방 정교회의 경우다. 이는 로마 가톨릭 교회와 달리 국가별로 독립 교회를 이루고 있기에 가능했다. 이해를 돕기 위해 동방 정교회의 성탄절을 각각 1월7일과 12월25일로 정한 몇몇 국가와 종파들을 소개한다.

●1월7일(율리우스력을 쓰는 국가, 종파)			●12월25일(수정 율리우스력을 쓰는 국가, 종파)	
- 러시아	- 세르비아	- 몰도바	- 그리스	- 알렉산드리아
- 우크라이나	- 몬테네그로	- 예루살렘	- 콘스탄티노플	- 안티오크
- 조지아	- 마케도니아	- 동방가톨릭 교회	- 루마니아	- 알바니아
	- 벨라루스		- 불가리아	- 키프로스

---

118) 11분 14초 × 128년 ≒ 1,438분 ≒ 1일(=1,440분)

✦ 로마 가톨릭과 동방 정교회는 왜 분열하게 되었을까?

그리스도 교회는 초기 사도들에 의해 선교가 시작되면서 예루살렘에서 그 북쪽 안티오키아, 남쪽으로는 이집트 알렉산드리아, 그리고 가장 서쪽인 로마까지 이렇게 4곳을 중심으로 교회가 형성되기 시작했고, 313년 콘스탄티누스 1세의 밀라노 칙령으로 로마 제국에서 그리스도교가 공인되고, 324년 그가 황제에 등극하면서 비잔티움은 동방교회의 중심으로 서게 된다. 비잔티움은 콘스탄티누스가 337년 사망한 후 콘스탄티노폴리스로 개명한다. 이 다섯 도시는 총대주교가 있는 같은 지위를 가진 교회 조직이었다.

7c 경 이슬람교도들에 의해 안티오키아, 알렉산드리아, 예루살렘이 점령당하자 결국 교회는 서쪽에 로마, 동쪽에 콘스탄티노폴리스가 양대 축으로 남게 되었다. 당시 두 교회의 가장 큰 이질감은 사실 언어였다. 로마는 라틴어를 콘스탄티노폴리스는 코이네 그리스어를 썼다. 물론 문화적 차이도 무시할 수 없었다. 교회 전례도 달랐다. 이러한 다름은 갈등이 되었고 세월이 지나면서 계속 깊어지고 결국 쪼개지게 된다.

분열의 발단은 동방교회의 성상 파괴 사건이었다. 이는 성상을 인정하지 않는 이슬람 문화의 영향이었는데 서방교회에서는 절대 받아들일 수 없는 일이었고 사태가 커지자 787년 비잔티움의 여제 이레네가 공의회를 소집, 성상파괴주의를 수습한다.

앞서 언어를 언급했는데 초기 교회의 공용어는 코이네 그리스어였다. 그래서 로마 교회는 성경이나 기도문을 라틴어로 번역하여 사용했는데 니케아-콘스탄티노폴리스 신경의 번역에서 문제가 생긴다. 원래 381년 《콘스탄티노폴리스 공의회》에서 그리스어로 "성령은 성부에게서 나시고"로 정한 것을 서방교회에서 라틴어로 번역하면서 "성령은 성부와 성자에게서 나시고"로 '성자'를 추가한 것이다. '성자'가 추가된 신경은 스페인에서 시작되어 9c 초 프랑크 왕국 전역에 퍼지게 된다. 809년에 교황 레오 3세는 번역과 교회 일치의 문제를 인정하고 '성자'를 공식적으로 없앤다. 그러나 11c 이후 로마 교회는 콘스탄티노플리스를 중심으로 하던 공교회에서 벗어난 완전한 자치를 위해 신학적 수위권이 필요했다. 이를 위해 성자에게서 수위권을 받은 베드로를 1대 교황으로 삼고 그를 이은 로마 총대주교인 교황만이 '성자에게서 나오는 성령의 이끄심'을 받기 때문에 다른 총대주교보다 우위에 있다는 신학적 해석을 내놓는다. 당연히 동방교회는 이러한 주장을 받아들일 수 없었다. 삼위의 위격 문제는 이단을 판단하는 핵심이었기 때문에 문화, 언어, 전례의 문제와는 차원이 달랐다. 이를 일컬어 라틴어 신경에 추가된 'Filioque'(그리고 성자)를 따 '필리오케 논쟁(문제)'이라고 한다.

나아가 11c 초 비잔티움 영토였던 이탈리아 남부를 점령한 프랑스 북부 노르만족이 그곳에서 로마 교회 관습을 강요하자 콘스탄티노폴리스 총대주교는 관할 구역에 있는 로마 교회를 폐쇄하는 조치로 맞섰다. 사태 수습을 위해 1054년 교황의 사절단이 콘스탄티노폴리스로 총대주교를 만나 대화를 시도했으나 교황, 총대주교 이 두 직위가 갖는 위상에 대한 견해 차이, 따지고 보면 누가 더 큰 지배력을 갖느냐의 문제로 회담은 결렬되어 사절단 대표였던 훔베르트 추기경은 '파문 교서'를 던지고 돌아오게 되고 반대편에서도 파문으로 응수한다.

여기까지는 서로의 입장 차이를 문서로만 확인한 수준이었지만, 1204년 서방교회는 돌아올 수 없는 강을 건너고 만다. 제4차 십자군 원정에서 동방교회 수도인 콘스탄티노폴리스를 침략하고 약탈을 하면서 점령지에서 로마 전례를 행하는 바람에 사태는 돌이킬 수 없을 정도로 악화되었다. 1453년 동로마 제국은 오스만 제국에 멸망하게 되는데 이때 피렌체 교회회의에서 서방이 원군 파병을 약속했지만 사실상 멸망을 내버려 둔다. 또한, 이 교회회의의 결정으로 동유럽 일대에 교황의 지배를 받는 우니아 교회(동방 가톨릭)가 세워졌고, 동방교회 입장에서는 자신들의 관할권에 두 교회가 대립하게 되어 갈등의 골은 깊어졌다.

이후 수백 년 동안 절연해오다가 1964년 교황 바오로 6세와 콘스탄티노폴리스 총주교 아테나고라스(그리스 정교회)가 역사적인 만남을 가지면서 화해를 시작했고, 이러한 회동은 오늘날까지 계속 이어지고 있다.

47   Miserere : 시편 51(50)

> miserere : misereo(동정하다)의 현재 명령법 수동태 2인칭 단수형

시편 51(50)은 참회의 일곱 시편[88] 중 하나다. 참회의 시편은 전통적으로 참회 전례와 참회 시기에 죄를 뉘우치고 용서를 비는데 사용되는 시편들을 말하며 그중 시편 51(50)은 가장 중요한 시편이다. 그리고 이 시편은 3절의 라틴어 첫 단어incipit를 따서 통상 Miserere라고 부른다. 그 뜻은 "**불쌍히 여기소서**" 이다.

이 시편은 『사무엘서 하권』 11-12장 내용을 먼저 알아야 이해가 된다. 다윗은 아름다운 여인이 목욕을 하고 있던 모습에 반하여 정을 통했다. 그 여인은 밧세바라는 유부녀였고 다윗은 음모를 꾸며 밧세바의 남편 우리야를 전사케 한다. 이후 밧세바는 다윗의 아내가 되고 다윗의 후계자 솔로몬을 낳는다. 이 시편은 밧세바와 정을 통한 직후 다윗이 회개와 용서를 구하는 시다. 이러한 배경을 이해하고 전문을 확인해 본다.

『Vulgata Clementina』 (Ps. 51(50))	한국 천주교 『성경』 (시편 51[50])
1 [in finem psalmus David	1 [지휘자에게. 시편. 다윗.
2 cum venit ad eum Nathan propheta quando intravit ad Bethsabee]	2 그가 밧세바와 정을 통한 뒤 예언자 나탄이 그에게 왔을 때]
3 **miserere mei** Deus secundum magnam; misericordiam tuam et secundum multitudinem miserationum tuarum dele iniquitatem meam	3 하느님, 당신 자애에 따라 저를 불쌍히 여기소서. 당신의 크신 자비에 따라 저의 죄악을 지워 주소서.
4 amplius lava me ab iniquitate mea et a peccato meo munda me	4 저의 죄에서 저를 말끔히 씻으시고 저의 잘못에서 저를 깨끗이 하소서.
5 quoniam iniquitatem meam ego cognosco et peccatum meum contra me est semper	5 저의 죄악을 제가 알고 있으며 저의 잘못이 늘 제 앞에 있습니다.
6 tibi soli peccavi et malum coram te feci ut iustificeris in sermonibus tuis et vincas cum iudicaris	6 당신께, 오로지 당신께 잘못을 저지르고 당신 눈에 악한 짓을 제가 하였기에 판결을 내리시더라도 당신께서는 의로우시고 심판을 내리시더라도 당신께서는 결백하시리이다.
7 ecce enim in iniquitatibus conceptus sum et in peccatis concepit me mater mea	7 정녕 저는 죄 중에 태어났고 허물 중에 제 어머니가 저를 배었습니다.
8 ecce enim veritatem dilexisti incerta et occulta sapientiæ tuæ manifestasti mihi	8 그러나 당신께서는 가슴속의 진실을 기뻐하시고 남모르게 지혜를 제게 가르치십니다.
9 asparges me hysopo et mundabor lavabis me et super nivem dealbabor	9 우슬초로 제 죄를 없애 주소서. 제가 깨끗해지리이다. 저를 씻어 주소서. 눈보다 더 희어지리이다.
10 auditui meo dabis gaudium et lætitiam exultabunt ossa humiliata	10 기쁨과 즐거움을 제가 맛보게 해 주소서. 당신께서 부수셨던 뼈들이 기뻐 뛰리이다.
11 averte faciem tuam a peccatis meis et omnes iniquitates meas dele	11 저의 허물에서 당신 얼굴을 가리시고 저의 모든 죄를 지워 주소서.
12 cor mundum crea in me Deus et spiritum	12 하느님, 깨끗한 마음을 제게 만들어 주시고 굳건

rectum innova in visceribus meis	한 영을 제 안에 새롭게 하소서.
13 ne proicias me a facie tua et spiritum sanctum tuum ne auferas a me	13 당신 면전에서 저를 내치지 마시고 당신의 거룩한 영을 제게서 거두지 마소서.
14 redde mihi lætitiam salutaris tui et spiritu principali confirma me	14 당신 구원의 기쁨을 제게 돌려주시고 순종의 영으로 저를 받쳐 주소서.
15 docebo iniquos vias tuas et impii ad te convertentur	15 제가 악인들에게 당신의 길을 가르쳐 죄인들이 당신께 돌아오리이다.
16 libera me de sanguinibus Deus Deus salutis meae exultabit lingua mea iustitiam tuam	16 죽음의 형벌에서 저를 구하소서, 하느님, 제 구원의 하느님. 제 혀가 당신의 의로움에 환호하오리다.
17 Domine labia mea aperies et os meum adnuntiabit laudem tuam	17 주님, 제 입술을 열어 주소서. 제 입이 당신의 찬양을 널리 전하오리다.
18 quoniam si voluisses sacrificium dedissem utique holocaustis non delectaberis	18 당신께서는 제사를 즐기지 않으시기에 제가 번제를 드려도 당신 마음에 들지 않으시리이다.
19 sacrificium Deo spiritus contribulatus cor contritum et humiliatum Deus non spernet	19 하느님께 맞갖은 제물은 부서진 영. 부서지고 꺾인 마음을 하느님, 당신께서는 업신여기지 않으십니다.
20 benigne fac Domine in bona voluntate tua Sion et ædificentur muri Hierusalem	20 당신의 호의로 시온에 선을 베푸시어 예루살렘의 성을 쌓아 주소서.
21 tunc acceptabis sacrificium iustitiæ oblationes et holocausta tunc inponent super altare tuum vitulos	21 그때에 당신께서 의로운 희생 제물을, 번제와 전번제를 즐기시리이다. 그때에 사람들이 당신 제단 위에서 수소들을 봉헌하리이다.

참회의 시편인 만큼 한국 천주교는 장례 예식 중 130, 63편과 함께 위령기도(연도)에서, 그리고 사순 시기의 첫날인 재의 수요일 미사 중 재를 머리에 얹는 예식에서 셋째 따름 노래로 3절, **"주님, 저의 죄악을 없애소서"** 를 시편 51(50)의 각 절 끝에 반복해 노래할 수 있다. 또한, 성무일도 중 하루의 첫 기도인 초대송에서 입술에 십자 성호를 그으면서 17절을 암송하며 시작하고, 연중 시기 매주 금요일 아침기도 중 첫 번째 시편기도로 바친다. 파스카 성삼일이 재정립된 1955년 이전, 이 시편이 쓰인 가장 중요한 전례는 지금은 사라진 성주간 목금토 떼네브레 중 아침기도(찬미경)였는데 이 기도의 마침기도 직전에 단순한 포부르동Faux-Bourdon[89] 형식으로 불렀다. [11장 참조]

현재 로마 가톨릭 교회에서 시편 51(50)을 미사 고유문으로 채택한 전례일과 해당 고유문을 살펴본다.

- 사순 제1주간 목요일
- 사순 제4주간 화요일

복음 환호송 시편 51(50),12.14

(◎ 사순 시기 환호송 셋119) 중 하나)
  ○ Cor mundum crea in me, Deus; et redde mihi lætitiam salutaris tui. ◎
    하느님, 제 마음을 깨끗이 만드시고, 구원의 기쁨을 제게 돌려주소서. ◎

---

119) 로마 미사 경본 | 미사 통상문 13항

● 사순 제5주일 나해

화답송 시편 51(50),3-4.12-13.14-15 (◎ 12ㄱ)

◎ 하느님, 제 마음을 깨끗이 만드소서.
○ 하느님, 당신 자애로 저를 불쌍히 여기소서. 당신의 크신 자비로 저의 죄악을 없애 주소서. 제 허물을 말끔히 씻어 주시고, 제 잘못을 깨끗이 지워 주소서. ◎
○ 하느님, 제 마음을 깨끗이 만드시고, 제 안에 굳건한 영을 새롭게 하소서. 당신 앞에서 저를 내치지 마시고, 당신의 거룩한 영을 제게서 거두지 마소서. ◎
○ 구원의 기쁨을 제게 돌려주시고, 순종의 영으로 저를 받쳐 주소서. 저는 악인들에게 당신의 길을 가르치리니, 죄인들이 당신께 돌아오리이다. ◎

● 연중 제24주일 다해

화답송 시편 51(50),3-4.12-13.17과 19 (◎ 루카 15,18 참조)

◎ 일어나 아버지께 가리라.
○ 하느님, 당신 자애로 저를 불쌍히 여기소서. 당신의 크신 자비로 저의 죄악을 없애 주소서. 제 허물을 말끔히 씻어 주시고, 제 잘못을 깨끗이 지워 주소서. ◎
○ 하느님, 제 마음을 깨끗이 만드시고, 제 안에 굳건한 영을 새롭게 하소서. 당신 앞에서 저를 내치지 마시고, 당신의 거룩한 영을 제게서 거두지 마소서. ◎
○ 주님, 제 입술을 열어 주소서. 제 입이 당신을 찬양하오리다. 하느님께 드리는 제물은 부서진 영. 부서지고 뉘우치는 마음을, 하느님, 당신은 업신여기지 않으시나이다. ◎

● 재의 수요일
● 사순 제1주일 가해

화답송 시편 51(50),3-4.5-6ㄱㄴ.12-13.14와 17 (◎ 3ㄱ 참조)

◎ 주님, 당신께 죄를 지었사오니 저희를 불쌍히 여기소서.
○ 하느님, 당신 자애로 저를 불쌍히 여기소서. 당신의 크신 자비로 저의 죄악을 없애 주소서. 제 허물을 말끔히 씻어 주시고, 제 잘못을 깨끗이 지워 주소서. ◎
○ 제 죄악을 제가 알고 있사오며, 제 잘못이 언제나 제 앞에 있나이다. 당신께, 오로지 당신께 잘못을 저지르고, 당신 눈앞에서 악한 짓을 하였나이다. ◎
○ 하느님, 제 마음을 깨끗이 만드시고, 제 안에 굳건한 영을 새롭게 하소서. 당신 앞에서 저를 내치지 마시고, 당신의 거룩한 영을 제게서 거두지 마소서. ◎
○ 구원의 기쁨을 제게 돌려주시고, 순종의 영으로 저를 받쳐 주소서. 주님, 제 입술을 열어 주소서. 제 입이 당신을 찬양하오리다. ◎

🎼 주요 작곡가

- Josquin des Prez (c.1450~55-1521)
- Costanzo Festa (c.1485~90-1545)
- Andrea Gabrieli (1532/33-1585)
  - Psalmi davidici 中
- Orlande de Lassus / Lasso (1532/30-1594)
  - Psalmi davidici 中
- Giovanni Pierluigi da Palestrina (c.1525-1594)
- Carlo Gesualdo (1566-1613)
  - Tenebræ 中
- Giovanni Gabrieli (c.1554/57-1612)
- Gregorio Allegri (1582-1652)
- Alessandro Scarlatti (1660-1725)
- Johann Christoph Bach (1642-1703)
- Johann Sebastian Bach (1685-1750), BWV 1083
  - Pergolesi의 Stabat Mater를 편곡한 작품으로 가사는 라틴어 시편 51(50)을 독일어로 의역한 것이다.
- Giovanni Battista Pergolesi (1710-1736)
- Arvo Pärt (b.1935~)
- James MacMillan (b.1959~)

음악으로는 Gregorio Allegri(1582-1652)의 작품이 가장 유명하다. 이 작품은 발표되었을 때 교황청은 그 아름다움과 천상의 소리의 하모니에 너무 놀라 이 곡이 유출되면 세상을 어지럽힐 것이라는 미명으로 교황 전용 경당인 로마 시스티나 경당 Capella Sistina에서만 연주하도록 했다. 또한 악보를 외부로 유출할 수 없도록 교황령으로 묶어 두었다. 그래서 사람들은 이 곡을 들으려면 로마로 와야 했다. 시스티나 경당 외에서 불러보거나 들어본다는 건 꿈에 불과했다.

그.런.데... 1770년 14살의 모차르트가 로마 여행 중 이 경당에서 이 곡을 듣고 당일 저녁에 자신의 기억을 악보로 만들어 냈고, 다음 날 한 번 더 가서 듣고 전날 밤 그린 악보를 확인했다. 결국, Allegri의 Miserere는 이렇게 세상으로 나오게 된다.

48 De profundis : 시편 130(129)

> de : ~으로부터 (탈격 지배)
> profundis : 깊은 (profundus의 탈격 복수형)

시편 130(129)은 참회의 일곱 시편 중 하나다. 그리고 이 시편은 1절의 라틴어 첫 두 단어 incipit를 따서 통상 De profundis라 부른다. 그 뜻은 "깊은 곳에서"이다. 그럼 전문을 살펴보자. 라틴어는 이탈라역[미주 49 참조] 성경이다.

『Psalterium Romanum』 (Ps. 130(129))	한국 천주교 『성경』 (시편 130[129])
1 [canticum graduum] de profundis clamavi ad te Domine	1 [순례의 노래] 주님, 깊은 곳에서 당신께 부르짖습니다.
2 Domine exaudi orationem meam fiant aures tuæ intendentes in orationem servi tui	2 주님, 제 소리를 들으소서. 제가 애원하는 소리에 당신의 귀를 기울이소서.
3 si iniquitates observaveris Domine Domine quis sustinebit	3 주님, 당신께서 죄악을 살피신다면 주님, 누가 감당할 수 있겠습니까?
4 quia apud te propitiatio est et propter legem tuam sustinui te Domine sustinuit anima mea in verbum tuum	4 그러나 당신께는 용서가 있으니 사람들이 당신을 경외하리이다.
5 speravit anima mea in Domino	5 나 주님께 바라네. 내 영혼이 주님께 바라며 그분 말씀에 희망을 두네.
6 a custodia matutina usque ad noctem speret Israhel in Domino	6 파수꾼들이 아침을 기다리기보다 파수꾼들이 아침을 기다리기보다 내 영혼이 주님을 더 기다리네.
7 quia apud Dominum misericordia et copiosa apud eum redemptio	7 이스라엘아, 주님을 고대하여라, 주님께는 자애가 있고 풍요로운 구원이 있으니.
8 et ipse redimet Israhel ex omnibus iniquitatibus eius	8 바로 그분께서 이스라엘을 그 모든 죄악에서 구원하시리라.

『로마 미사 성가집Graduale Romanum(1974)』에 연중 제33주일 봉헌송과 복음 환호송으로, 사순 시기 중 '죽은 이를 위한 미사'의 연송으로 수록되어 있다.

▲ 연중 제33주일 봉헌송 *Ps. 130(129), 1.2*

▲ 연중 제33주일 복음 환호송 *Ps. 130(129), 1.2*

현재 로마 가톨릭 교회에서 시편 130(129)을 미사 고유문으로 채택한 전례일과 해당 고유문을 살펴본다.

● 연중 제28주일

《제2차 바티칸 공의회(1962-65)》 이전 입당송 원형은 다음과 같으며 현재는 입당송 후렴Ant. ad introitum만 남고 나머지는 모두 제외하였다.

입당송　　　　　　　　　　　　　　　시편 130(129),3-4와 1.2

Ant. ad introitum Si iniquitátes observáveris, Dómine: Dómine, quis sustinébit? quia apud te propitiátio est, Deus Israel.
주님, 당신이 죄악을 헤아리신다면, 주님, 감당할 자 누구이리까? 이스라엘의 하느님, 당신은 용서하는 분이시옵니다.

시편 구절 130(129),1-2
De profúndis clamávi ad te, Dómine: Dómine, exáudi vocem meam.
주님, 깊은 곳에서 당신께 부르짖사오니 주님, 제 소리를 들으소서.

Gloria Patri (영광송)

Ant. ad introitum Si iniquitátes observáveris, Dómine: ...

● 사순 제5주일 가해
● 연중 제10주일 나해

화답송　　　　시편 130(129),1-2.3-4.5와 6ㄴㄷ-7ㄱ.7ㄴㄷ-8 (◎ 7ㄴㄷ)

◎ 주님께는 자애가 있고 풍요로운 구원이 있네.
○ 깊은 구렁 속에서, 주님, 당신께 부르짖나이다. 주님, 제 소리를 들어 주소서. 애원하는 제 소리에, 당신 귀를 기울이소서. ◎
○ 주님, 당신이 죄악을 헤아리신다면, 주님, 감당할 자 누구이리까? 당신은 용서하는 분이시니, 사람들이 당신을 경외하리이다. ◎
○ 나 주님께 바라네. 내 영혼이 주님께 바라며, 그분 말씀에 희망을 두네. 내 영혼이 주님을 기다리네. 파수꾼이 새벽을 기다리기보다, 이스라엘이 주님을 더 기다리네. ◎
○ 주님께는 자애가 있고, 풍요로운 구원이 있네. 바로 그분이 이스라엘을, 모든 죄악에서 구원하시리라. ◎

● **연중 제19주일 가해**

복음 환호송 시편 130(129),5 참조

◎ 알렐루야.
○ Sperc in Dóminum, spero in verbum eius. Allelúia.
나 주님께 바라네. 주님 말씀에 희망을 두네. ◎

● **연중 제20주일**

영성체송 시편 130(129),7

Apud Dóminum misericórdia, et copiósa apud eum redémptio.
주님께는 자애가 있고 풍요로운 구원이 있네.

주요 작곡가

- Nicolas Champion (c.1475-1533)
- Josquin des Prez (c.1450~55-1521)
  ▸ 3 모테트 中, SATTB
  ▸ 3 시편 中, SATB
- Andrea Gabrieli (1532/33-1585)
  ▸ Psalmi davidici 中
- Orlande de Lassus / Lasso (1532/30-94)
  ▸ Psalmi davidici 中
- Giovanni Pierluigi da Palestrina (c.1525-94)
- Thomas Morley (1557/58-1602)
- Jan Pieterszoon Sweelinck (1562-1621)
- John Dowland (1563-1626)
- Marc-Antoine Charpentier (1643-1704)
- Nicolaus Bruhns (1665-1697)
- Jan Dismas Zelenka (1679-1745)
- Nicola Porpora (1686-1768)
- George Frideric Handel (1685-1759)
- Johann Sebastian Bach (1685-1750)
  ▸ Cantata BWV 131, 독일어
- Francesco Barsanti (1690-1775)
  ▸ 6 antifon 中
- Johann Georg Reutter (1708-1772)
  ▸ 모차르트 작품으로 간주됨
- Christoph Glück (1714-1787)
- Wolfgang Amadeus Mozart (1756-91)
- Antonio Salieri (1750-1825)
- Franz Liszt (1811-1886)
- Marcel Dupré (1886-1971)
- Lili Boulanger (1893-1918)
- Virgil Thomson (1896-1989)
- Arvo Pärt (b.1935~)
- John Rutter (b.1945~)
  ▸ Requiem 中 Out of the Deep, 영어

49 Jubilate Deo : 시편 66(65), 100(99)

> jubilate : jubilo(환호, 노래하다)의 현재 명령법 능동태 2인칭 복수형
> Deo : 하느님께(deus 의 여격 단수형; 남성)

Jubilate Deo는 "하느님께 환호하여라"라는 뜻으로 시편 중 66(65), 100(99)의 첫 두 단어 incipit다. 그 뒤에 두 단어가 더 연결되어 "Jubilate Deo omnis terra", 즉 "온 세상아, 하느님께 환호하여라"가 완성된 문장이다. 시편에는 이러한 찬미가가 많이 등장하는데 다음 장인 50, 51장에서 각각 Cantate Domino와 Laudate Dominum을 연달아 보려 한다. 이 세 가지 환호(Jubilate), 노래(Cantate), 찬양(Laudate)은 모두 하느님, 주님을 향하고 있으며 시의 내용이 매우 직설적이고 확실한 메시지를 담고 있어 많은 작곡가들이 곡을 붙였다.

노래 가사는 성경의 텍스트 그대로를 쓰는 경우, 성경 텍스트를 기본으로 해당 시편이 아닌 내용이나 창작된 시를 보간補間하는 경우, "Jubilate Deo omnis terra"만 쓰고 이후 가사는 모두 창작인 경우 등이 있다. 또한, 66(65)과 100(99)은 첫 문장만 같고 이후 내용은 다르기 때문에 가사로 선택한 시편을 밝히지 않고 곡명을 Jubilate Deo라고만 했다면 66(65)과 100(99) 중 무엇인지 확인할 필요가 있다.

시편 66(65), 1.2.4

1 **Jubilate Deo omnis terra** 2 psalmum dicite gloriae nominis eius, glorificate laudem eius. 4 Omnis terra adoret te et psallat tibi, psalmum dicat nomini tuo.
1 **온 세상아, 하느님께 환호하여라.** 2 그 이름의 영광을 노래하여라. 영광과 찬양을 드려라. 4 온 세상이 당신 앞에 엎드려 당신께 노래하게 하소서. 당신 이름을 노래하게 하소서."

시편 100(99), 1-3

2 **Jubilate Deo omnis terra**, servite Domino in lætitia. introite in conspectu eius in exultatione. 3 Scitote quoniam Dominus ipse est Deus; ipse fecit nos, et ipsius sumus, populus ejus et oves pascuæ ejus.
1 **온 세상아, 주님께**[90] **환성 올려라.** 2 기뻐하며 주님을 섬겨라. 환호하며 그분 앞으로 나아가라. 3 너희는 알아라, 주님께서 하느님이심을. 그분께서 우리를 만드셨으니 우리는 그분의 것, 그분의 백성, 그분 목장의 양 떼이어라.

두 시편은 라틴어뿐만 아니라 다른 언어로도 수많은 작품이 존재한다. 여기서 가사는 시편 내용 그대로가 아닌 참조된 가사, 즉 의역paraphrase한 가사를 쓰기도 한다. 물론 곡명도 마찬가지다.

현재 로마 가톨릭 교회에서 시편 66(65)과 100(99)을 미사 고유문으로 채택한 전례일과 해당 고유문을 살펴보자.

■ 시편 66(65)

• 연중 제2주일

입당송　　　　　　　　시편 66(65),4

Ant. ad introitum Omnis terra adóret te, Deus, et psallat tibi: psalmum dicat nómini tuo, Altíssime.
하느님, 온 세상이 당신 앞에 엎드려 당신을 노래하게 하소서. 지극히 높으신 분, 당신 이름을 노래하게 하소서

시편 구절 66(65),1-2

Jubiláte Deo, omnis terra, psalmum dícite nómini eius: date glóriam laudi eius.
온 세상아, 하느님께 환호하여라. 그 이름의 영광을 노래하여라. 영광과 찬양을 드려라.

Gloria Patri (영광송)

Ant. ad introitum Omnis terra …

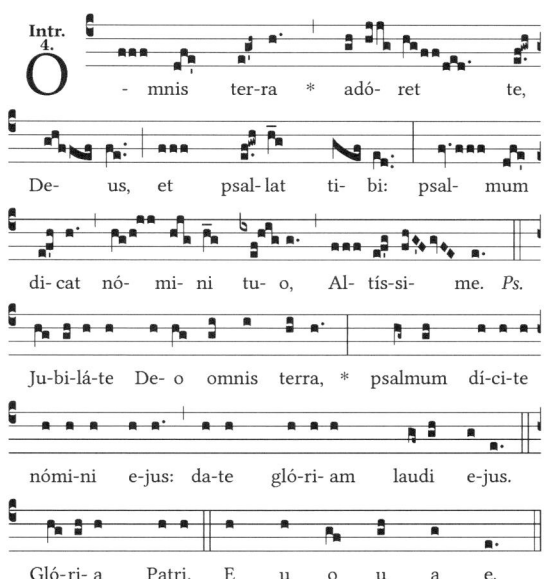

• 부활 제3주일

입당송　　　　　　　　시편 66(65),1-2

Ant. ad introitum Jubiláte Deo, omnis terra, (allelúia): psalmum dícite nómini eius, (allelúia): date glóriam laudi eius, allelúia, (allelúia, allelúia)[120]
온 세상아, 하느님께 환호하여라. (알렐루야) 그 이름, 그 영광을 노래하여라. (알렐루야) 영광과 찬양을 드려라. 알렐루야. (알렐루야, 알렐루야)

시편 구절 66(65),3

Dícite Deo, quam terribília sunt ópera tua, Dómine! in multitúdine virtútis tuæ mentiéntur tibi inimíci tui.
하느님께 아뢰어라. "당신께서 하신 일들 얼마나 경외롭습니까! 당신의 크신 능력에 원수들도 당신께 굽실거립니다.

Gloria Patri (영광송)

Ant. ad introitum Jubiláte Deo, …

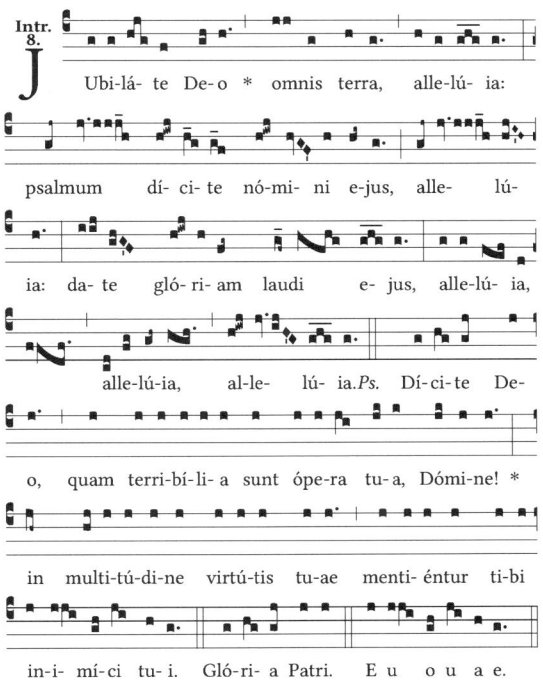

---

[120] 《바티칸 II》 이후 알렐루야의 횟수가 줄어 괄호 부분은 하지 않는다.

- **부활 제5주일**

현재 『로마 미사 경본』에서는 제외되었으나 『로마 미사 성가집(1974)』에 수록된 아래의 봉헌송을 미사 중 부를 수 있다.[121]

봉헌송 시편 66(65),1.2.16

Jubiláte Deo, univérsa terra: psalmum dícite nómini eius: veníte et audíte, et narrábo vobis, omnes qui timétis Deum, quanta fecit Dóminus ánimæ meæ, allelúia.

온 세상아, 하느님께 환호하여라. 그 이름의 영광을 노래하여라. 영광과 찬양을 드려라. 하느님을 경외하는 모든 이들아, 와서 들어라. 그분께서 내게 하신 일을 내가 들려주리라. 알렐루야.

- **부활 제6주일 가해**
- **연중 제14주일 다해**

화답송 시편 66(65),1-3ㄱㄴ.4-5.6-7ㄱ.16과 20 (◎ 1)

◎ 온 세상아, 하느님께 환호하여라.

또는

◎ 알렐루야.

○ 온 세상아, 하느님께 환호하여라. 그 이름, 그 영광을 노래하여라. 영광과 찬양을 드려라. 하느님께 아뢰어라. "당신이 하신 일들 놀랍기도 하옵니다!" ◎

○ "온 세상이 당신 앞에 엎드려, 당신을 노래하게 하소서. 당신 이름을 노래하게 하소서." 너희는 와서 보아라, 하느님의 업적을, 사람들에게 이루신 놀라운 그 위업을. ◎

○ 바다를 바꾸어 마른 땅 만드시니, 사람들은 맨발로 건너갔네. 거기서 우리는 그분과 함께 기뻐하네. 그분은 영원히 권능으로 다스리신다. ◎

○ 하느님을 경외하는 이들아, 모두 와서 들어라. 그분이 나에게 하신 일을 들려주리라. 내 기도를 물리치지 않으시고, 당신 자애를 거두지 않으셨으니, 하느님은 찬미받으소서. ◎

---

121) 로마 미사 경본 총지침 74항, 48항 참조

주요 작곡가

작곡가 / 가사 출처	곡명
John Amner / English BCP	O come hither and hearken
William Billings / English metrical ver. by Isaac Watts	Egypt
William Boyce / English BCP	O be joyful in God
John Brown / English	Acclaim our God
Thomas Clark / English metrical New ver.	Let all the lands with shouts of joy
Jeremiah Clarke / English BCP with Ps. 132,8-9	O be joyful
Uriah Davenport / English metrical Old ver.	Ye men on earth, in God rejoice
John Goss / English KJV	Praise waiteth for thee, O Lord, in Sion
Hans Leo Haßler / Latin	Jubilate Deo omnis terra, psalmum dicite à 8
Robert Hugill / Latin	Omnis terra
William Knapp / English metrical New ver.	Let all the lands with shouts of joy
James Nares / English BCP	O come hither
Joseph Stephenson / English metrical New ver.	Let all the lands with shouts of joy
Maurice Greene / English BCP	O come hither
Giovanni Giacomo Lucario / Latin	Jubilate Deo universa terra *
Giovanni Pierluigi da Palestrina / Latin	Jubilate Deo universa terra *
Wilhelm Meyer Lutz / Latin	Jubilate *

여기서,

* 봉헌송에 이용된 절(1, 2a, 16)을 가사로 사용함.

- BCP(Book of Common Prayer) : 영국 성공회의 일반 기도서임

- KJV(King James Version) : 영국의 제임스 1세의 명에 의해 1604년 번역을 시작해 1611년 출판된 영어 번역본 성경이다. 영국에서는 권위역 성경(Authorized Version, AV)이라고 하고, KJV는 미국에서 붙인 이름이다. 이 번역본은 Bishop's Bible(1568)을 대신한 영국 교회의 공식 성경이 되었다.

- English metrical version : 교회에서 찬미가로 노래하기 위해 영어로 번역한 운문역 시편(Metrical Psalter)이다. 이 번역은 특히 칼비니즘(calvinism)으로 대변되는 프로테스탄트 재건 사업 중 중요도가 매우 높았다. 또한, 영어 외에도 여러 나라 언어(독어, 불어 등)로 번역되었다.

■ 시편 100(99)

• 평신도를 위한 기원 미사[122]

영성체송 시편 100(99),1-2

Jubiláte Dómino[91], omnis terra, servite Dómino in lætitia; introite in cospectu eius in exsultatione, allelúia.

온 세상아, 주님께 환성 올려라. 기뻐하며 주님을 섬겨라. 환호하며 그분 앞에 나아가라. 알렐루야.

• 연중 제11주일 가해
• 부활 제4주일 다해

화답송 시편 100(99),1-2.3.5 (◎ 3ㄷ참조)

◎ 우리는 주님의 백성, 그분 목장의 양 떼라네. (또는 ◎ 알렐루야.[부활 시기에만])
○ 온 세상아, 주님께 환성 올려라. 기뻐하며 주님을 섬겨라. 환호하며 그분 앞에 나아가라. ◎
○ 너희는 알아라, 주님은 하느님이시다. 그분이 우리를 지으셨으니 우리는 그분의 것, 그분의 백성, 그분 목장의 양 떼라네. ◎
○ 주님은 참으로 좋으시고, 그분 자애는 영원하시며, 그분 진실은 대대에 이르신다. ◎

𝄞〉 주요 작곡가

▶ 라틴어 가사

- Heinrich Isaac (c.1450-1517) ▸ à 4, 2-3절
- Adriano Bancheri (1568-1634)
- Guillaume Bouzignac (c.1587-c.1643)
- Giovanni Pierluigi da Palestrina (c.1525-94)
  ▸ SATTB, 2-3ㄱ절
  ▸ SATTB
  ▸ SATB × 2
- Giovanni Gabrieli (c.1554/57-1612)
  ▸ à 8 SSAATTBB
  ▸ à 8 AATBar.TBarBB
- Giovanni Paolo Cima (c.1570-1622)
- Gioseffo Guami (1542-1611)
- Peter Philips (c.1560-1628)
- Cipriano de Rore (1515/16-1565)
- Hans Leo Haßler (1564-1612)
  ▸ à 5 SSATB or AATTB
  ▸ à 8 SATB.SATB
  ▸ à 15 SSSSAAAATTTTBBB
- Josquin des Prez (c.1450~1455-1521)
- Orlande de Lassus/Lasso (1532/30-94)
  ▸ à 4 SATB, 2-3ㄱ절
  ▸ à 6 SATTBB
- Claudio Merulo (1533-1604)
- Benedetto Pallavicino (c.1551-1601)
- Michael Prætorius (1571-1621)
- Ascanio Trombetti (1544-1590)
  ▸ à 8 SSAT.ATBB
  ▸ à 10 SSATB.ATTTB *(다음 쪽 계속)*

---

122) 로마 미사 경본 | 여러 상황이나 필요에 따라 드리는 기원 미사와 기도 中 10번 미사

- Heinrich Schütz (1585-1672)
  ▸ SWV 262, Bass solo with 2 violins (or 2 flutes) & bc
  ▸ SWV 232, SATB + bc
- George Frideric Handel (1685-1759)
- Franz Bühler (1760-1823)
- W. A. Mozart (1756-1791)
- Grzegorz Miskiewicz (b.1969~)

▶ 영어 가사

작곡가 / 가사 출처	곡명
Anonymous / Metrical Old Version	All people that on earth do dwell
John Alcock Jr. / BCP	Jubilate Deo
Henry Aldrich / BCP	Jubilate
Samuel Babcock / 작사: Tate & Brady	Cambridge
Amy Beach / SATB divisi	Festival Jubilate
Simon Bazeck / BCP	Psalm 100
John Blow / 1. BCP 2. BCP 3. BCP	1. Jubilate Deo in A 2. Jubilate Deo in E minor 3. Jubilate Deo in G
Louis Bourgeois / metrical Old Version	All people that on earth do dwell
William Boyce / 1. BCP 2. BCP 3. BCP	1. Te Deum and Jubilate in A (1940) 2. Te Deum and Jubilate in A (1950) 3. Te Deum and Jubilate in C
John Broderip / metrical New Version	With one consent let all the earth
William Byrd	Make ye joy to God
William Child / 1. BCP 2. BCP	1. Jubilate in D 2. Jubilate in E minor
William Bowen Chinner / BCP	Jubilate in E - O Be Joyful in the Lord
Thomas Clark / 1. metrical Old Version 2. BCP 3. metrical version by Isaac Watts 4. metrical New Version 5. metrical version by Isaac Watts	1. All people that on earth do dwell 2. O be joyful in the Lord, all ye lands 3. Sing to the Lord with joyful voice 4. With one consent let all the earth 5. Ye nations round the earth rejoice
John Ireland /BCP	Jubilate Deo in F

John Dowland / 1. metrical Old Version 2. metrical Old Version (1592) 3. Henry Ainsworth version	1. All people that on earth do dwell 2. All people that on earth do dwell 3. Shout to Jehovah, all the earth
Thomas Jarman / 1. metrical New Version 2. metrical version by Isaac Watts	1. With one consent let all the earth 2. Ye nations round the earth rejoice
James Kent / BCP	Jubilate in C
Huub de Lange / Old Version Metrical Psalter	All people that on earth do dwell
Felix Mendelssohn / BCP	Jubilate Deo, Op. 69, No. 2
James Nares	Morning canticles in C
Henry Purcell	1. Jubilate Deo, Z 230/4 2. Te Deum and Jubilate in D, Z 232
Benjamin Rogers / BCP	Jubilate in D
Lawrence Sisk	Psalm 100
Charles Villiers Stanford / 1. BCP 2. BCP	1. Jubilate in B flat, Op. 10 2. Te Deum and Jubilate in C, Op. 115
Simon Stubbs / metrical Psalter	Psalm 100
Arthur Sullivan / BCP	Jubilate in D
Christopher Upton / BCP	Jubilate Deo
arr. Adriano Wall / BCP	Jubilate Deo
Thurlow Weed / metrical Psalter	O be ye joyful in the Lord
Samuel Sebastian Wesley / 1. BCP 2. BCP	1. Jubilate in F 2. Jubilate Deo in G
Charles Wood / BCP	Jubilate in A flat

50 Cantate Domino canticum novum : 시편 96(95), 98(97), 149

cantate : canto(노래하다)의 현재 명령법 능동태 2인칭 복수형
Domino : 주님께(dominus의 여격 단수형; 남성)
canticum : 노래를(canticum의 대격 단수형; 중성)
novum : 새로운(novus의 대격 단수형; 남성)

Cantate Domino canticum novum은 시편 중 96(95), 98(97), 149의 1절에 나타나며, 다른 성경에는 유일하게 〈이사 42,10〉에서 확인할 수 있다. 그 뜻은 **"주님께 노래하여라, 새로운 노래를"** 이다. 다음의 성경 구절들로 앞서 언급한 내용을 확인해본다.

시편 96(95),1.2

1 Cantate Domino canticum novum, cantate Domino omnis terra. 2 Cantate Domino, benedicite nomini eius, annuntiate de die in diem salutare eius.

1 주님께 노래하여라, 새로운 노래를. 주님께 노래하여라, 온 세상아. 2 주님께 노래하여라, 그 이름을 찬미하여라. 나날이 선포하여라, 그분의 구원을.

시편 98(97),1.2

1 Cantate Domino canticum novum quia mirabilia fecit. Salvavit sibi dextera eius, et brachium sanctum eius. 2. Notum fecit Dominus salutare suum, in conspectu gentium revelavit iustitiam suam.

1 주님께 노래하여라, 새로운 노래를. 그분께서 기적들을 일으키셨다. 그분의 오른손이, 그분의 거룩한 팔이 승리를 가져오셨다. 2 주님께서 민족들의 눈앞에 당신의 구원을 알리셨다. 당신의 정의를 드러내 보이셨다.

시편 149,1.2

1 alleluia Cantate Domino canticum novum laus eius in ecclesia sanctorum. 2 Lætetur Israel in eo, qui fecit eum, et filii Sion exsultent in rege suo.

1 할렐루야! 주님께 노래하여라, 새로운 노래를. 충실한 이들의 모임에서 찬양 노래 불러라. 2 이스라엘은 자기를 지으신 분 안에서 기뻐하고 시온의 아들들은 자기네 임금님 안에서 즐거워하리라.

이사 42,10

10 Cantate Domino canticum novum laus eius ab extremis terræ; qui descenditis in mare, et plenitudo eius, insulæ et habitatores earum

10 주님께 노래하여라, 새로운 노래를. 땅끝에서부터 그분께 찬양을 드려라. 바다와 그를 채운 것들, 섬들과 그 주민들은 소리를 높여라.

현재 로마 가톨릭 교회에서 시편 96(95)와 98(97)의 1절이 포함된 미사 고유문을 채택한 전례일과 해당 고유문을 살펴본다.

■ 96(95)

● 연중 제3주일

입당송 시편 96(95),1.6

Cantáte Domino cánticum novum, cántate Dómino omnis terra. Confessio et pulchritúdo in conspéctu eius, sánctitas et magnificéntia in sanctificatióne eius.

주님께 노래하여라, 새로운 노래. 주님께 노래하여라, 온 세상아. 존귀와 위엄이 그분 앞에 있고, 권능과 영화가 그분 성소에 있네.

● 주님 성탄 대축일 밤 미사

화답송 시편 96(95),1-2ㄱ.2ㄴ-3.11-12.13 (◎ 루카 2,11 참조)

◎ 오늘 우리 구원자 주 그리스도 태어나셨다.
○ 주님께 노래하여라, 새로운 노래. 주님께 노래하여라, 온 세상아. 주님께 노래하여라, 그 이름 찬미하여라. ◎
○ 나날이 선포하여라, 그분의 구원을. 전하여라, 겨레들에게 그분의 영광을, 모든 민족들에게 그분의 기적을. ◎
○ 하늘은 기뻐하고 땅은 즐거워하여라. 바다와 그 안에 가득 찬 것들은 소리쳐라. 들과 그 안에 있는 것도 모두 기뻐 뛰고, 숲속의 나무들도 모두 환호하여라. ◎
○ 그분이 오신다. 주님 앞에서 환호하여라. 세상을 다스리러 그분이 오신다. 그분은 누리를 의롭게, 민족들을 진리로 다스리신다. ◎

● 연중 제2주일 다해

화답송 시편 96(95),1-2ㄱ.2ㄴ-3.7-8ㄱ.9와 10ㄱㄷ (◎ 3 참조)

◎ 모든 민족들에게 주님의 기적을 전하여라.
○ 주님께 노래하여라, 새로운 노래. 주님께 노래하여라, 온 세상아. 주님께 노래하여라, 그 이름 찬미하여라. ◎
○ 나날이 선포하여라, 그분의 구원을. 전하여라, 겨레들에게 그분의 영광을, 모든 민족들에게 그분의 기적을. ◎
○ 주님께 드려라, 뭇 민족의 가문들아. 주님께 드려라, 영광과 권능을. 주님께 드려라, 그 이름의 영광을. ◎
○ 거룩한 차림으로 주님께 경배하여라. 온 세상아, 그분 앞에서 무서워 떨어라. 겨레들에게 말하여라. "주님은 임금이시다. 그분은 민족들을 올바르게 심판하신다." ◎

■ 98(97)

• 부활 제5주일

《제2차 바티칸 공의회(1962-65)》 이전 입당송 원형은 다음과 같으며 현재는 입당송 후렴 Ant. ad introitum만 남고 나머지는 모두 제외하였다.

입당송 시편 98(97),1-2

Ant. ad introitum Cantáte Dómino cánticum novum, (allelúia): quia mirabília fecit Dóminus, (allelúia): ante conspéctum géntium revelávit iustítiam suam, allelúia, (allelúia, allelúia)[123]

주님께 노래하여라, 새로운 노래를, (알렐루야): 주님이 기적들을 일으키셨네. (알렐루야): 민족들의 눈앞에 당신 정의 드러내셨네. 알렐루야, (알렐루야, 알렐루야)

시편 구절 98(97),1

Salvávit sibi déxtera eius: et bráchium sanctum eius.

그분의 오른손이, 그분의 거룩한 팔이 승리를 가져오셨다.

Gloria Patri (영광송)

Ant. ad introitum Cantáte Dómino ...

• 한국 교회의 수호자 원죄 없이 잉태되신 복되신 동정 마리아 대축일(12/8)

화답송 시편 98(97),1.2-3ㄱㄴ.3ㄷㄹ-4 (◎ 1ㄱㄴ)

◎ 주님께 노래하여라, 새로운 노래. 그분이 기적들을 일으키셨네.

C 주님께 노래하여라, 새로운 노래. 그분이 기적들을 일으키셨네. 그분의 오른손이, 거룩한 그 팔이 승리를 가져오셨네. ◎

○ 주님은 당신 구원을 알리셨네. 민족들의 눈앞에 당신 정의를 드러내셨네. 이스라엘 집안을 위하여, 당신 자애와 진실을 기억하셨네. ◎

○ 우리 하느님의 구원을, 온 세상 땅끝마다 모두 보았네. 주님께 환성 올려라, 온 세상아. 즐거워하며 환호하여라, 찬미 노래 불러라. ◎

---

123) 《바티칸 II》 이후 알렐루야의 횟수가 줄어 괄호 부분은 하지 않는다.

- **주님 성탄 대축일 낮 미사**

화답송   시편 98(97),1.2-3ㄱㄴ.3ㄷㄹ-4.5-6 (◎ 3ㄷㄹ)

◎ 우리 하느님의 구원을 온 세상 땅끝마다 모두 보았네.
○ 주님께 노래하여라, 새로운 노래. 그분이 기적들을 일으키셨네. 그분의 오른손이, 거룩한 그 팔이 승리를 가져오셨네. ◎
○ 주님은 당신 구원을 알리셨네. 민족들의 눈앞에 당신 정의를 드러내셨네. 이스라엘 집안을 위하여, 당신 자애와 진실을 기억하셨네. ◎
○ 우리 하느님의 구원을, 온 세상 땅끝마다 모두 보았네. 주님께 환성 올려라, 온 세상아. 즐거워하며 환호하여라, 찬미 노래 불러라. ◎
○ 비파 타며 주님께 찬미 노래 불러라. 비파에 가락 맞춰 노래 불러라. 쇠 나팔 뿔 나팔 소리에 맞춰, 임금이신 주님 앞에서 환성 올려라. ◎

- **연중 제28주일 다해**

화답송   시편 98(97),1.2-3ㄱㄴ.3ㄷㄹ-4 (◎ 2 참조)

◎ 주님은 당신 구원을 민족들의 눈앞에 드러내셨네.
○ 주님께 노래하여라, 새로운 노래. 그분이 기적들을 일으키셨네. 그분의 오른손이, 거룩한 그 팔이 승리를 가져오셨네. ◎
○ 주님은 당신 구원을 알리셨네. 민족들의 눈앞에 당신 정의를 드러내셨네. 이스라엘 집안을 위하여, 당신 자애와 진실을 기억하셨네. ◎
○ 우리 하느님의 구원을, 온 세상 땅끝마다 모두 보았네. 주님께 환성 올려라, 온 세상아. 즐거워하며 환호하여라, 찬미 노래 불러라. ◎

- **부활 제6주일 나해** : 연중 제28주일 다해 미사 화답송과 시편 구절이 같음

화답송   시편 98(97),1.2-3ㄱㄴ.3ㄷㄹ-4 (◎ 2 참조)

◎ 주님은 당신 구원을 민족들의 눈앞에 드러내셨네.
또는
◎ 알렐루야.

- **민족들의 복음화를 위한 미사**[124] : 주님 성탄 대축일 낮 미사 화답송과 시편 구절이 같음

화답송   시편 98(97),1.2-3ㄱㄴ.3ㄷㄹ-4.5-6 (◎ 2 참조 또는 3ㄷㄹ)

◎ 주님은 민족들의 눈앞에 당신 정의를 드러내셨네.
또는
◎ 우리 하느님의 구원을 온 세상 땅끝마다 모두 보았네.

---

[124] 로마 미사 경본 | 여러 상황이나 필요에 따라 드리는 기원 미사와 기도 中 18번 미사

149

- 부활 제6주간 월요일   • 1월 12일 혹은 주님 공현 대축일 후 토요일

화답송   시편 149,1ㄴㄷ-2.3-4.5-6ㄱ과 9ㄴ(◎ 4ㄱ)

◎ 주님은 당신 백성을 좋아하신다. (또는 ◎ 알렐루야.〔부활 시기에만〕)

○ 주님께 노래하여라, 새로운 노래. 충실한 이들의 모임에서 찬양 노래 불러라. 이스라엘은 자기를 지으신 분을 모시고 기뻐하고, 시온의 아들들은 임금님을 모시고 즐거워하여라. ◎

○ 춤추며 그분 이름을 찬양하고, 손북 치고 비파 타며 찬미 노래 드려라. 주님은 당신 백성을 좋아하시고, 가난한 이들을 구원하여 높이신다. ◎

○ 충실한 이들은 영광 속에 기뻐 뛰며, 그 자리에서 환호하여라. 그들은 목청껏 하느님을 찬송하리라. 그분께 충실한 모든 이에게 영광이어라. ◎

주요 작곡가

Cantate Domino가 포함된 세 시편은 주님을 찬양하는 음악적 가사로 수많은 작곡가들이 곡을 썼다. 번역 가사인 경우, 일반적으로 해당 언어 혹은 시편 수로 곡명을 붙인다.

시편 96(95)

▶ 라틴어

- Giovanni Gabrieli (c.1554/57-1612)
  ‣ à 6 SATTBB, 1-2절
  ‣ à 8 SATB.SATB, 1-2절
- Hans Leo Haßler (1564-1612)
  ‣ à 4 SATB or TTBB, 1-3절
  ‣ à 5 SSATB, 1-4절
  ‣ à 12 SSAT.SATB.ATBB, 1-4절
- Orlande de Lassus / Lasso (1532/30-1594)
  ‣ à 3 STB or CTB, 1-2절
  ‣ à 6 SSATTB, 1-9a절
- Heinrich Schütz (1585-1672) ‣ SATB×2, 1-2절
- Dietrich Buxtehude (c.1637-1707) ‣ 1절만
- Vytautas Miskinis (b.1954~)
- Arvo Pärt (b.1935~)
- Mariano Garau (b.1959~)

▶ 기타 언어

- Henry Purcell (1659-1695)
  ‣ SATB + SA 듀엣과 Bass solo, 1-6.9.10절, 영어
- Antonín Dvořák (1841-1904)
  ‣ Biblické Písně(Biblical songs), Op. 99 No. 10, 'Zpívejte Hospodinu píseň novou', 16c 체코어
    (Ps. 98(97),1.4-5.7-8 + Ps. 96(95),11-12)
- John Rutter (b.1945~)
  ‣ 라틴어 + 영어

■ 시편 98(97)

▶ 라틴어

- Orlande de Lassus / Lasso (1532/30-94)
- Claudio Monteverdi (1567세례-1643)
  ▸ *Ps. 98(97),1a.4b.5b + Ps. 96(95),2a*
- Johann Crüger (1598-1662)
- Hans Leo Haßler (1564-1612)
  ▸ à 4 SATB (4-6ㄱ절)
  ▸ à 6 SSATTB 혹은 AATTBB (4-7절)
- Théodore Dubois (1837-1924)

▶ 독일어

- Heinrich Schütz (1585-1672)
  ▸ Singet dem Herrn ein neues Lied, SWV 35
  ▸ Singet dem Herrn ein neues Lied, SWV 196 - Psalmen Davids Op. 2, No. 14
- Johann Pachelbel (1653 세례-1706)
- Felix Mendelssohn (1809-1847)
  ▸ 합창과 관현악을 위한 시편들 中 No. 5 *Ps. 98(97)*, Op. 91
- Hugo Distler (1908-1942)
- Tim Blickhan (b.1945~)

■ 시편 149

▶ 라틴어

- William Byrd (c.1539/40 or 1543-1623)
- Giovanni Francesco Anerio (1569-1630)
- Giuseppe Pitoni (1657-1743)
- Heinrich Schütz (1585-1672)
  ▸ SWV 81, SATB (1-3절)
- Rupert Lang (b.1948~)

▶ 독일어

- Johann Sebastian Bach (1685-1750)
  ▸ Singet dem Herrn ein neues lied, BWV 255 (*Ps. 149(148),1-3 + Ps. 150(149),2.6*)
- Heinrich Schütz (1585-1672)
  ▸ Die heilige Gemeine, SWV 254 SATB

▶ 기타 언어

- Josu Elberdin (b.1976~) ▸ 영어 + 바스크어
- Antonín Dvořák (1841-1904) ▸ *Ps. 149(148)*, Op. 79, 체코어
- Thomas Tomkins (1572-1656)
  ▸ O sing unto the Lord a new song, à 7 SSAATBB, 영어

51　Laudate Dominum : 시편 117(116), 135(134), 147(146-147), 148, 150

laudate : laudo(찬양하다)의 현재 명령법 능동태 2인칭 복수형
Dominum : 주님을(dominus의 대격 단수형; 남성)

Laudate Dominum은 시편 중 117(116),1; 135(134),3; 147(146-147),1; 148,1.7; 150,1 에서 나타나며, 다른 성경에는 유일하게 〈예레 20,13〉에서 확인할 수 있다. 그 뜻은 "주님을 찬양하여라" 이다. 다음의 성경 구절들로 앞서 언급한 내용을 확인해본다.

시편 117(116),1

1 Laudate Dominum omnes gentes; collaudate eum, omnes populi.
1 주님을 찬양하여라, 모든 민족들아. 주님을 찬미하여라, 모든 겨레들아.

시편 135(134),3

3 Laudate Dominum quia bonus Dominus; psallite nomini eius, quoniam suave.
3 주님을 찬양하여라, 주님께서는 좋으시다. 그 이름에 찬미 노래 불러라, 그 이름 감미로우시다.

시편 147(146-147),1

1 Alleluia laudate Dominum quoniam bonum est psallere Deo nostro, quoniam iucundum est celebrare laudem.
1 할렐루야! 좋기도 하여라, 우리 하느님께 찬미 노래 부름이. 즐겁기도 하여라, 그분께 어울리는 찬양을 드림이.

시편 148,1.7

1 Alleluia laudate Dominum de cælis; laudate eum in excelsis. 7 Laudate Dominum de terra, dracones et omnes abyssi.
1 할렐루야! 주님을 찬양하여라, 하늘로부터. 주님을 찬양하여라, 높은 데에서. 7 주님을 찬미하여라, 땅으로부터. 용들과 깊은 모든 바다들아.

시편 150,1

1 Alleluia laudate Dominum in sanctuario eius, laudate eum in firmamento virtutis eius.
1 할렐루야! 주님을 찬양하여라, 그분의 성소에서. 주님을 찬양하여라, 그분의 웅대한 창공에서.

예레 20,13

13 Cantate Domino, laudate Dominum, in sanctuario eius, laudate eum in firmamento virtutis eius.
13 주님께 노래 불러라! 주님을 찬양하여라! 그분께서 가난한 이들의 목숨을 악인들의 손에서 건지셨다.

현재 로마 가톨릭 교회에서 시편 117(116)과 147(146-147)을 미사 고유문으로 채택한 전례일과 해당 고유문을 살펴본다.

■ 시편 117(116)

- 사순 제3주간 월요일
- 연중 제34주일

영성체송　　　　　　　　　　　　　　　　　　　　　　　　　　　시편 117(116),1.2

Laudáte Dóminum, omnes gentes, quóniam confirmáta est super nos misericórdia eius.
주님을 찬양하여라, 모든 민족들아. 우리 위한 주님 사랑 굳건하여라.

- 민족들의 복음화를 위한 미사[125], 나양식

영성체송　　　　　　　　　　　　　　　　　　　　　　　　　　　시편 117(116),1-2

Laudáte Dóminum omnes gentes, collaudáte eum, omnes pópuli; quóniam confirmáta est super nos misericórdia eius, et veritas Domini manet in ætérnum.
주님을 찬양하여라, 모든 민족들아. 주님을 찬미하여라, 모든 겨레들아. 우리 위한 주님 사랑 굳건하여라. 주님의 진실하심 영원하여라.

- 연중 제9주일 다해
- 연중 제21주일 다해
- 성 프란치스코 하비에르 사제 대축일(12/3)

화답송　　　　　　　　　　　　　　　　　시편 117(116),1.2ㄱㄴ (◎ 마르 16,15 참조)

◎ 너희는 온 세상에 가서 복음을 선포하여라.
○ 주님을 찬양하여라, 모든 민족들아. 주님을 찬미하여라, 모든 겨레들아. ◎
○ 우리 위한 주님 사랑 굳건하여라. 주님의 진실하심 영원하여라. ◎

- 연중 제5주일 (G.R. 1974)

복음 환호송

◎ 알렐루야
○ Laudáte Dóminum omnes gentes; et collaudáte eum, omnes pópuli. Allelúia.
주님을 찬양하여라, 모든 민족들아. 주님을 찬미하여라, 모든 겨레들아. ◎

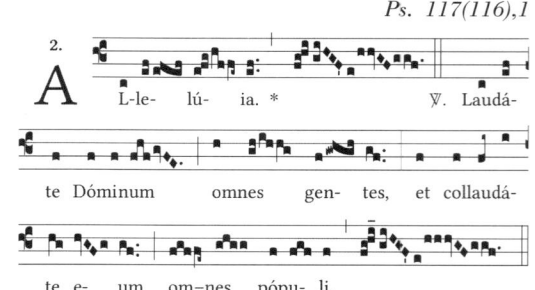

Ps. 117(116),1

---

125) 로마 미사 경본 | 여러 상황이나 필요에 따라 드리는 기원 미사와 기도 中 18번 미사

■ 시편 135(134)

● 연중 제13주간 토요일 홀수해

화답송 시편 135(134),1ㄴㄷ-2.3-4.5-6(◎ 3ㄱ)

◎ 주님을 찬양하여라, 좋으신 주님.

○ 찬양하여라, 주님의 이름을. 찬양하여라, 주님의 종들아. 주님의 집에 서 있는 이들아. 우리 하느님의 집 뜰에 서 있는 이들아. ◎

○ 주님을 찬양하여라, 좋으신 주님. 찬미 노래 불러라, 정겨운 그 이름. 주님은 야곱을 뽑으시어, 이스라엘을 당신 소유로 삼으셨네. ◎

○ 정녕 나는 아노라, 위대하신 주님. 모든 신들 위에 뛰어나신 우리 주님. 하늘에서나 땅에서나, 바다에서나 심연에서나, 주님은 바라시는 것 모두 이루시네. ◎

● 사순 제4주일 (G.R. 1974)

봉헌송

Laudáte Dóminum, quia benígnus est;
psállite nómini ejus, quóniam suávis est:
ómnia quæcúmque vóluit Dominus fecit,
in cælo et in terra

주님을 찬양하여라, 주님께서는 좋으시다. 그 이름에 찬미 노래 불러라, 그 이름 감미로우시다. 주님께서는 마음에 드시는 것은 무엇이나 하늘에서도 땅에서도 이루신다.

Ps. 135(134),3.6

■ 시편 147(146-147)

● 연중 제5주일 나해

화답송 시편 147(146-147),1ㄴㄷ-2.3-4.5-6 (◎ 3ㄱ 참조)

◎ 주님을 찬미하여라. 주님은 마음이 부서진 이를 고쳐 주신다.

○ 우리 하느님을 찬송하니 좋기도 하여라. 마땅한 찬양을 드리니 즐겁기도 하여라. 주님은 예루살렘을 세우시고, 흩어진 이스라엘을 모으시네. ◎

○ 주님은 마음이 부서진 이를 고치시고, 그들의 상처를 싸매 주시네. 별들의 수를 정하시고, 낱낱이 그 이름 지어 주시네. ◎

○ 우리 주님은 위대하시고 권능이 넘치시네. 그 지혜는 헤아릴 길 없네. 주님은 가난한 이를 일으키시고, 악인을 땅바닥까지 낮추시네. ◎

- **대림 제1주간 토요일** : 연중 제5주일 나해 미사 화답송과 시편 구절이 같음

화답송　　　　　　　　　　　　　　시편 147(146-147),1ㄴㄷ-2.3-4.5-6(◎ 이사 30,18 참조)
◎ 주님을 기다리는 이는 모두 행복하여라!

■ **시편 148**

- 부활 제6주간 수요일
- 연중 제19주간 월요일 짝수해

화답송　　　　　　　　　　　　　　　　시편 148,1ㄴㄷ-2.11-13ㄱㄴ.13ㄷ-14ㄱㄴㄷ
◎ 주님의 영광 하늘과 땅에 가득하네.
또는
◎ 알렐루야. (부활 시기에만)
○ 하늘 위에서 주님을 찬양하여라. 높은 데에서 주님을 찬양하여라. 모든 천사들아, 주님을 찬양하여라. 모든 군대들아, 주님을 찬양하여라. ◎
○ 세상 임금들과 모든 민족들, 고관들과 세상의 모든 판관들아, 총각들과 처녀들도, 노인들과 아이들도, 주님 이름을 찬양하여라. 그 이름 홀로 높으시다. ◎
○ 주님의 위엄 하늘과 땅에 가득하시다. 그분이 당신 백성 위하여 뿔을 높이셨네. 그분께 충실한 모든 이, 그분께 가까운 백성, 이스라엘 자손들은 찬양하여라. ◎

■ **시편 150**

- 연중 제23주간 목요일 홀수해

화답송　　　　　　　　　　　　　　　　　시편 150,1ㄴㄷ-2.3-4.5-6ㄱ(◎ 6ㄱ)
◎ 숨 쉬는 것 모두 다 주님을 찬양하여라.
○ 거룩한 성소에서 하느님을 찬양하여라. 웅대한 창공에서 주님을 찬양하여라. 위대한 일 이루시니 주님을 찬양하여라. 그지없이 크시오니 주님을 찬양하여라. ◎
○ 뿔 나팔 불며 주님을 찬양하여라. 수금과 비파 타며 주님을 찬양하여라. 손북 치고 춤추며 주님을 찬양하여라. 거문고 뜯고 피리 불며 주님을 찬양하여라. ◎
○ 바라 소리 낭랑하게 주님을 찬양하여라. 바라 소리 우렁차게 주님을 찬양하여라. 숨 쉬는 것 모두 다 주님을 찬양하여라. ◎

- **연중 제33주간 수요일 짝수해** : 연중 제23주간 목요일 홀수해 화답송과 시편 구절이 같음

화답송　　　　　　　　　　　　　　　시편 150,1ㄴㄷ-2.3-4.5-6ㄱ(◎ 묵시 4,8ㄷ)
◎ 거룩하시다, 거룩하시다, 거룩하시다, 전능하신 주 하느님.

🎼 주요 작곡가

Laudate Dominum이 포함된 다섯 시편들은 주님을 찬양하는 음악적 가사로 수많은 작곡가들이 라틴어를 비롯한 여러 언어로 곡을 썼다. 이 다섯 시편의 곡명이 단순히 'Laudate Dominum'이라고만 되어 있는 경우, 가사가 어느 시편인지 곡명만으로는 알 수 없기에 가사와 시편들을 비교하여 확인해야 한다. 많이 알려진 곡들은 대부분 시편 117(116)을 가사로 작곡된 작품이다. 종종 두 편을 섞어서 작곡하기도 한다.

시편 117(116)과 147(146)[92], 150의 대표적인 작품들과 그 작곡가를 소개한다. 특별한 언급이 없으면 라틴어 가사다.

■ 시편 117(116)

- Thomas Tallis (c.1505-1585)
- Orlande de Lassus / Lasso (1532/30-94)
- Felice Anerio (c.1560-1614)
- Tomas Luis de Victoria (c.1548-1611)
  - ▸ à 4 SATB
  - ▸ à 8 SATB×2
- Giovanni Pierluigi da Palestrina (c.1525-1594)
- William Byrd (c.1539/40 or 1543-1623)
  - ▸ Latin
  - ▸ Praise our Lord all ye Gentiles, 영어
- Hans Leo Haßler (1564-1612)
- Thomas Tomkins (1572-1656)
  - ▸ O Praise the Lord, ye all the heathen, à 12, 영어
- Giuseppe Pitoni (1657-1743)
- Marc-Antoine Charpentier (1643-1704)
- George Frideric Handel (1685-1759)
- Jan Dismas Zelenka (1679-1745)
- Georg Philip Telemann (1681-1767)
- Johann Sebastian Bach (1685-1750)
  - ▸ Lobet den Herrn, BWV 230, 독일어
- Claudio Monteverdi (1567세례-1643)
  - ▸ SV 272, SV 273, SV 274
- Antonio Vivaldi (1678-1741)
- Wolfgang Amadeus Mozart (1756-91)
  - ▸ Vespære solennes de confessore, KV 339 中 No. 5
- Charles Gounod (1818-1893)
- Lorenzo Perosi (1872-1956)

■ 시편 147(146)

- Orlande de Lassus / Lasso (1532/30-1594)
- Michel-Richard de Lalande (1657-1726)
- Melchior Vulpius (c.1570-1615)
- Heinrich Schütz (1585-1617)
  - ▸ Zu Lob und Ehr mit Freuden singt, SWV 252, 독일어

■ 시편 150

- Gregor Aichinger (c.1565-1628)
- Heinrich Schütz (1585-1672)
  - ▸ Alleluja! Lobet den Herrn, SWV 38, 독일어
- Claudio Monteverdi (1567세례-1643)
  - ▸ Laudate Dominum in sanctis eius, SV 287
- Benjamin Britten (1913-1976)

52. Kyrie(Κύριε)가 없는 미사곡이 있다.

■ **Kyrie(Κύριε)의 유래**

Kύριε키리에는 '주인, 군주'라는 뜻을 가진 코이네 그리스어 Κύριος키리오스의 호격, 즉 "주인(군주)이시여"라는 뜻이다. 現 그리스어에서는 대개 어른 남자 이름 뒤에 붙여 쓴다. 우리말로는 '아무개 씨' 정도로 이해하면 된다. 여기에 "**자비를 베푸소서**"라는 뜻을 가진 코이네 그리스어인 ἐλεέω엘레에오의 명령법 능동태 2인칭 단수형 ἐλέησον엘레이손을 붙여 다음과 같은 짧은 문장이 만들어진다.

> 그리스어 : Κύριε ἐλέησον
> 로마자 전사轉寫 : Kyrie eleison

이렇게 원 뜻을 설명한 이유는 처음부터 그리스도교의 전례에서 불리지 않았다는 사실을 설명하기 위함이다. 본래 이 말은 고대 로마나 그리스 사회에서 군중들이 신이나 황제, 개선장군을 환영하는 환호송이었다. 또한, 태양신을 섬기던 고대 동방인들은 아침에 떠오르는 태양을 향하여 절하면서 "Kyrie eleison" 하고 외치기도 하였다.

초대 교회 교우들이 쓰던 하느님의 이름, 히브리어 יהוה야훼의 그리스어 표현이 Kyrie이다. 그래서 Kyrie eleison을 그리스도교에서도 쓰기 시작했는데 우리말 번역은 다음과 같다.

> 한국 천주교 번역 : 주님, 자비를 베푸소서
> 대한 성공회, 한국 정교회 번역 : 주여, 우리를 불쌍히 여기소서

그리스도교는 동방교회의 호칭기도Litaniæ에 도입되었고, 4c 중엽 이후로 안티오키아-예루살렘 전례에서 부제가 하는 호칭 기도의 응답으로 미사 때 처음 사용되었다. 주례자가 하느님 앞에서 공동체를 대표하여 본기도를 바치기 전에 교우들도 그 기도에 함께 한다는 뜻으로 청원 기도를 하였고, 이 기도에 대한 응답으로 우리의 부당함과 연약함을 탄원하여 "Kyrie eleison"이라고 했다.

서방교회에는 교황 聖 젤라시오 1세*St. Gelasius PP. I*(재위 492-496)에 의해 들어왔는데, 말씀의 전례 끝에 하는 옛 간청 기도를 대체하기 위해서였다. 하지만 로마 전례에서는 성찬 기도 중에 교회를 위한 기도와 함께 청원 기도가 첨가되었고, 게다가 봉헌 전 교우들의 기도도 발달하게 되어 간청 기도는 모두 사라지고 Kyrie eleison만 남게 되었다. 이후 聖 그레고리오 대교황*St. papa Gregorius Magnus*(재위 590-604) 때 전례 개혁을 하면서 "Christe eleison"이라는 문구가 추가된다. 정교회는 이 문구를 쓰지 않는다.

> 그리스어 : Χριστὲ ἐλέησον   로마자 전사轉寫 : Christe eleison

> 한국 천주교 번역 : 그리스도님, 자비를 베푸소서
> 대한 성공회 번역 : 그리스도여, 우리를 불쌍히 여기소서

아래와 같이 세 번씩 이 기도를 외우는 것은 8c 경 프랑크(現 프랑스 지역)에서 시작되었고 《제2차 바티칸 공의회(1962-65)》 전례 개혁 전까지 계속 이어졌다.

> Kyrie eleison × 3
> Christe eleison × 3
> Kyrie eleison × 3

《바티칸 II》이후 전례 개혁으로 우리말로 번역된 Kyrie를 부를 수 있게 되었고, 횟수도 세 번 반복에서 두 번으로 줄게 된다. 그러나 다양한 언어와 음악적 특성 또는 상황에 따라 여러 번 되풀이 할 수도 있다.[126] 한국 천주 교회는 1996년 "**불쌍히 여기소서**"를 "**자비를 베푸소서**"로 변경하고 '자비송'으로 이름 지었으며 대한 성공회와 한국 정교회는 "**불쌍히 여기소서**"를 변경 없이 쓰고 있다. 부르는 방법은 아래와 같이 미사 시작 예식에서 사제†와 회중◎이 교송으로 바친다.

한국 천주 교회	대한 성공회
† 주님, 자비를 베푸소서 ◎ 주님, 자비를 베푸소서	† 주여, 불쌍히 여기소서 ◎ 주여, 우리를 불쌍히 여기소서
† 그리스도님, 자비를 베푸소서 ◎ 그리스도님, 자비를 베푸소서	† 그리스도여, 우리를 불쌍히 여기소서 ◎ 그리스도여, 우리를 불쌍히 여기소서
† 주님, 자비를 베푸소서 ◎ 주님, 자비를 베푸소서	† 주여, 불쌍히 여기소서 ◎ 주여, 우리를 불쌍히 여기소서

일반적으로 동방교회에서 코이네 그리스어로 작곡한 전례용 성가들이 서방교회에 전해지면서 라틴어로 번역되어 불리는 경우(예: 대영광송)가 대부분이었지만 미사 중 Kyrie 만큼은 코이네 그리스어 그대로 받아들여 지금에 이르고 있다.

■ **Kyrie의 트로푸스Tropus化**

聖 그레고리오 대교황이 전례를 확립하면서 《로마 전례》는 7c 초부터 급속히 전 서방교회로 확산되었는데, 그런 가운데서도 각 나라나 지방, 또 교회는 교구나 관구에 따라 조금씩 변형 적용이 허용되었다. 그 대표적인 예가 오늘날에도 인정되고 있는 밀라노 교구의 《암브로시오 전례》다. 또한, 르네상스 시대 영국에서 가장 영향력이 컸던 전례가 솔즈베리Salisbury 교구 주교좌 성당을 중심으로 발전한 《사룸 전례Sarum Rite》다. 이 전례의 특징 중 하나가 Kyrie를 트로푸스Tropus化 했다는 것이다. 이 의미를 이해하기 위해 트로푸스를 간략히 소개한다.

---

126) 로마 미사 경본 총지침 52항 참조

52 Kyrie(Κύριε)가 없는 미사곡이 있다.

중세에 들어와 그레고리오 성가의 전성기를 맞이한다. 그레고리오 성가는 본래 미사 통상문이 아니라 고유문부터 만들어지기 시작했다. 이런 가운데 기념하는 성인들의 숫자가 점점 늘어나고 성모님의 축일들도 여럿 생기면서 전례력이 축일들로 가득 차게 되어 교회는 각 축일과 행사를 위한 미사와 성무일도에서 부를 새로운 성가들이 필요했다. 이 성가들은 새로이 작곡되기도 했지만, 기존 그레고리오 성가에 새로운 가사나 선율을 첨가하거나 제외 혹은 다른 가사로 변경하는 방식을 취하기도 했다. 이러한 방식을 트로푸스Tropus라고 부른다. [16장 참조]

미사곡을 통작通作할 때 일반적으로 Kyrie, Gloria, Credo, Sanctus, Agnus Dei 이렇게 5개의 미사 통상문으로 작곡하는데 《사룸 전례》에 영향받은 16c 초중반의 작품들은 Kyrie를 작곡에 포함시키지 않았다. 그 이유는 트로푸스에서 찾을 수 있다. 《사룸 전례》에서는 Kyrie 중간에 특정 축일에 관련한 짧은 문구를 삽입하여 Kyrie를 트로푸스화했다. 이는 통상문이었던 Kyrie가 고유문화되었다는 것을 알 수 있고 고유문은 통상문으로 구성된 미사곡에 포함하지 않기에 제외되었다. 오해하지 말아야 할 것은 미사에서 Kyrie가 제외된 것은 아니다. 여기서 '**고유문화**'를 이해하지 못했다면 5장으로 돌아간다. 그럼 트로푸스 Kyrie의 예를 보면서 악보상 삽입된 가사를 확인해 보자.

첫 번째 곡은 부활 시기에 부르던 'Kyrie LUX et ORIGO빛과 근원'이다.

두 번째 곡은 주님 공현 대축일, 성령 강림 대축일, 지극히 거룩하신 그리스도의 성체 성혈 대축일에 부르던 'Kyrie FONS BONITATIS순결한 샘'이다.

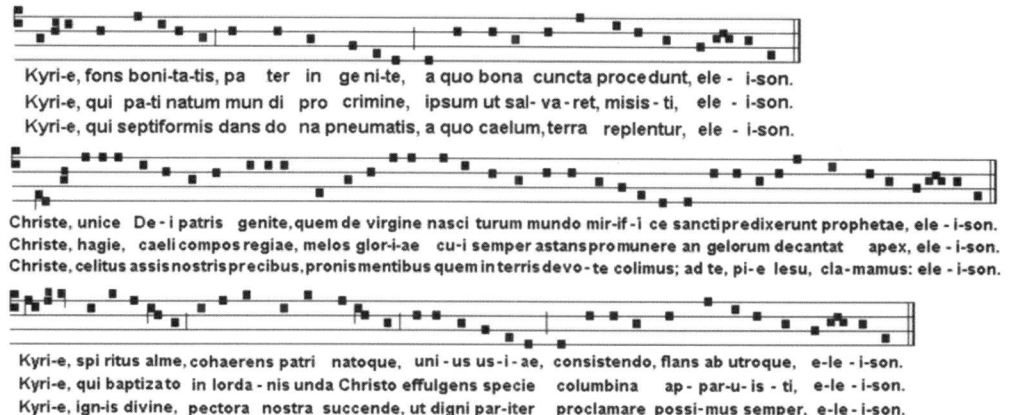

세 번째는 'Missa De Angelis'의 Kyrie를 트로푸스化한 'Kyrie REX ÆTERNO영원한 왕'이다.

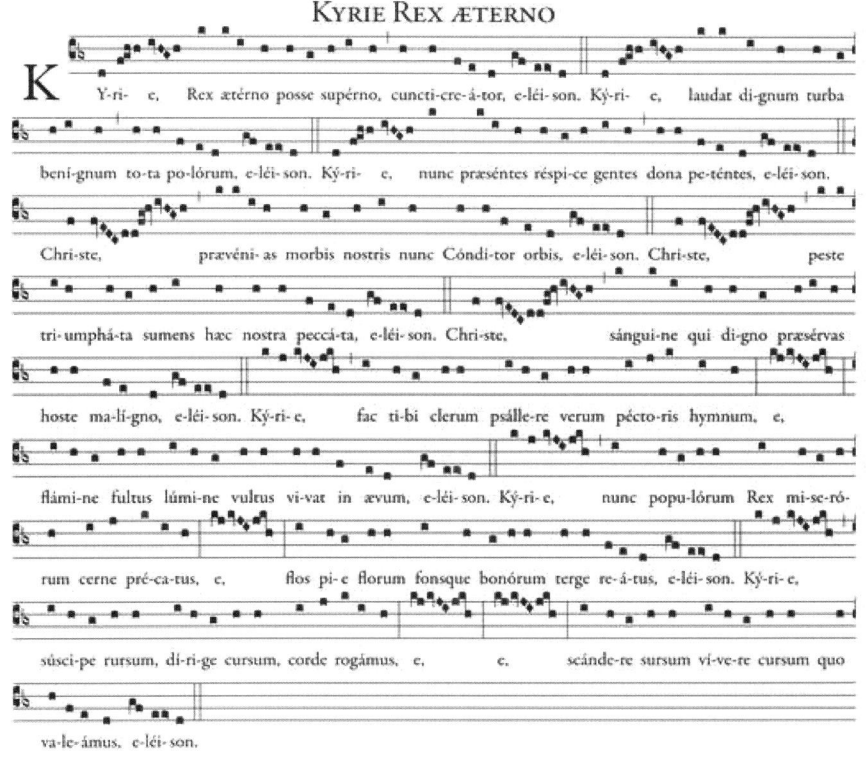

이러한 트로푸스 양식은 영국뿐 아니라 유럽 전역의 지역 전례에서 광범위하게 쓰였으며 부속가Sequentia가 대표적이다. 《트리엔트 공의회(1545-63)》에서 당시 지역 전례별로 제각각이었던 미사 양식을 통일하기로 결의하는데 트로푸스 전례문은 통일의 걸림돌이었다. 동일한 전례에 서로 다른 전례문을 전례 음악의 가사로 사용했기 때문이다. 결국, 1570년 교황 聖 비오 5세St.

52 Kyrie(Κύριε)가 없는 미사곡이 있다.

Pius PP. V(재위 1566-72)는 『로마 미사 경본*Missale Romanum*』을 재정비하는 과정에서 트로푸스 전례문을 정리하는 내용을 포함하여 법전화한 『초세기(*Quo Primum*)』를 반포하고 서방교회 전체가 공통으로 예외 없이 이 양식에 따라 미사를 봉헌할 것을 지시하는 강제성을 부여하였다. 영국은 그보다 먼저 1559년 엘리자베스 1세*Elizabeth I*(재위 1558-1603)에 의해 《사룸 전례》를 공식적으로 폐기했지만 실제로는 종교의 자유가 묵시적으로 허용됐던 탓에 영국 국교회를 거부했던 로마 가톨릭 교회가 살아있었고 1570년 반포된 새로운 M.R.로 대체될 때까지 《사룸 전례》가 유지되었다. 결국 새로운 M.R.로 인해 《사룸 전례》는 자연히 사라지게 되었고 트로푸스化한 Kyrie 역시 명을 다하게 된다.

■ **Kyrie가 없는 미사곡**

미사곡이 Gloria부터 시작한다면 《사룸 전례》 영향하에 있었던 헨리 7세*Henry VII*(재위 1485-1509)부터 메리 1세*Mary I*(재위 1553-58) 여왕의 집권 시기였던 전기 튜더 왕조 시기의 영국 작곡가들의 미사곡이 대부분이다.

- John Dunstable (c.1390-1453)
  - Missa Rex seculorum

- Robert Fayrfax (1464-1521)
  - Missa Albanus

- John Taverner (c.1490-1545)
  - Missa O Michael
  - Missa Corona spinea
  - Missa Gloria tibi Trinitas
  - Missa Mater Christi sanctissima
  - Missa Sancti Wilhelmi devotio
  - The Western Wynde Mass

- Christopher Tye (c.1505-1573 이전)
  - Missa euge bone
  - The Western Wynde Mass

- John Sheppard (1515-1558)
  - Missa Cantate
  - The Western Wynde Mass

- Thomas Tallis (c.1505-1585)
  - Mass for four voice
  - Missa in Gallicantu
  - Missa Puer natus est nobis

참고로 엘리자베스 1세 시기의 영국 작곡가 William Byrd(c.1539/40 or 1543-1623)의 3,4,5 성부 미사곡들은 『*Quo Primum*』 반포 후 즉, 《사룸 전례》가 폐기된 이후인 1592-94년 사이에 작곡된 작품들이기도 하고, Byrd 자신이 로마 가톨릭 교인이었기에 트로푸스化되지 않은 통상문 Kyrie가 포함되어 있다.

53   십자가의 길(Via Crucis) S. 53, Franz Liszt

Via Crucis (라)
Der Kreuzweg (독)
Stations(Way) of the Cross (영)
십자가의 길

십자가의 길은 예수 그리스도가 십자가형을 받은 날 십자가형 선고부터 갈바리아 산에 이르기까지 일어났던 일련의 장면을 묘사한 것이다. 이러한 장면을 처處(station)라고 하며 그곳을 지나가면서 예수의 수난과 죽음을 묵상하며 바치는 기도를 말한다. 이 기도는 초기 교회 시대에 예루살렘을 순례하던 순례자들이 실제로 빌라도 관저에서 갈바리아 산까지의 거리를 걸으면서 기도드렸던 데서 유래한다. 14c 경부터 프란치스코회에 의해 널리 전파되었는데 15c에 이르러 처의 수와 형태는 달랐으나 예루살렘의 십자가의 길을 재현(복제)하는 야외 처들을 세우기 시작했다. 1688년 교황 인노첸시오 11세*Beatus Innocentius PP. XI* (재위 1676-89)는 이 수도회의 모든 성당에 십자가의 길을 설립하는 것을 허용했고 예수의 수난을 묵상하며 경건하게 이 기도를 바치는 자에게 전대사全大赦를 허락하였다. 1694년 교황 인노첸시오 12세*Innocentius PP. XII* (재위 1691-1700)는 이 특전을 확증했으며, 1726년 교황 베네딕토 13세*Benedictus PP. XIII* (재위 1724-30)는 모든 교우들이 이 특전을 얻을 수 있게 하였다. 1731년 교황 클레멘스 12세*Clemens PP. XII* (재위 1730-40)는 모든 교회에 십자가의 길의 설립을 허용하였고 처의 숫자도 14처로 확정했다. 이렇게 확정된 14처는 다음과 같다.

제1처   예수님께서 사형 선고 받으심 〈마태 27,15-26; 마르 15,6-15; 루카 23,13-25; 요한 18,38-19,16〉
제2처   예수님께서 십자가를 지심 〈요한 19,17〉
제3처*   예수님께서 기력이 떨어져 넘어지심
제4처*   예수님께서 성모님을 만나심
제5처   시몬이 예수님을 도와 십자가를 짐 〈마태 27,32; 루카 23,26〉
제6처*   베로니카, 수건으로 예수님의 얼굴을 닦아드림
제7처*   기력이 다하신 예수님께서 두 번째 넘어지심
제8처   예수님께서 예루살렘 부인들을 위로하심 〈루카 23,27-28〉
제9처*   예수님께서 세 번째 넘어지심
제10처   예수님께서 옷 벗김 당하심 〈마태 27,27-31; 마르 15,16-20; 요한 19,2-3〉
제11처   예수님께서 십자가에 못 박히심 〈마태 27,32-44; 마르 15,21-32; 루카 23,26-43; 요한 19,17-27〉
제12처   예수님께서 십자가 위에서 돌아가심 〈마태 27,45-56; 마태 15,33-41; 루카 23,44-49; 요한 19,28-30〉
제13처   제자들이 예수님 시신을 십자가에서 내림 〈마태 27,59; 마르 15,46; 루카 23,53; 요한 19,38〉
제14처   예수님께서 무덤에 묻히심 〈마태 27,60; 마르 15,46; 루카 23,53; 요한 19,42〉

여기서 확인해 볼 사항은 "과연 이 14처의 내용이 복음서에 기록되어 있는가?"이다. 사실은 위 14처 중 *표시가 되어 있는 3, 4, 6, 7, 9처의 경우 복음서에 없는 꾸며낸 이야기다. 그래서 교황 聖 요한 바오로 2세*St. Ioannes Paulus PP. II*(재위 1978-2005)는 복음서에 나오는 장면들로만 구성된 새로운 십자가의 길을 1991년 성금요일에 처음 시행했다. 그 후 2007년 교황 베네딕토 16세 *Benedictus PP. XVI*(재위 2005-13)에 의해 다음의 14처를 공인한다.

제1처   예수님께서 겟세마니 동산에서 기도하심 〈마태 26,36-46; 마르 14,32-42; 루카 22,38-46〉
제2처   유다에게 배신당하고 잡히신 예수님 〈마태 26,14-16; 마르 14,43-50〉
제3처   예수님께서 최고 의회에서 신문을 받으심 〈마태 26,59-66; 마르 14,55-64; 루카 22,66-71; 요한 18,19-24〉
제4처   예수님께서 베드로에게 부인당하심 〈마태 26,69-75; 마르 14,66-72; 루카 22,54-62; 요한 18,15-18; 요한 18,25-27〉
제5처   예수님께서 빌라도에게 사형 선고 받으심 〈마태 27,15-26; 마르 15,6-15; 루카 23,13-25; 요한 18,38-19,16〉
제6처   고난을 받으시고 가시관을 쓰신 예수 〈마태 27,27-31; 마르 15,16-20; 요한 19,2-3〉
제7처   예수님께서 십자가를 지심 〈요한 19,17〉
제8처   키레네 사람 시몬이 예수님을 도와 십자가를 짐 〈마태 27,32; 루카 23,26〉
제9처   예수님께서 예루살렘 여인들을 만나심 〈루카 23,27-28〉
제10처 예수님께서 십자가에 못 박히심 〈마태 27,32-44; 마르 15,21-32; 루카 23,26-43; 요한 19,17-27〉
제11처 예수님께서 회개하는 죄인에게 낙원을 약속하심 〈루카 23,39-43〉
제12처 예수님께서 성모님을 한 제자에게 맡기심 〈요한 19,25-27〉
제13처 예수님께서 십자가 위에서 돌아가심 〈마태 27,45-56; 마태 15,33-41; 루카 23,44-49; 요한 19,28-30〉
제14처 예수님께서 무덤에 묻히심 〈마태 27,60; 마르 15,46; 루카 23,53; 요한 19,42〉

현재 한국 천주 교회는 과거 전통적인 십자가의 길을 따르고 있다. 그리고 『가톨릭 기도서』에 '**십자가의 길 기도는 아무 때나 바칠 수 있지만, 특별히 사순 시기 금요일과 성금요일에는 마땅히 바쳐야 한다.**'고 규정Rubrica하고 있다.

십자가의 길 작품으로 Liszt 곡을 소개한다. 이 작품의 구성은 솔로(제1, 2, 8처), 합창을 동반한 솔로(제14처), 루터교 코랄 형식(제12처), Bach 마태수난곡(BWV 244)의 코랄들 중 하나(제6처)로 구성되어 있고, 3, 7, 11은 전반부는 남성합창, 후반부는 여성합창으로 세 처가 동일한 형식이다. 오르간 솔로가 연주하는 처는 4, 5, 10, 13이다.

Station, 처	곡명	연주 구성
시작기도	Vexilla Regis / 임금님의 높은 깃발 [37장 참조]	SATB
I	Innocens ergo sum 〈마태 27,24〉 나는 이 사람의 피에 책임이 없소	Bas. Solo
II	Ave Crux / 십자나무여!	Bar. Solo
III	Jesus cadit (1), Stabat Mater (2)	(1) TB (2) S1 Solo, S2 Solo, A Solo
IV	예수님께서 성모님을 만나다.	Organ Solo
V	시몬이 예수님을 대신하여 십자가를 지다.	Organ Solo
VI	O Haupt voll Blut und Wunden 오, 피와 상처로 가득한 머리여! 작사 : Paul Gerhardt, 작곡 : Hans Leo Haßler	SATB
VII	III과 동일	III과 동일
VIII	Nolite flere super me 〈루카 23,28〉 나를 위해 울지 마라	Bar. Solo
IX	III과 동일	III과 동일
X	예수님께서 옷 벗김을 당하시다.	Organ Solo
XI	Crucifige / 십자가에 못박다	TB
XII	Eli, Eli, In manus tuas, Consummatum est (1) O Traurigkeit (2) 엘리, 엘리, 아버지 손에서 다 이루어졌다 (1) 오 슬픔이여 (2)	(1) Bar. Solo (2) SATB
XIII	제자들이 예수님의 시신을 십자가에서 내리다.	Organ Solo
XIV	Vexilla Regis 中 6연 발췌	Mezzo Solo, STB

53 십자가의 길(Via Crucis) S. 53, Franz Liszt

54 복되신 동정녀의 저녁기도 SV 206, Claudio Monteverdi

Vespro della Beata Vergine (이)
Vesperæ Beatæ Mariæ Virginis (라)
Vespers of the Blessed Virgin Mary (영)

언어적 감각이 조금만 있어도 위의 세 언어의 단어들을 매칭시킬 수 있을 것이다. 모두 '복되신 동정녀의 저녁기도'로 번역할 수 있다. 이탈리아어 della는 [di la]의 합성어로 영어로는 [of the]에 해당한다. 이렇게 곡명을 자세히 들여다본 이유는 이 작품에서 쓰인 '복되신 동정녀 (마리아)의'라는 전례적 개념을 정확히 이해해야 하기 때문이다.

특정한 대상을 위한 미사나 성무일도를 〈공통communia〉 미사, 〈공통〉 성무일도라 하는데 『로마 미사 경본』과 『성무일도』에서 규정한 '특정한 대상'은 다음과 같이 구분한다.

▷ 성당 봉헌 공통
▷ **복되신 동정 마리아 공통 (성모 공통)**
▷ 순교자 공통
▷ 목자 공통
▷ 교회 학자 공통
▷ 동정녀 공통
▷ 성인·성녀 공통

여기서, Monteverdi(1567세례-1643)의 저녁기도는 **성모 공통**에 해당한다. 그는 복되신 동정 마리아 공통 성무일도 중 저녁기도의 순서대로 시작기도, 시편들, 찬미가, 마니피캇 등을 작곡했다. 그런데 사실 이 곡이 복되신 동정 마리아 공통 저녁기도가 아니라 성인 고유 성무일도 중 **12월4일 聖女 바르바라**St. Barbara **축일** 저녁기도라는 주장이 제기되는데 자세한 내용은 영국의 예술 역사가 Andrew Graham-Dixon(b.1960~)의 논문과 이를 인용한 변혜련 著『몬테베르디』 (2010)를 기초로 이후 설명한다.

우선 곡을 들여다보기 전에 성무일도의 간략한 개념 정리가 필요하다. 성무일도란 하루 중 일정한 시간에 바치는 일상의 기도다. 초대 교회부터 교우들은 일정한 시간을 정하여 공동 기도를 하였다. 공동으로 바친 이 기도는 점차 일정한 시간의 주기로서 확실한 형태를 취해 하루 단위로 짜인 성무일도가 되었다. 성무일도는 전례이기 때문에 시간별 기도 절차 및 내용이 순서대로 매일 정해져 있다. Monteverdi 시대에는 하루 8번의 기도를 했으며(현재는 7번), 저녁기도는 보통 일몰 때 바친다. 이 기도가 하루 중 마지막 기도는 아니고 취침 전에 끝기도가 있다. [6장 참조]

복되신 동정녀의 저녁기도Vespro della Beata Vergine는 6성부 미사곡과 함께 1610년 베니스에서 출판되었고 같은 해 가을 교황 바오로 5세*Paulus PP. V*(재위 1605-12)에게 헌정되었다. 그리고

Monteverdi는 새 악장을 물색 중이던 베니스의 산 마르코 성당Basilica di San Marco에서 1613년 8월19일 오디션을 보게 되는데, 나흘 전 8월15일이 성모 승천 대축일이라서 그날의 미사와 성무 일도를 위한 음악이 연주되었을 거라 추측한다.[93] (이 곡이라 특정한 기록은 없다.)

이 작품은 《트리엔트 공의회(1545-63)》 이후 교황 聖 비오 5세St. Pius PP. V에 의해 1568년 개정 반포된 『로마 성무일도Breviarium Romanum』의 저녁기도Vesperæ 구조에 따라 '하느님 저를 도우소서'로 시작되는 도입구절에 이어 5개의 시편과 4개의 교회 콘체르토, 하나의 소나타가 짝을 이룬다. 여기에 찬미가Hymnus와 성모의 노래Magnificat 두 곡을 끝으로 총 14곡이다. 그럼 당시 저녁기도의 순서 및 내용과 Monteverdi의 작품을 비교해 본다. 당시 성무일도 중 저녁기도 순서는 다음과 같았다.

1. 도입구절
2. 시편기도 Ⅰ
3. 시편기도 Ⅱ
4. 시편기도 Ⅲ
5. 시편기도 Ⅳ
6. 시편기도 Ⅴ
7. 성경소구
8. 찬미가
9. 성모의 노래(Magnificat)
10. 마침기도

■ 도입구절 (Incipit)

새벽기도 외 모든 시간경에서 공통으로 드리며, 〈시편 70(69)〉의 첫머리로 시작한다.

V. Deus, ✛ in adjutórium meum inténde.
R. Dómine, ad adjuvándum me festína.
✝ 하느님, 날 구하소서.
◎ 주님, 어서 오사 나를 도우소서.

바로 이어서, 영광송(Gloria Patri)을 바친다.

V. Gloria Patri, et Filio, et Spiritui Sancto.
R. Sicut erat in principio, et nunc, et semper, et in sæcula sæculorum. Amen
✝ 영광이 성부와 성자와 성령께.
◎ 처음과 같이 이제와 항상 영원히 아멘.

Allelúia (사순 시기에는 생략한다.)

Monteverdi 작품의 도입구절은 **실제 기도문과 일치한다**.

■ **시편기도 (Psalmi)** 110(109), 113(112), 122(121), 127(126), 147하(146-147)[94]

〈성모 공통〉 저녁기도에 쓰도록 순서까지 정해진 고유한 다섯 시편들이다. 만약 다른 시편을 쓴다면 '복되신 동정녀의 저녁기도'가 아니다. Monteverdi는 이 시편들과 순서까지 그대로 따랐다. 시편기도를 드리는 원칙이 있는데 시편 앞뒤로 같은 후렴Antiphona을 하고 시편 뒤에는 반드시 영광송을 바친다. 여기서 시편마다 전례주년에 따른 서로 다른 고유한 후렴이 정해져 있다.

시편기도 원칙	몬테베르디의 작곡 형식
후렴[i] ▷ 시편[i] ▷ 영광송 ▷ 후렴[i] 여기서, i=I~V	시편[i] ▷ 영광송 ▷ 콘체르토[i] 혹은 소나타[V] 여기서, i=I~IV 단, i=V일 때 소나타임

Monteverdi는 각 시편마다 뒤에 영광송을 이어서 작곡했지만, 시편 앞뒤로 하는 **고유 후렴은 생략**했다. 대신 앞 네 시편은 영광송 다음에 교회 콘체르토를 넣고, 마지막 〈시편 147하〉 다음에는 소나타를 특별히 배치했다. 물론 콘체르토나 소나타의 가사는 공식 전례문이 아니다.

다음은 바로크 시대 초기 콘체르토와 소나타에 대한 간략한 설명이다.

■ **초기 바로크 콘체르토**

콘체르토라는 단어가 음악에 처음 등장한 것은 1519년에 로마에서 'un concerto di voci in musica'라고 언급되었는데 단순히 '**음악 중에서 성악 콘체르토**'라고 해석되는 성악 앙상블 정도의 의미로 쓰였다고 한다. 이렇듯 처음에는 성악 혹은 기악만의 앙상블을 뜻했으나, 1565년 무렵부터 성악과 기악의 앙상블을 '콘체르토'라고 부르는 습관이 생겼고, 이것이 바흐 시대까지 이어진다. 바로크 기악을 대표하는 기악 콘체르토의 여러 양식이 확립되기 전에 콘체르토라는 표제는 **기악 반주를 수반한 성악 작품**에 등장한다. Andrea와 Giovanni Gabrieli의 『콘체르토집 集』(1587)을 선두로, Banchieri, Viadana, Monteverdi 등의 종교곡이나 마드리갈집에 콘체르토라는 명칭이 붙어 있다.[95]

■ **초기 바로크 소나타**

원래 소나타는 라틴어로 sonate이며 '악기를 울리다'라는 뜻이고 이탈리아어로 '연주하다'의 뜻, 'sonare'에서 유래한 것이다. 르네상스 시대까지만 해도 기악곡의 위치란 아주 형편없었다. 성악·합창곡의 반주 그 이상도 아니었다. 그러다가 르네상스 후기, 이탈리아에서 새로운 바람이 불었는데 아르스 노바Ars Nova(새로운 예술) 시대 유행한 프랑스 샹송을 악기들로 연주했다. 이를 'Canzoni da sonare(악기로 연주하는 노래)' ─ 보통은 칸초나 혹은 칸초네라고 줄여 말함 ─ 라고 불렸다. 이 중 건반으로 연주하던 것은 푸가fuga의 전신이 되었고, 기악 앙상블로 연주하던 것은 소나타의 전신이 된다. 그리고 성악곡인 칸타타의 상대되는 말로 기악곡을 통칭해서 소나타라고 불렀다.

다음은 本 작품의 콘체르토[I~IV]의 가사 번역과 소나타[V]에 대한 간략한 해설이다.

▶ 콘체르토 [I]

Nigra sum sed formosa filiæ Jerusalem,
Ideo dilexit me Rex, et introduxit in cubuculum
suumet dixit mihi : Surge, amica mea, et veni.

Iam hiems transiit, imber abiit et recessit.
Flores apparuerunt in terra nostra,
tempus putationis advenit.

예루살렘 아가씨들이여 나 비록 거뭇하지만 어여쁘
답니다. 임금님이 나를 사랑하여 내전으로 데려다
주셨네. 나의 애인이여, 일어나오. 이리 와 주오.

자, 이제 겨울은 지나고 장마는 걷혔다오.
땅에는 꽃이 모습을 드러내고
가지를 칠 때가 왔다오.

▶ 콘체르토 [II]

Pulchra es, amica mea,
suavis et decora sicut Jerusalem,

Pulchra es, amica mea, suavis et decora sicut
Ierusalem, terribilis ut castrorum acies ordinata.

Averte oculos tuos a me,
quia ipsi me avolare fecerunt.

나의 애인이여, 그대는 아름답고,
달콤하고 어여쁜 예루살렘의 딸이여.

나의 애인이여, 그대는 아름답고 예루살렘처럼
어여뻐, 기를 든 군대처럼 두려움까지 자아낸다오.

내게서 당신의 눈을 돌려주오.
나를 어지럽게 만드는구려.

▶ 콘체르토 [III]

Duo Seraphim clamabant alter ad alterum:
Sanctus, sanctus, sanctus, Dominus Deus Sabaoth.
Plena est omnis terra gloria ejus.

Tres sunt, qui testimonium dant in coelo:
Pater, Verbum et Spiritus Sanctus:
et hi tres unum sunt.

Sanctus, sanctus, sanctus, Dominus Deus Sabaoth.
Plena est omnis terra gloria ejus.

두 천사가 서로 주고받으며 외쳤다.:
거룩하시다, 거룩하시다, 거룩하시다. 만군의 주님!
온 땅에 그분의 영광이 가득하다.

하늘에는 증인 셋이 있는데
아버지, 말씀 그리고 성령이고,
이 셋은 하나로 모아진다.

거룩하시다, 거룩하시다, 거룩하시다. 만군의 주님!
온 땅에 그분의 영광이 가득하다.

▶ 콘체르토 [IV]

Audi, coelum, audi verba mea plena
desiderio et perfusa gaudio. *(Audio)*

Dic, quæso, mihi: Quæ est ista
quæ consurgens ut aurora rutilat,
ut benedicam? *(Dicam)*

Dic nam ista pulchra ut luna,
electa ut sol, replet lætitia
terras, coelos, maria. *(Maria)*

Maria virgo illa dulcis prædicta de
propheta Ezekiel, porta orientalis? *(Talis)*

하늘이여, 들으소서. 소망으로 가득하고,
기쁨이 번진 제 소리를. *(듣고 있도다)*

응답하소서. 제 기도에.
새벽빛처럼 솟아오르는 저 여인은 누구입니까?
축복을 빌 수 있도록 알려주소서. *(알려주리라)*

응답하소서. 달처럼 아름다우며,
기쁨이 넘치는 해처럼 빛나고,
대지, 하늘, 바다 같은 저 여인은 누구입니까? *(마리아)*

마리아 자애로운 동정녀. 이제키엘이 예언하신 분,
태양이 떠오르는 문이시여. *(그런 분이시다)*

Illa sacra et felix porta per quam mors fuit expulsa introducta autem vita? *(Ita)*	그녀는 영원히 하느님과 사람 사이의 믿음직한 중재자이시니 우리 죄를 바로 잡아 주시네. *(그렇도다)*
Quæ semper tutum est medium inter homines et Deum pro culpis remedium? *(Medium)*	그녀는 영원히 하느님과 사람 사이의 믿음직한 중재자이시니, 우리 죄를 바로잡아 주시네. *(중재자이시도다)*
Omnes hanc ergo sequamur qua cum gratia mereamur vitam æternam. Consequamur. *(Sequamur)*	언제나 성모님을 따르며, 그분의 도움으로 영생을 얻으리라. 우리 모두 그분을 따르리라. *(따르리라)*
Præstet nobis Deus, Pater hoc et Filius et Mater cujus nomen invocamus dulce miseris solamen. *(Amen)*	부디 성부께서 허락하시어 성자와 그 어머니의 복된 이름을 부를 때, 고통받는 이들의 위안이 되리라. *(아멘)*
Benedicta es, virgo Maria, in sæculorum sæcula.	동정녀 마리아님, 영원 무궁 복되신 분이여,

※ 괄호 안 *기울임체* 가사는 직전과 라임이 맞는데 보통 메아리처럼 들리도록 무대 멀리서 부른다.

▶ 소나타[V]

Sonata sopra 'Sancta Maria, ora pro nobis'(소나타 '성모 마리아여, 저희를 위하여 빌어 주소서') : 통주저음通奏低音[96]을 포함한 8개의 악기와 소프라노 솔로를 위한 곡이다. ABA 3부 형식으로 되어 있으며 1부는 악기로만, 2부는 소프라노가 정선율인 'Sancta Maria, ora pro nobis'를 9번 반복하고, 3부는 1부와 같으며 후반에 정선율을 두 번 더 부른다.

■ 성경소구 (Capitulum Hymnus Versus)

〈성모 공통〉 저녁기도에서 Monteverdi가 작곡할 당시 저녁기도 중 찬미가 직전 낭송하는 성경 소구다. Monteverdi는 이 성경소구를 생략했다.

『성무일도(1568)』 _ 대림 시기만   이사 11,1-2
Egrediétur virga de radíce Jesse, et flos de radíce ejus ascéndet. Et requiéscet super eum Spíritus Dómini.   R. Deo grátias.
이사이의 그루터기에서 햇순이 돋아나고 그 뿌리에서 새싹이 움트리라. 그리고 그 위에 주님의 영이 머무르리니   R. 하느님 감사합니다.

『성무일도(1568)』 _ 나머지 시기   집회 24,14
Ab inítio et ante sæcula creáta sum, et usque ad futúrum sæculum non désinam, et in habitatióne sancta coram ipso ministrávi.   R. Deo grátias.
한처음 세기가 시작하기 전에 그분께서 나를 창조하셨고 나는 영원에 이르기까지 사라지지 않으리라.   R. 하느님 감사합니다.

■ 찬미가 (Hymnus)

전례 시기와 성인 기념에 따라 달라지는 고유문으로 〈성모 공통〉 저녁기도에서는 Ave maris stella(바다의 별이여)가 고유 찬미가다. 우리말 번역은 한국 천주교 『성무일도』다.

Ave maris stella,	바다의 별이여 기뻐하소서
Dei mater álma	천주의 어머니 동정마리아
Atque semper virgo	끝없이 언제나 동정녀시니
felix cæli porta	하늘로 오르는 문이시로다
Sumens illud ave,	가브리엘 천사의 인사를받고
Gabriélis ore	복되다 하심을 믿으셨으니
Funda nos in pace	하와의 부끄런 이름바꾸어
mutans Evæ nomen	우리게 평화를 내려주소서
Solve vincla reis	죄악의 사슬을 풀어주시고
profer lumen cæcis	불쌍한 소경들 보게하시며
Mala nostra pelle	악한일 저멀리 몰아내시고
bona cuncta posce	선한일 하도록 도움주소서
Monstra te esse matrem,	우리를 구하러 오신구세주
sumat per te preces	당신의 아들이 되시었으니
Qui pro nobis natus,	우리의 어머니 되어주시고
tulit esse tuus	우리의 기도를 들어주소서
Virgo singuláris,	각별한 은총의 동정녀시며
inter omnes mitis	뉘보다 어지신 어머니시여
Nos culpis solútos,	우리가 지은죄 벗어버리고
mites fac et castos	어질고 정결함 입게하소서
Vitam præsta puram,	성모여 우리도 정덕지니어
iter para tutum	바르고 고운길 걷게하시고
Ut vidéntes Jesum,	아드님 예수를 마주뵙는날
semper collætémur	무궁한 복락을 얻게하소서
Sit laus Deo Patri,	하느님 아버지 찬미하옵고
summo Christo decus	높으신 성자께 영광드리며
Spirítui sancto,	위로자 성령도 흠숭하오니
Tribus honor unus.	성삼께 같은예 드리나이다.
Amen.	아멘.

■ 성모의 노래 (Magnificat)

성무일도 중 저녁기도의 마침기도 전에 항상 성모의 노래를 부른다. 특별히 '복되신 동정녀의 저녁기도'라서 추가 혹은 선택된 노래가 아니다. 부르는 방법도 시편기도와 같다. [8장 참조]

마니피캇 후렴 ▷ Magnificat ▷ 영광송 ▷ **마니피캇 후렴**

Monteverdi의 마니피캇은 두 곡인데 같은 음악을 오케스트라와 오르간 반주용으로, 노래하는 성부도 각각 다르게 작곡했다. 노래의 끝은 영광송으로 마무리했다. 그러나 고유문인 **마니피캇 후렴은 생략**했다. 참고로 Monteverdi가 작곡할 당시 사용된 성무일도(1568)에 따른 전례 시기별 〈성모 공통〉 저녁기도의 마니피캇 후렴과 현재(제2표준판 1985)의 그것은 다음과 같다. 현재 〈성모 공통〉 마니피캇 후렴은 전례 시기별 구분 없이 하나로 연중 불변(통상문)이다.

『성무일도(1568)』_ 대림 시기

Spiritus Sanctus * in te descéndet, María: ne tímeas, habébis in útero Fílium Dei, allelúia.
마리아야, 두려워하지 마라. 성령이 내려와 이제 너는 하느님의 아들을 잉태할 터이니. 알렐루야.

『성무일도(1568)』_ 성탄 시기

Magnum hereditátis mystérium: templum Dei factus est úterus nesciéntis virum: non est pollútus ex ea carnem assúmens; omnes gentes vénient dicéntes: Glória tibi, Dómine.
우리가 상속받을 위대한 신비여! 남자를 모르시는 분의 태중이 천주의 성전이 되셨도다. 주께서 그녀의 육신을 아무 티가 없게 하셨으니, 모든 민족들이 모여 오며 말하기를 "주여, 영광 받으소서"

『성무일도(1568)』_ 사순 시기와 연중 시기

Beáta Mater * et intácta Virgo, gloriósa Regína mundi, intercéde pro nobis ad Dóminum.
복되신 어머니 신성한 동정녀여, 온 세상 영광 받으신 여왕이시여, 주님과 함께 저희를 위해 빌어주소서.

『성무일도(1568)』_ 부활 시기

Regína cæli, * lætáre, allelúia; quia quem meruísti portáre, allelúia; resurréxit, sicut dixit, allelúia: ora pro nobis Deum, allelúia.
하늘의 모후님, 기뻐하소서. 알렐루야. 태중에 모시던 아드님이, 알렐루야. 말씀하신 대로 부활하셨도다, 알렐루야. 저희를 위하여 하느님께 빌어주소서, 알렐루야.

『성무일도(1985)』_ 성모 공통의 경우에 연중 불변 (제2저녁기도 用)

Beáta es Maria, quæ credidísti: perficiéntur in te quæ dicta sunt tibi a Dómino (Allelúia)
주님 말씀이 이루어지리라 믿으셨으니, 마리아여, 당신은 정녕 복되시나이다. (알렐루야)[127]

---

[127] 부활 시기에만 부른다.

■ 마침기도 (Oratio et Conclusio)

▶ Oratio

V. Dómine, exáudi oratiónem meam. † 주님, 제 기도를 들으소서.
R. Et clamor meus ad te véniat. ◎ 제 부르짖음이 당신께 다다르게 하소서.

Orémus Concéde nos fámulos tuos, quǽsumus, Dómine Deus, perpétua mentis et córporis sanitáte gaudére: et, gloriósa beátæ Maríæ semper Vírginis intercessióne, a præsénti liberári tristítia, et ætérna pérfrui lætítia.	기도합시다. 주 천주여 비오니, 네 종 우리들로 하여금 영신과 육신의 항구한 건강을 즐기게 하시고, 또 영화로운 평생 동정이신 마리아의 전달하심으로 현재의 비애에서 구원을 얻고 영원한 복락을 누리게 하소서.
Per Dóminum nostrum Jesum Christum, Fílium tuum: qui tecum vivit et regnat in unitáte Spíritus Sancti Deus, per ómnia sǽcula sæculórum. R. Amen	성부와 성령과 함께 천주로서 영원히 살아 계시며 다스리시는 성자 우리 주 예수 그리스도를 통하여 비나이다. ◎ 아멘

▶ Conclusio

V. Dómine, exáudi oratiónem meam. † 주님, 제 기도를 들으소서.
R. Et clamor meus ad te véniat. ◎ 제 부르짖음이 당신께 다다르게 하소서.
V. Benedicámus Dómino. † 주님을 찬미합시다.
R. Deo grátias. ◎ 하느님 감사합니다.
V. Fidélium ánimæ per misericórdiam Dei requiéscant in pace. † 신실한 자들의 영혼이 하느님의 자비로 평화의 안식을 얻게 하소서.
R. Amen. ◎ 아멘
C Pater noster ○ 주님의 기도

Monteverdi는 마침기도를 생략했다. 위 박스 내 청원 기도는 시기별로 달라지는데 사순, 부활, 연중 시기용이고 아래는 성탄 시기용이다.

Orémus Deus, qu salútis ætérnæ, beátæ Maríæ virginitáte fœcúnda, humáno géneri præmia præstitísti: tríbue, quǽsumus; ut ipsam pro nobis intercédere sentiámus, per quam merúimus auctórem vitæ suscípere, Dóminum nostrum Jesum Christum Fílium tuum:	기도합시다. 복되신 동정 마리아를 성자의 어머니로 삼으시어 영원한 구원의 은혜를 인류에게 베푸신 천주여 비오니, 생명의 근원이신 우리 주 예수 그리스도를 우리에게 낳아 주신 성모의 전구를 들어 허락하소서.
Qui tecum vivit et regnat in unitáte Spíritus Sancti Deus per ómnia sǽcula sæculórum. R. Amen	주님께서는 성부와 성령과 함께 천주로서 영원히 살아 계시며 다스리시나이다. ◎ 아멘

전곡의 가사 출처와 성부 편성을 다음과 같이 정리해 보았다.

No.	구분	가사 출처	시작 어구(Incipit)	성부 편성 ***
1	시작기도	시편 70(69),2	Deus in adiutorium 하느님, 날 구하소서	t + SSATTB
2	시편	시편 110(109)	Dixit Dominus 주님께서 말씀하셨다	SSATTB
3	콘체르토	아가 1,4; 2,10-12	Nigra sum 나 비록 거뭇하지만	t
4	시편	시편 113(112)	Laudate pueri 종들아, 찬양하여라	SSAATTBB
5	콘체르토	아가 6,3-4	Pulchra es 그대는 아름답고	Sop. duet (s1 & s2)
6	시편	시편 122(121)	Laetatus sum 나는 기뻤노라	SSATTB
7	콘체르토	이사 6,2-3; 요한 1서 5,7	Duo Seraphim 두 천사가	Ten. duet 시작, '삼위일체' 가사부터 3번째 Ten.와 함께
8	시편	시편 127(126)	Nisi Dominus 주님께서 아니하신다면	SATTB × 2
9	콘체르토	작자 미상의 전례 詩	Audi coelum 하늘이여, 들으라	Ten. duet (t1 & t2) + SSATTB
10	시편	시편 127(126)	Lauda Jerusalem 예루살렘아, 찬양하여라	SAB × 2 + 정선율 t
11	소나타	성모 호칭 기도 中	Sancta Maria * 성모 마리아여	정선율 s
12	찬미가	8c 그레고리오 성가	Ave maris stella 바다의 별이여	SATB × 2 + s & t
13a	마니피캇 **	루카 2,46-55 & 영광송	Magnificat I	SSATTBB 오케스트라 반주
13b			Magnificat II	SSATTB 오르간 반주

* 전체 가사는 다음과 같다.
　Sancta Maria, ora pro nobis (성모 마리아여, 저희를 위해 빌어주소서.)
** 반주와 성부 편성의 차이가 있으나 같은 음악이라 공연 때 둘 중(Ⅰ,Ⅱ) 하나를 선택한다.
*** 대문자는 합창, 소문자는 solo (s1: soprano solo 1, s2 : soprano solo 2, t : tenor)

작곡 당시 실제 저녁 시편기도 내용과 순서(표 왼쪽)를 Monteverdi의 작품에 대응하여 다음과 같이 살펴보았다.

『Breviarium Romanum』(1568)	Monteverdi 작품 (1610)
i. 시작기도	1. 시작기도
ii. 시편기도 I - 후렴[I] - 110(109), 영광송 - 후렴[I]	2. 시편기도 I - 110(109), 영광송 - 후렴 생략 3. Concerto ≪Nigra sum≫
iii. 시편기도 II - 후렴[II] - 113(112), 영광송 - 후렴[II]	4. 시편기도 II - 113(112), 영광송 - 후렴 생략 5. Concerto ≪Pulchra es≫
iv. 시편기도 III - 후렴[III] - 122(121), 영광송 - 후렴[III]	6. 시편기도 III - 122(121), 영광송 - 후렴 생략 7. Concerto ≪Duo Seraphim≫
v. 시편기도 IV - 후렴[IV] - 127(126), 영광송 - 후렴[IV]	8. 시편기도 IV - 127(126), 영광송 - 후렴 생략 9. Concerto ≪Audi cælum≫
vi. 시편기도 V - 후렴[V] - 147하(146-147), 영광송 - 후렴[V]	10. 시편기도 V - 147하(146-147), 영광송 - 후렴 생략 11. Sonata sopra 'Sancta Maria ora pro nobis'
vii. 찬미가 - 성경소구 - Ave Maris Stella	12. 찬미가 - 성경소구 생략 - Ave Maris Stella
viii. 성모의 노래 - 후렴 - Magnificat, 영광송 - 후렴	13. 성모의 노래 a. Magnificat à 7, 영광송 b. Magnificat à 6, 영광송 - 후렴 생략
ix. 마침기도	- 마침기도 생략

■ 聖女 바르바라 축일 저녁기도

위 표를 통해 적어도 형식만을 놓고 보면 오랫동안 '〈복되신 동정녀의〉 저녁기도'라는데 콘체르토 형식을 제외하면 의심할 이유가 없었다. 왜냐하면 '〈복되신 동정녀의〉 저녁기도'의 고유한 다섯 시편과 찬미가가 일치하기 때문이다. 그러나 이 곡이 "원래 〈성모 공통〉 저녁기도일까?"라는 의심을 했던 Dixon이 Monteverdi가 1592년부터 1612년까지 22년 동안 몸담았던 만토바Mantova

에서 사용한 가톨릭 전례집를 고증한 결과, '〈聖女 바르바라 축일〉 저녁기도'의 다섯 시편이 〈성모 공통〉의 그것과 정확히 일치했다. 또한, 聖女는 만토바의 곤짜가Gonzaga 궁정 성당의 수호성인이었으며 12월4일 聖女의 축일이 만토바 궁정에서 연중 가장 성대한 행사가 열리는 날이었다는 것을 확인했다. 이런 정황은 이 곡이 원래 '〈聖女 바르바라 축일 저녁기도〉'일 수도 있다는 합리적 의심이 가능케 했다.[97] 그리고 또 다른 단서가 확인되었는데 그것은 세 번째 시편기도 후 콘체르토[III] 'Duo Seraphim' 가사에서 찾았다.

Tres sunt, qui testimonium dant in coelo:	하늘에는 증인 셋이 있는데
Pater, Verbum et Spiritus Sanctus:	아버지, 말씀 그리고 성령이고,
et hi tres unum sunt.	이 셋은 하나로 모아진다.

Duo Seraphim 가사를 보면 명확히 '삼위일체'를 뜻하고 있다. 여기서 '말씀'은 〈요한 1,14〉에 나오는 '말씀이 사람이 되신 성자'를 가리킨다. 그리고 13c 중세 유럽 가톨릭 교회에 널리 퍼져 있던 성인들에 대한 전설을 모아 집대성한 『황금 전설Golden Legend』에 聖女 바르바라도 포함되어 있었는데 그 내용 중 '그녀가 세례를 받고 기독교로 개종하여 아버지가 지은 **탑 속에서 은수자隱修者로 살기로 결심했고 건축가를 설득, 삼위일체를 뜻하는 세 개의 창문을 탑에 낸다.**' 는 이야기가 있다. Dixon은 Monteverdi가 이 전설을 염두하여 Duo Seraphim을 선택했다고 보았다.[98]

이러한 단서들이 드러나면서 Monteverdi가 〈복되신 동정녀의〉로 출판하기 前, 〈聖女 바르바라 축일〉 원전이 있을 거라는 가설이 가능했고, Dixon은 그의 논문(1987)[99]에서 Monteverdi가 만토바 궁정 악장으로 재직 당시 〈聖女 바르바라 축일〉을 위하여 작곡한 전례 음악들 중 일부를 모아 '복되신 동정녀의 저녁기도'(1610)를 출판했다는 가설이 맞다는 결론을 냈다. 이를 근거로 '〈聖女 바르바라 축일〉 저녁기도'의 시편 고유 후렴을 포함하여 재구성한 CD[100]가 이듬해 1988년 발매된다. 그 후에도 몇몇 음반이 〈聖女 바르바라 축일〉로 출시되면서 연구의 성과가 나타났다.

✚ 성녀 바르바라는 누구일까?

성녀 바르바라는 중세 시대에 가장 인기 있던 14명의 수호성인 중 한 명으로 대중적인 성녀이다. 그녀의 출생과 생애에 대한 정확한 기록은 없지만 전설에 의하면, 이교도인 디오스코루스Dioscorus의 딸로서 뛰어난 미모를 지니고 있었다. 성녀의 부친은 수많은 청혼자들을 물리치고 세상에 의해 딸이 더럽혀지는 것을 막기 위해 높은 탑 속에 그녀를 가두었다고 한다. 어느 날 부친은 성녀 바르바라가 세례를 받고 그리스도인이 된 것을 알고는 격분한 나머지 그녀를 죽이려고 하였다. 그녀는 다행히 아버지의 분노를 피해 기적적으로 도망치는 데 성공하였다. 그녀는 숨어 지내면서 건축가에게 은신처에 삼위일체를 상징하는 세 개의 창문을 만들도록 하였다고 한다.

그러나 그 은신처 또한 발각되었다. 그녀는 아버지가 도착하기 전 기적적으로 거처를 다른 곳으로 옮겼지만 결국 붙잡혀 아버지에 의해 재판관 막시미누스 다자Maximinus Daja에게 넘겨져 모진 고문을 당하였고, 배교하라는 요구를 끝까지 거부하여 결국 사형 선고를 받았다. 이때 아버지 디오스코루스가 직접 성녀 바르바라를 참수했는데, 그는 집으로 돌아오는 길에 번개에 맞아 죽었다고 한다. 그녀는 306년경에 순교한 것으로 여겨지며, 순교 장소는 이집트Egypt, 니코메디아Nicomedia, 헬리오폴리스Heliopolis. 토스카나Toscana, 로마Roma 등 여러 곳으로 전해지지만 정확한 곳은 알려지지 않는다.

출처 : 가톨릭 굿뉴스 성인 목록 (maria.catholic.or.kr)

55. 십자가 위의 일곱 말씀 Hob. XX, Joseph Haydn

신약성경 네 복음서에는 십자가에 달리신 예수께서 하신 말씀이 기록되어 있는데 이를 모아 보니 일곱 개의 말씀으로 정리된다. 루카 복음에 세 말씀, 마르·마태 복음에 공통으로 한 말씀, 요한 복음에 세 말씀이다. 십자가에 매달리신 후 하신 일곱 말씀을 시간의 순서에 따라 정리하면 다음과 같다.

첫 번째 말씀 : 　　　　　　　　　　　　　　　　　　　　　　　　　　　　　　루카 23,32-34

그들은 다른 두 죄수도 처형하려고 예수님과 함께 끌고 갔다. '해골'이라 하는 곳에 이르러 그들은 예수님과 함께 두 죄수도 십자가에 못박았는데 하나는 그분의 오른쪽에 다른 하나는 왼쪽에 못박았다. 그때 예수님께서 말씀하셨다. "아버지, 저들을 용서해 주십시오. 저들은 자기들이 무슨 일을 하는지 모릅니다." 그들은 제비를 뽑아 그분의 겉옷을 나누어 가졌다.

두 번째 말씀 : 　　　　　　　　　　　　　　　　　　　　　　　　　　　　　　루카 23,42-43

예수님과 함께 매달린 죄수 하나도, "당신은 메시아가 아니시오? 당신 자신과 우리를 구원해 보시오." 하며 그분을 모독하였다. 그러나 다른 하나는 그를 꾸짖으며 말하였다. "같이 처형을 받는 주제에 너는 하느님이 두렵지도 않으냐? 우리야 당연히 우리가 저지른 짓에 합당한 벌을 받지만, 이분은 아무런 잘못도 하지 않으셨다." 그리고 나서 "예수님, 선생님의 나라에 들어가실 때 저를 기억해 주십시오." 하였다. 그러자 예수님께서 그에게 이르셨다. "내가 진실로 너에게 말한다. 너는 오늘 나와 함께 낙원에 있을 것이다."

세 번째 말씀 : 　　　　　　　　　　　　　　　　　　　　　　　　　　　　　　요한 19,26-27

예수님께서는 당신의 어머니와 그 곁에 선 사랑하시는 제자를 보시고, 어머니에게 말씀하셨다. "여인이시여, 이 사람이 어머니의 아들입니다." 이어서 그 제자에게 **"이분이 네 어머니시다"** 하고 말씀하셨다.

네 번째 말씀 : 　　　　　　　　　　　　　　　　　　　　　　　　　　　　마태 27,46; 마르 15,34

오후 세 시쯤에 예수님께서 큰 소리로, "엘리 엘리 레마 사박타니?" 하고 부르짖으셨다. 이는 "저의 하느님, 저의 하느님, 어찌하여 저를 버리셨습니까?" 라는 뜻이다.

다섯 번째 말씀 : 　　　　　　　　　　　　　　　　　　　　　　　　　　　　　　요한 19,28

그 뒤에 이미 모든 일이 다 이루어졌음을 아신 예수님께서는 성경 말씀이 이루어지게 하시려고 **"목마르다."** 하고 말씀하셨다.

여섯 번째 말씀 : 　　　　　　　　　　　　　　　　　　　　　　　　　　　　　루카 23,44-46

낮 열두 시쯤 되자 어둠이 온 땅에 덮여 오후 세 시까지 계속되었다. 해가 어두워진 것이다. 그때에 성전 휘장 한가운데가 두 갈래로 찢어졌다. 그리고 예수님께서 큰소리로 외치셨다. "아버지, 제 영을 아버지 손에 맡깁니다."

일곱 번째 말씀 : 요한 19,29-30

거기에는 신 포도주가 가득 담긴 그릇이 놓여 있었다. 그래서 사람들이 신 포도주를 듬뿍 적신 해면을 우슬초 가지에 꽂아 예수님의 입에 갖다 대었다. 예수님께서는 신 포도주를 드신 다음에 말씀하셨다. **"다 이루어졌다."** 이어서 고개를 숙이시며 숨을 거두셨다.

이런 극적인 장면을 따라 예수의 수난을 묵상하고 더 나아가 음악으로 표현하려 시도한 작곡가들이 있다. Schütz, Haydn, Gounod, Franck 등이 대표적이다. 그중에서도 가장 많이 알려진 작곡가는 Haydn이다. 이 작품은 워낙 당시에 인기 있었던 곡으로 알려져 있으며 이에 다양한 버전으로 편곡 연주되었는데, 1786년 오케스트라 버전을 시작으로 1787년 현악 4중주와 피아노 버전을 비롯해 1796년 오라토리오까지 총 4가지 버전이 있다. Haydn은 일곱 말씀 외에 도입곡과 마침곡을(아래 1, 9) 앞뒤로 썼는데 마침 곡은 예수께서 숨을 거두시고 발생한 지진 장면을 묘사했다. '그러자 성전 휘장이 위에서 아래까지 두 갈래로 찢어졌다. **땅이 흔들리고 바위들이 갈라졌다.**' 〈마태 27,51〉

맨 처음 발표된 관현악 버전의 9개 악장 구성은 다음과 같으며 다른 편곡 작품들도 이와 다르지 않다. 여기서, 7, 8번은 시간의 순서상 뒤바뀌어 있다. (괄호 안 내용은 예수의 말씀이다.)

1. Introduzione in D minor - Maestoso ed Adagio
2. Sonata I ("Pater, dimitte illis, quia nesciunt, quid faciunt") in B♭ major - Largo
3. Sonata II ("Hodie mecum eris in paradiso") in C minor, ending in C major - Grave e cantabile
4. Sonata III ("Mulier, ecce filius tuus") in E major - Grave
5. Sonata IV ("Deus meus, Deus meus, utquid dereliquisti me") in F minor - Largo
6. Sonata V ("Sitio") in A major - Adagio
7. Sonata VI ("Consummatum est") in G minor, ending in G major - Lento
8. Sonata VII ("In manus tuas, Domine, commendo spiritum meum") in E♭ major - Largo
9. Il terremoto (Earthquake) in C minor - Presto e con tutta la forza

Haydn 작품번호는 Hob. 번호(Hoboken Verzeichnis)를 쓴다. Hoboken이 정리하여 그렇게 이름 지어졌다. 이 번호는 작곡 순서가 아니라 장르별로 분류한다. 그래서 아래에서 보듯이 quartet version은 현악 4중주 목록(Hob. III)에도 분류되어 있다. 장르 번호는 아라비아 숫자가 아니라 로마자를 쓴다. 작품번호는 다음과 같다.

- Hob. XX/1 - instrumental versions
  - Hob. XX/1A - orchestral version (1786)
  - Hob. XX/1B - quartet version (1787) = Hob. III/50-56 (현악4중주 목록 작품번호)
  - Hob. XX/1C - piano version (1787)
- Hob. XX/2 - choral version (oratorio, 1796)

56 오라토리오(Oratorio)와 칸타타(Cantata)

■ 전례극

중세 10c 이후 프랑스를 중심으로 나타나 성행한 성경을 무대화한 일종의 뮤지컬 드라마 형태로 전례극Dramma liturgicum이 있었다. 물론 아주 초보적인 단계로 성경 중에서 동정녀의 수태, 성인의 생애와 기적 또는 천지창조, 아담과 이브, 수난과 부활의 신비와 같은 극적인 요소로 이야기를 풀어 갈 수 있는 부분을 서로 대화하는 방식으로 노래했다. 원래 시작은 성탄절·부활절에 상연되는 극으로 교회 안 성소聖所에서 라틴어로 공연하였다.

초기 전례극의 음악은 그레고리오 성가를 사용하거나 기존 그레고리오 성가에 새로운 가사나 선율을 첨가하는 방식을 취하기도 했다. 이를 트로푸스Tropus라고 한다. 가사는 성경 혹은 찬미가에서 그리고 음악은 위와 같이 차용을 했기에 진정한 의미의 창작극은 아니었다. 하지만 기존 전례극이 살을 붙여가며 발전하면서 그 가사와 음악은 창작되기도 했다.

전례극의 당초 목적은 일반 신자 사이에 성경 이야기 등을 이해하기 쉬운 형태로 받아들이게 하는 것이었기에 미사나 성무일도 전례 중 짧은 대화 형식의 상황극을 하는 형태로 출발했다. 이것에 노래를 붙이고 등장인물이 늘어나며 인기가 높아져 성당 앞 광장으로 무대를 옮겨 많은 관객을 모아 놓고 공연을 하게 되었다. 야외 공연 주제의 대표는 수난극이었는데 사람들이 좋아할 만한 볼거리를 제공하려다 보니 무대 연출에 비용이 늘어났다. 수난극은 매년 부활절 전에 하는데 항상 같은 연출로 할 수는 없었다. 이런 비용은 고스란히 교회가 떠안았고 점점 부담은 커져갔다.

12c 이후 전례극이라는 이름이 무색하게 세속화되어 성당이 아닌 광장에서 대중성을 위해 라틴어가 아닌 지역어 노래를 노골적으로 하게 되었고 그 내용 역시 종교적인 교육 차원이 아닌 세속적 유희를 탐닉하는 방향으로 흐른다. 앞서 트로푸스를 설명했듯이 전례극의 음악은 교회에서 출발했다. 하지만 이 역시 세속곡의 자극적인 선율에 맛을 들인다. 점점 무게추는 한쪽으로 기울어 전례극이라고 부를 수 없는 독립된 세속 창작극으로 자리를 잡게 된다. 이러한 상황 속에서 13c 후반에 들어서서 교회로부터 배척되었다.

■ 오라토리오 기원

전례극이 교회에서 배척당한 시기에 그것을 대체할 마침 새로운 음악 형식이 로마에서 등장하는데 바로 오라토리오다. 사실 오라토리오는 갑자기 하늘에서 떨어진 것은 아니다. 앞서 살펴본 전례극이 그 기원이라 할 수 있다. 무대에서 여러 연기자가 노래를 하며 이야기를 전개해 나가는 형식은 크게 다르지 않다. 이런 측면에서 오페라 역시 전례극의 영향을 받은 것은 사실이다.

전례극이 세속극화되면서 마땅한 대안이 없는 가운데 당시 많은 백성은 어렵고 접하기도 어려운 다성 음악과 귀족들과 고위 성직자들을 위한 교회음악에 지쳐 흥미를 잃어갔고 쉽고 재미있는 세속음악에 당연히 귀를 기울이게 되었다. 그즈음 聖 필립보 네리St. Filippo Neri(1515-95) 신부가 나타난다. 그는 성당에 머물며 미사나 성무일도만 드리는 수동적인 신부가 아니었다. 말 그대로 로마를 쏘다니며 회개를 외치고 낯선 사람하고도 서슴없이 주님의 가르침을 이야기했다. 1548년부터 로마에서 빈민과 성지 순례자들을 위한 쉼터를 운영했고, 1556년 산 지롤라모 델라 카리타San Girolamo della Carita 병원의 성당 지붕 위 큰 기도실Oratorio에서 매주 몇 차례 기도회를 가졌는데 강론만으로는 한계가 있음을 깨닫고 주변에 음악하는 친구들을 모아 성경 이야기를 극화하여 큰 성과를 거둔다. (그 친구들 중 한 명이 Palestrina로 알려져 있다.)

결국, 1575년 이 모임은 교황 그레고리오 13세Gregorius PP. XIII(재위 1572-85)에 의해 공식적으로 인정받아 '오라토리오 협회'를 구성하고 일반 대중을 대상으로 강론과 영적 지도를 했다. 노래는 당연히 쉬운 단선율이었고, 이탈리아어 가사로 대중성을 쉽게 확보할 수 있었다. 어차피 부르기 어려운 다성 음악에 라틴어 가사는 일반 대중들에게는 쓸모없는 음악이기 때문이었다. 앞서 설명한 전례극과 확연한 차이가 있는데 네리 신부는 미사를 드리는 본당에서 이 모임을 갖지 않고 병원 기도실에서 시작했다. 또한, 전례극은 성직자들이나 음악가들이 전문적으로 라틴어 노래를 작곡하고 연마해 상연했지만, 그는 대중들에게 단선율의 쉬운 노래를 이탈리아어로 부르게 했다. 이탈리아어로 된 찬미가 '라우다Lauda'를 불렀는데 찬미가의 음악 형태나 가사는 초기 오라토리오 음악 형성에 많은 영향을 주게 된다. 그리고 큰 기도실, 오라토리오Oratorio에서 파생된 단어 '오라토리움Oratorium'의 'ora'는 라틴어로 '기도하다'를 뜻하며 오라토리움은 '기도하는 곳'을 의미한다. 그곳은 어느 특정 장소 한 곳을 가리키는 것이 아니라 로마 곳곳에 있었고 발리첼라Vallicella에 있는 聖 마리아 성당Parrocchia Santa Maria이 제일가는 중심이었다.

루터의 종교개혁에 크게 흔들린 로마 가톨릭 교회는 반종교개혁과 신도 강화책이 결부되어 라틴어가 아닌 이탈리아어로 노래한 네리 신부의 오라토리움을 통해 세속적 음악에서 그들을 멀리할 목적과 그렇게 함으로써 일반 교우들의 성화와 교육적 측면에서 매우 긍정적인 효과를 보여주었다. 사실상 오라토리오는 이탈리아어를 사용하는 종교 음악이었는데, 전례에서는 부르지는 않았다. 전례는 오직 라틴어로만 가능했다. 오라토리오는 라틴어 전례를 침범하지 않았고 교회는 이를 신자들에게 쉽고 유익한 교육 수단으로 인정했기에 교회에서 적극 장려한 측면이 있었다.

그는 초대 교회 사도들과 같이 왕성한 장외 활동을 하며 일반 대중에게는 매우 좋은 평판을 받았다. 그래서 당시 '로마의 사도'라 불리기도 했다. 그는 사후 27년 만에 교황 그레고리오 15세 Gregorius PP. XV(재위 1621-23)에 의해 1622년 성인으로 시성諡聖되었는데 그가 끼친 대중 교화의 업적을 매우 높게 평가했기에 가능했다. 로마 가톨릭 교회는 매년 5월26일을 '聖 필립보 네리 사제 기념일'로 지내고 있다.

■ 오라토리오의 발전

시간이 지나면서 대강의 형식이 꾸며지기 시작한다. 무대장치, 의상, 배우도 없고, 종교적인 내용(성경)을 조용히 노래하고 기도하는 형식 속에 대화도 하고, 제창, 독창 간단한 기악 반주도 곁들여져 있었다. 온전히 교회 사목적 목적 이외 그 어떤 것도 침범하지 않았다. 1640년까지 로마의 '오라토리움'에서 연주되던 이 음악은 강론을 중심으로 그 앞뒤로 연주되는 음악 작품으로 발전하였으며, 몇십 년간 정확한 명칭이 없다가 피에트로 델라 발레Pietro della Valle(1586-1652)가 1640년 처음으로 '오라토리오'라는 말을 기록으로 남기고 있는데 네리 신부의 시작부터 거의 한 세기가 흐른 후였다. 그때부터 오라토리오는 장소의 의미보다 장르의 뜻으로 굳어져 갔다.

17c에 오라토리오가 성공을 거두면서 대중 속에 상당히 성행했고 귀족들과 고위 성직자에서 관심을 가지기 시작했다. 그들은 라틴어를 쓰는 것이 그들의 격에 맞다고 믿는 사람들이었기 때문에 다성 음악의 모테트를 기반으로 금전적 후원을 통해 규모 있는 극장용 오라토리오를 만들었다. 물론 독창 부분도 큰 역할을 했는데 당시 유행하던 통주저음의 반주가 딸린 단선율 성악곡인 모노디monody의 영향도 적지 않았다. 여기서 확언할 수 있는 사실은 결국 오라토리오는 라틴어 대본과 작곡, 잘 훈련된 합창, 독창, 기악 연주자가 필요하다는 점에서 일반 대중이 참여하던 네리의 그것보다 발전되어 갔다. 어쨌든, 극음악이었기에 오페라와 같이 대사가 없을 수 없기 때문에 레치타티보Recitativo가 대사 전달을 맡았다.

르네상스 시대 이탈리아에는 단테나 보카치오 등의 뛰어난 문학가들이 등장하기 시작했다. 이전까지 라틴어 사용만을 고집한 사람들도 자국어인 이탈리아어에 관심을 두게 되었으며 이러한 경향은 다른 국가들에게도 자국어 사용에 관한 생각을 불러일으켰다. 17c에 이르러 오라토리오 음악에서도 마찬가지로 이러한 현상이 생기는데 이전과는 달리 두 가지의 형태로 나뉘게 된다. 첫째, 찬미가에서 발전한 【오라토리오 볼가레Volgare : 라틴어가 아닌 자국어를 중심으로 한 오라토리오】와 둘째, 성경 가사의 전례적 모테트를 기초로 한 【오라토리오 라티노Latino : 라틴어 오라토리오】다. 볼가레는 자국어를 쓰다 보니 일반 백성들이 대상이었고 반면 라티노는 라틴어를 이해할 수 있는 성직자나 귀족들이 즐겼다.

볼가레(자국어 오라토리오)는 음악의 형태가 오페라 스타일이기 때문에 세속적인 오라토리오라고 부른다. 비록 세속적인 오라토리오라고 구분하지만 내용은 주로 성경적인 것이었다. 교회에서 강론과는 별개로 연주되어 신자들로부터 사랑을 받았다. 17세기, 바로크 시기의 작곡가는 마르코 마라쫄리Marco Marazzoli(1602~62), 보니파치오 그라치아니Bonifazio Graziani(1604~64), 마우리치오 카차티Maurizio Cazzati(1616~78), 지오반니 파올로 콜로나Giovanni Paolo Colonna(1637~95), 헨델Georg Frideric Handel(1685~1759), 바흐Johann Sebastian Bach(1685-1750) 등이 있다.

라티노(라틴어 오라토리오)를 처음 작곡한 이는 초기 바로크의 가장 유명한 장인 중 한 명인 자코모 카리시미Giacomo Carissimi(1605-74)다. 주요 작품으로 당대 최고의 작품으로 평가되는 《예프타》를 비롯한 《요나》, 《아브라함과 이삭》, 《솔로몬의 심판》 등이 있다. 카리시미는 히스토리쿠스Historicus라는 해설자, 즉 사가史家를 공연에 도입했다. 히스토리쿠스는 등장인물을 소개하거나 이야기의 연결 부분에서 역할을 했다. Bach는 수난곡에서 이 역할자를 복음 사가Evangelist로 등장시켰다.[101]

■ **오라토리오의 성장**

Carissimi 이후에는 대중들에게 쉽게 인식되는 오라토리오 볼가레가 환영을 받게 되자 자연스럽게 오라토리오 라티노는 도태되어 버린다. 라티노는 Charpentier의 《최후의 심판》를 마지막으로 비교적 일찍 쇠퇴하고, 볼가레는 소개한 Scarlatti를 비롯한 나폴리 악파를 중심으로 19c 초엽까지 지속되었다. 독일은 처음 이탈리아어 오라토리오의 영향 아래 있었으나, 17c의 Schütz의 《십자가 위의 일곱 말씀》, 《크리스마스 오라토리오》, 《마태 수난곡》 이후 독일어 오라토리오가 확립되고, Bach의 《크리스마스 오라토리오》, 《부활절 오라토리오》, 《마태 수난곡》, 《요한 수난곡》, Telemann의 《수난 오라토리오 '예수의 죽음'》, 《최후의 심판》으로 계승되었다. 또한, Handel의 영어 오라토리오 《메시아》, 《마카베우스의 유다》, 《사울》, 《솔로몬》과 Haydn의 《사계》, 《천지창조》, 《토비아의 귀환》, 19c Mendelssohn의 《사도 바울》과 《엘리야》, 《그리스도》, Berlioz의 《그리스도의 어린 시절》 등이 있다.[102]

라틴 노래 가사가 일찍 퇴출된 이유는 당시 로마 교황청의 약화와 루터의 종교개혁 이후 코랄 등을 통해 독일어 성가의 보급이 아주 성공적으로 이루어졌기 때문이다. 이는 영국 성공회에서도 마찬가지였다. 이러한 시류 속에 전례음악이 아닌 오라토리오가 대중성을 가지고 연주되기 위해서는 라틴어는 너무나 큰 장벽이었다. 오라토리오 시작의 취지를 생각한다면 자국어를 쓰는 것이 어쩌면 당연했다고 볼 수 있다.

17c 후반 -18c, 오라토리오는 교회나 지성소 예배음악이라는 인식에서 벗어나 귀족이나 로마 추기경들의 저택 등에서도 자유롭게 연주하게 된다. 이 시기에 오라토리오 발전에 지대한 영향을 끼친 작곡가는 Handel이다. 그는 오라토리오를 오페라와 완전히 분리해 음악 무대 예술로 독립시켰다. 또한, 많은 오라토리오 작품들을 남겼는데 그의 작품에는 항상 합창이 중요한 위치를 차지했다. 이후의 작곡가들도 합창의 역할을 매우 비중 있게 두었으며, 또한 대형 무대를 위한 오라토리오 작품들도 나오게 된다. 이후, 고전시대 빈Wien 악파를 거쳐 전기 낭만주의 작곡가들에 이르기까지 오라토리오는 큰 발전을 이루게 된다.

현대 오라토리오의 개념은 시대와 함께 확대되어 반드시 종교적인 제재가 아니더라도 관현악의 규모가 큰 성악곡은 오라토리오로 불리게 되었다. 20c에는 Honegger의 《화형대의 잔 다르크》, 《다윗 왕》과 같은 그리스도교적인 오라토리오와 세속곡으로 Stravinsky의 《오이디푸스 왕》, Schönberg의 《야곱의 사닥다리》, Shostakovich의 《숲의 노래》 등이 있다.[103]

그럼 오페라와 뭐가 다를까? (1) 초기 오라토리오의 대본은 주로 성경에 기초하고 있고, 오페라는 세속적 내용이었지만 시대가 흐르며 그 반대의 경우도 나타난다. (2) 오페라와 달리 오라토리오는 무대장치, 의상, 연기행위 없이 연주된다. 그러나 초기에는 오페라와 같이 무대장치, 의상, 연기 등의 연극적 요소가 있었다. (3) 또한 오페라에는 없는 해설자, Recitativo가 등장하여 이야기의 사건들을 설명해주거나 연결해준다. (4) 합창의 역할이 오페라에서보다 훨씬 더 중요하다.

■ 칸타타의 태동

르네상스 후기부터 바로크 시대로 넘어가는 16c는 인간을 세계의 중심에 놓는 시대로 음악 역시 다른 예술 분야와 마찬가지로 '신의 영광을 찬미하는 도구'라는 절대적 기능의 요구를 벗어나 자유롭고 독자적인 길을 걷기 시작한다. 르네상스 시대가 막을 내리고 바로크 시대로 옮겨가는 이 문화적 격동에 마드리갈도 피할 수 없는 운명이 기다리고 있었다. 아무리 좋은 것도 시간이 지나면 변화가 필요하다. 그렇지 않으면 익숙함에 지루해지기 때문이다. 당시 이탈리아에서는 프랑스 샹송을 기악기로 연주하는 칸초네canzone가 대 유행이었는데, 그에 더하여 단선율 성악곡인 모노디monody가 출연한다. 또한, 마드리갈 노래 중 이야기 등장인물의 대사를 아주 단순한 선율을 넣어 부르게 했는데 이를 레치타티보Recitativo라 한다. 앞서 언급한 오라토리오의 해설자와 같은 역할이다. 이러한 변화 속에 17c 초 이탈리아 칸타타는 모노디와 기악 반주를 수반한 성악 콘체르토가 근본인 벨칸토 양식의 Aria 파트, 노래곡 중 이야기 대사를 전달하는 Recitativo, 이렇게 둘이 배합된 실내악으로 태동한다.

칸타타는 세속곡인 마드리갈의 변형, 발전된 형태로 어원은 '노래하다'라는 뜻을 가진 'cantare'에서 비롯되었다. 당시 나타나기 시작한 기악 연주 형태로 '연주하다'의 뜻인 'sonare'에서 비롯된 소나타와 상대되는 말로 이해하면 된다.

■ 칸타타의 발전

이탈리아에서는 주로 왕후·귀족들의 연희용으로 작곡된 독창의 실내(세속) 칸타타가 중심을 이루고 Carissimi, Cesti, Rossi 등을 거쳐 나폴리 악파의 대가 Scarlatti에서 절정을 이룬다. 그 정형은 '레치타티보-아리아-레치타티보-아리아'라는 4악장 형식으로, 아리아에서는 소프라노 중에서 가장 높은 소리 넓이를 가진 화려한 콜로라투라coloratura의 기교가 구사되었다. 결국, 세속 칸타타는 독창자 위주의 칸타타로 볼 수 있다.

원래 칸타타는 세속 음악인 마드리갈이 근원이고 오라토리오는 교회에서 시작된 전례극의 일종이었지만 세월이 흐르면서 그 구분은 없어져 버렸다. 두 장르 중 어떤 것이 종교적, 세속적인지 구분할 수 없게 되었고 특히 Bach 시대 이후로는 두 장르 모두 세속적인 작품보다 종교적인 그것이 더욱 활발히 작곡되어 '종교나 세속'으로 나눌 수 없게 되었다.

17-18c 초 이탈리아의 칸타타는 주로 독창자를 위한 세속 칸타타가 많았으며 독일의 칸타타는 주로 교회 칸타타다. 목사였던 에르드만 노이마이스터Erdmann Neumeister (1671-1756)는 교회력에 맞춘 많은 양의 칸타타 가사를 제공하여 교회 칸타타의 정립에 도움을 주었다. 처음에는 이탈리아의 영향을 받아 아리아와 레치타티보가 교체되는 독창 칸타타를 발전시킨 독일은 18c에 들어 그리스도교의 교회음악으로서 독일 특유의 칸타타를 정립했다. 그것들은 17c 이래 교회 합창곡과 오페라풍의 아리아·레치타티보를 융합한 것으로 가사로는 자유로운 종교시에 성경 구절이나 루터교 성가인 코랄을 곁들인 것들이 많다.

이로써 성가의 가사와 선율을 바탕으로 한 코랄 칸타타가 도입되어 Bach는 거의 200여 곡을 작곡하였으며, Telemann은 무려 1400곡을 남겼고 이는 예배에서 모테트 대신 불리기도 하였다. 독일의 교회 칸타타는 매 일요일의 예배나 특정한 축제일에 교회에서 연주되었던 것으로 그 날 낭독되는 성경의 구절이나 목사의 설교와 밀접한 관계를 지니고 있었다. 여기서 Bach의 칸타타가 절대적인 힘을 발휘하고 교회 오라토리오가 자리를 잡으면서 칸타타와 오라토리오는 특별한 언급이 없으면 종교적 색채의 음악으로 인식되었다.

각 나라로 퍼진 칸타타 형식은 인기가 높아짐에 따라 큰 발전이 있었다. 나라별로 가지각색의 칸타타가 있었지만, 특히 19c부터 일반적으로 독창곡보다 합창 중심의 곡으로, 실내악보다는 연주회장이나 교회를 위한 곡으로, 짧고 단순한 곡보다는 합창단, 독창자, 피아노나 합주단 반주가 들어가는 복잡한 구성의 곡으로 발전되었다. 칸타타는 Haydn, Mozart, Beethoven, Brahms, Prokofiev, Webern 등에 의해서도 작곡되었으나, 칸타타의 전성기는 Bach와 더불어 막을 내렸다 해도 무방하다.

오라토리오와 칸타타를 구별하여 정리해보면 몇 가지 비슷한 점이 있다.

1. 발생지가 같다. (이탈리아)
2. 발생 시기가 같다. (17c 초 : 초기 바로크)
3. 음악 양식이 비슷하다. (합창, 독창, 오케스트라나 다른 기악 반주)
4. 내용은 종교적인 것과 세속적인 것이 있다.
5. 영향력이 커서 다른 나라에서도 일찍이 환영을 받았다.
6. 많은 경우에 대본의 내용은 종교적이지만 세속적인 예도 많다.
   (20c부터 출판된 오라토리오 중에서 30% 이상이 세속적 작품임)

비슷한 점이 있다면 차이점도 있을 터, 다음과 같다.

1. 일반적으로 오라토리오는 칸타타보다 더 길다.
2. 오라토리오가 내용상 더 극적이다.
3. 규모 면에서 오라토리오가 더 크다.
4. 칸타타는 딱히 스토리가 있는 것은 아니다.
5. 19c 이후에도 오라토리오의 반주부는 계속 오케스트라가 담당하지만, 세속 칸타타의 반주는 (대부분) 피아노나 피아노와 몇 개의 악기(합주)를 사용하고, 교회 칸타타는 오르간이 담당한다.

■ 맺음말

오라토리오와 칸타타, 그리고 콘체르토와 소나타 형식이 태동하기 시작했던 바로크 시대는 음악사에 있어서 정말 역동적인 시대임이 틀림없다. 그래서 악기가 천시되던 시대를 벗어나 이제 악기가 전면에 나서거나 악기의 반주로 여러 노래 형식을 연주하는 것이 자연스러워졌다. 게다가 악기도 개량되고 큰 악단의 구성도 나타났다. 오라토리오와 칸타타는 서양음악사에서 매우 중요한 발전된 교회음악의 한 형태로 그 의미가 남다르며 지금까지도 사랑받고 연주되는 레퍼토리가 수없이 많다. 그러나 음악 형식의 다양성과 기법의 발전 등으로 교회음악이 발전되었다고 말할 수 있을까? 혹시 겉보기 화려함에 도취한 속화俗化된 교회음악은 더 이상 대중을 성화聖化시키지 못하고 단지 공연 음악으로 전락한 것은 아니었을까? 19c, 이러한 고민을 했던 교회나 사람들로부터 정화 운동이 일어났는데 다음 장에서 이에 대한 좀 더 구체적인 이야기를 해보고자 한다.

57 교회음악의 계승과 발전

■ **자국어(모어母語) 성가**

서로마제국이 멸망(AD 476)하기 전까지 제국의 공용어는 라틴어였기에 교회의 전례 역시 라틴어로 행해졌다. 제국의 멸망 전후로 유럽 대륙의 인구 이동이 증가하고 여러 지역의 다양한 언어들이 섞이다 보니 자연스럽게 자국어가 토착하였고 중세에 들어서서는 라틴어를 할 수 있는 일반인들은 자취를 감추게 되었다. 하지만 교회의 전통은 그대로 계승되어 라틴어 전례와 성가는 계속되었다. 언어로써 라틴어는 자국어에 자리를 내어주었지만 미사 중 모든 전례문과 성가들은 라틴어를 써야 했다. 라틴어 성가들은 점점 성가대가 독점하게 되고 라틴어를 모르는 일반 교우들은 미사 내내 구경만 하다 돌아갔기 때문에 당연히 가사가 모어인 성가를 부르길 원했다. 결국, 교회는 전례를 훼손하지 않는 범위에서 자국어 성가를 장려하게 된다.

자국어 성가가 가장 적극적이고 보편화한 나라는 독일이었는데 기록에 따르면 9c 처음 나타났고 13c에는 그 수가 다른 지역에 비교해 월등히 많았다. 수적인 면뿐 아니라 독일어 성가 가사의 시적 수준과 선율의 깊이는 그 아름다움이 타국에서 범접할 수 없을 정도로 수준이 높았다. 여기서 주목할 점은 이러한 성가가 결코 소수의 상류 계급을 위한 것이 아니라 일반 교우들을 위한 대중적인 성가로 인정을 받았다는 것이다.

종교개혁 이후에는 루터교의 독일어 성가, 특히 코랄은 전교에 큰 힘을 발휘한다. 단선율의 쉬운 멜로디를 제창하는 형태였기에 일반 교우들에게 큰 호응을 얻는다. 심지어 가톨릭 교우들이 이 성가 때문에 루터교로 개종을 하는 일도 있을 정도였다. 물론 이에 대응하기 위해 가톨릭에서도 자국어 성가에 힘을 기울였고 16-17c에 독일 지역에서는 코랄에 대항할 무수한 곡들이 작곡된다. 물론 공식 전례 성가는 라틴어로 불렀지만 자국어 성가는 점점 세가 커졌고 결과적으로 교우들의 미사 참여와 교리 교육에 긍정적 영향을 끼친 건 사실이다.

자국어 성가들이 라틴어 성가들보다 비교 우위의 이유를 정리하면 다음과 같다.

1. 쉬운 멜로디와 라틴어가 아닌 자국어로 노래해 외우기 쉽다.
2. 전례에 자국어 성가를 부르며 직접 참여할 수 있다.
3. 일반 교우들은 부를 수 없는 어려운 라틴어 다성 음악에 피로감이 쌓였다.
4. 성가를 부르며 가사를 통해 전례 내용이 파악되고 교리 교육도 겸할 수 있다.

18c에 들어와 발전된 기악 연주와 세속적인 아이디어가 자국어 성가에 영향을 주었다. 문제는 이렇게 영향받은 성가들이 전례에서 부를 만한 수준에 미치지 못했다는 것이다. 예로 오페라 아리아에 가사만 바꾸어 부르기도 하고, 작곡 자체를 교우들의 세속적 입맛에 맞도록 하거나, 교회 전례에 부적당한 악기들을 성당으로 들여와 유희적이고 화려함만을 추구하였다. 교회는 크게 우려했고 교황 알렉산데르 7세*Alexander PP. VII* (재위 1655-67)와 교황 인노첸시오 12세*Innocentius*

PP. XII(재위 1691-1700)는 이러한 폐단을 근절하라고 호소하였다. 또한, 교황 베네딕토 14세 *Benedictus PP. XIV*(재위 1740-58)는 1749년 칙서를 반포하여 교회 전례를 흔드는 이런 종류의 음악은 철저히 배격한다고 공헌했다.[104] 하지만 물길을 다시 돌릴 수는 없었다. 로마 교황청의 힘이 전 유럽에 강력하게 미치지 못했고 대중을 사로잡은 감각적이고 극적인 새로운 음악을 막기에는 역부족이었다.

■ 교회음악의 암흑기

우리는 고전주의 음악가들 중 거장으로 Haydn, Mozart, Beethoven을 잘 알고 있다. 또한, 낭만주의 음악들은 너무나 익숙할 것이다. 그러나 아이러니하게도 그들이 활약하던 화려한 시절이 교회음악에 있어서 절정의 암흑기였다. 일단 국가주의의 발달로 그리스도교적 보편주의 정신은 점차 약화되었고 전제군주의 이른바 절대주의 시대를 맞이하였다. 힘의 균형이 교회에서 국가로 넘어가고 국가는 교회를 종속시키려 부단히 노력했다. 로마 가톨릭 교회는 종교 개혁 이후 점점 그 세가 꺾여가고 있었고 작곡가들은 교회에서 녹을 먹지 않아도 부유한 왕들과 귀족들의 후원으로 작곡가 자신의 감성에 충실하여 자유롭게 곡을 쓰면서도 생계가 가능했다. 당연히 수요자 중심의 작곡을 하게 되었기에 더욱 자극적인 혹은 감성적인 기교가 필요했다. 예산이 뒷받침되니 더 큰, 더 웅장한, 더 재밌는 공연이 늘어나면서 오페라, 오라토리오, 교향곡, 협주곡, 장엄미사곡, 레퀴엠 등을 너도나도 발표하기에 이른다. 물론 교회음악을 작곡하기는 했으나 모두 공연장 연주용이지 전례와는 무관했다. 이 당시 더욱 안타까운 것은 교회음악가의 산실이었던 교회음악학교 Schola Cantorum가 하나둘 문을 닫고 있었다. 결국, 음악을 배우려면 세속음악학교에 가야 했고 그곳에서 배워 전통적인 교회음악을 한다는 건 무리였다.

무엇이 문제였을까? 음악적 측면에서는 분명히 발전한 것이 맞다. 그런데 교회음악으로 쓸 수 없었던 가장 확실한 이유는 작곡가들이 그들의 음악에 자신의 역량을 자랑스럽게 드러냈기 때문이다. 즉, 음악에 '겸손하고 절제된 아름다움'이 없다는 것이다. 그들은 교회음악을 작곡하면서 하느님을 향하기보다 이 곡을 들어줄 후원자와 관객의 평가를 우선했다. 이러한 음악적 시류는 당시의 계몽주의 사상과 무관하지 않다. 사람들은 교회의 권위주의에서 벗어나 자유와 평등을 추구했고 하느님의 뜻이라 믿는 교회가 정한 교리가 판단 기준이 아니라 인간의 고유한 이성이 적법성을 판단할 수 있으며, 따라서 이성이야말로 권위의 요소이자 권위를 판단하는 기준이라고 주장했다.

교회음악은 음악 그 자체로만 봐서는 안 되며 그 쓰임에 더 큰 의미 부여가 필요하다. 그런 면에서 이성의 자유로운 탐구에서 비롯된 고전과 낭만주의 음악은 교회에서 쓰기 부적절했다. 일단 작곡되는 곡들은 너무 대규모였다. 이러다 보니 미사는 한없이 길어지고 미사라는 형식을 빌려 연출된 공연이 되어버렸다. 교회도 이런 공연식 미사는 재정에 큰 부담이 될 수밖에 없었다. 게다가 그레고리오 성가나 다성 음악들은 당시 음악 시류에 걸맞지 않은 뒤떨어진 낡은 음악으로 취급받아 누구도 관심을 기울이지 않았고 그 암흑기는 19c 중반까지 계속된다. 교회 입장에서는 이러한 세속적인 음악을 두고만 볼 수 없었다. 계몽주의 자유화 바람에 맞서 거룩한 제사와 기도에 쓰일 합당한 교회음악을 찾게 되었고 프랑스, 벨기에, 독일, 이탈리아 등지에서 교회음악 부흥 운동이 시작되는데 대표적인 두 가지를 소개한다.

■ 그레고리오 성가 복원

그레고리오 성가가 10-12c의 황금기를 보내고 다성 음악의 시대를 거치면서 꾸준히 전승되었다고 생각하면 오산이다. 다성 음악의 출현은 음악사에 획기적인 사건이었다. 사람들은 그 심미한 소리에 도취하였고 단선율의 그레고리오 성가를 위축시키기 충분했다. 그레고리오 성가를 주선율 차용cantus firmus, 모방parody, 변용paraphrase 등의 방법으로 원곡을 다성 편곡하기도 했는데 어떤 측면에서는 발전된 창작이기도 했지만 다른 한편에서는 원곡의 훼손이기도 했다. 그레고리오 성가의 긴 멜리스마는 그 자체가 가지는 예술성을 잊고 지루한 음표들의 연속으로 여겨졌고 폴리포니 안에서 여러 성부에 걸쳐 단지 몇 개의 음표로 표현되었다.[105] 물론 이에 대한 반박이 있다. 다성 음악이 그레고리오 성가를 기반으로 발전되었고 더 성화된 장르라는 평가가 그것이다. 즉, 계승과 발전의 측면에서 성공한 장르라는 것이다. 이러한 **성화로운 다성 음악**은 그 점유율을 높여갔지만 그레고리오 성가는 다성 음악 절정의 시기에 열린 《트리엔트 공의회(1545-63)》 이후 그 출판이나 전례에 사용에 있어서 내리막길을 걷기 시작한다. 급기야 17-18c의 음악은 더 이상 그레고리오 성가에 관심을 두지 않았다. 교회가 가장 이상적인 성가로 인정한 그레고리오 성가는 사람들 기억 속에서 잊혀 갔다.

그레고리오 성가는 프랑크 왕국 샤를마뉴 시대 이후로 300년이 넘는 시기 동안 큰 틀의 레퍼토리가 완성되었지만, 전승 과정에 낮은 인쇄 기술로 인한 오류와 긴 세월에 걸쳐 베껴 그리는 과정이 반복되면서 원본과의 차이가 발생했다. 이런 상황 속에 심지어 같은 교구 내에서도 다른 전승으로 말미암아 같은 노래를 다른 선율로 부르기도 하였다. 문제를 바로잡지 못하고 세월만 흐르다 보니 혼란은 점점 가중되었다. 19c 초중반부터 그레고리오 성가의 복원을 위한 발걸음이 프랑스에서 일어났는데 르망 교구의 젊은 사제 프로스페 게랑제 신부Dom Prosper Guéranger(1805-75)를 통해 본격적인 복원 연구가 시작되었다. — 그는 원래 베네딕토회 수사 신부였고 음악가는 아니다. — 프랑스 혁명 이후 교회 박해로 인해 40여 년간 무너져 있었던 베네딕토회 수도 생활 양식의 복원을 위해 1832년 솔렘Solesmes수도원을 재건을 맡아 초대 수도원장(재직 1837-75)을 지내면서 비로소 새로운 솔렘 역사가 시작된다. 게랑제 신부는 복고적인 완벽한 베네딕토회 수도 생활을 복원하려고 애썼다. 이를 위해서 수도 생활의 전통적 형태의 복원은 성무일도의 개혁과 재건을 통해 가능하고, 이것은 또 성무일도를 노래하는 그레고리오 성가의 복원 없이는 불가능하다고 여겼다. 그리하여 각지의 유명한 전통 있는 성당에서 불리는 성가들과 네우마 악보로 남아 있는 수사본들을 모았다. 게랑제 신부는 이 연구를 위해 수도원 편찬실을 만들고 최고最古의 수사본들과 수집한 여러 자료를 서로 비교해 가면서 새롭고 권위 있는 그레고리오 성가 악보를 만들어내게 했다. 또한, 그는 수사들에게 가사가 잘 들리게 성가를 부르도록 가르쳤다. 그러면서 그레그리오 성가 해석의 첫 번째 기준을 다음과 같이 공표한다.

> 순수 멜로디를 제외하고 모든 규칙을 지배하는 규칙이란 성가가 좋은 악센트와 좋은 운율 그리고 좋은 프레이징을 갖춘 현명한 읽기여야 한다.[106]

사실 이런 복원 사업에 관심을 가지고 노력을 기울인 사람은 여럿 있었다. 당시 교회음악 복원 사업은 사회적 이슈였고 그중 솔렘도 포함되어 있었다. 솔렘 수도원의 복원 사업이 성공한 비결

은 체계적이고 과학적인 접근이었다. 이 복원 연구에 탁월한 업적을 내신 분은 폴 조시옹 신부 Dom Paul Jausions(1834-70)와 요셉 포티에 신부Dom Joseph Pothier(1835-1923)다. 조시옹 신부는 아주 엄격하고 과학적인 방법으로 수사본간 비교 연구를 통해 성가의 선율을 재건해 나갔다. 또한, 그의 뒤를 이은 포티에 신부는 1880년 『Les melodies grégoriennes(그레고리오 선율)』이라는 유명한 논문에서 '이 성가를 무겁고 느리게 노래하는 것을 비난하면서, 오히려 이 성가는 교우들의 마음에서 저절로 우러나오는 표현으로 우아하고 부드럽고 가벼우며 꾸밈없이'[107] 불러야 한다고 주창하였다. 이어서 1883년 이미 복원이 상당한 수준에 도달한 『미사 성가책Liber Gradualis』을 처음으로 출판하기에 이른다. 그리고 게랑제 신부의 뜻을 이어 『그레고리오 성가 부르는 방법론』을 책으로 내기도 했고, 유럽의 여러 도서관에 소장된 9-16c 그레고리오 성가 악보들을 복사해 엮은 『고대 수사본 사진첩Paléographie Musicale』을 출판하여 연구 자료를 뒷받침했다.

포티에 신부의 제자였던 모케로 신부Dom Andre Mocquereau(1849-1930)는 이러한 과학적 연구를 더욱 발전시켰다. 그는 포티에 신부가 완성하지 못한 『고대 수사본 사진첩』 전체 13권 출판한다. 여기에는 단순히 악보만 실은 것은 아니고 목록, 색인, 종합 개요표 등이 상세히 정리되어 있어 복원의 중요한 기초 자료가 되었다. 물론 13권에서 그친 것은 아니고 지금까지도 이 사업은 계속되고 있다. 또한, 그는 솔렘 방식에 의한 그레고리오 성가의 이론을 체계화하였다.[108]

1903년 교황 聖 비오 10세St. Pius PP. X(재위 1903-14)는 성음악에 관한 규정을 담은 자의교서Motu proprio, 『사목적 관심(Tra le sollecitudini)』[109]를 반포하면서 1904년 포티에 신부를 편찬위원장으로 임명하였고, 솔렘의 연구 노력과 교황의 강력한 의지로 1908년 바티칸판Edito Vaticana으로 불리는 교황청 공인, 『로마 미사 성가집Graduale Romanum』과 뒤이어 1912년 『로마 성무일도 성가집Antiphonale Romanum』이 출판된다. 결국, 솔렘 수도원의 노력이 결실을 보게 되어 바티칸판을 통해 솔렘 방식이 표준이 되는 순간이기도 했다.

또한, 교황은 이 자의교서의 반포를 통해 교회음악의 많은 분야를 개혁하였는데 성음악은 그레고리오 성가로 가장 잘 드러나고 로마 가톨릭 교회의 고유한 성가로 최고 본보기가 되기에, 이를 사용하도록 특별한 노력이 필요하며 고전 다성 음악 역시 그레고리오 성가에 버금가는 성음악으로 교회 전례에 적합하다고 했다. 가사는 라틴어로만 불러야 하며 전례 기도문은 가사를 바꾸거나 부분적인 생략, 반복 등의 편집을 하지 말고 있는 그대로 부르게 했다. 동시에 무반주 다성 음악을 지향하였고 세속적인 음악을 배척하였다. 그리고 사제를 도와 종교적 업무에 종사하는 일종의 성직 계급을 가진 레위인[110]으로 성가대를 구성하도록 했는데 여성들은 성직이 불가하여 성가대원을 할 수 없었기에 소프라노와 알토의 높은 목소리가 필요하면 교회 전통에 따라 소년들이 부르도록 했다. 오르간 반주도 요란하고 화려함은 지양하고 꼭 전례적으로 필요할 때만 사용하도록 했다. 오르간 이외의 악기, 예컨대 피아노나 타악기는 금지했고 오케스트라 역시 엄격히 금지하나 직권자가 동의한 특수한 경우에 제한적으로 허용했다. 여기서 반드시 염두해야 하는 원칙은 노래가 언제나 첫 자리이기에 오르간이나 다른 악기들은 단순히 반주 그 이상으로 노래를 억누르면 안 된다고 명시했다. 이러한 조치들은 교회음악의 부흥을 위한 시대적 요구에 교황이 적극적으로 동참하였음을 보여준다.

교황의 또 다른 업적은 앞서 언급한 바와 같이 교회음악학교Schola Cantorum가 하나둘 문을 닫고 있을 때 교황청 내에 있던 교회음악 상급학교Schola Superiore di Musica Sacra를 2년제 수료과정, 3년제 학부과정, 그리고 박사과정으로 이루어진 교황청립 교회음악대학Pontificio Istituto di Musica Sacra으로 확대 개편(1910)하였고 수많은 교회음악도들이 이 학교에서 수학하였다. 우리나라 1호 수학자는 이문근 신부(1917-1980)로 1949년 유학, 1952년 석사, 1955년 박사 학위를 취득하고 귀국 후 우리나라 가톨릭 음악에 큰 업적을 남기셨다.

이러한 그레고리오 성가에 대한 연구는 현재도 멈추지 않았는데 그 이유는 《제2차 바티칸 공의회(1962-65)》에서 더 고증된 판본을 요구했기 때문이다.[128] 사실 그레고리오 성가의 탄생 역사를 돌아볼 때 원형을 찾기는 불가능하다. 오랜 세월 구전된 노래를 기보하는 과정이 정확하다고 신뢰할 수 없기 때문이다. 대신 '보편성을 가진 원형'을 찾고 만드는데 방향을 잡아야 한다. 그러므로 고증본을 만드는 작업은 결코 쉽지 않다. 하지만 많은 이들의 수고로 목표에 점점 다가가고 있다고 믿는다.[111]

■ **체칠리아 운동**

聖女 체칠리아Cecilia는 음악과 음악가들의 수호성인이다. 전설에 따르면 원치 않았던 결혼식 때 聖女는 결혼 음악과 환호하는 소리를 듣지 못하고 오히려 내심으로 하느님을 찬양하는 노래를 불렀다는 행적에 근거한 것이다. 그래서 聖女는 음악과 밀접하게 연관된 것으로 전해졌다. 1584년 로마에 음악원이 세워졌을 때 聖女는 이 학원의 수호성인으로 지칭되었고, 이후 체칠리아를 교회음악의 수호성인으로 공경하는 것이 보편화되었다.[129]

프랑스 솔렘 수도원에서 그레고리오 성가 복원 사업을 시작할 무렵 독일에서도 교회음악 부흥 운동이 일어난다. 이탈리아에서도 나타난바 당시 교회음악에 문제가 있다는 상당한 공감대가 형성되어 있었다. 그럼 가장 적극적인 교회음악 쇄신 운동을 벌인 독일 이야기를 해보자.

최초의 움직임은 1830년 즈음 독일 연방의 바이에른 국왕 루드비히 1세Ludwig I(재위 1825-48)가 음악가 가스파 에트Gaspar Ett(1788-1847)로 하여금 뮌헨의 왕궁 부속 성당에서 순수 다성 음악만을 연주하도록 주문했다. 또한, 다른 도시 레겐스부르크Regensburg에서 대성당 참사관이었던 칼 프로스케Carl Proske(1794-1861)를 중심으로 정화 운동을 펼친다. 대성당을 옛 모습으로 돌려놓고 성가 역시 다성 음악과 그레고리오 성가만 허락했다. 반주도 오르간 외의 다른 악기는 금지시켰다. 곧 다른 지방으로 퍼져 여러 도시에서 정화 운동에 동참한다. 문제는 이러한 움직임이 왕, 신부, 교수, 음악가 등 개인적인 의지에 따라 지엽적으로 이루어져 큰 영향력이 없었다. 따라서 교회음악 부흥 운동을 조직적으로 하기 위해 뜻을 같이하는 사람들의 공식적인 협회를 만들 필요가 생겼다. 이때 프란츠 자버 비트 신부Franz Xaver Witt(1834-88)가 기존에 있던 가톨릭 음악가들의 모임의 이름을 그대로 사용하여 1868년 밤베르크Bamberg에서 『全 독일 체칠리아 협회ACV:Allgemeiner Caecilien-Verband』의 역사적인 창립을 한다. 협회의 목표는 그레고리오 성가와

---

128) 전례 헌장 117항 참조
129) 가톨릭 굿뉴스 성인 목록 (maria.catholic.or.kr)

르네상스 시대의 무반주 다성 음악을 모범으로 근대의 비전례적 음악을 교회로부터 배제하려는 것이었다. 또 한 명 기억할 인물은 독일의 음악학자 프란츠 자버 하베를 신부 Franz Xaver Haberl (1840-1910)이다. 그는 레겐스부르크Regensburg에서 교회음악학교를 세워 체칠리아 운동에 큰 동력을 공급했다. 1888년 비트 신부가 사망하자 그의 뒤를 이어 『Musica Sacra』라는 협회 회보의 편집, 출판을 맡았다. 또한, Palestrina에 심취하여 그의 전 작품을 34권의 악보로 출판하기에 이른다.[112]

이 협회는 이런 양식良識 있는 음악가들과 음악학자, 사제, 일반 시민 등 다양한 사람들이 교회음악의 재건을 위한 조직적인 노력을 지속했다. 이에 빠른 전파력이 발휘됐으며 큰 도시부터 작은 고을을 포함한 전 독일에 교회음악 개혁 운동을 효과적으로 확산시켰다. 전통 교회음악이 오염되어 정화가 필요하다는 것은 독일만의 문제는 아니었다. 따라서 독일 외로 영국, 네델란드, 벨기에, 프랑스, 오스트리아, 아일랜드, 미국 등에도 협회가 구성되고 국가별 협회마다 회지 발행과 교회음악학교를 설립하는 등, 이 운동은 전 세계로 퍼져나갔다. 우리나라도 「가톨릭 세실리아 성음악협회」라는 이름으로 활동 중이다.

■ 맺음말

현재 우리는 보편된 가치와 함께 다름을 인정하는 개방성과 다양성을 추구한다. 하지만 이 모든 것이 조화로울 때 그 가치를 인정받는다. 그레고리오 성가의 복원과 체칠리아 운동은 교회의 전례와 교리, 신앙 고백 등과 그것을 표현한 교회음악의 부조화에 대한 고민에서 출발했다. 그러므로 150여 년 전 그들이 가졌던 초심, 지금까지 이어온 정신, 즉 그들의 일관된 혁파 대상과 쇄신의 요구, 그리고 현재 교회음악의 방향을 함께 들여다볼 필요가 있다. 그리고 이러한 교회음악의 계승·발전을 위한 노력이 교회 공동체의 전례 행위 안에 일상적으로 살아있어야 빛을 발할 수 있음을 잊지 말아야 할 것이다.

교회음악 알아가기

'존재하지 않음'을 나타내기 위해서 반드시 '존재해야'하는 숫자는 무엇일까요? 바로 '0'입니다. 우리의 일상생활에서 '0'이 없는 세상은 상상할 수 없지요. 십단위, 백단위, 천단위... 이 모두는 '0'이 만들어내는 숫자의 크기이고 음수의 개념도 '0'을 중심으로 이해해야 합니다. '0'은 숫자의 맨 앞에 오는 주인공은 아니지만 그 크기를 결정하는 중요한 역할을 합니다. 그래서 절대로 거를 수 없고, 만약 그런다면 1에서 9까지만 쓸 수 있는 숫자 속에 갇혀 더 큰 세상을 볼 수 없습니다.『교회음악 알아가기』를 마치며 드는 생각은 분명 교회음악의 역사 속에 존재하는, 그리고 현재까지도 함께 하는 이 음악은 마치 수학의 '0'과 같은 존재가 아닐까 싶습니다.

공통 참고문헌

주비언 피터 랑, 『전례사전』, 박 요한 영식 옮김, 가톨릭출판사, 2005

교황청 경신성성, 『성무일도에 관한 총지침』, 1985; 譯)『성무일도 I』, 한글판(개정), 한국천주교중앙협의회, 1990

한국천주교주교회의, 『성무일도 I -IV』, 한국천주교중앙협의회, I. 1990.7.31.; II. 1990.12.31.; III.1990.8.31.; IV. 1991.6.15.

한국천주교주교회의, 『소성무일도』, 한국천주교중앙협의회, 1991.11.15.

한국천주교주교회의, 『성경』, 한국천주교중앙협의회, 2005.12.25.

제2차 바티칸 공의회 문헌, 『전례 헌장』, 1963.12.4.; 한글판(개정), 한국천주교중앙협의회, 2007.9.21.

한국천주교주교회의, 『한국 천주교 사목 지침서』, 개정판, 한국천주교중앙협의회, 2012.9.7.

교황청 예부성성, 『거룩한 전례의 음악에 관한 훈령「성음악」(*Musicam Sacram*)』, 1967; 譯)『가톨릭 교회의 가르침』 52호, 한국천주교중앙협의회, 2015.8.31.

주교회의 천주교용어위원회, 『천주교 용어집』, 한국천주교중앙협의회, 2017.6.15.

한국천주교주교회의, 『로마 미사 경본』, 제3표준판 2008수정, 한국천주교중앙협의회, 2017.8.15.

한국천주교주교회의, 『미사 독서 I -IV』, 「미사 독서 목록」 제2표준판(1981), 한국천주교중앙협의회, 2017.8.15.

한국천주교주교회의 전례위원회, 『한국 천주교 성음악 지침』, 개정판, 한국천주교중앙협의회, 2017.12.1.

한국천주교주교회의 전례위원회, 『로마 미사 경본 총지침』, 한국천주교중앙협의회, 2018.5.15.

한국천주교주교회의 전례위원회, 『미사 독서 목록 지침』, 한국천주교중앙협의회, 2018.5.15.

한국천주교주교회의, 『가톨릭 성가』, 수정 보완판, 한국천주교중앙협의회, 2018.5.15.

한국천주교주교회의, 『가톨릭 기도서』, 개정판, 한국천주교중앙협의회, 2018.5.25.

『*Liber Usualis*』, The Benedictines of Solesmes, 1961

『*Graduale Romanum*』, Solesmes, 1961

『*Missale Romanum*』, Editio typica, Libreria Editrice Vaticana, 1962

『*Graduale Romanum*』-Edizione aggiornata, Abbaye Saint-Pierre de Solesmes, Solesmis, 1979

『*Lectionarium*』, Editio typica, Typis Polyglottis Vaticanis, 1970-1972

『*Ordo Lectionum Missæ*』, Edito typica altera, Libreria Editrice Vaticana, 1981

『*Nova Vulgata* : Bibliorum Sacrorum Editio』, Edito typica altera, Libreria Editrice Vaticana, 1986

『*Ordo Cantus Missæ*』, Edito typica altera, Libreria Editrice Vaticana, 1987

『*Missale Romanum*』, Editio typica tertia emendata, Libreria Editrice Vaticana, 2008

『*Psalterium Romanum*』, http://www.liberpsalmorum.info

『*Vulgata Clementina*』, http://vulsearch.sourceforge.net/html

"Divinum Officium & Santa Missa", http://www.divinumofficium.com

『*Liturgia Horarum*』, secundum typicam alteram, Liberia Editrice Vaticana, 2010

참고문헌

1. 안티포나, Antiphona

   김미옥, 『중세음악 역사·이론』, 심설당, 2005
   다니엘 솔니에, 『전례와 그레고리오 성가』, 박원주. 최호영 역, 가톨릭대학교 출판부, 2007
   이문근, 『교회음악』, 개정판, 가톨릭출판사, 2012
   Grout, Palisca, Burkholder 공저, 『그라우트 서양음악사(상)』 7판, 민은기 외 5인 역, 이엔비플러스, 2013

2. 레스폰소리움, Responsorium

   김미옥, 『중세음악 역사·이론』, 심설당, 2005
   다니엘 솔니에, 『전례와 그레고리오 성가』, 박원주·최호영 역, 가톨릭대학교 출판부, 2007
   이문근, 『교회음악』, 개정판, 가톨릭출판사, 2012
   Grout, Palisca, Burkholder 공저, 『그라우트 서양음악사(상)』 7판, 민은기 외 5인 역, 이엔비플러스, 2013

3. 연송과 찬가 (Tractus & Canticus)

   다니엘 솔니에, 『전례와 그레고리오 성가』, 박원주·최호영 역, 가톨릭대학교출판부, 2007
   이문근, 『교회음악』, 개정판, 가톨릭출판사, 2012

5. 미사 중 고유문과 통상문

   "전례력의 이해", 한국천주교중앙협의회, http://missa.cbck.or.kr/liturgyinfo.asp

6. 성무일도 (Officium Divinum)

   "시간전례", 『전례사전』, 가톨릭출판사, 2005
   박경준, '매일기도(성무일도)의 역사적 고찰과 신학적 의의', 웨스트민스터신학대학원대학교 석사학위논문, 2012

7. 성무일도 중 복음 찬가 (Canticum Evangelicum)

   "성모의 찬가, 시므온의 찬가, 즈가리야의 찬가", 『전례사전』, 가톨릭출판사, 2005

8. 마니피캇, Magnificat

   최호영, 『전례를 위한 음악, 음악을 통한 전례』, 가톨릭대학교 출판부, 2017
   "Magnificat(Bach)", Wikipedia, https://en.wikipedia.org
   Ibid., "Magnificat(Rutter)"

9. 복되신 동정 마리아의 마침 안티폰 (Antiphonæ finalis B.M.V.)

   최호영, 『전례를 위한 음악, 음악을 통한 전례』, 가톨릭대학교 출판부, 2017
   "Alma Redemptoris Mater", Choralwiki, http://www.cpdl.org
   Ibid., "Ave Regina cælurum"
   Ibid., "Regina cæli"
   Ibid., "Salve Regina"

10. Veni, Veni, Emmanuel : 대림 시기 찬미가

최호영, 『전례를 위한 음악, 음악을 위한 전례』, 가톨릭대학교 출판부, 2017
"O antiphons", Wikipedia, https://en.wikipedia.org
Ibid., "O Come, O Come, Emmanuel"

11. 떼네브레, Tenebræ

"떼네브레", 『전례사전』, 가톨릭출판사, 2005
"Tenebræ", Wikipedia, https://en.wikipedia.org

12. 예레미야의 애가 (Lamentationes Ieremiæ prophetæ)

최호영, 『전례를 위한 음악, 음악을 통한 전례』, 가톨릭대학교 출판부, 2017
"Tenebræ", Wikipedia, https://en.wikipedia.org

13. Te Deum (聖 암브로시오의 사은謝恩 찬미가)

최호영, 『전례를 위한 음악, 음악을 통한 전례』, 가톨릭대학교 출판부, 2017
김종헌, 『김종헌 신부의 전례와 전례음악』, http://blog.daum.net/chongheon
"Te Deum", Choralwiki, http://www.cpdl.org

14. 대영광송 (Gloria in excelsis Deo)

"Gloria in excelsis Deo", Wikipedia, https://en.wikipedia.org
"Gloria in excelsis Deo", Choralwiki, http://www.cpdl.org

15. 신경(Credo) 탄생 이야기

버트 어만 저, 강창헌 역, 『예수는 어떻게 신이 되었나?』, 갈라파고스, 2015
에른스트 다스만, 『교회사 II/2』, 하성수 역, 2016
박준양, 『그리스도론, 하느님 아드님의 드라마!』, 생활성서, 2009

16. 부속가 (Sequentia)

나기정, 『[전례] 덧붙인 노래, 부속가』. 경향잡지, 90(5), 94-96., 1998
김미옥, 『중세음악 역사·이론』, 심설당, 2005
박을미, 『모두를 위한 서양음악사 1』, 가람기획, 2011
"Victimæ paschali laudes", Choralwiki, http://www.cpdl.org
Ibid., "Veni Sancte Spiritus"
Ibid., "Lauda Sion Salvatorem"

17. 고통의 성모 (Stabat Mater)

"복되신 동정 마리아 - 기념일", 『전례 사전』, 가톨릭출판사, 2005
Encyclopedia, "Sorrow of Mary", https://www.encyclopedia.com
Frederick Holweck, "Feasts of the Seven Sorrows of the Blessed Virgin Mary." The Catholic Encyclopedia Vol. 14. New York: Robert Appleton Company, 1912. 15 September 2016
"Our Lady of Sorrow", Wikipedia, https://en.wikipedia.org
"Stabat Mater", Choralwiki, http://www.cpdl.org

18. 聖 토마스 아퀴나스의 성체 찬미가

최호영, 『전례를 위한 음악, 음악을 통한 전례』, 가톨릭대학교 출판부, 2017
황치헌, 『미사 통상문을 위한 라틴어』, 개정2판, 수원가톨릭대학교 출판부, 2018
"Adoro te devote", Choralwiki, http://www.cpdl.org
Ibid., "Lauda Sion Salvatorem"
Ibid., "Tantum ergo"
Ibid., "Panis angelicus"
Ibid., "O salutaris hostias"

19. Veni Sancte Spiritus & Veni Creator Spiritus : 성령 강림 대축일 부속가와 찬미가

"성령 강림 대축일", 『전례사전』, 가톨릭출판사, 2005
"Veni Creator Spiritus", Choralwiki, http://www.cpdl.org

23. 파스카 성삼일 (Sacrum Triduum Paschale)

최종근, "파스카 성삼일의 전례적 의미", 『가톨릭 뉴스 지금여기』, 2016.3.23.
박종인, "성삼일은 무슨 요일일까요?", 『가톨릭 뉴스 지금여기』, 2017.3.22.
박유미, "성삼일과 부활 - 십자가의 길, 죽음보다 강한 사랑 - 그 사랑에의 응답", 『가톨릭 뉴스 지금여기』, 2018.3.30.
정이은, "천상의 소리 지상의 음악가:파스카 찬송", 『경향잡지』, 2019년 4월호
한국천주교주교회의, 『성주간 파스카 성삼일』, 한국천주교중앙협의회, 2018.3.25.

24. 聖 그레고리오 대교황과 그레고리오 성가는 관련이 있다?

김건정, 『교회전례음악』, 가톨릭출판사, 2007
다니엘 솔니에, 『전례와 그레고리오 성가』, 박원주·최호영 역, 가톨릭대학교 출판부, 2007
이문근, 『교회음악』, 개정판, 가톨릭출판사, 2012
에른스트 다스만, 『교회사 II/1』, 하성수 역, 분도출판사, 2013
Grout, Palisca, Burkholder 공저, 『그라우트 서양음악사(상)』7판, 민은기 외 5인 역, 이엔비플러스, 2013
남경태, 『종횡무진 서양사 1』, 휴머니스트, 2015

25. Requiem은 미사곡일까? (1)

이완희, "로마 장례 예식 안에서의 파스카 - 초대 교회에서 트리엔트 공의회까지 장례 예식 연구", 인천 가톨릭대학교 출판부, 『누리와 말씀』 7호, 2000.6,
최호영, 『전례를 위한 음악, 음악을 위한 전례』, 가톨릭대학교 출판부, 2017
한국천주교주교회의 전례위원회, 『장례 예식』, 한국천주교중앙협의회, 2018.1.1.
한국천주교주교회의 전례위원회, 『장례 미사』, 한국천주교중앙협의회, 2019.1.30.
"Requiem", Wikipedia, https://en.wikipedia.org

29. Cantus firmus, Parody & Paraphrase Mass

이문근, 『교회음악』, 개정판, 가톨릭출판사, 2012
"Cyclic mass", Wikipedia, https://en.wikipedia.org
Ibid., "Missa sine nomine"

30. Ave verum corpus
"Ave verum corpus", Wikipedia, https://en.wikipedia.org
"Ave verum corpus", Choralwiki, http://www.cpdl.org

31. O Magnum Mysterium
"O Magnum Mysterium", Wikipedia, https://en.wikipedia.org
"O Magnum Mysterium", Choralwiki, http://www.cpdl.org

32. Ego sum panis vivus
"Ego sum panis vivus", Choralwiki, http://www.cpdl.org

33. O Sacrum Convivium
"O Sacrum Convivium", Wikipedia, https://en.wikipedia.org
"O Sacrum Convivium", Choralwiki, http://www.cpdl.org

34. 주님의 기도 (Pater noster)
"주님의 기도", 『전례 사전』, 가톨릭출판사, 2005
조학균, 『미사 이야기』, 대전가톨릭대학교 출판부, 2012
"Pater noster", Choralwiki, http://www.cpdl.org

35. 성인 호칭 기도 (Litania omnium Sanctorum)
윤종식, 허윤석(가톨릭 전례학회), 재미있는 전례 이야기 '전례 짬짜', 『가톨릭신문』, 2011.11.20.
허윤석, '1614년 「로마예식서(*Rituale Romanum*)」에 비춰 본 「천주성교예규(1864)」의 장례에 관한 고찰', 가톨릭대학교 박사학위논문, 2014
최호영, 『전례를 위한 음악, 음악을 통한 전례』, 가톨릭대학교 출판부, 2017

36. 복되신 동정 마리아 (대)축일·기념일들과 성모송 (Ave Maria)
한국천주교중앙협의회, 『매일미사』, http://missa.cbck.or.kr
"Ave Maria", Wikipedia, https://en.wikipedia.org
"Ave Maria", Choralwiki, http://www.cpdl.org

37. Vexilla Regis : 성주간, 십자가 현양 축일 저녁기도 찬미가
"Vexilla Regis", Wikipedia, https://en.wikipedia.org
"Vexilla Regis", Choralwiki, http://www.cpdl.org

38. Asperges me & Vidi aquam : 성수 예식 안티폰
황치헌, 『미사 통상문을 위한 라틴어』, 개정2판, 수원가톨릭대학교 출판부, 2018
"Asperges me Domine", Choralwiki, http://www.cpdl.org
Ibid., "Vidi aquam"

39. Sicut cervus desiderat : 파스카 성야 찬가, 죽은 이를 위한 미사 연송
"Psalm 42", Choralwiki, http://www.cpdl.org

40. Improperium exspectavit : 주님 수난 성지 주일, 예수 성심 대축일 봉헌송
　　"Improperium expectavit", Choralwiki, http://www.cpdl.org

41. Viri Galilæi : 주님 승천 대축일 입당송, 봉헌송, 아침기도 제1시편 후렴
　　"Viri Galilæi", Choralwiki, http://www.cpdl.org

43. Roráte cæli : 대림 제4주일, 대림 시기 성모 공통 미사 입당송
　　황치헌, 『미사 통상문을 위한 라틴어』(개정2판), 수원가톨릭대학교 출판부, 2018
　　"Roráte cæli", Wikipedia, https://en.wikipedia.org

46. 1월 7일 성탄절 이야기
　　에른스트 다스만, 『교회사 Ⅰ』, 하성수 역, 2013
　　박종인, "동방 정교회 전례력은 왜 다른가요?", 『가톨릭뉴스 지금여기』, 2015.8.26.

47. Miserere
　　"Psalm 51", Choralwiki, http://www.cpdl.org

48. De profundis
　　"Psalm 130", Choralwiki,, http://www.cpdl.org

49. Jubilate Deo
　　"Psalm 66", Choralwiki, http://www.cpdl.org
　　Ibid., "Psalm 100"

50. Cantate Domino canticum novum
　　"Psalm 96", Choralwiki, http://www.cpdl.org
　　Ibid., "Psalm 98"
　　Ibid., "Psalm 149"

51. Laudate Dominum
　　"Psalm 117", Choralwiki, http://www.cpdl.org
　　Ibid., "Psalm 147"
　　Ibid., "Psalm 150"

52. Kyrie(Κύριε)가 없는 미사곡이 있다.
　　"자비송", 『전례사전』, 가톨릭출판사, 2005
　　최인주, '사룸 전례성가(Sarum Liturgical Chant)에 관한 연구 -미사를 중심으로-', 대구가톨릭대학교 석사 학위논문, 2008

53. 십자가의 길(Via Crucis) S.53, Franz Liszt
　　"십자가의 길 기도", 『전례사전』, 가톨릭출판사, 2005

Station of the Cross", Wikipedia, https://en.wikipedia.org
Ibid., "Via crucis (Liszt)"

54. 복되신 동정녀의 저녁기도 SV 206, Claudio Monteverdi
Kurtzman, Jeffrey G, 『The Monteverdi Vespers of 1610 : music, context, performance』, Oxford; Oxford University Press, 1999
삼호뮤직 편집부, 『클래식음악용어사전』, 삼호뮤직, 2001
년혜련, 『몬테베르디』, 한국학술정보(주), 2010
최호영, 『전례를 위한 음악, 음악을 통한 전례』, 가톨릭대학교 출판부, 2017
"Vespro della Beata Vergine", Wikipedia, https://en.wikipedia.org

55. 십자가 위의 일곱 말씀 Hob. XX, Joseph Haydn
최호영, 『전례를 위한 음악, 음악을 통한 전례』, 가톨릭대학교 출판부, 2017
"The Seven Last Words of Christ (Haydn)", Wikipedia, https://en.wikipedia.org

56. 오라토리오(Oratorio)와 칸타타(Cantata)
이문근, 『교회음악』, 개정판, 가톨릭출판사, 2012
박을미, 『모두를 위한 서양음악사 1』, 가람기획, 2011
최호영, 『전례를 위한 음악, 음악을 통한 전례』, 가톨릭대학교 출판부, 2017

57. 교회음악의 계승과 발전
다니엘 솔니에, 『전례와 그레고리오 성가』, 박원주·최호영 역, 가톨릭대학교 출판부, 2007
자의교서 『사목적 관심(Tra le Solecitudini)』, 1903; 譯)『가톨릭 교회의 가르침』 52호, 한국천주교중앙협의회, 2015
이문근, 『교회음악』, 개정판, 가톨릭출판사, 2012
백남용, [가톨릭 문화산책] 〈52〉 성음악(11) "교회음악 쇠퇴와 쇄신 운동", 가톨릭평화신문, 2014.02.23.
이은숙, '체칠리아 운동과 Franz Liszt의 합창음악과의 연관성 연구 - 『Via Crucis』를 중심으로', 가톨릭대학교 교회음악대학원 교회음악과 석사학위논문, 2016

찾아보기

ㄱ

가현설	107
감도	215
감사송	36, 38, 39, 43, 171
강복	44, 125, 183, 199, 291
게랑제, 신부	238, 303
경축 이동	35
계응시구	20, 21, 22, 49
고별식	17, 183-185, 191, 194
고유 전례력	35
고통의 성모 마리아 기념일	34, 41, 113 114, 122, 215
공통	36, 51, 237, 240, 282 284, 286, 287, 288, 291
과월절	52, 138, 155
고유 전례력	35
교송	18, 40, 41, 42, 69 102, 163, 209, 275
교창	15, 20
교황령	46, 86, 121, 156, 174, 200, 252
그레고리오 2세, 교황	177
그레고리오, 대교황	145, 174
그레고리오력	247
그레고리오 13세, 교황	145, 174, 177, 178 206, 274, 275
끝기도	17, 19, 22, 46, 50-54 57, 70, 219, 282
김성기, 작곡가	101

ㄴ

낭송 미사	38, 195
네리, 신부	296, 297
노래로 하는 미사	38, 43, 115
니체타스, 주교	97
니케아 공의회	42, 98, 108, 246
니케아 신경	108
니케아-콘스탄티노폴리스 신경	109, 111, 248
닐, 신부(성공회)	85

ㄷ

다마소 1세 교황	22
다블뤼 주교	209
단순 미사 성가집	24, 40, 41, 42, 44, 170, 198 225, 229
단일신론	106, 107
대영광송	37, 38, 40, 65, 96, 102, 144, 157 159, 180, 181, 197, 198, 275
도입구절	47-49, 283
독서기도	20, 21, 22, 46, 48-50, 86, 97 133
동방 정교회	97, 247, 248
동방교회	40, 56, 97, 98, 102, 163, 178, 179 200, 215, 246, 247, 274, 275
동적 성가	20
따름 노래	16, 17, 20, 142-146, 148, 149 151, 153, 159, 160, 161, 185, 194 222, 223, 250

ㄹ

라데군다, 성녀	220
라오디게아	15
라티노	297
레스폰소리움	16, 19, 20, 23, 86
레오 1세, 대교황	179
레오 3세, 교황	172, 248
레치타티보	297, 299
로마 미사 경본	16, 17, 19, 24, 32, 34, 38, 40 42-44, 109, 114, 121, 142, 149 144, 146, 159, 160, 163, 170, 185 198, 207, 218, 222, 223, 229, 237 277, 281
로마 미사 성가집	26, 27, 29, 41, 42, 44, 86 133, 150, 157, 191, 199 214, 224, 229, 265
로마 성무일도	24, 25, 27, 40, 41, 44, 85, 144 146, 154, 170, 181, 198, 217 225, 226, 229, 253, 258, 304
로마 시편집	227
루드비히 1세, 국왕	305

ㅁ

마니피캇	44, 58, 60-62, 64, 69, 242, 288
마니피캇 후렴	45, 80, 82, 203, 242, 288
마리아의 노래	56, 58, 59
마시아흐	245
마침 영광송	38, 39, 43, 206
메리 1세, 여왕	278
메시아	245
멜로디 양식	30, 60
멜리스마	23, 42, 112, 113, 303
모노디	297, 299
모케로, 신부	304
미사 독서	19, 24, 26, 31, 41, 42, 122, 170, 171, 183, 218, 226
미사 독서 목록	24, 31

ㅂ

바오로 6세, 교황	46, 248
바르바라, 성녀	282, 291, 292
밤중기도	49, 86, 87, 89, 92
베네딕토 13세, 교황	113, 114, 121, 279
베네딕토 14세, 교황	302
베네딕토 16세, 교황	280
베네딕토회	121, 178, 303
베네벤토 공의회	145
베드로, 초대 교황	179
보나벤투라, 성인	121
본기도	36, 39, 40, 144, 153, 274
불가레	297
봉헌 노래	34, 195, 229
봉헌송	15, 16, 36-38, 32, 171, 172, 189, 195, 198, 217, 229, 230
부속가	31, 101, 112, 115, 128, 161, 267
불가타	22
비오 5세, 교황	17, 54, 210, 215, 216, 277, 283
비오 7세, 교황	122
비오 9세, 교황	215
비오 10세, 교황	304
비오 12세, 교황	91
비트, 신부	305

ㅅ

사도신경	42, 109
사도예절	183-185, 191, 194
사룸 전례	275, 278
사목적 관심	304
삼위일체	40, 42, 97, 98, 107, 109, 138, 210, 290, 292
삼위일체론	107, 109, 246
삼위일체파	97, 107, 108
상장예식	209
새 대중 라틴 말 성경	22, 46
새벽기도	46, 48, 49, 86, 89, 180, 200, 283
생갈	177
샤를마뉴, 황제	112, 174, 175, 303
성교예규	209
성령 강림 대축일	32, 33, 41, 45, 50, 70, 113, 114, 138, 277
성모 공통	237, 240, 282, 284, 286-288, 291, 292
성모 찬송가	17, 47, 50, 70, 71, 73-75, 79, 219
성모의 노래	47, 50, 51, 54, 56, 58, 80, 219, 242, 283, 288, 291
성모의 종 수도회	122
성모칠고	122
성인력	34
성주간	32, 35, 40, 50, 70, 86, 91, 92, 95, 102, 148, 157, 185, 220, 250
성체 강복	125, 198
성체 행렬(거동)	125
섹싸제시마	23
셉뚜아제시마	23
소나타	283, 284, 292, 299
소성무일도	48, 49, 51
소시간경	46, 48
소피아, 황후	220
솔니에, 신부	20, 176
솔렘	238, 303, 304
솔즈베리	275
스테파노 2세, 교황	172
시간전례	54
시메온의 노래	53, 57
시스티나 경당	252
시토 수도회	70, 121
시편기도	15-18, 20, 21, 22, 26, 46, 49, 51, 89, 234
식스토 4세, 교황	121, 215
신경	33, 106, 181, 248
신앙고백	199

ㅇ

아르스 노바	196, 284
아리우스파	42, 97, 107, 109
아우구스티누스(캔터베리), 대주교	178
아우구스티누스(히포), 주교	96, 97, 246
아침기도	47, 48-50, 52-54, 56, 86, 89, 91
	102, 125, 136, 202, 231, 232, 234, 250
악첸투스	15
안티포나	15
안티포나리움	179
안효영, 작곡가	201
알렉산데르 7세, 교황	301
암브로시우스, 주교	86, 97
양자설	106
양태설	106
어만, 음악학자	107
에트, 음악가	305
에페소 공의회	214
엘리자베스 1세, 여왕	278
연도	185, 209
연송	23-27, 37, 42, 181
	182, 189, 225, 226
연옥도문	209
영광의 환호	43, 205, 206
영성체 노래	38, 44, 195, 202, 203
영성체송	15, 16, 23, 36, 37, 38, 39, 44
	173, 182, 183, 189, 190
	195, 227, 223, 228, 255
영성체송 후렴	16
영지주의	107
예로니모, 교부	22, 227
예물기도	39, 43
예부성성	46, 219
오순절	114, 138
요한 23세, 교황	46, 86
요한 바오로 2세, 교황	280
우르바노 4세, 교황	125
우리의 이 시대와 함께	86, 88, 121, 156
유스티누스 2세, 황제	220
유월절	52, 138, 155, 246
유절 노래	169, 221
유절 형식	30, 60
율리우스 1세, 대주교	246
율리우스력	246, 247
응답송	19
응송	19, 20, 21, 22, 45, 46, 47, 49
	50, 51, 86, 89, 90, 144, 145
	153, 184, 175, 194, 200
이건용, 작곡가	199
이동 축일	32, 33, 34
이문근, 신부	305
이탈라역	102, 253
인노첸시오 3세, 교황	121
인노첸시오 6세, 교황	199
인노첸시오 11세, 교황	112, 269
인노첸시오 12세, 교황	269, 291
입당 노래	185, 219
입당송	15, 16, 17, 23, 36, 37, 38, 39, 40, 42
	144, 148, 153, 154, 159, 180, 181
	182, 185, 189, 190, 195, 198, 218
	227, 228, 229, 231-234, 237, 238
	240, 243, 254, 257, 264, 265
입당송 후렴	16, 17, 180, 233, 234, 238
	240, 243, 254, 265

ㅈ

자비송	15, 37, 38, 39, 40, 144, 153
	181, 189, 196, 198, 208, 275
자의교서	46, 304
재의 수요일	17, 20, 23-25, 32, 33, 35
	70, 91, 145, 250, 251
저녁기도	18, 26, 32, 45, 48-52, 54, 56, 58
	59, 65, 70, 80, 138, 157, 158, 203, 220
	242, 282, 283, 284, 286-288, 291, 292
전례극	295, 296, 299
전례력	32, 33, 34, 36, 37, 51, 53, 54, 113
	121, 122, 155, 157, 177, 198, 214
	215, 237, 244, 276
전례 법규	46, 86
전례주년	18, 23, 32-36, 50
	70, 102, 113, 155, 157, 244
정비된 법규	46
정선율	61, 196, 197, 286, 290
정적 성가	20
제1독서	10, 21, 41, 95, 138, 170, 226, 232
제1저녁기도	32, 47, 50-53, 70, 125
	132, 138, 157, 158, 220
제1후끝기도	52, 53
제2독서	27, 28, 31, 36, 41, 49
	50, 87, 93, 97, 170
젤라시오 1세, 교황	209, 274
조시옹, 신부	304

주님 봉헌 축일	142
주님 수난 성지 주일	20, 32, 33, 145, 148, 220, 229
주님 승천 대축일	33, 45, 231, 232, 234, 235
주지옹, 수사	151
즈카르야의 노래	47, 50, 54, 58, 88-90, 185, 202
지극히 거룩하신 그리스도의 성체 성혈 대축일	33, 41, 113, 125, 128, 132, 134, 136, 202, 203, 227
지극히 거룩하신 삼위일체 대축일	33, 125, 202
지극히 거룩하신 예수 성심 대축일	33, 229

ㅊ

찬가	16, 23, 25, 27, 28, 31, 44, 45, 47, 49-51, 54, 57, 170, 225, 226
찬미가	15, 16, 37, 40, 46, 47, 49-51, 58, 65-67, 70, 80, 83, 96, 97, 98, 102, 113, 114, 121, 122, 125, 132, 134, 136-138, 163, 167, 169, 196, 199, 200, 203, 214, 219, 220, 238, 240, 256, 282, 283, 286, 287, 291, 296
찬미경	49, 86, 88-90, 250
찬미의 노래	46, 200
천주성교예규	209
초세기	278
층계송	15, 19, 23, 181, 182, 189

ㅋ

칸초네	299
칸토레스	15, 16
캐논	196, 197
코이네 그리스어	40, 102, 245, 248, 274, 275
콘스탄티노폴리스 공의회	109
콘스탄티누스 1세, 황제	108, 176, 246
콘체르타토	65
콘체르토	284
콘첸투스	15
콘츨라베	138
퀸콰제시마	23
콘트라팍툼	198
클레멘스 12세, 교황	279
클뤼니 수도원	70

ㅌ

태양신	246, 274
테오토코스	58
토디, 수사	121
통공	180, 209, 210
통작	180, 196, 276
트로푸스	112, 113, 275, 276, 277
트리스하기온	163

ㅍ

파스카 성삼일	70, 86, 89, 102, 155-159, 185, 225, 250
파스카 성야	20, 24, 25, 26, 28, 31, 32, 42, 52, 156-159, 169, 170, 172, 210, 222, 225, 226
파스카 신비	44, 52, 91, 156, 203
패로디	197
페러프레이즈	197
페팽, 국왕	12, 174, 175
펜테코스테	138
포르투나투스, 주교	220
포부르동	250
포티에, 신부	304
푸가	284
프란치스코, 교황	179
프란치스코회	121, 216, 279
프로스케, 참사관	305
필리오케 논쟁	248

ㅎ

하느님의 영감으로	86
하드리아노1세, 교황	175
하베를, 신부	306
한나의 노래	58, 59
헨리 7세, 국왕	278
헬모어	85
화답송	15, 19, 20, 21, 27, 31, 36, 37, 38, 39, 41
황금 전설	200, 292
히에로니무스(예로니모), 교부	22, 227
히포	96, 97, 246
힐라리우스(힐라리오), 주교	96, 102

Index

숫자

40일	11, 142, 231
50일	32, 33, 114, 138
70인역	22, 53, 89, 92, 227

A, B

accentus	15
Antiphonale Romanum	304
Antiphonarium	179
Arianism	97, 108
ars nova	196, 284
Breviarium Romanum	80, 216, 283, 291

C

canon	182, 197
cantata	295
canticus	17, 23, 50, 54, 96, 226
cantor	19, 20, 176, 179
cantores	15, 16, 179
cantus firmus	196
Capella Sistina	252
Codex rubricarum	46, 86
concentus	17
concertato	65
concerto	284, 291
conclave	138
Cum Nostra Hac ætate	77, 79, 121, 117
cyclic mass	178

D, E

Divino afflatu	86
Doxologia finalis	39, 206
Emmanuel	80, 85

F, G

Faux-Bourdon	250
Golden Legend	200, 292
Graduale Romanum	24
Graduale Simplex	24

H, I, K

hymnus	58, 96, 121, 152, 195, 283, 287
imitation	197
Kyriale	69, 103, 105, 111

L

Laodicea	15
Laudes	47, 86, 88, 231
Laudis Canticum	46, 47, 48, 200
Lectionarium	24, 31, 41, 170
Les melodies gregoriennes	304
Liber Gradualis	304
Liber Psalmorum	53
Liber Usualis	60
Liturgia defunctorum	180
Liturgia Horarum	45

M, N

Matutinum	47, 48, 86, 87, 92, 185, 200
Melody-Type	30, 60
Missale Romanum	16
Motu proprio	46, 304
Musica Sacra	306
Nova Vulgata	22, 46, 202, 227, 243

O

Officium Divinum	46
oratio super oblata	36, 39, 43
ordinarium	37
Ordo Lectionum Missæ	24, 31

P

Paleographie Musicale	304
parody	197
paraphrase	197
Pascha	156

pentecostes	138
proprium	36
præfatio	39, 44
psalmus responsorius	31
Psalterium Romanum	227

Q, R

quinquagesima	23
recitativo	297–299
Quo Primum	278
Rubricarum Instructum	46

S

Salisbury	275
Sanctorale	34
Sarum Rite	275
schola cantorum	179, 302, 305
septuagesima	23
sexagesima	23
Servite Order	122
sine nomine	187, 188
Solesmes	228, 293

T

temporale	34
Theotokos	58
Tra le sollecitudini	304
tractus	23, 37, 181
Trinity	107
tropus	112, 275, 276, 295

V

Vigilia Paschalis	28, 52, 169, 255
Vulgata	22
Vulgata Clementina	22, 53, 227, 243

주 석

[1] 이문근, 『교회음악』, 개정판, 가톨릭출판사, 2012, p. 19

[2] 라오디게아 법령 15조 : 교회에서 임명된 자만이 독서대ambo 위에 올라가서 노래할 수 있고 다른 이들은 불가하다.

[3] 각 전례일에 따른 미사의 고유 전례문들을 수록한 책으로 라틴어판 제3표준판(2002)의 수정판(2008)을 한국어판으로 2017년 2월 21일 사도좌 추인을 받아 2017년 8월 15일 새롭게 펴냈다.

[4] 말씀의 전례에서 사용되는 독서와 화답송, 복음 환호송, 부속가, 복음을 수록한 책이다. 2017년 한국어판 개정본은 아래와 같이 총 4권이며 복음집은 분할 출판했다.
- 미사 독서 Ⅰ - 대림 시기, 성탄 시기, 연중 시기(제1주일-제9주간 화요일), 사순 시기, 부활 시기, 부록(주님 부활 대축일, 성령 강림 대축일 부속가 악보)
- 미사 독서 Ⅱ - 연중 시기(제6주일-제34주간 토요일), 부록(그리스도의 성체 성혈 대축일 부속가 악보)
- 미사 독서 Ⅲ - 성인 고유, 공통, 부록(고통의 성모 마리아 기념일 부속가 악보)
- 미사 독서 Ⅳ - 예식 미사, 여러 상황이나 필요에 따라 드리는 기원 미사, 신심 미사, 죽은 이를 위한 미사
- 복음집 - 『미사 독서』에서 복음만을 모아 복음서 각 권과 장·절 순서대로 엮은 책이다.

[5] 다니엘 솔리에, 『전례와 그레고리오 성가』, 박원주·최호영 역, 가톨릭대학교 출판부, 2007, p. 54 참조

[6] 이문근, 『교회음악』, 개정판, 가톨릭출판사, 2012, pp. 24-25

[7] 기원후 3~8c에 속라틴어Latina vulgata(민중 라틴어Sermo vulgaris)에서 분화된 언어들로 이루어지는 언어군이다. 이들은 인도유럽어족 이탈리아어파로 분류된다. 오늘날 로망스어군에 속하는 언어는 현재 프랑스어, 에스파냐어, 포르투갈어, 이탈리아어, 루마니아어 등이다.

[8] 《제2차 바티칸 공의회(1962-65)》 이전에는 독서가 〈서간〉 하나였고 〈서간〉 봉독 후 층계송에 이어 복음 환호송을 노래했다. 현재 주일, 대축일 미사에서는 독서가 〈구약〉과 〈서간〉 2개로 독서 사이에 화답송을, 그리고 제2독서 후 복음 환호송을 노래한다.

[9] "연송", "셉뚜아제시마(Septuagesima)", "퀸콰제시마(Quinquagesima)", "섹싸제시마(Sexagesima)", 『전례사전』, 가톨릭출판사, 2005 참조

[10] 『Graduale Romanum』, Solesmes, 1961
De profundis, p. 75; Commovisti Domine, p. 78; Iubilate Domino, p. 82

[11] 1908년 교황 聖 비오 10세에 의해 발간된 가톨릭 라틴 전례의 미사에서 사용하는 고유문과 통상문 노래의 본문과 선율을 모아 놓은 전례서다. 1908년판이 초판이며 1974년판이 현재 최신판이다.

[12] 『로마 미사 성가집』의 내용을 간추리고 어려운 곡들을 정리하여 사용하기 쉽게 만든 별도의 전례서다.

[13] 『Missale Romanum』, Edito typica, Libreria Editrice Vaticana, 1962, pp. 195-198

[14] 『Lectionarium Ⅲ』, Edito typica, Typis Polyglottis Vaticanis, 1972, pp. 670-684

[15] 다니엘 솔리에, 『전례와 그레고리오 성가』, 박원주·최호영 역, 가톨릭대학교출판부, 2007, p. 85

[16] 고대 그리스어 방언 간의 혼합으로 최초로 형성된 공통 그리스어. 330년 콘스탄티노폴리스로 천도한 비잔티움 제국의 공용어로 사용되어 중세 그리스어와 현대 그리스어의 바탕이 되었다. 기독교 신학을

공부할 때 중요하게 다루는 언어인데, 이는 신약성경의 원문과 구약성경(타나크)의 첫 외국어판인 70인역(Septuaginta) 성경이 바로 코이네 그리스어로 작성되었기 때문이다.

[17] 부활 팔일 축제 기간은 주님 부활 대축일을 포함하여 8일간이며 미사 중 부활 부속가는 자유로이 할 수 있다.

[18] "복음 환호송", 『전례사전』, 가톨릭출판사, 2005 참조

[19] 주교회의 교리교육위원회, 『미사 전례』, 한국천주교중앙협의회, 2016, p. 28

[20] 『Ordo Cantus Missæ』, Edito typica altera, Libreria Editrice Vaticana, 1987, pp. 179-183

[21] 『Graduale Simplex』, Edito typica altera, Libreria Editrice Vaticana, 1975, pp. 6-7

[22] 『로마 미사 경본』, 제3표준판 2008수정 한국어판, 한국천주교중앙협의회, 2017.8.15., pp. 1345-1347

[23] 『Passio Domini Nostri Iesu Christi』, Libreria Editrice Vaticana, 1989

[24] "신앙고백", 『전례사전』, 가톨릭출판사, 2005 참조

[25] 이문근, 『교회음악』, 개정판, 가톨릭출판사, 2012, p. 29

[26] "거룩하시도다", 『전례사전』, 가톨릭출판사, 2005 참조

[27] "하느님의 어린양", 『전례사전』, 가톨릭출판사, 2005 참조

[28] 영성체 후에 부르는 노래는 성체께 감사하는 마음으로 드리는 찬미의 노래다. 흔히 '특송'이라고 하는 명칭은 이 노래의 전례적 성격을 잘 드러내지 못하므로, '영성체 후 찬가'라고 쓰는 것이 바람직하다. [출처 : 한국천주교 성음악지침 63항 각주 1 (개정판, 2018)]

[29] "강복", 『한국 가톨릭 대사전 1』, 한국교회사연구소, 1994

[30] 주교회의 교리교육위원회, 『미사 전례』, 한국천주교중앙협의회, 2016, p. 66

[31] 교의를 고치거나 가르침에 관하여 보편 교회에 제시하는 교회에서 가장 높은 단계의 법령으로 《교황 헌장 Constitutio apostolica》에 해당한다. 전례에 관한 교회법을 고치거나 새로운 교회의 구조를 설립할 수 있다.

[32] 교황 자신의 권위에 의거하여 교회 내의 특별하고 긴급한 요구에 응하기 위해 자의적으로 작성하여 발표한 교황 문서를 말한다. 교황의 다른 문헌 종류들보다는 조금 가벼운 규율문제나 행정적 문제를 다루는 집행적 성격을 갖는다.

[33] 교황을 지원하는, 국가로 말하면 부처 중 하나다. 전례에 관한 거의 모든 부분을 관장하여 전례력, 그에 따른 규정, 전례 예식, 전례 음악 등 전례적 적응 문제는 이 성省과 협의한다. 1969년 경신성으로 변경됐다가 몇 차례 조직 개편을 거쳐, 현재 전례와 성사를 함께 다루는 경신성사성이 되었다.

[34] 교황청의 省, 비서실, 각 부서의 문헌으로 교황의 특별 허락으로 반포되는 새로운 법을 제정한다.

[35] 모든 주일과 주님 성탄 대축일(12/25), 천주의 성모 마리아 대축일(1/1), 성모 승천 대축일(8/15) [출처 : 『한국 천주교 사목 지침서(2012)』, 제75조]

[36] 『70인역』은 기원전 300년경에 번역되거나 집필된 코이네 그리스어로 작성된 구약성경을 말한다. 라틴어의 70(Septuaginta)을 의미하는 단어에서 유래한 Septuagint로도 불리며 LXX로 간략히 표기한다. 72명의 유대인들이 알렉산드리아에서 번역했다고 전해지며 참여자 숫자를 부르기 편하게 70으로 불리게 되었다. 현재까지도 그리스 정교회에서 공식 전례 본문으로 사용하고 있다.

[37] 1561년 교황 비오 4세에 의해 불가타 성경의 1차 개정 위원회를 구성하여 1592년 교황 클레멘스 8세 때 반포하고 오류를 일부 수정하면서 1598년에 완성한 라틴어 성경으로 1979년 교황 요한 바오로 2세 때 개정된 『새 대중 라틴 말 성경(Nova Vulgata)』 이전까지 로마 가톨릭 교회의 공식 성경이었다.

[38] "찬가", 『전례사전』, 가톨릭출판사, 2005 참조

[39] 미사와 성무일도에서 사용하는 그레고리오 성가를 모은 책으로 1896년 초판되었고, 1961년판 이후 더는 개정되지 않고 있다.

[40] 샤르트르의 주교 聖 풀베르또 St. Fullbert (c.960-1028) 작시로 성모 대성전 봉헌 축일(In Dedicatione basilicæ S. Mariæ)과 관련이 있다. 현재 이 축일은 8월5일에 선택적으로 기념할 수 있다.

[41] "Salve Regina", The Grove Dictionary of music and musicians, Edited by Stanley sadie Second Edition, Vol. 22, macmillan Publishers Limited, 2002, p.186

[42] 『Liber Usualis』, Solesmes, 1961, pp. 273-276

[43] 12월 17일부터 24일까지 평일 [출처 : 전례주년과 전례력에 관한 일반 규범 42항]

[44] 1911년 11월 1일 교황 聖 비오 10세가 개정 반포한 성무일도의 절차에 관한 규정을 담은 교황령

[45] "애가", 『한국 가톨릭 대사전 8』, 한국교회사연구소, 2001

[46] 지금의 알제리 북동쪽 끝에 위치한 안나바Annaba에 인접해 있던 고대 도시. Hippo 사람임을 밝힌 이유는 영국 켄터베리 초대 대주교 아우구스티누스(?-604)와 혼동하지 않도록 하기 위함이다.

[47] "떼 데움", 『전례사전』, 가톨릭출판사, 2005 참조

[48] 이집트 알렉산드리아 출신의 아리우스가 주장한 기독교 신학이다. 아리우스는 '성자' 예수는 창조된 존재(피조물)이며, '성부'에게 종속적인 개념이라는 성격의 주장을 했는데, 이는 성부·성자·성령은 일체가 아니라 분리된 세 신성으로 존재한다는 관점을 가짐으로서 삼위일체에 반대하는 아리우스파Arianism라는 신학적 흐름으로 발전하였다. 이에 대해 로마 가톨릭 교회는 《니케아 공의회(325)》에서 아리우스파에 대한 공식적인 파문 선언이 삽입된 니케아 신경을 채택하고 아리우스파를 이단으로 배격하였다.

[49] 『이탈라역(Vetus Latina, Vetus Itala, Itala) 성경』은 불가타역 이전에 사용된 고대 라틴어역 성경이다. 처음 유럽에 전해진 성경은 그리스어 성경이었는데 2c부터 라틴어로 번역되기 시작하여 북아프리카와 서유럽의 라틴어를 쓰는 사람들도 성경을 읽을 수 있게 되었다. 이탈라역 성경은 70인 역본에서 번역한 것으로, 불분명하고 오역이 많아, 383년 교황 다마소 1세가 聖 히에로니무스(예로니모)에게 이탈라역의 개정을 위촉하게 되었다. 그는 지혜서, 집회서, 바룩서, 마카베오기는 손을 대지 않았고 다른 구약 부분과 신약성경은 새로 번역했는데, 이를 지금의 라틴어 성경의 기본이 되는 불가타역이라고 한다.

[50] 『Graduale Novum I』, Liber Ediotrice Vaticana, 2011, pp. 425-483

[51] 『Graduale Novum II』, Liber Ediotrice Vaticana, 2018, pp. 382-402

[52] 한 본질에 세 위격으로 존재하는 삼위일체의 성부 하느님과 대조적으로 오직 하나이신 성부를 강조하는 견해다. 이것의 추종자들은 구약의 유일신 사상을 따르던 유대계 그리스도인으로 결코 하느님은 나누어질 수 없는 존재로 이해했다.

[53] 바트 어만, 『예수는 어떻게 신이 되었나』, 강창헌 역, 갈라파고스, 2015 pp. 383-387 참조

[54] Ibid., pp. 411-412

[55] 김미옥, 『중세음악 역사·이론』, 심설당, 2005, pp. 140-141 참조

[56] 이날은 성령의 강림을 기념하는 기독교의 축일이다. 어원은 '50'인데, 예수의 부활 이후 50일째 되는 날 성령이 강림한 것이 그 유래다. 본래 유대인들이 밀 농사에서 처음 수확한 밀로 만든 빵을 바치는 제삿날을 수확절〈탈출 23,16〉이라 하고 그로부터 7주에 걸쳐 밀을 수확하는데, 그 수확 완성의 기쁨을 기념하는 날을 7주×7일=49일로 센 후 그 이튿날 즉 50일째를 주간절〈탈출 34,22〉이라 한다. 여기서 50이 강조되어 변역되면서 오순절로 정착되었다.

[57] "그리스도의 성체 성혈 대축일", 『전례사전』, 가톨릭출판사, 2005 참조

[58] '걸쇠로 문을 잠근 방'을 의미하는 단어로, 로마 가톨릭 교회에서 교황을 선출하는 선거 시스템이다.

[59] 예식 규정에 따라 성직자가 거룩한 행위 때 입는 망토로서, 뒤쪽 덧댄 부분에 술이 달려있다. 비옷에서 유래했다.

[60] 김홍락, "재의 수요일의 유래와 의미", 『가톨릭뉴스 지금여기』, 2013.2.12. 참조

[61] 라틴어판 『로마 미사 경본(제3표준판 2008수정)』에서는 응송을 뜻하는 Responsorium이라고 쓴다. 형식면에서 일반 미사에서 쓰지 않는 R-V-R* 형태를 가진다. 이러한 형식의 응송을 부르는 또 다른 예식은 재의 수요일 머리에 재를 얹는 예식이며 따름 노래 끝에 부르는 응송 Emendémus in méliu가 있다.

[62] 최종근, "파스카 성삼일의 전례적 의미", 『가톨릭뉴스 지금여기』, 2016.3.23. 참조

[63] Ibid.

[64] 박유미, "성삼일과 부활-십자가의 길, 죽음보다 강한 사랑-그 사랑에의 응답", 『가톨릭 뉴스 지금여기』, 2018.3.30.

[65] 다니엘 솔리에, 『전례와 그레고리오 성가』, 박원주·최호영 역, 가톨릭대학교 출판부, 2007, p. 10

[66] Ibid., p. 14

[67] 부제 밑의 성품성사를 받은 사람으로 독신과 성무일도를 바칠 의무가 있었으며 통상 의무는 미사 때 독서를 읽고 예물 준비 때 성체성사를 위한 빵과 포도주 등 성체의 요소와 제구들을 준비한다. 1972년 교황 바오로 6세에 의해 폐지되어 1973.1.1부터 효력이 발생했고, 폐지된 차부제품의 직책은 시종직과 독서직이 수행하도록 하였다.

[68] 세상에 살고 있는 교우들과 천국에서 천상의 영광을 누리는 이들과 연옥에서 단련 받고 있는 이들이 모두 교회를 구성하는 일원인데, 이들이 기도와 희생과 선행으로 서로 도울 수 있게 서로 영적으로 통해 있다는 뜻이다. 즉, 통공은 공功이 서로 통通한다는 것이다. 따라서 우리는 천상에 있는 성인들을 기억하고 그들과 더불어 하느님을 찬미하고 찬양하며 우리에게 축복을 주시도록 전구해 줄 것을 성인들에게 청함으로써 성인들의 성덕을 닮으려고 노력한다. 또한, 연옥 영혼들을 위해 기도하고 그들을 위해 거룩한 희생 제사를 바치며 그들을 대신해 선행을 행함으로써 그들과 통교를 나눈다.

[69] 현재 사용하는 『로마 미사 경본』에서는 '부활 시기가 아닌 때, 장례 미사 가 양식'과 11월2일 '죽은 모든 이를 기억하는 위령의 날' 둘째 미사 입당송이다.

[70] Officium defunctorum ZWV 47, Requiem ZWV 46

[71] 대림과 사순 시기 밖의 모든 주일, 대축일과 축일, 그리고 성대하게 지내는 특별한 전례 거행 때에는 대영광송을 노래하거나 낭송한다.

[72] 《바티칸 II》 이후 개정된 『미사 독서』에서 Graduale가 Psalmus Responsorius로 변경되어 더 이상 '층계송'이라는 용어는 쓰지 않으며 '화답송'이라 명한다. 다만 레퀴엠 미사곡 작곡 시점이 《바티칸 II》 이전이라면 Graduale가 공식 명칭이었기에 화답송으로 번역하는 것은 오역이며 '층계송'이 옳다.

[73] 주일과 대축일과 성대하게 지내는 특별한 미사 때에는 신경을 바친다.

[74] 이완희, "로마 장례 예식 안에서의 파스카 - 초대 교회에서 트리엔트 공희회까지 장례 예식 연구", 인천 가톨릭대학교 출판부, 『누리와 말씀』 7호, 2000.6, pp. 270-308 참조

[75] G.R.(1974) '죽은 이를 위한 미사' 편에 네 곡이 제시되어 있으며, 이 중 두 곡의 번역을 소개한다. 죽은 이를 위한 미사 때 네 곡 중 택일한다. [본서本書 p. 25 참조]

[76] '새로운 예술'이라는 뜻으로 14세기 프랑스와 이탈리아에서 나타난 음악 스타일을 의미한다. 13-14세기의 유럽은 교황의 권위가 약해져 교황이 프랑스의 남부 아비뇽으로 쫓겨 나기도 하고(아비뇽 유수, 1309-1377), 여러 교황이 한꺼번에 나타나는 교회의 대분열(1378-1417)의 시기를 겪었다. 교황권이 땅에 떨어지자 그 빈 권력을 잡기 위해 전쟁도 불사했고 게다가 페스트가 창궐했으니 일반 백성들의 불만이 나날이 더해졌다. 이러한 격동기에 음악 역시 사회의 혼란과 격동을 담게 되었다. 13세기에는 종교를 과학과 분리하고 교회와 국가를 분리하는 고정 관념의 혁파가 일어났고 타락한 교회에 대한 비판, 종교 개혁 등이 다양하게 나타났다. 당시 음악가들은 처음에 교회에 속해서 먹고 살았지만, 점차 교회의 세속화와 더불어 교회의 통제를 벗어나면서 궁정이나 귀족에게 고용되어 살면서 새로운 음악을 만들게 되었다. 프랑스와 이탈리아에서 먼저 시작되었는데 당시에 새롭게 나온 아르스 노바는 삼위일체를 상징했던 리듬의 3분할 뿐만 아니라 2분할도 대등한 위치로 자리 잡았다. 이탈리아에서는 정선율을 거부했고, 종교음악(그레고리오 성가)보다는 세속적 멜로디에 심취되어 14세기 프랑스 작곡가들은 세속음악을 종교음악보다 훨씬 많이 남기게 되었다.

[77] 13c 이탈리아 전기 작가이자 대주교였던 Jacobus de Voragine(Jacopo da Varazze[이], c.1230-1298)이 기존의 여러 전기를 모아 편집한 성인전으로 교회 축일을 따라 성인들의 생애를 적은 책이다. 177장 혹은 182장으로 되어 있다. 성인들의 많은 일화가 많이 들어 있는데 교우들의 신심을 북돋우기 위한 것이었다. 이 책은 삽시간에 인기가 올라가 14c에는 프랑스어를 위시해 여러 나라말로 번역되었다. 16c에 이르러 내용의 역사적 사실에 문제점이 지적되어 차차 사라졌다. 그러나 이 황금 전설에 묘사된 수많은 성인들과 교리의 내용들은 중세 내내 유럽 성당들의 스테인드글라스 속 그림들이나 각종 종교적 성화들, 부조 등의 좋은 소재가 되기도 하였다.

[78] 예수님께서 성체성사를 성 목요일 저녁 최후 만찬을 통해 제정한 성체성사를 특별히 기념하고 그 신비를 묵상하는 날로서 '지극히 거룩하신 삼위일체 대축일 다음 목요일에 의무 축일로 지낸다. 그러나 의무 축일로 지내지 않는 지역에서는 전례주년과 전례력에 관한 일반 규범 7항 ㄷ)에 의거, 목요일 다음에 오는 주일로 옮길 수 있어 한국 교구에서는 이를 따른다.

[79] 감도란 말은 일반적으로 하느님의 은총으로 우리의 생활 속에서 하느님의 뜻을 깨닫고 풍성한 생활을 하게 하는 일종의 「도움의 은총」이라고 한다. 한마디로 감도는 하느님의 은총으로 우리의 마음과 지능을 진리에로 이끌어 주시는 하느님의 은혜다.

[80] 《트리엔트 공의회(1545-63)》에서 당시의 지역별로 서로 다른 미사 양식을 통일하기로 결의하자 1570년 교황 聖 비오 5세에 의해 『로마 미사 경본』을 재정비하여 교황 칙서 『초세기(Quo Primum)』를 반포한다. 이 새로운 미사 경본은 서방교회 전체가 따라야 하는 강제성이 부여되었다. 《제2차 바티칸 공의회》 전례 개혁으로 1970년부터 시행된 『새 미사 양식(Novus Ordo Missæ)』 전까지 사용된 미사 전례서이며 마지막으로 개정한 해는 1962년이다. 2007년 교황 베네딕토 16세는 자의교서, 『교황들(Summorum Pontificum)』에서 옛 트리엔트 미사 양식을 '특별 양식 미사'로 명명하고 로마 가톨릭 교회의 사제라면 누구나 이 미사를 집전할 수 있게 했다.

[81] 예수님의 거룩한 마음을 공경하며 그 마음을 본받고자 하는 날이다. 이 대축일은 지극히 거룩하신 그리스도의 성체 성혈 대축일 다음 금요일에 지내는데, 예수 성심이 성체성사와 아주 밀접하게 관련되기 때문이다. 예수 성심에 대한 공경은 중세 때부터 시작하여 점차 퍼지면서 보편화되었다. 1856년 비오 9세 교황 때 교회의 전례력에 도입되었으며,《제2차 바티칸 공의회(1962-65)》이후 대축일로 지내고 있다.

[82] 성주간의 첫째 날인 '주님 수난 성지 주일'은 예수 그리스도께서 파스카 신비를 완성하시려고 예루살렘에 입성하신 것을 기념하는 날이다. 교회는 나뭇가지 축복과 행렬을 거행하면서 예수님의 예루살렘 입성을 영광스럽게 기념하는 한편, '수난기'를 통하여 그분의 수난과 죽음을 장엄하게 선포한다. 교우들이 축복한 나뭇가지, 곧 성지聖枝를 들고 예수님의 예루살렘 입성을 환영하는 것은 4c 무렵부터 거행되어 10c 이후에 널리 전파되었다.

[83] 정치적인 일이나 조직적인 일에 수완이 좋은 사람,『국립국어원 표준국어대사전』, 2008

[84] 시리아 지방과 메소포타미아에서 기원전 500년경부터 기원후 600년 무렵까지 고대 오리엔트 지방의 국제어로 사용되었던 언어다. 고대에는 아람 문자로 표기했으나, 현재는 아람 문자에서 파생된 시리아 문자를 쓴다. 최근에 이라크가 이 언어를 공용어로 지정했다. 또한, 갈릴리 지방에서 활동했던 예수가 사용한 언어로 알려져 있다.

[85] 영어로 On the Trinity라 하며 전체 원문은 다음 싸이트에서 확인 가능하다. 총 15권이며, 권 당 여러 장으로 구성되어 있다. http://www.logoslibrary.org/augustine/trinity/0405.html

[86] 에른스트 다스만,『교회사 II/1』, 하성수 역, 2013, p. 340

[87] Revised Julian calendar : 1923년 세르비아 천체과학자 Milutin Milanković이 만든 달력으로 공전주기의 오차가 기존 그레고리오력은 27초인데 비해 단 2초밖에 안 난다. 사실 현재의 달력보다 훨씬 정확하지만 실제로 두 달력 간 날짜가 달라지는 때는 2800년 3월 1일이기 때문에 굳이 새 달력을 쓸 이유가 없고, 이 달력은 일부 동방 정교회에서 교회력으로만 채택하고 있어 일반에게 잘 알려져 있지 않다.

[88] 시편 6, 32(31), 38(37), 51(50), 102(101), 130(129), 143(142)이 해당되며 51(50), 130(129)는 자구적 의미에서 참회의 성격을 띤다. 다른 시편들의 경우 참회의 성격은 덜 하지만 편의상 참회 시편으로 사용할 수 있다. 6은 비탄에 잠겼을 때 하는 기도다. 32(31)는 죄를 용서받은 이의 기쁨을 암시한다. 38(37)은 괴로워하는 죄인의 기도. 102(101)는 중병에 걸린 이의 기도이고 143(142)은 죄인이 하느님의 도우심을 간청하는 기도다.

[89] 정확한 용어는 기멜 포부르동이다. 다성 음악의 초기 형태 중 하나로 3도 화성의 시초다. 아마 오래 전부터 영국에서 3도 병행 2성곡이 존재했는데 이를 기멜Gymel이라고 불렀다. 이것이 유럽 대륙으로 들어와 정선율의 3도 아래 음을 기멜, 그보다 3도 아래 음을 부르동Bourdon이라 했다. 그런데 당시 맨 아래 부르동을 한 옥타브 올려 불렀다. 즉, 기멜과 아래로 3도 차이가 아니라 위로 6도 차이가 났고 부르동이 실제로 맨 아래 음이 아니기에 가짜라는 뜻인 포Faux를 붙여 포부르동이라 부르게 되었다.

[90] 우리말『성경』의 시편은 히브리어 성경에 실려 있는 마소라 본문을 저본으로 썼는데 히브리어 야훼를 '주님', 때에 따라서는 '하느님'으로 옮겼다. 따라서 라틴어 Deo와 대응하는 우리말이 다를 수 있다.

[91] 불가타 성경은 몇 차례 개정이 이루어졌는데 크게 1592년 교황 클레멘스 8세 때 개정판 ①『Vulgata Clementina』와 1979년 교황 요한 바오로 2세 때 개정판 ②『Nova Vulgata』가 있다. 여기서 Domino (주님)는 ②의 것이며 ①에서는 Deo(하느님)로 쓰여 있다. 따라서『Nova Vulgata』로 개정하면서 '하느님'을 '주님'으로 변경한 것으로 히브리어 '야훼'를 번역할 때 하느님과 주님을 때에 따라 혼용한다.

[92] Laudate Dominum은『70인역』의 146편에만 해당되어 여기서는 147(146)이라 표기한다.

[93] Kurtzman, Jeffrey G.『The Monteverdi Vespers of 1610 : music, context, performance』,

Oxford: Oxford University Press, 1999, pp. 52-53

[94] 구약성경 저본底本인 히브리어 성경에 실려 있는 마소라 본문 147편은 그리스어 성경 『70인역』에서 146,1-11과 147,1-9로 나누어져 있다. 그래서 『히브리어 성경(마소라 본문)』이 번역 대본인 『*Nova Vulgata*』(1979)의 147편 중 『70인역』 147편 부분, 즉 147,12-20은 '147하'로 표기한다.

[95] "콘체르토", 『클래식음악용어사전』, 삼호뮤직, 2001 참조

[96] 바로크 시대 유럽의 독특한 저성부 형태이다. 이탈리아어로 Basso continuo라고 한다. 당시의 유건악기 주자는 주어진 왼손 단음單音의 저음부 위에, 즉흥으로 오른손 파트를 만들면서 반주하는 것이 일반적이었다. 이렇게 즉흥적으로 건반 주자(쳄발로·오르간)와 류트 주자 등이 화성을 보충하면서 반주의 구실을 하며 연주하는 것을 통주저음 연주라 하고, 이런 성부를 통주저음이라 한다.

[97] 변혜련, 『몬테베르디』, 한국학술정보(주), 2010, p. 175 참조

[98] Ibid., pp. 173-174 참조

[99] Andrew Graham-Dixon, 『Monteverdi's Vespers of 1610: 'della Beata Vergin?'』, Early Music Vol. XV, Issue 3, 1987, pp. 386-390

[100] Hyperion CDA 66311/2 (CD) 1988

[101] 이문근, 『교회음악』, 개정판, 가톨릭출판사, 2012, pp. 156-157 참조

[102] 최호영, 『전례를 위한 음악, 음악을 통한 전례』, 가톨릭대학교 출판부, 2017, p. 205 참조
민은기, 신혜승, 『CLASSIC A TO Z, 서양음악의 이해』, 음악세계, 2001, p. 25 참조

[103] Ibid.

[104] 이문근, 『교회음악』, 개정판, 가톨릭출판사, 2012, pp. 188-189 참조

[105] 다니엘 솔리에, 『전례와 그레고리오 성가』, 박원주·최호영 譯, 가톨릭대학교 출판부, 2007, p. 20

[106] Ibid., p. 21

[107] 이문근, 『교회음악』, 개정판, 가톨릭출판사, 2012, p. 239

[108] Ibid., p. 240

[109] 1903년 11월 22일 동정 순교자 성녀 체칠리아 축일에 바티칸 사도좌에서 선포한 자의교서다.

[110] 전통적인 의미에서 야곱의 열두 아들 중 레위를 직계 선조로 가지는 유대인 남성을 뜻한다. 고대의 유대인 사회에서 제사장 계급이 될 수 있는 특수한 부족이었다. 그러다가 그 중 아론 — 이스라엘 최초의 대사제로 모세의 형이다. — 의 직계만이 제사장이 되도록 한정하면서부터 다른 레위 지파는 제사장 아래에서 종교적 업무에 종사하는 계급이 되었다.

[111] 다니엘 솔리에, 『전례와 그레고리오 성가』, 박원주·최호영 역, 가톨릭대학교 출판부, 2007, p. 24 참조

[112] 이문근, 『교회음악』, 개정판, 가톨릭출판사, 2012, p. 227-234 참조

지은이 **김태중**

1998년 명동성당 〈로고스 합창단〉에 입단하면서 교회음악을 처음 접한다. 성가대 활동을 통해 교회 전례에 대한 이해가 커지면서 그 전례를 위한 음악에 심취하게 되어 교회에서 배운 지식을 기초로 좀 더 깊이 있는 탐구를 해왔다. 또한, 한국 창작 합창음악에 깊은 관심으로 〈합창단 음악이있는마을〉에서 14년 동안 활동하며 우리말 합창의 아름다움을 노래했다. 대학에서는 공학을 전공했고 교회음악 관련 정규 교육은 받지 않았다. 그저 음악을 사랑하는 방법이 다소 남다른 덕후 정도로 소개한다. 현재 블로그 「교회음악 알아가기」(blog.naver.com/kelijah)를 운영하고 있다.

── 개정증보판 ──

교회음악 알아가기

초판 발행 | 2019년 7월 5일
개정증보판 발행 | 2022년 7월 5일

지은이 | 김태중
펴낸이 | 김재선
펴낸곳 | 예솔
출판등록 | 제2002-000080호(2002.3.21)
주　　소 | 서울 마포구 양화로6길 9-24 동우빌딩 4층
전　　화 | 02)3142-1663, 335-1662
팩　　스 | 02)335-1643
ISBN 978-89-5916-948-1 03230
홈페이지 www.yesolpress.com | 전자우편 yesolpress@empas.com

© 김태중, 2022

본 도서의 일부 또는 전체를 저작권자의 허락없이 복사하거나 전재할 수 없습니다.
책값은 뒤표지에 표시되어 있습니다.